l'atlas
les avions de voltige
et les pilotes de l'extrême

l'atlas
les avions de voltige
et les pilotes de l'extrême

EDITIONS ATLAS

Édité par :
Éditions Glénat

Services éditoriaux et commerciaux :
Éditions Glénat - 31-33, rue Ernest Renan
92130 Issy-les-Moulineaux

Titre de l'édition anglaise originale : « Take off, Experience the World Aircraft »

Cet ouvrage est une édition partielle de l'encyclopédie « Avions et pilotes » publiée par les Éditions Atlas.

Achevé d'imprimer en novembre 2006 en Italie par
Deaprinting - Corso della Vittoria, 91
28100 Novara - Italie
Dépôt légal : novembre 2006

ISBN : 2-7234-5711-7

INTRODUCTION

Sport de l'extrême, la voltige aérienne se pratique à bord de petits avions à moteur, légers et très performants. Conçus pour exécuter des figures acrobatiques de haut niveau, ces avions permettent aux aviateurs chevronnés de réaliser des manœuvres défiant toutes les lois de la gravité : loopings, vrilles, tonneaux et renversements. Dans les meetings aériens, les voltigeurs du ciel subissent ainsi des accélérations extrêmement élevées, notamment lorsqu'ils effectuent les évolutions les plus serrées.
Le deuxième chapitre de cet ouvrage présente les acrobaties spectaculaires des patrouilles aériennes, telles que la Patrouille de France, les Red Arrows, ou les Blue Angels... Les figures qu'exécutent ces pilotes d'élite, issus des meilleures Armées de l'air du monde, comportent un très haut niveau de risque, et nécessitent de longues heures d'entraînement en formation.
Autres pilotes de l'extrême évoqués dans ce livre richement illustré : les aviateurs de la Coupe Schneider - prestigieuse course aérienne internationale organisée entre 1913 et 1931 – ainsi que les pilotes des hydravions, des appareils agricoles, des bombardiers d'eau, et des avions très sophistiqués du vol vertical.

L'éditeur

KLEIN TOOLS
TOOLS
KLEIN TOOLS
WWW.MMAIRSHOWS.COM
WWW.MMAIRSHOWS.COM
KLEIN TOOLS
WWW.KLEINTOOLS.COM

L'extra 300 est devenu depuis la disparition de son principal concurrent Cap Industrie la référence des appareils de voltige moderne. Puissant, fiable, sa fabrication en fibre de verre et de carbone lui permet de réaliser toute la palette des figures de voltiges modernes dites « balistiques », qui semblaient irréalisables il y a encore quelques années.

SOMMAIRE

L’art de la voltige

MISSIONS CIVILES

Initiation à L'ACROBATIE

« Aujourd'hui encore, je ne sais pas comment je me suis sorti de cette situation; l'avion ne répondait à aucune de mes sollicitations. »

Brian Lecomber, l'un des meilleurs pilotes d'acrobatie du monde, évoque la voltige aérienne et donne des conseils pour réussir dans ce domaine.

« Piqué en tonneau, rugissement brutal du vent et du moteur. Pots fumigènes enclenchés. Une odeur d'huile emplit l'habitacle. Rétablissement à basse altitude pendant un instant, la foule se précipite vers le capot. Maintenant... Chandelle brutale. Tonneau à droite. Accélération. Stop... et Lomcevak, gouvernail braqué à droite, manche à fond en avant et à gauche. Un tour, deux tours, culbute. Nous traversons notre propre fumée, l'odeur d'huile se fait plus tenace pendant un moment... Et, à présent, ralentissement du tournoiement, alourdissement du nez au moment où j'entre dans une vrille dos. Stop... Maintenant ! Verticale descendante. Tonneau brutal vers la gauche pour pointer droit sur la foule. Stop. Ressource en dérapant légèrement pendant le rétablissement pour s'écarter de 70 m en raison du vent...
En fait, décrire de telles figures prend plus de temps que de les exécuter. »
Brian Lecomber est un écrivain britannique à succès qui a déjà publié trois romans. Il n'est pas surprenant de le voir évoquer des pilotes et des avions dans ses livres lorsqu'on sait que, quand il n'écrit pas, Lecomber fait lui-même de la voltige aérienne, domaine dans lequel il excelle autant que dans la littérature.

Un objectif : la vitesse

Lecomber a quitté l'école à seize ans, sans trop savoir ce qu'il voulait faire, si ce n'est que son activité future aurait un rapport avec la vitesse. Apprenti au sein d'une écurie de motos de course BMW, il se passionna pour les sports

Brian Lecomber acheta un Pitts avec les droits d'auteur d'un roman à succès et l'immatricula tout naturellement G-BOOK. Son premier sponsor fut la firme Dunlop.

Haubans
Les ailes et l'empennage sont haubannés avec des câbles.

Moteur
Le Stampe de Brian Lecomber est l'un des rares à être équipés d'un moteur De Havilland Gipsy Major 8 de 145 ch en lieu et place du Renault de 140 ch. Cc propulseur offre une plus grande puissance.

Le Stampe et Vertongen SV.4, conçu en Belgique, commença à être produit en série en 1933 comme avion d'entraînement et de tourisme. Les premiers Stampe construits en Belgique possédaient un moteur De Havilland Gipsy Major de 130 ch, mais les modèles réalisés sous licence en France étaient équipés d'un Renault plus puissant. De nombreux Stampe sont encore utilisés par des pilotes privés ou par des aéro-clubs.

Ailerons
Le Stampe ressemble extérieurement au Tiger Moth, mais ses qualités de vol sont supérieures à celles de l'avion britannique dans de nombreux domaines.

Stampe SV.4B

Habitacle
Le Stampe est habituellement piloté en solo depuis la place arrière, ce qui donne au pilote un plus grand champ visuel vers le bas et vers le haut.

mécaniques avant de venir au journalisme. Il s'intéressa ensuite plus aux ailes qu'aux roues.
« J'ai rencontré un personnage du nom de Tony Cheshire, qui s'occupait d'un club de Tiger Moth dans une bâtisse en bois à Denham. C'était un instructeur de la vieille école, qui vous apprenait peu de choses sur le pilotage mais énormément sur le vol.
Je lui en suis très reconnaissant.
Alors que j'apprenais à piloter à Denham, quelques-uns d'entre nous décidèrent de mettre au point une petite exhibition aérienne. Étant le plus petit, le plus léger et le plus influençable, je fus choisi pour effectuer les cascades sur les ailes. Ma spécialité était un saut à partir d'un avion en vol, sans parachute, depuis une hauteur de 3 m environ et à une vitesse de 60 km/h, sur une pile de matelas en mousse. Cette cabriole a bien marché la première fois, mais non la seconde. Ma clavicule déboîtée peut encore en témoigner. »
Sa licence en poche, après avoir assuré les fonctions d'instructeur à Denham, Lecomber devint chef instructeur à l'aéro-club d'Antigua.
« Ce titre est plus impressionnant que ne l'était le travail : le club disposait d'un Cessna 150 et d'une boîte à outils, c'est à peu près tout!

L'enchaînement

J'y suis resté deux ans avant de ne plus pouvoir supporter les élèves ni les avions d'entraînement. »
Avec plus de 2 000 heures de vol à son actif, Lecomber revint à Denham comme instructeur sur Chipmunk.
« J'ai été amené petit à petit à l'acrobatie, et c'est devenu un cercle vicieux. Quand on est le seul instructeur à pratiquer ce genre de sport, tous ceux qui sont vraiment intéressés viennent vous voir et on en fait de plus en plus. Jusqu'au jour où quelqu'un vous demande si vous pourriez participer à telle ou telle exhibition locale.
Après, j'ai eu la chance de me trouver là où il fallait quand il le fallait. On m'a demandé de piloter un Sopwith Camel du Leisure Sports Warbirds Team.

Une relique de l'âge d'or

J'ai adoré cet avion parce qu'il était absolument unique et qu'il faisait partie de notre héritage. Ses qualités de vol m'effrayaient, et son moteur avait tendance à perdre de la puissance en plein travail. A bord de cet appareil, j'étais frigorifié jusqu'à l'engourdissement total, sauf par les plus chaudes journées d'été. Je ne pouvais m'empêcher de me poser la question suivante : si le Camel était l'une des meilleures machines de la Grande Guerre, comment étaient donc les plus mauvaises ?
Le Camel n'était pas tout à fait l'un des meilleurs avions de voltige — du moins selon les standards des années soixante-dix —, même s'il était performant en 1916. Néanmoins, j'ai effectué un nombre non négligeable d'exhibitions à son bord.

Un avion hors du commun

J'ai participé à quelques meetings avec un Stampe, et, grâce à l'un de mes livres, qui s'était bien vendu, j'ai pu m'offrir un Pitts S-1 monoplace, que j'ai fait immatriculer G-BOOK en septembre 1978.
Un jour, le téléphone sonna, et quelqu'un me demanda de bien vouloir prendre part à quelques séances d'essais menées par le team Rothmans. Je n'avais jamais fait d'acrobatie en formation, mais je me souvins que le team Rothmans volait sur des Pitts Special biplaces. A mon grand étonnement, je fus sélectionné. Finalement, je restai deux ans au sein de cette équipe.
Je dois dire que les trois premiers mois furent terrifiants. Je n'ai rien à redire au vol en formation, mais, à mon avis, nous volions trop près les uns des

« Comme j'étais du genre individualiste, je décidai d'abandonner le vol en formation et de produire ma propre exhibition. »

Les Pitts Special Rothman en dégagement.

« La première figure que l'on apprend est la boucle. On accélère à peu près au triple de la vitesse de décrochement et on tire jusqu'à près de 4 G. Le nez se cabre et tout devient bleu devant les yeux. Il faut continuer à tirer le manche jusqu'à ce que tout devienne vert et encore un peu jusqu'à ce que le bleu se retrouve au-dessus et le vert au-dessous. »

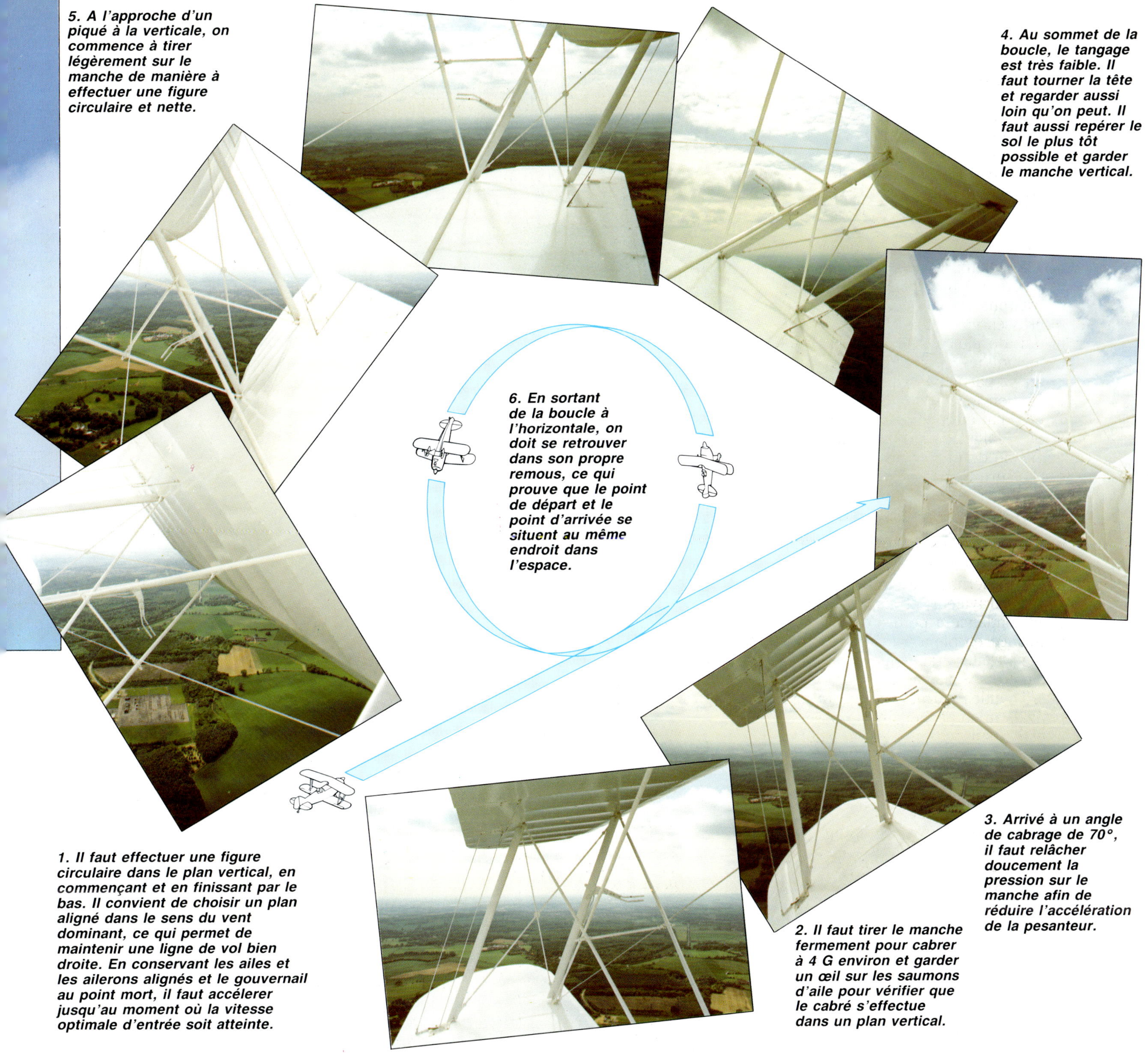

1. Il faut effectuer une figure circulaire dans le plan vertical, en commençant et en finissant par le bas. Il convient de choisir un plan aligné dans le sens du vent dominant, ce qui permet de maintenir une ligne de vol bien droite. En conservant les ailes et les ailerons alignés et le gouvernail au point mort, il faut accélerer jusqu'au moment où la vitesse optimale d'entrée soit atteinte.

2. Il faut tirer le manche fermement pour cabrer à 4 G environ et garder un œil sur les saumons d'aile pour vérifier que le cabré s'effectue dans un plan vertical.

3. Arrivé à un angle de cabrage de 70°, il faut relâcher doucement la pression sur le manche afin de réduire l'accélération de la pesanteur.

4. Au sommet de la boucle, le tangage est très faible. Il faut tourner la tête et regarder aussi loin qu'on peut. Il faut aussi repérer le sol le plus tôt possible et garder le manche vertical.

5. A l'approche d'un piqué à la verticale, on commence à tirer légèrement sur le manche de manière à effectuer une figure circulaire et nette.

6. En sortant de la boucle à l'horizontale, on doit se retrouver dans son propre remous, ce qui prouve que le point de départ et le point d'arrivée se situent au même endroit dans l'espace.

Le team Rothmans utilise cinq Pitts S-2A Special biplaces dans lesquels peuvent prendre place des journalistes.

Looping

Les pilotes de voltige utilisent un système compliqué de symboles pour représenter les diverses figures. Celui-ci correspond à un looping, ou boucle.

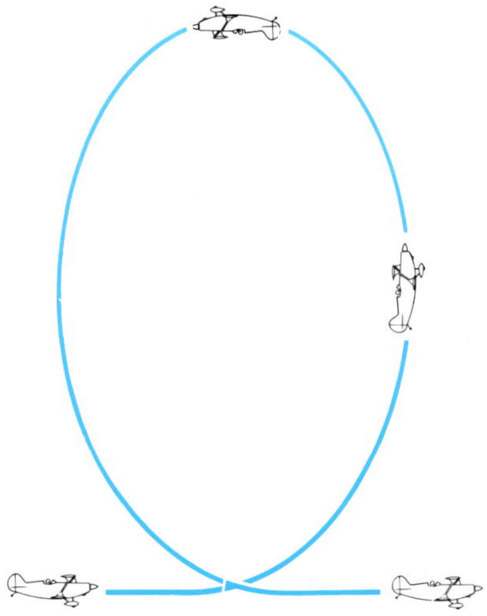

En cabrant à 4 G et en maintenant une pression constante sur le manche, on obtient une figure en forme d'œuf, resserrée au sommet.

autres. Nous avions un nouveau chef de patrouille, Marcus Edwards, qui avait été numéro deux auparavant. Venaient ensuite Alan Dicks, Rod Ray et moi.
Tout était alors nouveau pour nous.
Je pense que nos capacités — tout comme notre angoisse, sans aucun doute — étaient à peu près les mêmes.
Cette expérience m'ouvrit un peu les yeux et accrut considérablement mon respect pour les pilotes militaires.
Puis j'arrivai à un stade de mon cycle d'apprentissage où j'eus du mal à progresser. Les autres ne connurent pas tout à fait la même stagnation.
En fait, j'ai probablement trouvé mon second souffle en développant en moi ce côté agressif qui caractérise les pilotes militaires.
Lors d'un vol en formation, on accélère en sachant qu'une manœuvre se prépare et qu'on doit posséder une énergie suffisante pour tenir sa position : par exemple, si l'on est Box Man (numéro quatre) au sommet d'une boucle, moment où il convient d'accélérer, car le rayon de virage de son propre appareil est plus important que celui du leader.
Au cours des deux premiers mois, je sortais toujours au sommet de la boucle. Je me retrouvais tout en haut, en descente, à quelques centaines de mètres derrière l'équipe.
La solution consistait, lorsque le chef de patrouille disait lentement : Blue, ressource, maintenant ! à mettre les gaz à fond sur le B de Blue, à serrer les dents, à grimper jusqu'à arriver

presque sur le leader au sommet de la boucle, où la foule ne peut pas vous apercevoir, et à se mettre lentement en position correcte dans la descente.

Chaleur et sueurs

Ce fut un moment sensationnel, un été indien, marqué par des représentations en Europe, en Malaisie, à Bornéo et dans le Golfe. C'était merveilleux.
En plus des exhibitions en formation, j'effectuais de nombreuses démonstrations en solo. J'avais été sélectionné non pas pour mes talents, mais simplement parce que le numéro quatre, le Box Man, se sépare plus facilement de la formation. J'étais numéro quatre parce que je paraissais le moins apte au vol en formation, et qu'il est plus difficile de voler en formation en étant numéro deux ou numéro trois. Au début, je poussais un

Tonneau lent

Le tonneau lent est avant tout un exercice de coordination. Quand l'avion est incliné à 45°, le cap et la position du nez sont contrôlés par des actions sur le gouvernail de direction et sur la profondeur. Le pilote doit coordonner ses mouvements pendant toute la durée du tonneau.

Il faut braquer à fond le gouvernail à droite pendant le tonneau lorsque les ailes passent à la verticale. Seul le gouvernail de direction peut empêcher le nez de piquer sous la ligne d'horizon.

1. Il faut lever le nez très légèrement, donner une pression sur le manche et contrôler le mouvement de tangage.

2. Il faut pousser le manche vers la gauche pour relever l'aile droite, commencer à donner du palonnier pour braquer le gouvernail vers la droite et conserver le nez cabré.

3. En vol incliné, le fuselage offre une certaine portance, mais il faut garder le nez pointé sur l'horizon avec le gouvernail à droite.

4. En vol sur le dos, il faut maintenir le nez cabré avec la profondeur vers le bas en poussant le manche vers l'avant.

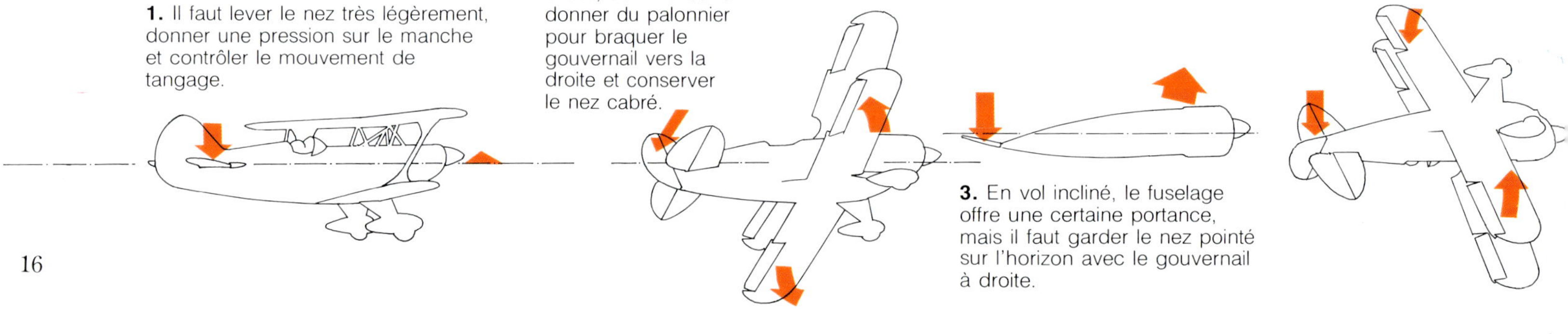

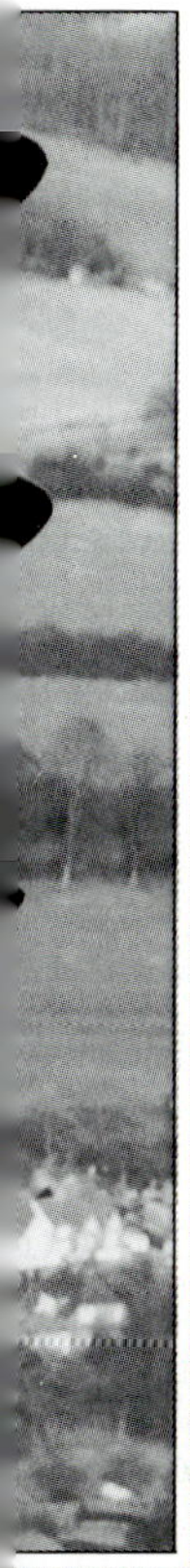

A gauche : le nom de Jaguar fut associé pour la première fois à la voltige aérienne lorsque la firme britannique sponsorisa le Stampe de Brian. Avec son Pitts déjà parrainé par Dunlop, l'aviateur dut se mettre en quête d'un second pilote pour répartir les charges de travail.

Ci-dessous : avec le team Rothmans, Brian effectua de nombreuses tournées en Grande-Bretagne, en Europe continentale et en Asie.

gros soupir de soulagement quand les exercices prenaient fin, mais, lors de ma deuxième tournée, je tins bien la formation et avec moins d'inquiétude. Alors j'ai commencé à travailler dur pour mon exhibition en solo, si dur que c'était un soulagement de revenir en vol groupé.

J'ai vécu un moment épouvantable en Malaisie. Le temps était très chaud et humide, si bien que la densité de l'air était plus faible. Lors de ma première tournée, je commençais mon solo par un Lomcevak — un déclenché négatif se transformant en cabrioles en raison de la précession gyroscopique.

Nous avions fait convoyer nos appareils par avion jusque-là, et, une fois ceux-ci remontés, nous dûmes les essayer en vol, profitant de l'occasion pour nous entraîner. Lors du premier vol d'entraînement, au-dessus de la jungle, je me lançai dans un Lomcevak sans avoir pris suffisamment d'altitude. Je tentai de l'arrêter mais je n'y parvins pas, et l'avion continua ses rotations. La vrille était si rapide que je ne pouvais même pas dire de quel côté je tournais, ni même si j'étais sur le dos; j'étais presque à la verticale.

La confusion la plus totale régnait, et la jungle commençait à me paraître bien proche.

A nouveau en vrille

Aujourd'hui encore, je ne sais pas comment je me suis sorti de cette situation : l'avion ne répondait à aucune de mes sollicitations. Je réussis enfin à redresser, à une altitude que je ne veux même pas connaître. Alors, je fis la seule chose qui s'imposait et je grimpai à nouveau pour recommencer. Ce fut encore pire. En raison de la faible densité de l'air, l'avion tourbillonna littéralement sur place, et je m'aperçus qu'il n'y avait pas moyen de trouver de l'air frais sans turbulences. Il fallait une sacrée altitude pour se lancer dans une vrille avec la moindre chance d'en sortir. Dans ces conditions, il ne me restait plus qu'à exclure cette figure du programme.

Une fois, nous nous entraînions à effectuer un tonneau lent en formation (nous étions la seule équipe au monde à le faire). Lorsque nous passâmes en vol inversé, je commençai à déraper vers le numéro trois, et je ne pus rien faire pour arrêter cette fichue embardée. J'aurais dû percuter la queue du leader ou l'ailier, mais rien de tel ne se produisit. Je me retrouvai bien au-dessus de tout le monde, tremblant comme une feuille. En fait, il aurait fallu que je pousse le manche.

Comme j'étais du genre individualiste, je décidai, au bout d'un certain temps, d'abandonner le vol en formation et de produire ma propre exhibition. Je donnai à mes compagnons un an de préavis, mais le hasard voulut que l'équipe se sépare peu avant la fin de mon année, me privant de ma prime de départ. Je commençai alors mes exhibitions avec mon Stampe et mon Pitts G-BOOK. »

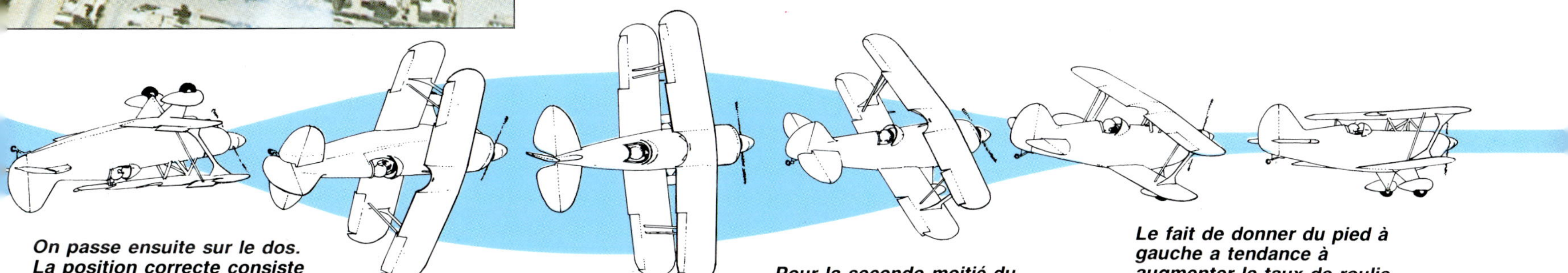

On passe ensuite sur le dos. La position correcte consiste à garder le nez vers le haut, en braquant le gouvernail de direction et en poussant le manche en avant.

Pour la seconde moitié du tonneau, il faut braquer le gouvernail à gauche afin de conserver le nez cabré.

Le fait de donner du pied à gauche a tendance à augmenter le taux de roulis, l'effet secondaire du lacet étant le roulis. Il faut s'assurer que l'accélération n'est pas trop importante.

5. Le Pitts vole très bien sur le dos, mais il est nécessaire de donner un peu de profondeur vers le bas.

6. Pendant que le tonneau se poursuit, il faut donner un peu de mou à la profondeur et manœuvrer avec douceur le gouvernail vers la gauche.

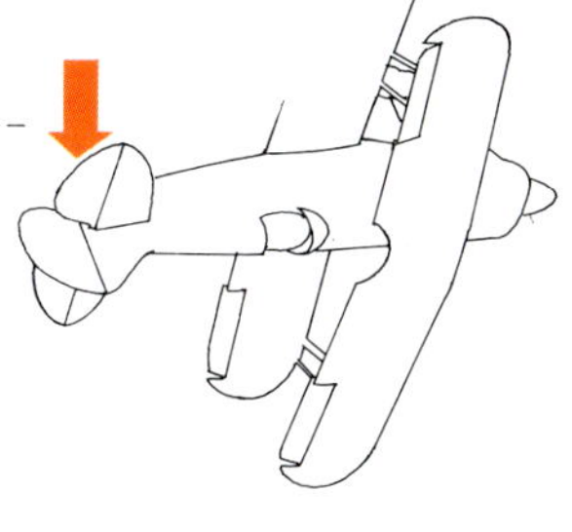

7. En vol incliné, il faut maintenir le nez cabré en plaçant le gouvernail de direction à gauche.

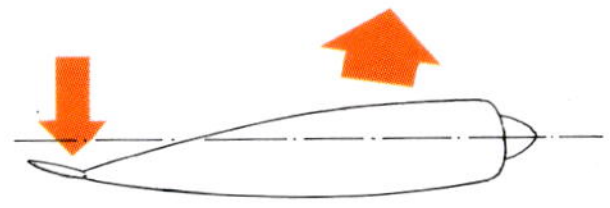

8. Le taux de roulis ayant tendance à augmenter, il faut relâcher doucement la commande des ailerons et ramener toutes les gouvernes un peu avant que le tonneau ne soit terminé. L'inertie de l'avion et l'effet de couple de l'hélice achèveront le mouvement.

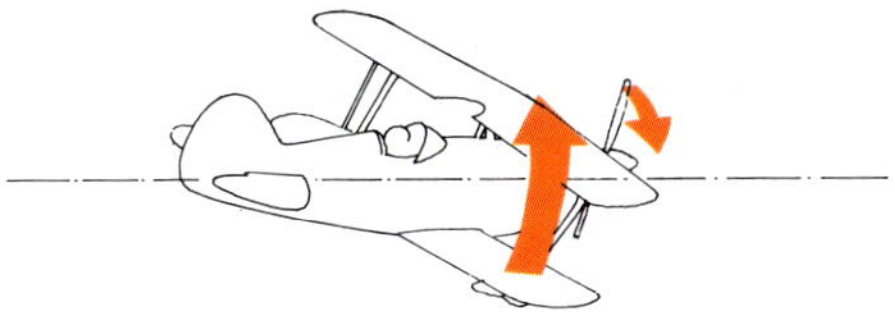

Initiation à l'acrobatie (2)

POUR UN SPONSOR

« J'ai commencé mes propres exhibitions avec le Stampe et avec le Pitts G-BOOK, celui-ci étant sponsorisé par Dunlop. Ce ne fut pas chose facile de trouver ce premier parrainage, et l'expérience que j'avais accumulée au sein du team Rothmans me fut d'une grande utilité. Je disposais en effet d'une belle carte de visite. La personne qui avait été le manager des Rothmans me décrocha un contrat avec Dunlop, puis, plus tard, avec Toyota. Je me produisais seul, mais j'avais engagé un pilote qui m'aidait à assurer le convoyage du Pitts ou du Stampe en vue des meetings où je pilotais ces deux appareils. C'était un très bon aviateur, très doué pour l'acrobatie. La troisième année, il commença à participer aux exhibitions, et, en 1987, nous étions trois. Dunlop sponsorisa le Pitts, et Jaguar le Stampe.

En 1987, Jaguar désirant améliorer son image de marque, nous avons acheté l'Extra, qui a rejoint le Stampe sous son parrainage. Toyota a succédé à Dunlop, après trois ans, pour le Pitts, et, à la fin de la première année, nous avons acquis un autre Pitts parce que nous ne pouvions pas tout faire avec un seul appareil de ce type.

Quand on a un sponsor comme Dunlop, qui ne cherche qu'à afficher sa marque et qui ne réclame que très rarement des exhibitions spéciales, l'essentiel du travail consiste à montrer le logo de la firme.

« Notre but est de figer la foule pendant dix minutes. »

Ci-contre : le volume de travail apporté par la conclusion d'un contrat entre Toyota et Lecomber nécessita l'acquisition d'un second Pitts, photographié ici en train d'achever un tonneau lent. Cet appareil emporte des fumigènes.

Pitts S-15 Spécial

Ailes
Le Pitts Special est un biplan à ailes haubanées, avec un mât d'entretoise entre chaque demi-plan et des mâts de cabane en forme de N.

Train d'atterrissage
Le train principal, à voie étroite, est équipé de freins à disque hydrauliques.

Dièdre
Le plan inférieur accuse un léger dièdre qui permet d'améliorer la stabilité latérale de l'appareil.

Le premier Pitts Special de Brian Lecomber était un S-1T, aux plans symétriques. Cet appareil subit d'importantes modifications et reçut notamment un moteur Lycoming de 260 ch actionnant une hélice tripale. Ainsi transformé, l'avion connut de nombreux problèmes. Quand il acheta un second Pitts, Lecomber opta pour un S-1S. Cet appareil fut utilisé dans le cadre du contrat passé avec Toyota, qui fut résilié à la fin de la saison 1987. Il porte désormais les couleurs de Microlease.

Moteur
Le Pitts Special peut être équipé d'une grande variété de moteurs, en majorité des quatre cylindres à plat Lycoming de 90 à 260 ch.

Habitacle
L'habitacle du Pitts Special est sommairement équipé, mais il peut recevoir une verrière aérodynamique.

Le constructeur automobile Jaguar sponsorisa le Stampe de Brian Lecomber, tandis que Toyota et Dunlop s'intéressèrent au Pitts Special. Le Stampe est un avion docile et gracieux, mais Jaguar décida rapidement de parrainer un monoplan Extra.

L'image de la firme, c'est nous

Le parrainage en matière d'aviation est très lié à l'image de marque de la société concernée. Jaguar a retrouvé son lustre d'antan en même temps que le chemin du profit en réalisant d'excellents produits, et l'avion doit en témoigner. Il doit exprimer, par l'audace de ses acrobaties, que la firme est en pleine expansion et qu'elle connaît une extraordinaire vitalité. On ne peut pas dire qu'Amstrad fabrique les meilleurs ordinateurs, mais le seul nom d'une compagnie, Amstrad ou Jaguar, doit être synomyme de qualité. Chacun de nos avions se produit devant près de trois millions de personnes chaque année et effectue une centaine d'exhibitions. Notre but étant de figer la foule pendant dix minutes à chaque meeting, ces trois millions de personnes ne voient que le nom du sponsor pendant ce laps de temps. Dans ce cas, il ne s'agit pas d'une publicité que les gens peuvent ou non regarder.

L'importance de la télévision

Pour les firmes les plus connues, nous faisons tous les efforts imaginables afin d'obtenir une couverture vidéo de nos démonstrations, car la télévision est très importante. Tout cela ne va pas sans mal, les chaînes de télévision étant connues pour leur versatilité. Mais, bon an mal an, un avion peut apparaître une douzaine de fois sur le petit écran. Pour les sponsors, il s'agit d'une opération publicitaire inespérée, un spot de cette durée à la télévision coûtant environ 120 000 francs. Un passage sur l'antenne peut donc payer un parrainage pour une période de trois ans.
Les journaux régionaux sont, si la chose leur est présentée correctement, tout à fait coopératifs pour publier le programme, avec photographies et texte correspondants, de l'exhibition à venir. Dans ce cas, nous utilisons un ordinateur pour leur fournir un communiqué de presse.

Marcher sur les ailes

Nous avons eu de longues et difficiles discussions avec Jaguar à propos du type d'avion qui représenterait le mieux l'image de cette firme prestigieuse, et nous sommes même sortis du cadre pur de la voltige aérienne. Nous avons imaginé, par exemple, une cascade anodine consistant à marcher sur les ailes d'un avion, mais nous avons ensuite estimé que cette façon de procéder était quelque peu dépassée. Nous avons même pensé à employer un avion à réaction. A cette époque, en effet, il était encore possible de se procurer un Hawker Hunter à un prix probablement plus intéressant qu'un Extra.

Le meilleur à l'Ouest

Comme nous nous étions prononcés en faveur d'un appareil de voltige pure, il fallait choisir le meilleur dans sa catégorie en Occident. L'Extra, dont il n'existe que quinze exemplaires dans le monde, était l'avion qu'il nous fallait. J'avais déjà piloté des machines d'acrobatie fabriquées par des pays de l'Est, comme le Zlin 50. Mais ce type d'appareil commençait déjà à dater un peu, et, à mon avis, il manquait de précision. On pourrait objecter qu'il s'agit d'un jugement un peu sommaire. En effet, si on ne vole à bord d'un

Les monoplans dominent actuellement la voltige de compétition en figures libres. L'Extra 230 est construit en Allemagne fédérale.

Tonneau au sommet

Le tonneau au sommet peut être utilisé pour faire demi-tour. Il consiste en une première moitié de boucle, suivie par un tonneau sur 180° qui permet de se retrouver en vol sur le ventre.

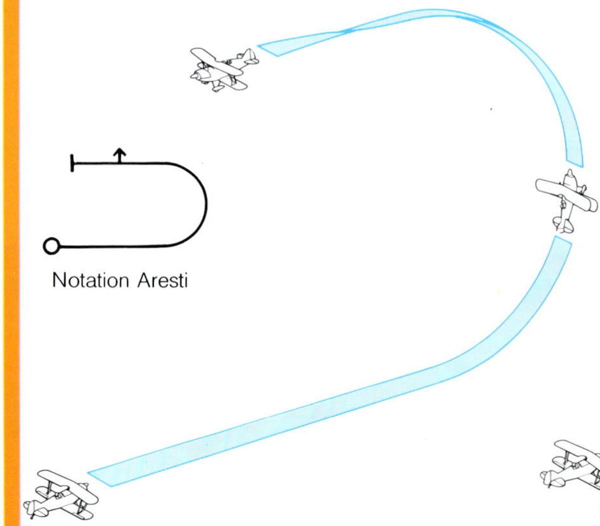

Notation Aresti

Rétablissement tombé

Le rétablissement tombé, ou demi-cubain, est pratiquement identique au tonneau au sommet, mais la boucle est complétée aux trois quarts et suivie d'un demi-tonneau qui permet de se retrouver en vol sur le ventre après un tombé inversé à 45°.

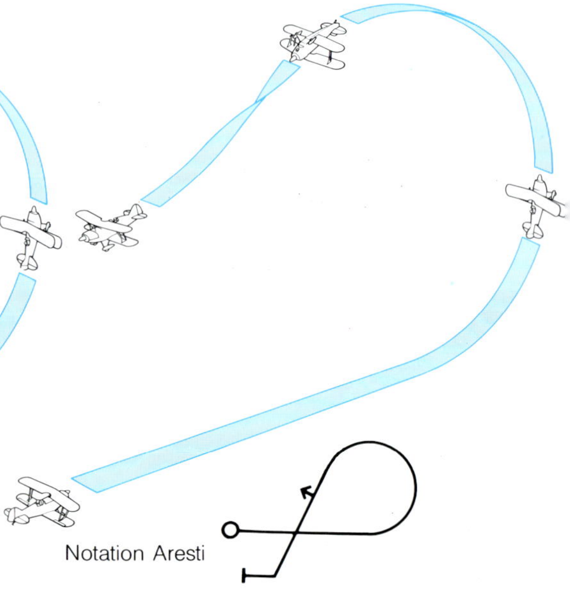

Notation Aresti

Après le retrait de Toyota, le Pitts Special fut sponsorisé par la firme d'informatique Microlease, qui, à raison, considéra que la voltige aérienne représentait une image de dynamisme et de haute technicité.

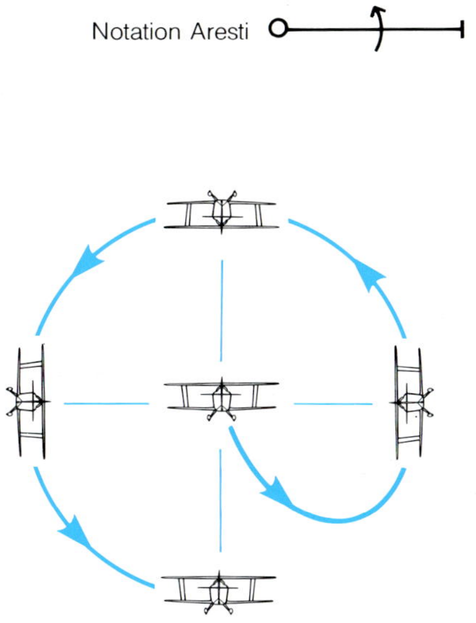

Ci-contre : une section d'aile avancée et un puissant moteur Lycoming de 200 ch permettent à l'Extra d'évoluer aussi bien en vol sur le dos qu'en vol sur le ventre.

Barrique

Le but de cette manœuvre est de tracer une ligne en tire-bouchon dans le ciel, présentant la forme d'une barrique.

Il faut fixer un point central, légèrement au-dessus de l'horizon, et se décaler sur un côté puis partir en tonneau jusqu'à ce que les ailes basculent à la verticale du point imaginaire. Le tonneau doit être poursuivi de manière qu'on se retrouve en vol sur le dos au moment où l'on passe ce point. Au troisième quart du tonneau, les ailes sont de nouveau verticales et le nez passe sous le point. Le tonneau doit être poursuivi jusqu'au rétablissement.

Il s'agit d'un exercice difficile. La bille doit toujours se trouver au milieu, et l'avion doit conserver son équilibre tout au long de la manœuvre, ce qui demande un travail des palonniers très poussé. Cette figure est difficile à enseigner.

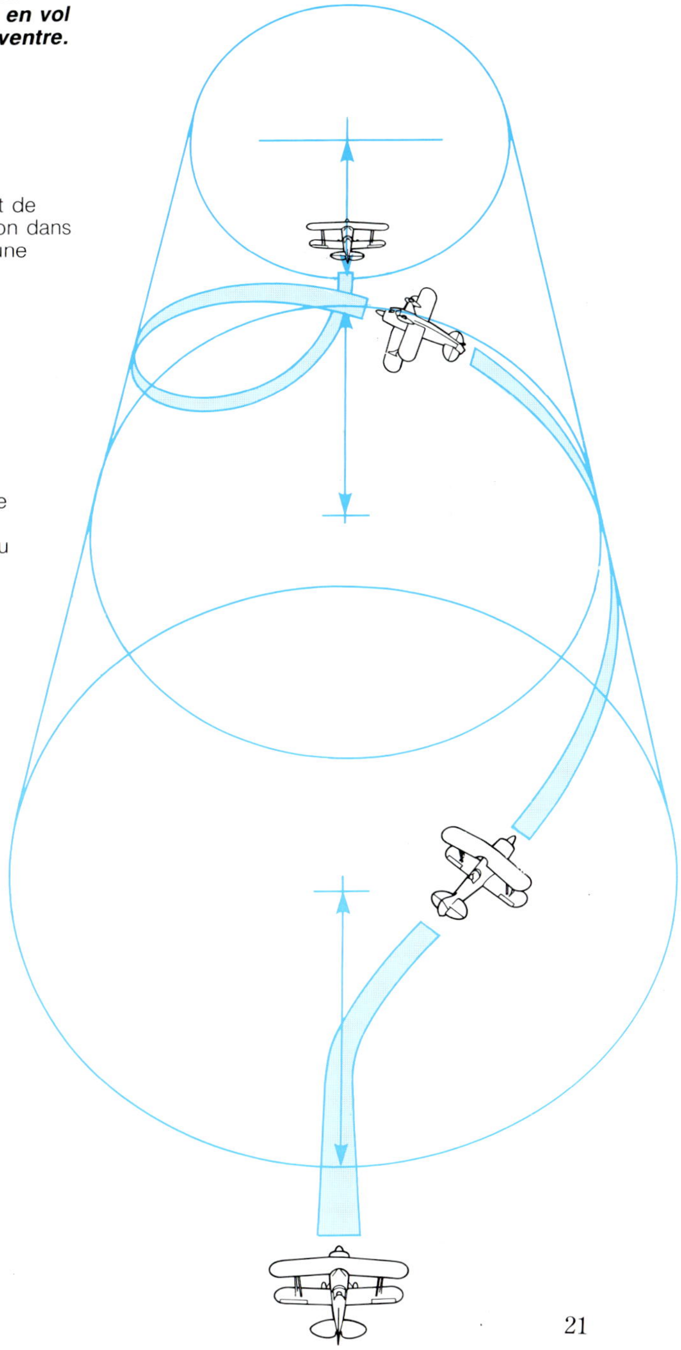

Retournement

Le retournement consiste en un demi-tonneau ascendant auquel succède un tombé en demi-boucle.

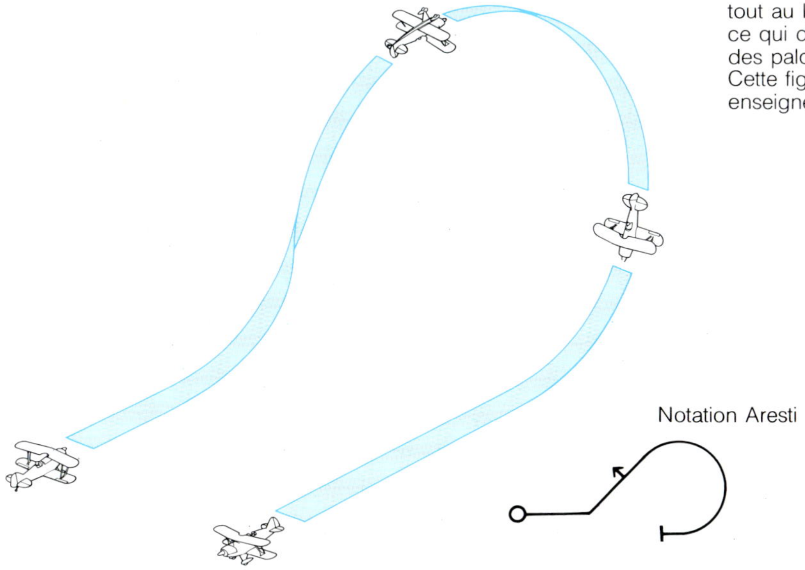

“ L’avion doit exprimer, par l’audace de ses acrobaties, que la firme connaît une extraordinaire vitalité. ”

En vol sur la tranche, le fuselage de l’Extra génère assez de portance pour permettre à l’avion de voler à l’horizontale.

La décoration élaborée de l’Extra de Lecomber, constituée de lettres adhésives en vinyle, est mise en place avant le début de la saison.

Renversement : entrée trop lente

Sur la plupart des avions, il est possible de sentir le moment où il faut donner du palonnier.

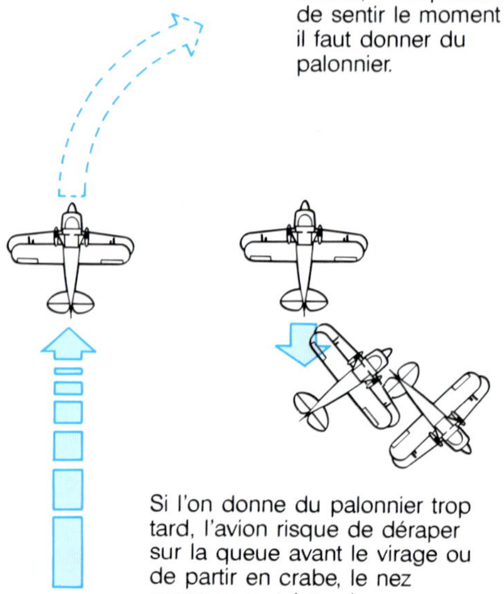

Si l’on donne du palonnier trop tard, l’avion risque de déraper sur la queue avant le virage ou de partir en crabe, le nez commençant à tomber.

avion qu’une petite demi-heure, alors qu’on est habitué à piloter une machine très différente, on sera enclin à le trouver difficile à manœuvrer avec précision. J’avais bien pensé au Zlin 50; mais, du fait de sa construction métallique, il est soumis à certains problèmes de fatigue.

Révolutionnaire

Je me suis laissé dire — et c’est un sentiment général — que le nouveau Sukhoi soviétique est un avion superbe, qui possède un taux de roulis fantastique et qui affiche des performances extraordinaires. Je n’en ai jamais vu en vol, mais tout le monde s’accorde pour vanter ses capacités hors du commun.
L’intérêt d’un tel avion réside dans sa nouveauté. Si un pilote se produit dans un meeting avec un appareil nouveau, il est certain de travailler à plein temps, essentiellement parce que le public est habitué à voir évoluer toujours les mêmes machines.

La formule 1 du ciel

Les avions de ce type sont des sortes de formule 1 du ciel. Ce ne sont pas des machines de tourisme permettant de voyager confortablement. Ils sont vraiment construits — notamment en ce qui concerne le Pitts Special et l’Extra — pour la compétition.
Par certains côtés, ils sont rustiques, et ils ne disposent d’aucune aide à la navigation.
Des éléments comme les freins, la roulette de queue et quelques autres encore n’ont pas à être particulièrement efficaces sur de tels appareils; ils n’ont même pas à être résistants. Mais, de notre côté, nous nous devons d’être fiables; alors, nous nous appliquons à entretenir nos avions au niveau le plus élevé possible. Quand on a fait connaissance avec son

L'Extra est un avion beaucoup plus volumineux que le Pitts, mais il n'en est pas moins très maniable.

En sortie de déclenché, l'avion pique droit vers le sol.

Renversement

Le renversement est une manœuvre très utile pour faire demi-tour ; il permet de se retrouver en sens inverse sur son axe de déplacement, ou à angle droit si on effectue un demi-tonneau ascendant en cours de manœuvre.

Il faut laisser sa vitesse tomber presque à zéro, puis braquer le gouvernail à fond rapidement, mais en douceur. L'avion répond en basculant à 180°, avec les gaz toujours à fond.

Il faut continuer à cabrer, jusqu'à ce que l'avion atteigne la verticale, et rester attentif au moment où les extrémités des ailes paraissent perpendiculaires à l'horizon.

Il faut rétablir à la verticale d'une manière assez serrée, en vérifiant que les extrémités des ailes restent sur la même position relative par rapport à l'horizon, afin de maintenir une inclinaison constante.

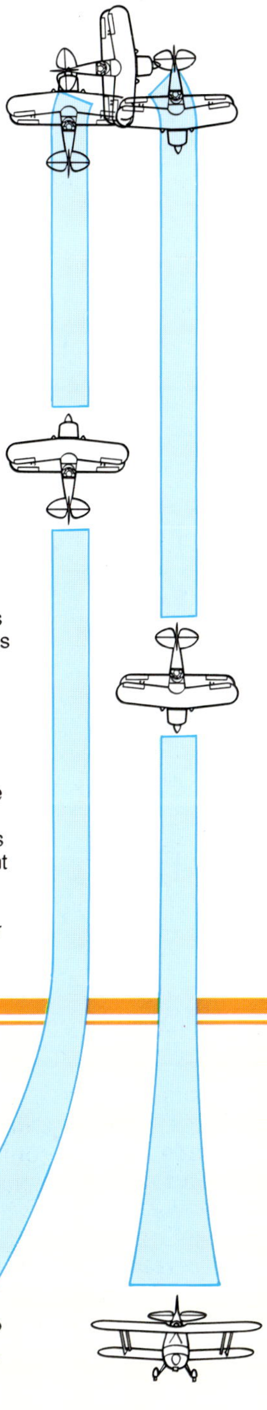

Renversement : entrée trop rapide

Si l'on donne du palonnier trop tôt, on ne pivote pas sur l'aile. En cas d'erreur d'inclinaison, on a aussi tendance à basculer sur le dos.

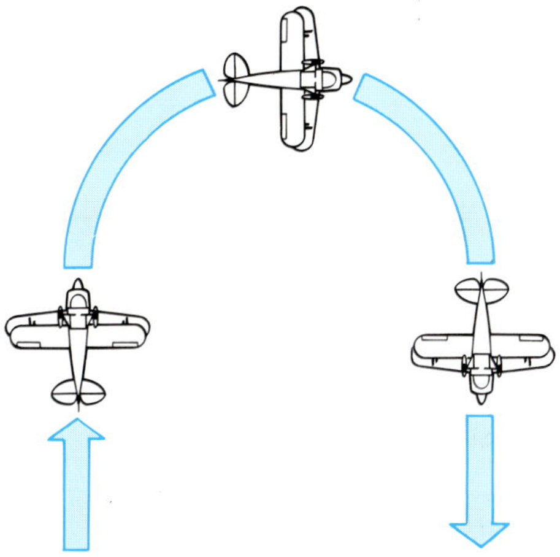

Au sommet, il faut garder les ailes alignées avec les ailerons.

Environ 10° avant d'atteindre la position de piqué vertical, il faut compenser avec le gouvernail ; autrement, le nez se mettra à osciller tout au long du piqué. Il ne faut pas hésiter à appliquer une forte pression sur les palonniers pour maintenir le nez à la verticale.

Si le nez se met à tomber, il convient de conserver l'appareil à la verticale en tirant sur le manche, mais de ne pas effectuer de rétablissement avant d'avoir atteint l'altitude d'entrée.

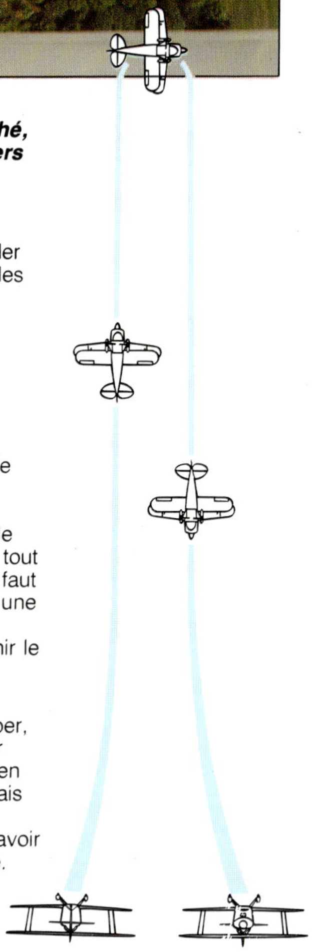

Renversement en vol sur le dos

Il est possible de sortir d'un renversement en vol sur le dos et de rétablir manche en avant.

Jaguar avait pensé à sponsoriser un chasseur à réaction ou même un Spitfire, mais finalement cette compagnie retint l'Extra, probablement le nec plus ultra en matière d'avions de voltige.

avion et qu'on en a découvert les faiblesses, on apprécie pleinement sa résistance et sa solidité structurale. Le point fort du Pitts est qu'il est réparable. Que quelqu'un passe son pied à travers l'aile ne constitue pas un drame. Par contre, il y a beaucoup à faire pour le maîtriser parfaitement. L'Extra ne pose pas de gros problèmes. Mais, si on a le malheur d'endommager une aile, de percuter un poteau en le sortant d'un hangar ou de fendre un bord d'attaque, il faut renvoyer l'appareil en usine. L'Extra étant doté d'une voilure à revêtement travaillant, chaque pièce est capitale. »

Initiation à l'acrobatie (3)

PROGRAMMER LA PERFECTION

« Le plus important des problèmes que l'on rencontre est de trouver de bons pilotes. »

L'Extra entre dans sa deuxième saison d'exhibitions.

« Le plus important des problèmes que l'on rencontre dans ce travail est de trouver de bons pilotes.
Il n'est pas évident de recruter des gens capables d'effectuer des figures de voltige à basse altitude.
En effet, il faut savoir se positionner entre 200 pieds et le sol. Dans la pratique, il n'y a guère de différence entre 200 pieds et 20 pieds si l'on ne perd pas son sang-froid. D'ailleurs, personnellement, j'estime qu'il est plus facile de voler au niveau du sol.
Mais rien ne va plus quand il s'agit de mettre la main sur des types capables d'accomplir des figures complexes, très bas et en toute sécurité.
Il est extrêmement difficile de former un pilote de compétition, même chevronné, qui n'a pas l'habitude de voler bas, tout au moins pas aussi bas que nous le faisons.
Il n'est pas non plus évident de l'entraîner et de lui dire ensuite : "Voilà, il faut que tu viennes à 20 pieds."
On ne peut exiger cela de quelqu'un; il faut qu'une telle initiative vienne de lui-même. En fait, la meilleure solution consiste à amener progressivement et naturellement quelqu'un à accepter des risques de cette nature, ce qui demande beaucoup de doigté.

Les limites humaines

Découvrir les limites d'un homme, et a fortiori celles d'un pilote, réclame un investissement considérable à la fois en termes de temps et d'usure de l'avion. Il faut savoir ne pas dépasser ces limites, et accorder une certaine confiance à l'homme en question pour qu'il ne les franchisse pas. En même temps, il faut l'encourager pour l'amener là où on désire qu'il parvienne. Un pilote d'acrobatie doit être en mesure de maîtriser toutes les

Extra EA-230

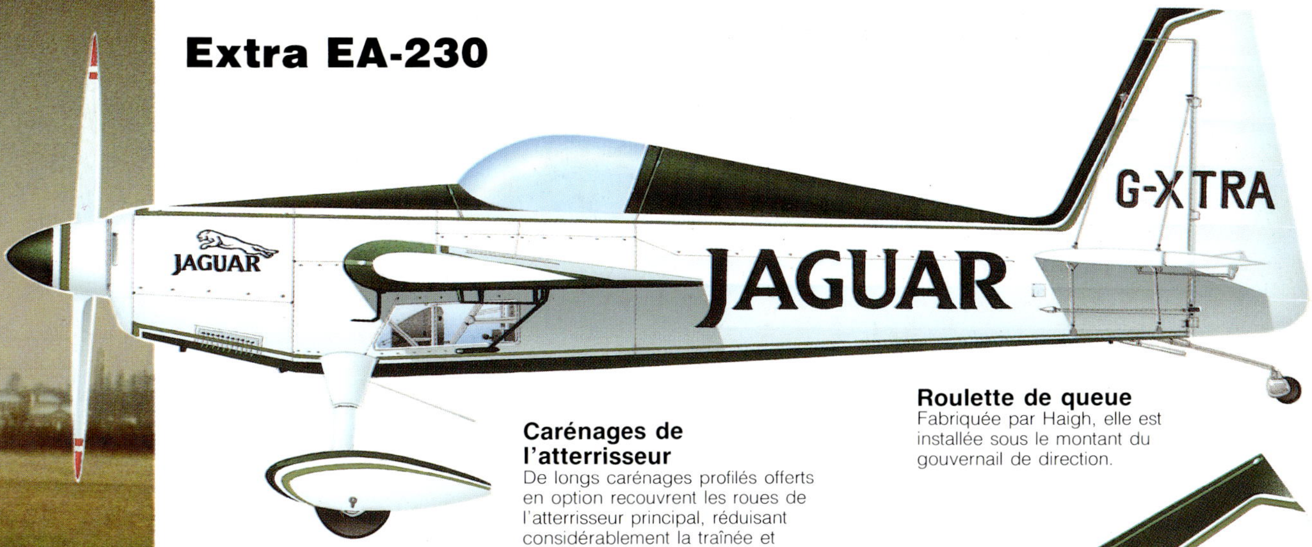

Roulette de queue
Fabriquée par Haigh, elle est installée sous le montant du gouvernail de direction.

Carénages de l'atterrisseur
De longs carénages profilés offerts en option recouvrent les roues de l'atterrisseur principal, réduisant considérablement la traînée et permettant d'atteindre de plus hautes vitesses.

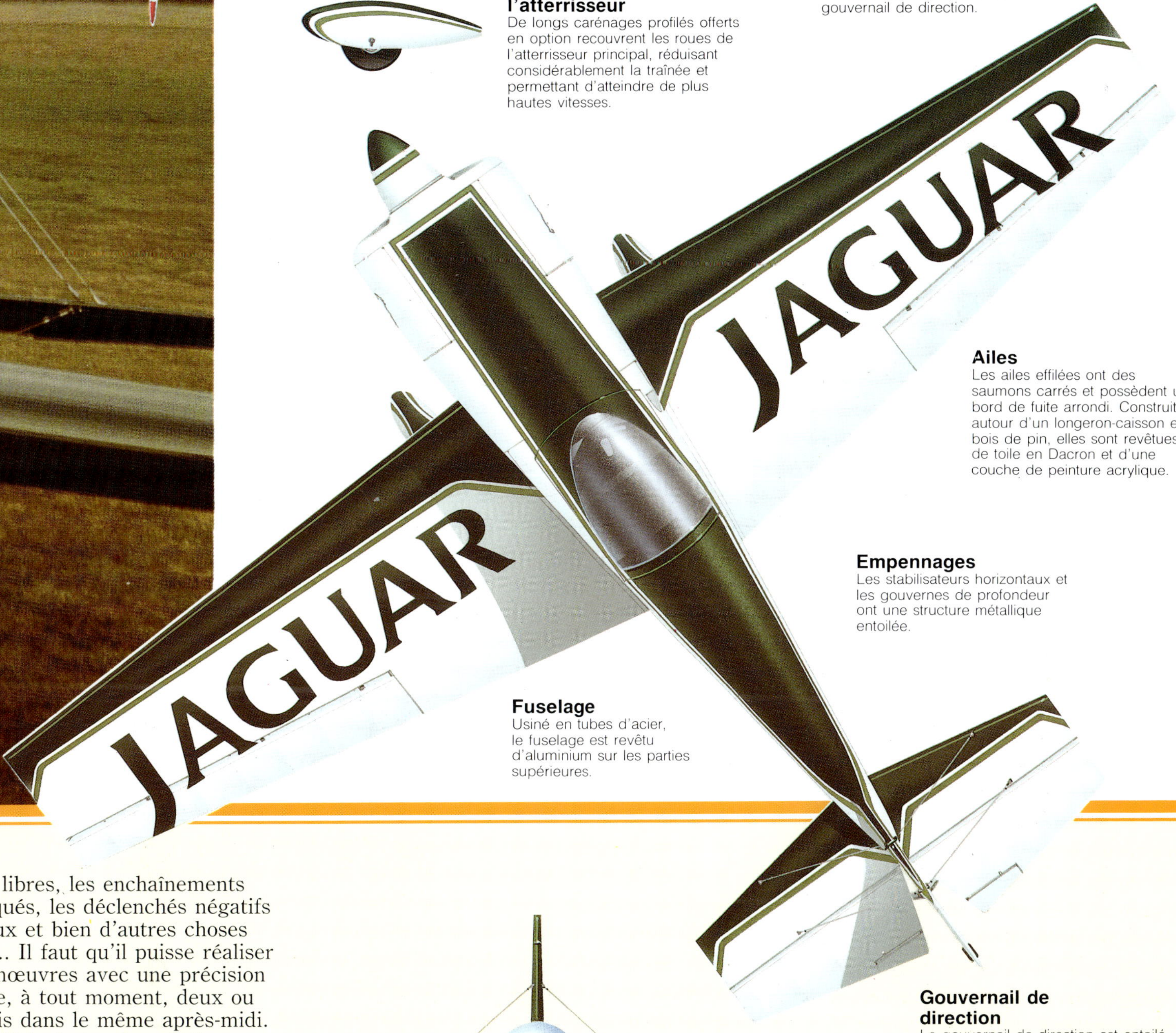

Ailes
Les ailes effilées ont des saumons carrés et possèdent un bord de fuite arrondi. Construites autour d'un longeron-caisson en bois de pin, elles sont revêtues de toile en Dacron et d'une couche de peinture acrylique.

Empennages
Les stabilisateurs horizontaux et les gouvernes de profondeur ont une structure métallique entoilée.

Fuselage
Usiné en tubes d'acier, le fuselage est revêtu d'aluminium sur les parties supérieures.

figures libres, les enchaînements compliqués, les déclenchés négatifs verticaux et bien d'autres choses encore... Il faut qu'il puisse réaliser ces manœuvres avec une précision extrême, à tout moment, deux ou trois fois dans le même après-midi. Ces qualités font qu'un pilote d'acrobatie de grande classe est

Gouvernail de direction
Le gouvernail de direction est entoilé et compensé. Cet élément présente des dimensions assez importantes permettant un meilleur contrôle en lacets.

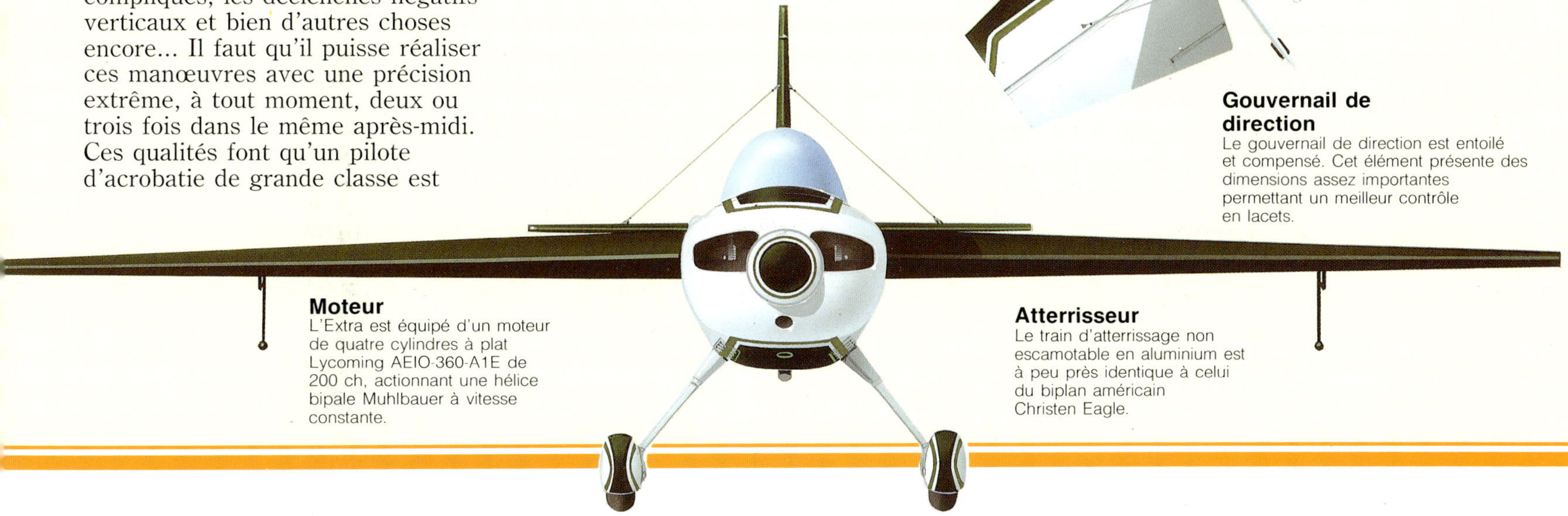

Moteur
L'Extra est équipé d'un moteur de quatre cylindres à plat Lycoming AEIO-360-A1E de 200 ch, actionnant une hélice bipale Muhlbauer à vitesse constante.

Atterrisseur
Le train d'atterrissage non escamotable en aluminium est à peu près identique à celui du biplan américain Christen Eagle.

quelque chose de très rare. Le revers de la médaille est que des gens déterminés à devenir aussi chevronnés ont tendance, une fois formés, à vouloir monter leurs propres exhibitions.
La saison d'un pilote de voltige démarre en février, après la remise en état des avions qui a eu lieu pendant la période hivernale.
Ce mois marque le début de la période d'entraînement, et les premiers jours sont assez chaotiques.
Les tâches administratives sont également très lourdes, car la vie d'un pilote de voltige est perturbée par la paperasse, qu'elle soit technique, officielle ou commerciale.
Des centaines et des centaines de contacts doivent être pris ou entretenus avec des gens intéressés par le marché de la voltige aérienne.
En 1987, nous avons participé à environ 240 meetings dans lesquels nous avons aligné trois avions.
En principe, sur une période estivale qui s'étend sur quatre mois et demi, chaque avion est engagé dans une centaine d'exhibitions, ce qui correspond à vingt week-ends.
Nous sommes donc bien occupés.
Pendant l'intersaison, nos avions subissent la grande révision annuelle.
Nous sommes contraints, pour d'évidentes raisons de sécurité, d'être beaucoup plus exigeants que les autres pilotes vis-à-vis de notre matériel, principalement en ce qui concerne les freins et les moteurs, qui sont révisés toutes les 400 heures. Ces éléments sont garantis pour une durée de 1 400 ou 1 600 heures, mais nous préférons prendre toutes les précautions.
Quand nous commençons une saison, nous sommes aussi prêts qu'on peut l'être. Nous ne saurions accepter une diminution de compression d'un moteur qui serait tout à fait admissible pour un appareil d'aéro-club, voire pour un avion de transport.
Nous nous montrons d'une extrême vigilance. A la moindre perte de compression, nous exigeons immédiatement une révision.
Pendant la saison, chaque pilote a la responsabilité de la maintenance de son appareil, et nous prenons bien soin de ne pas dépasser le cycle des 50 heures. Bien souvent, nous sommes largement en deçà, tout simplement parce que l'avion doit sortir pendant quinze jours pleins, ce qui représente au moins 20 heures. De ce fait, les cycles de révision tendent à être plus proches des 25 heures que des 50.
Au début de la saison, il convient aussi de remettre les pilotes en forme.
Les appareils ne sont pas les seuls à passer quatre mois dans un hangar.
Au sortir d'une longue période d'hibernation, de nombreux problèmes, parfois stupides, se posent. L'inactivité forcée n'a fait aucun bien à des éléments comme les compas, les harnais et les freins. De la même manière, les pilotes ont leurs propres problèmes, et ils découvrent, non sans quelque désagrément, que certaines manœuvres qu'ils réussissaient auparavant sans effort deviennent plus difficiles, voire pénibles, au niveau physique.

Le système fumigène de l'Extra fonctionne par injection de carburant dans l'échappement. La capacité du petit réservoir suffit pour une exhibition, et Lecomber doit faire le plein entre chaque meeting.

Couper les fumigènes et atterrir

Un nouveau sponsor voudra voir de quoi il retourne lors d'une avant-première. Quand vient le grand jour, un pilote d'acrobatie fait tout ce qu'il

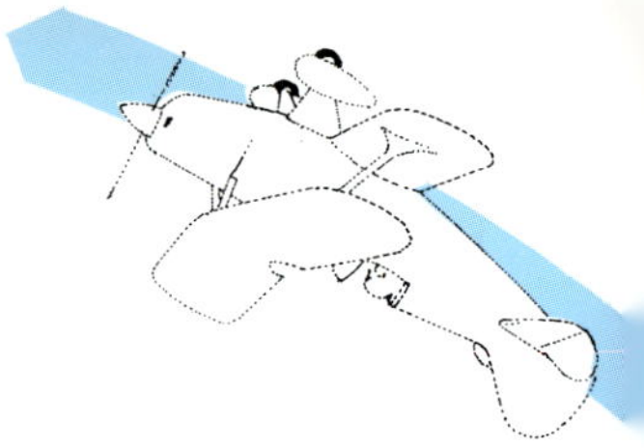

Le rétablissement est une figure gracieuse et plaisante à regarder. On peut se présenter parallèlement à la foule, grimper en boucle et terminer en se dirigeant droit sur l'assistance, puis rétablir pour s'en éloigner. Avec une boucle normale, on est contraint de demeurer sur la même ligne et de conserver le même cap en fin de manœuvre.

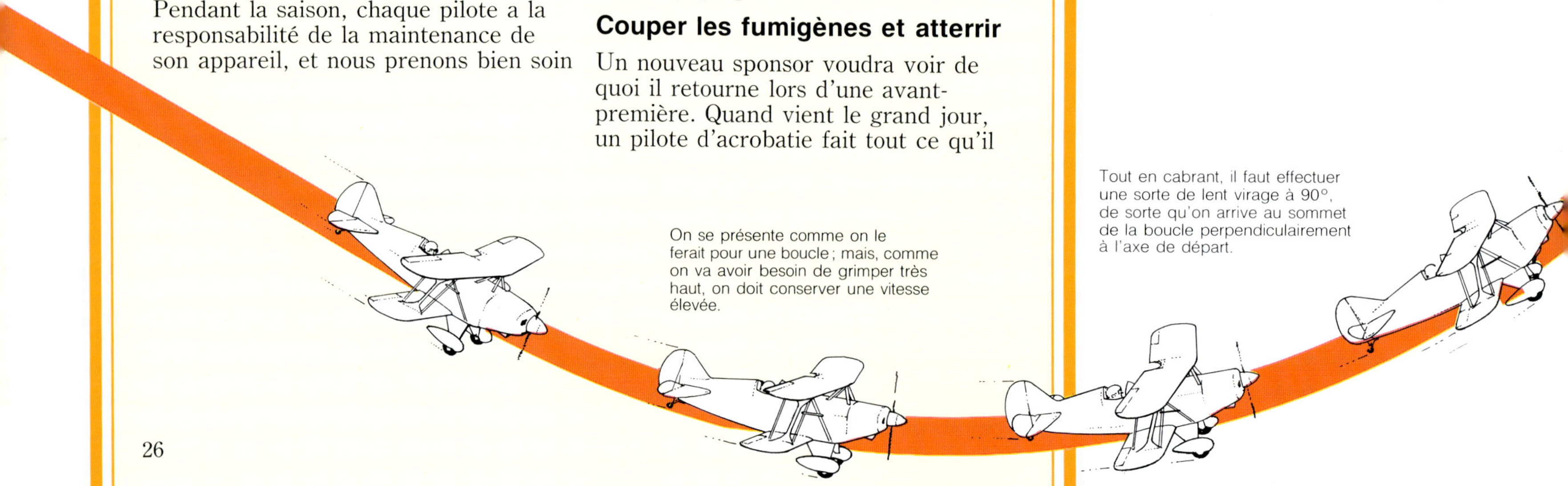

On se présente comme on le ferait pour une boucle ; mais, comme on va avoir besoin de grimper très haut, on doit conserver une vitesse élevée.

Tout en cabrant, il faut effectuer une sorte de lent virage à 90°, de sorte qu'on arrive au sommet de la boucle perpendiculairement à l'axe de départ.

Le rétablissement

Arrivé au sommet, il faut rétablir l'appareil simplement, comme pour effectuer la seconde partie d'une boucle normale. Il est alors difficile de changer d'axe d'une manière absolument correcte.

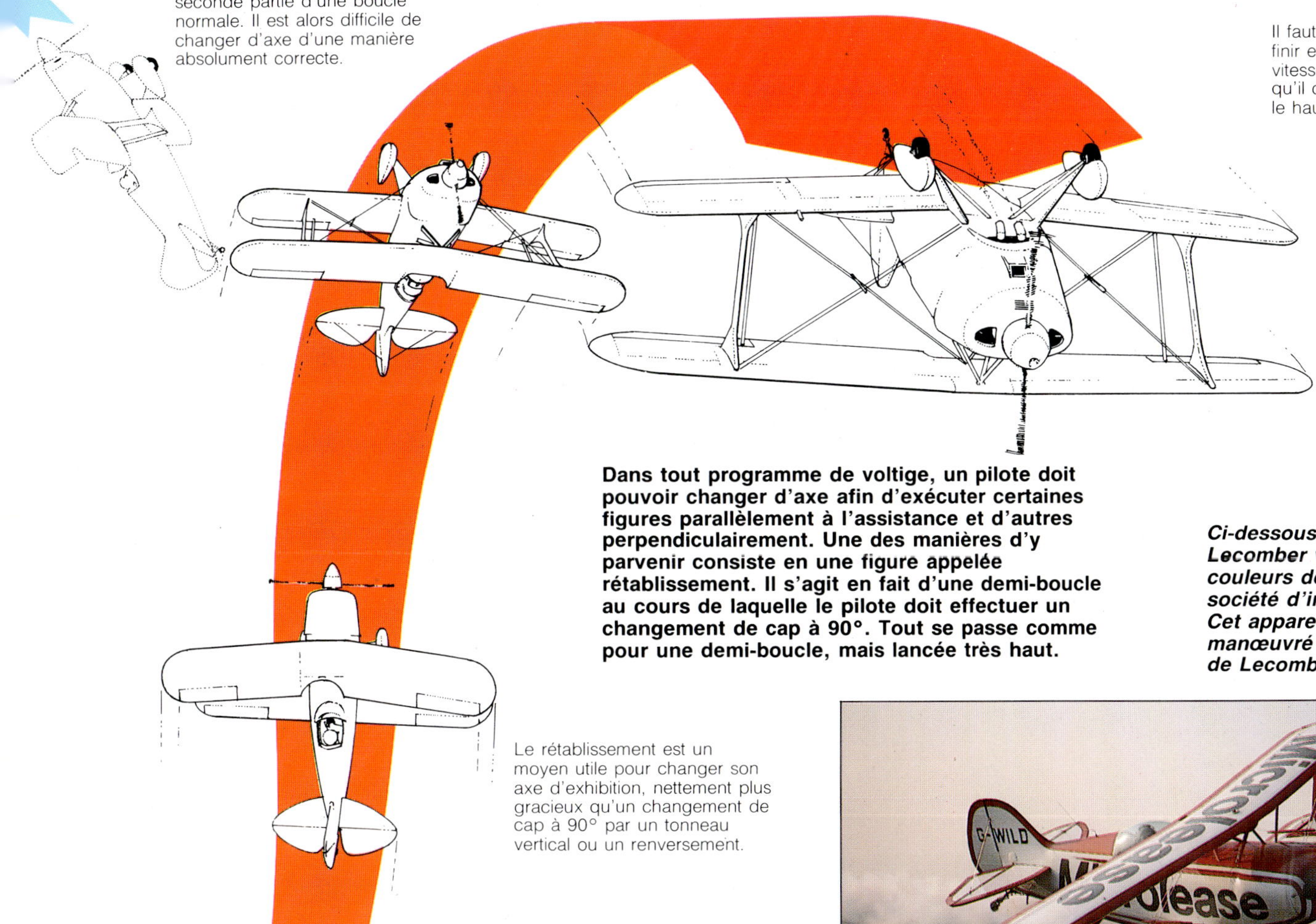

Il faut cabrer en finesse et finir en douceur, avec une vitesse presque nulle, de sorte qu'il convient de pousser vers le haut tout le temps.

Dans tout programme de voltige, un pilote doit pouvoir changer d'axe afin d'exécuter certaines figures parallèlement à l'assistance et d'autres perpendiculairement. Une des manières d'y parvenir consiste en une figure appelée rétablissement. Il s'agit en fait d'une demi-boucle au cours de laquelle le pilote doit effectuer un changement de cap à 90°. Tout se passe comme pour une demi-boucle, mais lancée très haut.

Ci-dessous : le Pitts S-1T de Lecomber vole sous les couleurs de Microlease, une société d'informatique. Cet appareil est souvent manœuvré par le second pilote de Lecomber, John Harper.

Le rétablissement est un moyen utile pour changer son axe d'exhibition, nettement plus gracieux qu'un changement de cap à 90° par un tonneau vertical ou un renversement.

Quand on exécute un tonneau barriqué, on se retrouve à 200 ou 300 pieds au-dessus de l'endroit où la manœuvre a commencé ; mais, dans le rétablissement, il faut arriver bien plus haut, entre 800 et 900 pieds, avec une vitesse nettement moins élevée.

Huit vertical

Le huit vertical est une figure difficile à réaliser, car elle implique l'enchaînement de deux parties symétriques. Tout retard ou toute différence entre les deux parties rend une telle manœuvre inesthétique et déséquilibrée. Pour un pilote, il s'agit d'un excellent exercice de coordination.

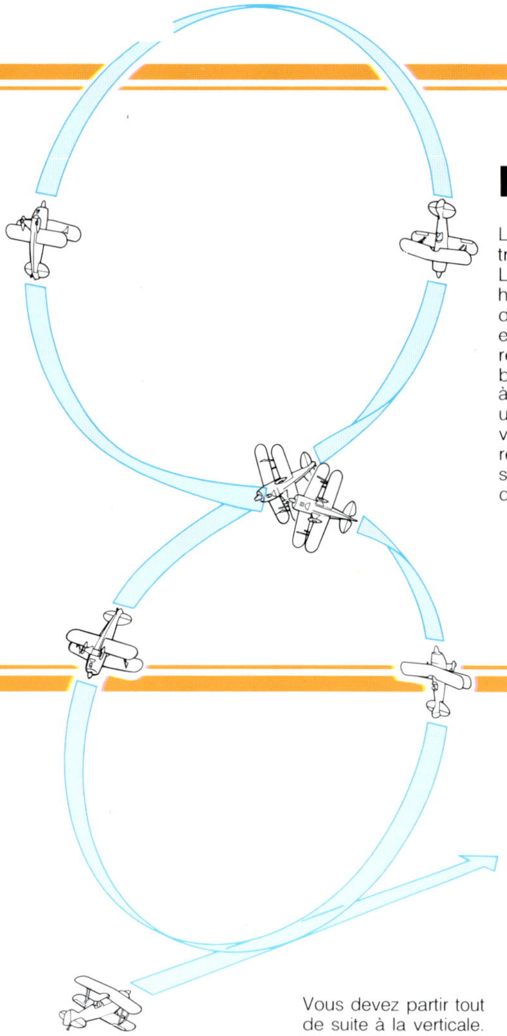

Huit cubain

Le huit cubain consiste à tracer un huit horizontalement. L'avion exécute cinq huitièmes de boucle, un demi-tonneau descendant en vol sur le ventre puis repart pour une seconde boucle. Dans la descente à 45°, le pilote effectue un nouveau tonneau en vol sur le ventre et rétablit l'appareil pour sortir par son point d'entrée.

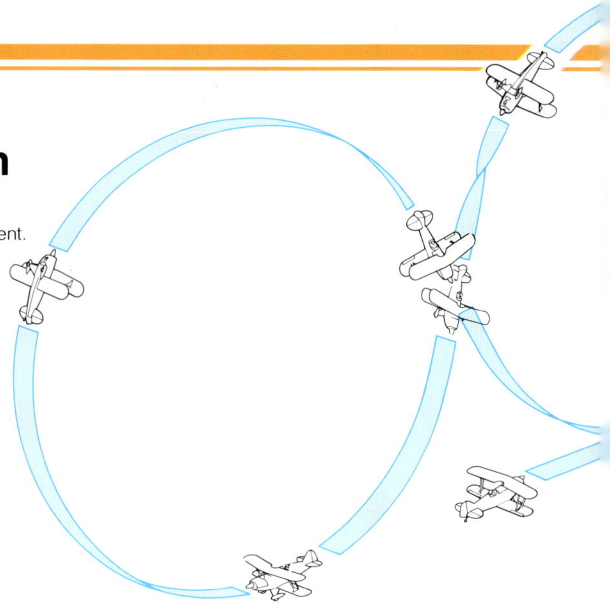

Tonneau vertical

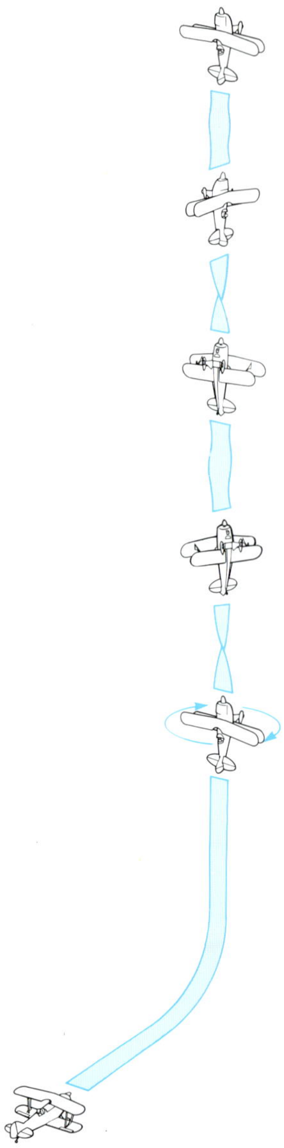

Le tonneau vertical est une figure difficile, qui peut faire hésiter certains pilotes d'acrobatie. Trouver la verticale absolue rapidement et précisément, avec le maximum de puissance du moteur, est une nécessité absolue.

Il faut savoir s'imposer une discipline stricte et regarder les deux extrémités des ailes pour éliminer toute erreur de lacet. De cette façon, si l'aile tombe, on sait avec certitude qu'il s'agit d'une erreur d'inclinaison.

En se lançant dans la phase du tonneau, le pilote doit surveiller les extrémités des ailes quand elles pivotent. Si le tonneau n'est pas absolument vertical, il peut agir sur le manche et sur les palonniers.

Il est préférable de déclencher à 180° sur le dos ou sur le ventre en sortie de tonneau vertical.

Tonneau vertical : erreur de lacet

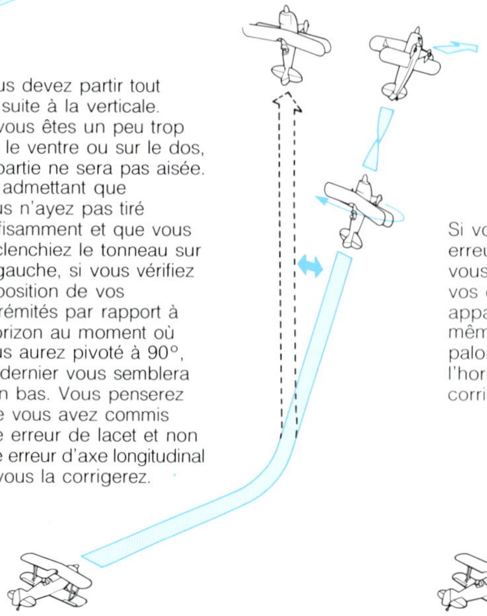

Vous devez partir tout de suite à la verticale. Si vous êtes un peu trop sur le ventre ou sur le dos, la partie ne sera pas aisée. En admettant que vous n'ayez pas tiré suffisamment et que vous enclenchiez le tonneau sur la gauche, si vous vérifiez la position de vos extrémités par rapport à l'horizon au moment où vous aurez pivoté à 90°, ce dernier vous semblera bien bas. Vous penserez que vous avez commis une erreur de lacet et non une erreur d'axe longitudinal et vous la corrigerez.

Tonneau vertical : erreur d'axe longitudinal

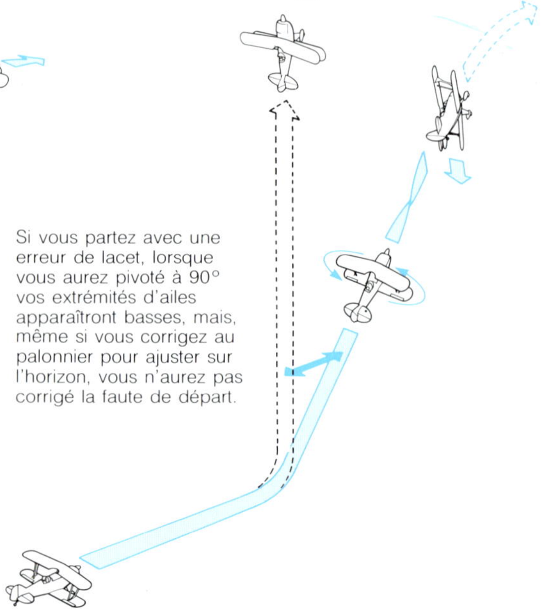

Si vous partez avec une erreur de lacet, lorsque vous aurez pivoté à 90° vos extrémités d'ailes apparaîtront basses, mais, même si vous corrigez au palonnier pour ajuster sur l'horizon, vous n'aurez pas corrigé la faute de départ.

peut pour que celui qui le finance ne soit pas déçu. S'il n'est pas encore bien dérouillé, il n'entreprendra que des exercices assez simples, en commençant par un tonneau, mais sans inclure de Lomcevak dans le programme.
Dans de telles circonstances, une étrange aventure m'arriva.
Ma démonstration terminée, j'avais coupé les fumigènes et m'étais posé; je revins au parking sous les regards d'un groupe de spectateurs joyeux, m'arrêtai devant ces gens, stoppai le moteur et défis mes harnais.
C'est alors que je jetai un œil sur le plancher de l'habitacle. Ledit plancher étant constitué de Perspex, le pilote est en mesure de voir le sol à travers mais aussi d'apercevoir quelques éléments de l'appareil, dont l'extrémité des collecteurs d'échappement.
Quelle ne fut pas ma surprise de distinguer de méchantes flammes rouges léchant les collecteurs!
Je sautai hors de l'habitacle comme si j'avais été assis sur un siège éjectable, passai sous l'aile en glissant sur les genoux, enlevai une chaussure et tapai sur les flammes. Ce fut efficace, mais cette entrée en matière ne laissait rien présager de bon.
Le temps semblait arrivé à présent de mettre à peu près au point mon

« La vie d'un pilote de voltige est perturbée par la paperasse. »

Les ailes courtes, les quatre ailerons bien dimensionnés et le moteur puissant offrent au Pitts un taux de roulis remarquable.

programme d'exhibition pour l'année... J'avais trouvé un moyen de bien négocier cette figure difficile qu'on appelle Lomcevak, et je me débrouillais même très bien avec le demi-déclenché vertical... Quelques pilotes de voltige préfèrent improviser à chaque fois, mais quelque part en moi sommeille un aviateur craintif qui, pour une raison obscure, n'aime pas trop se lancer dans des figures au ras du sol sans les avoir répétées. A la fin de juillet, tout allait bien et je faisais parfaitement corps avec mon avion.
Vers le milieu d'une saison, j'ai toujours l'impression que l'intimité grandit entre mon appareil et moi. Il s'agit là d'un processus des plus subtils, tant il est vrai qu'il n'existe que très peu de pilotes capables de sauter dans n'importe quel avion et d'établir immédiatement avec lui un rapport profond. Pour moi, les choses vont beaucoup plus lentement. Pour y parvenir, il me faut exécuter des centaines, voire des milliers, de figures, du virage léger au Lomcevak. »

TABLE DE CONVERSION
DES MESURES INTERNATIONALES

1 mille marin (ou nautique)	= 1,852 km
1 nœud	= 1,852 km/h
1 pied	= 0,304 m

MISSIONS CIVILES

Initiation à l'acrobatie (4)

JOUR DE MEETING

Les frères ennemis de la voltige

Le pilote canadien Gordon Price produit l'Ultimate, un biplan de voltige extrapolé du Pitts, doté d'un moteur plus volumineux et d'ailes d'une conception avancée.

Le Laser, construit en Australie, est, comme l'Extra, extrapolé du Stephens Akro. Ce monoplan avancé a éclipsé le Pitts Special dans les compétitions.

«L'art de l'exhibition aérienne, qu'elle soit acrobatique ou non, réside dans l'établissement d'un programme adapté à l'appareil qu'on utilise. Si ses performances sont limitées, comme celles d'un Spitfire ou d'un Stampe, il faudra élaborer une démonstration destinée à mettre l'avion en valeur et éviter les figures qui pourraient poser problème.
Par ailleurs, si l'exhibition est complexe, il sera nécessaire de commencer le travail à une certaine altitude pour descendre ensuite progressivement. Il existe une leçon que tout pilote de meeting doit apprendre : c'est qu'il ne faut jamais démarrer au-dessus de 500 pieds, sous peine de lasser un public qui ne voit strictement rien au-delà d'une telle altitude.
Il convient aussi de ne pas oublier les caractéristiques de l'avion. Il n'y a par exemple aucun intérêt à réaliser des figures Aresti à bord d'un Spitfire, car l'appareil ne s'y prête pas et que le résultat ne serait pas spectaculaire.
Il en va de même des déclenchés multiples à bord d'un Stampe : ce n'est pas ce que l'on peut présenter de plus original, et quelqu'un après vous peut le faire beaucoup mieux à bord d'un Pitts Special. C'est l'avion qu'il faut mettre en valeur, pas le pilote.
Mais quand l'appareil en question ne connaît aucune limite, comme c'est le cas du Pitts et de l'Extra, il faut privilégier le pilote et non plus la machine.

Le Mudry CAP.10 est un appareil d'entraînement à la voltige très apprécié, dont quelques exemplaires participent à des exhibitions, surtout en France, son pays d'origine. Ces avions, qui appartiennent au team French Connection, installé aux États-Unis, sont manœuvrés d'une manière spectaculaire par deux anciens pilotes de l'armée de l'Air.

Le Pitts et l'Extra

Avec un Pitts S-1T, un appareil à l'envergure réduite doté d'un moteur de 200 ch qui entraîne une hélice à vitesse constante, un pilote fera ce qu'il voudra. Le S-1T, qui est de la véritable dynamite, est presque supérieur à l'Extra. Une ou deux fois par meeting, je laisse mon Pitts en faire à sa tête, notamment dans les figures verticales.
Le résultat est extraordinaire.
Le Pitts répond d'une manière incroyable, ce qui offre la possibilité d'effectuer des dizaines de déclenchés. Lorsque le programme est bien ficelé, qu'on ne vole pas trop haut et qu'on exécute des séries de figures en déclenché, le public en redemande.
Qu'en est-il de l'Extra? Il s'agit d'un appareil encore plus performant.
Pas besoin de s'en faire pour boucler les figures très haut. Il ne déclenche pas aussi vite que le Pitts, mais il possède de fantastiques capacités à basse vitesse. Au sommet d'une ascendante composée à 45°, il est possible de tenter des manœuvres

Ci-dessus : les Royal Jordanian Falcons, qui constituent une écurie hautement professionnelle, volent sur Pitts et présentent toujours de très belles exhibitions. Leurs rivaux ont fort à faire pour concurrencer les prouesses de ces pilotes.

Dernier-né d'une grande lignée de monoplans de voltige de classe internationale, le Yak-55 n'est surpassé que par le Sukhoi Su-26.

L'usage de matériaux modernes ainsi qu'une construction et une aérodynamique avancées rendent le nouveau Sukhoi Su-26 très difficile à égaler.

A droite : le duo Unipart vole sur des planeurs motorisés Fournier RF-4. Ces appareils présentent une exhibition soignée et habilement coordonnée. Deux Pitts volant de conserve ne pourraient pas se produire avec autant de grâce.

totalement inattendues, comme pousser ou tirer de nouveau à la verticale. Il n'existe pas d'exhibition parfaite, mais, quand on a accompli une démonstration serrée et énergique, on sait qu'on a réussi à 90 %. Un succès à 100 % est une vue de l'esprit. On essaiera toujours de modifier sa façon de faire et de trouver quelque chose de nouveau.

L'importance de la préparation

Tous les détails de la préparation doivent être réglés des semaines, voire des mois à l'avance. Pour chaque meeting, on dispose d'une fiche, qui peut être établie sur n'importe quel bout de papier. Après un week-end d'exhibitions, le pilote doit passer son programme en revue, consulter toutes ses fiches et en établir une autre pour le prochain meeting. Celle-ci comportera les horaires, le lieu et des informations particulières. Nous, les pilotes de meeting, avons pour habitude de téléphoner aux aérodromes où nous devons nous rendre de manière à ne pas arriver au dépourvu, d'autant que nous avons souvent besoin de gazole pour les fumigènes. Comme nos horaires sont très souvent serrés, nous ne nous accordons qu'une demi-heure entre deux étapes. Nous devons refaire les pleins, réalimenter les fumigènes, réviser le programme, faire des vérifications et repartir dans la demi-heure. Il faut avoir quelqu'un sur place qui vous attende avec un bidon de gazole, et donc beaucoup d'amis dans le pays.
Quand on travaille sur quatre-vingts sites différents en une année, il n'est pas possible d'effectuer une reconnaissance sur chacun d'eux. On ne peut rien faire d'autre que de travailler avec une carte.

Autorisations en série

Nous devons disposer d'autorisations et de dispenses pour tous les sites accueillant un meeting aérien, et nous nous appliquons à en obtenir le maximum pour couvrir toute éventualité. Pour les manifestations qui ne sont pas considérées comme des meetings aériens, nous devons solliciter nos propres dispenses. Ce que nous faisons viole deux lois régissant la navigation aérienne. Il existe un texte qui interdit de s'approcher à moins de 500 pieds des personnes, véhicules et structures. L'autre loi souligne qu'un avion ne peut survoler à moins de 3 000 pieds un rassemblement de plus de mille personnes. Pour toutes ces raisons, nous sommes contraints de demander aux autorités une permission en bonne et due forme de ne pas respecter ces deux lois de la navigation aérienne. Quant aux mauvaises conditions atmosphériques, elles ne nous font rater que très peu de meetings. Notre plus mauvaise année a vu l'annulation de douze exhibitions sur les cent prévues. Au cours de la meilleure,

Quand on est en vol sur le dos, on pique vers le sol avant de savoir comment. Une telle manœuvre demande un peu d'habitude.

1

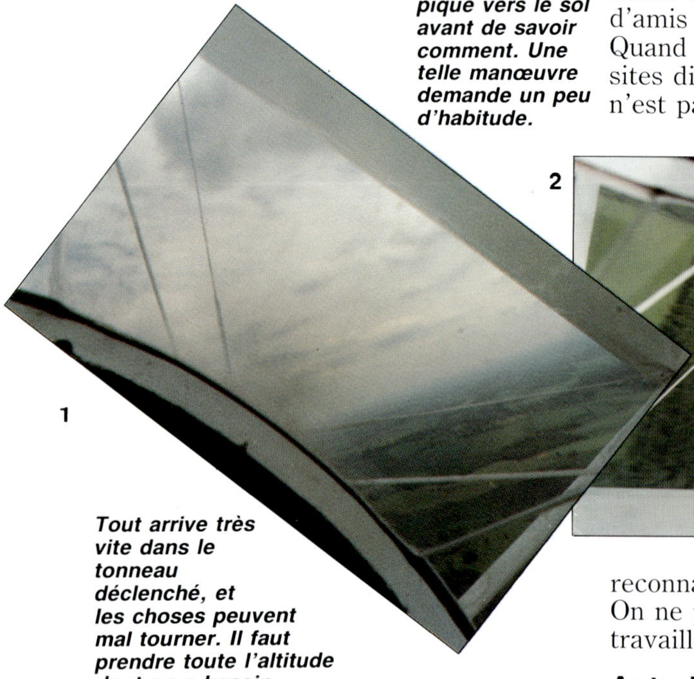

Tout arrive très vite dans le tonneau déclenché, et les choses peuvent mal tourner. Il faut prendre toute l'altitude dont on a besoin.

2

3

En rotation, l'avion dérive dans la direction du tonneau. Le taux de rotation est plus rapide dans le sens du couple du moteur qu'en sens contraire.

4

Le tonneau déclenché

Le tonneau déclenché n'est pas une figure facile, même en Stampe, et Lecomber lui-même admet que lorsqu'il reprend l'entraînement, chaque année, il n'est pas toujours à son aise. Un pilote de voltige célèbre décrit cette figure comme « une autorotation sur laquelle le pilote exerce un semblant de contrôle ».

5

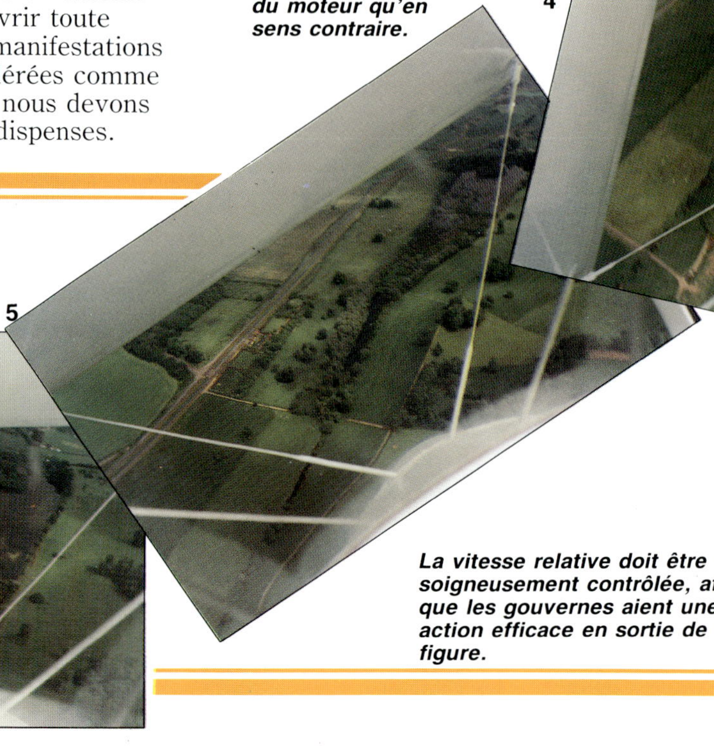

6

La vitesse relative doit être soigneusement contrôlée, afin que les gouvernes aient une action efficace en sortie de figure.

Fiche de programme Aresti

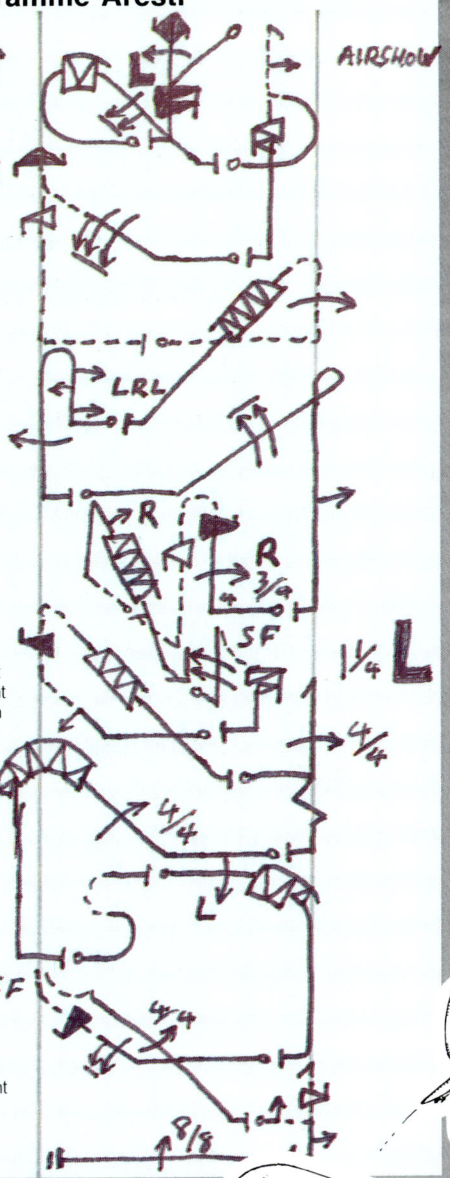

Cette série de notations compliquées est la reproduction d'une des fiches de Brian Lecomber destinée à être attachée au tableau de bord de l'appareil. Elle montre le programme que l'Extra doit exécuter.

Le programme table sur un vent de face de 15 nœuds, matérialisé sur la fiche par une petite flèche et par les initiales CR dans le coin supérieur gauche.

Avant tout, il s'agit d'une suite équilibrée et soigneusement conçue de figures consommatrices d'énergie et de figures neutres qui s'enchaînent facilement, en combinant tonneaux et boucles afin de varier et de soutenir l'intérêt.

Le programme comprend une série de figures propices à susciter l'enthousiasme, comme des tonneaux déclenchés négatifs, matérialisés par de petits triangles noirs.

Si la direction du vent était différente, le programme de base resterait identique, mais certaines figures seraient exécutées à partir d'un autre point d'entrée.

Tonneau déclenché

Tout le monde a vu un avion en vrille. En fait, un tonneau déclenché est avant tout une vrille, mais pas nécessairement engagée vers le bas. Il s'agit d'une vrille dynamique dans laquelle le pilote entre à très haute vitesse. Puis il pivote autour d'un axe asymétrique en maintenant l'horizontale ou sa ligne d'origine, qu'elle soit une descendante sous 45° ou une ascendante sous 45°.

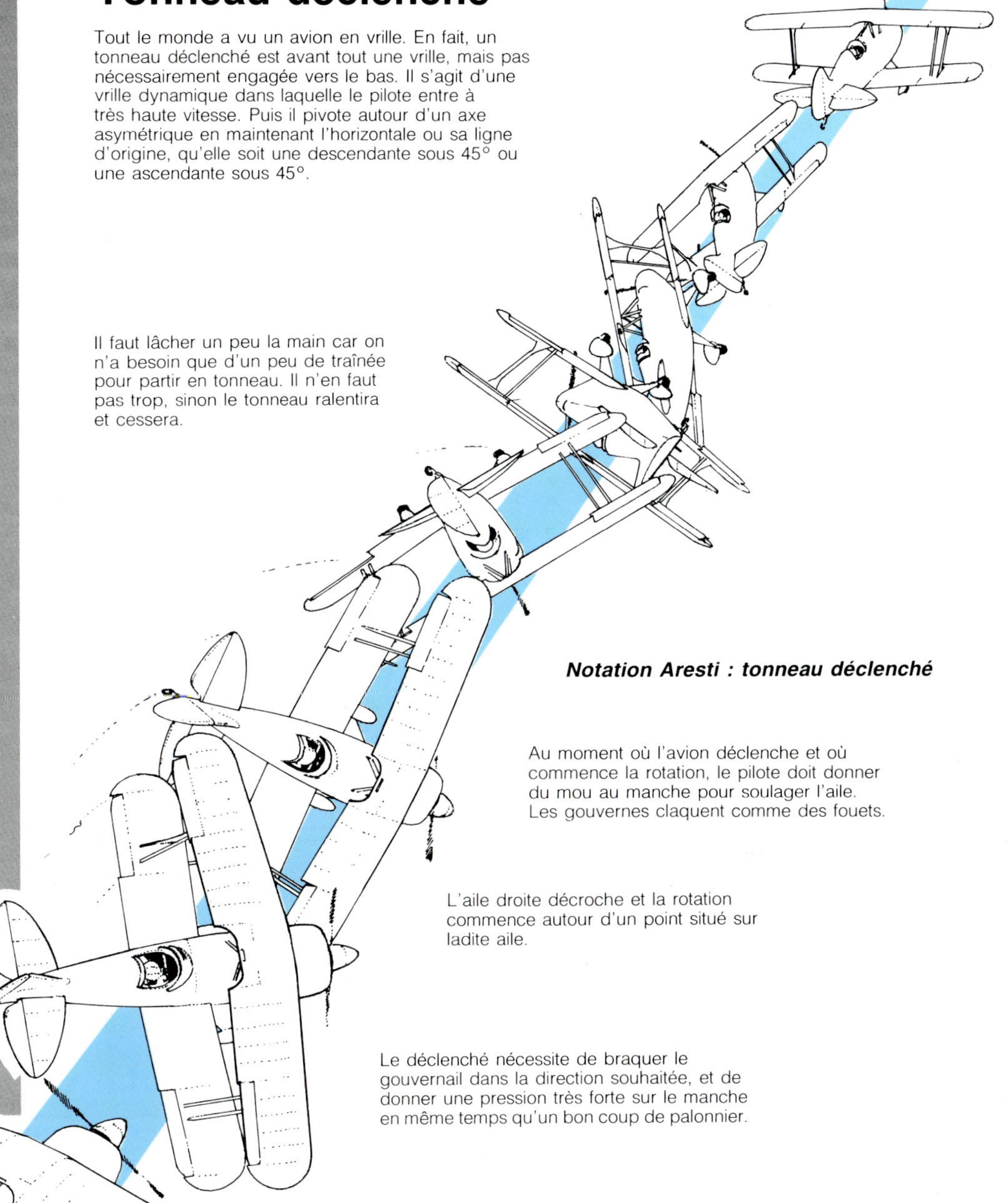

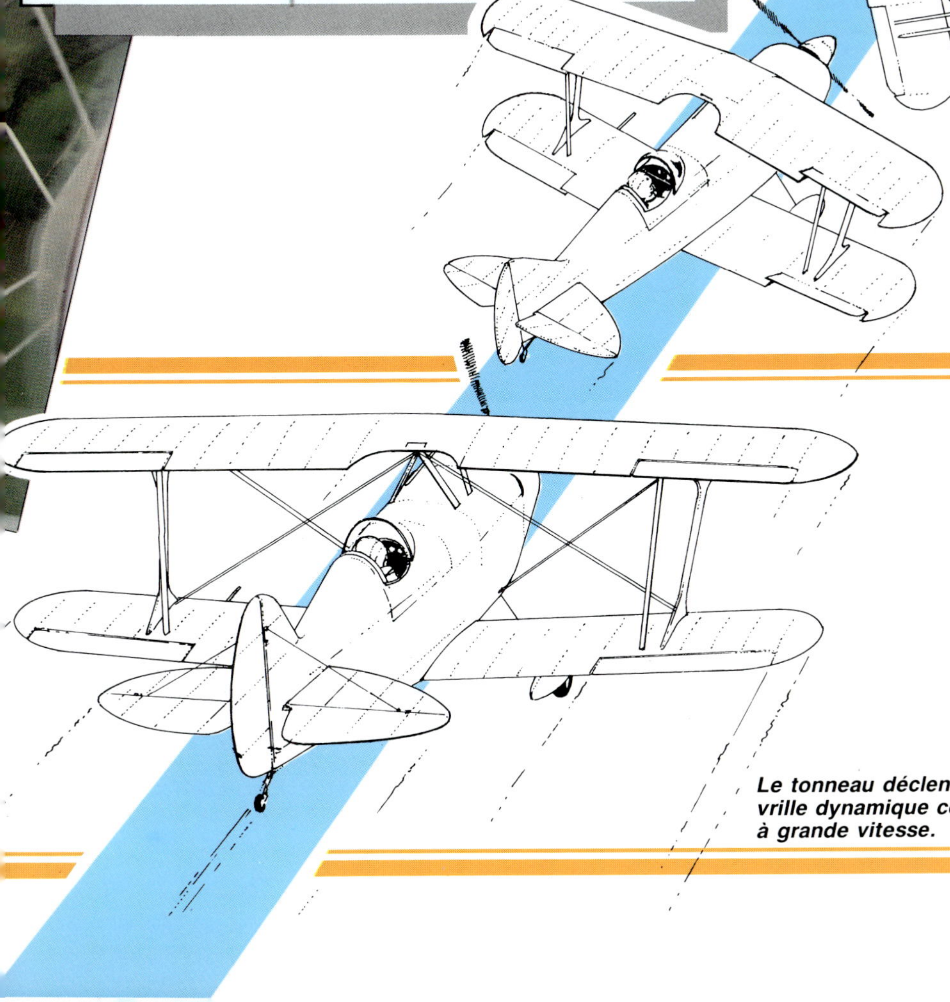

Il faut lâcher un peu la main car on n'a besoin que d'un peu de traînée pour partir en tonneau. Il n'en faut pas trop, sinon le tonneau ralentira et cessera.

Notation Aresti : tonneau déclenché

Au moment où l'avion déclenche et où commence la rotation, le pilote doit donner du mou au manche pour soulager l'aile. Les gouvernes claquent comme des fouets.

L'aile droite décroche et la rotation commence autour d'un point situé sur ladite aile.

Le déclenché nécessite de braquer le gouvernail dans la direction souhaitée, et de donner une pression très forte sur le manche en même temps qu'un bon coup de palonnier.

Il faut savoir garder une certaine vitesse relative. Une entrée rapide donnera une figure plus agréable.

Le tonneau déclenché est une vrille dynamique commencée à grande vitesse.

nous n'avons manqué qu'un meeting sur cent vingt, un record dont je suis très fier.

Une question de fiches

Le programme que je dois exécuter est inscrit sur une fiche que je place dans l'habitacle. Je préfère prévoir quatre démonstrations différentes afin de pouvoir parer à toute éventualité. Quand on élabore un programme pour un appareil simple comme le Stampe, il faut travailler à partir des figures de base bien assimilées comme des boucles, des tonneaux, des renversements. Habituellement, la première des figures dans laquelle on se lance est la boucle. Les figures suivantes que j'enseigne sont le tonneau lent, suivi par un vol sur le dos, le tonneau à facettes et le renversement. Avec un Stampe, dont le moteur a un couple dirigé vers la gauche, il est possible d'effectuer un meilleur renversement à droite, alors qu'avec un avion dont le moteur a un couple dirigé sur la droite le renversement sera meilleur à gauche. Il s'agit là des figures de base de la voltige; lorsqu'on bâtit un programme d'acrobaties pour un Stampe, on a recours la plupart du temps à une combinaison de boucles, de tonneaux et de renversements. Il est possible d'effectuer par exemple une demi-boucle accompagnée d'un demi-tonneau au sommet.

Déconseillé aux débutants

Normalement, arrivé à ce stade, un pilote va essayer d'exécuter un quart vertical, si bien qu'il est alors possible de commencer à construire un programme. Une autre figure qu'il peut être intéressant d'exécuter avec un avion peu puissant comme le Stampe est le tonneau barriqué.
Ce n'est pas une figure que je recommande aux débutants, car elle peut se terminer d'une manière tragique par une abattée dont il est impossible de se sortir, comme le prouvent quelques accidents dont j'ai été le témoin.
Nous commençons en général par une figure permettant un centrage dans l'axe vertical. Il ne faut pas enchaîner cette manœuvre avec une autre figure verticale, mais plutôt sortir dans le vent et peut-être exécuter un rétablissement tombé afin de virer au moment où l'on arrive à fond à l'extrémité du volume d'exécution de 3 000 pieds. Il est alors possible de tenter une demi-boucle suivie d'un tonneau au sommet, mais on pourrait se retrouver au point central, vers 600 pieds, avec une vitesse pratiquement nulle, et il serait sans doute préférable d'exécuter un retournement. Ce serait peut-être le moment de placer un quart de tonneau vertical, qui permettrait de modifier l'axe de l'appareil et donnerait un peu de variété au mouvement. Une fois loin de la foule, on monte à environ 700 pieds en s'appliquant à conserver de l'énergie puis on trace un beau rectiligne sous 45° jusqu'à 300 pieds. Pour revenir vers les spectateurs, on accomplit une demi-boucle avec un demi-tonneau enchaîné. On peut alors basculer le nez à 45° et déclencher, et l'appareil pique droit sur la foule. Vient alors le moment de faire un rétablissement, suivi par une demi-boucle.

Chorégraphie pour une boucle

Le Stampe ne déclenchera pas nettement dans une montée à 45°, mais des appareils plus avancés, comme le Pitts et quelques autres, seront en mesure de le faire dans n'importe quel plan. Avec un Pitts, on peut établir une chorégraphie de boucles, de verticales et de tonneaux, auxquels il est possible de mêler bien d'autres éléments. On peut commencer par un double tonneau vertical auquel on ajoute une glissade en marche arrière au sommet. A la place d'un huit cubain, il est possible d'exécuter quatre déclenchés et demi au sommet de la première moitié du huit.
Quand on accomplit un programme de voltige d'une vingtaine de figures à bord d'un Stampe, on ne prévoit que deux ou trois déclenchés. Lorsqu'il s'agit d'un Pitts S-1T, on peut tabler sur trente-cinq déclenchés.

Un homme fatigué

Lorsqu'on se pose au terme d'une exhibition, force est de revenir à une réalité plus terrestre...
De retour sur le parking, je vérifie les niveaux et coupe les gaz. L'hélice s'arrête, et le silence soudain me fait mal aux oreilles. J'ouvre la verrière, m'extrais de l'habitacle et reste debout à côté de l'avion, ôtant mes gants collés par la sueur tandis que ma vision s'accoutume peu à peu à ce nouveau monde. La tension nerveuse de l'exhibition demande quelques minutes pour disparaître.
Lentement, je me sépare physiquement de l'avion; je redeviens alors un homme fatigué, aux bras endoloris et à la bouche sèche, auquel un café ferait le plus grand bien. »

TABLE DE CONVERSION
DES MESURES INTERNATIONALES

1 mille marin (ou nautique)	= 1,852 km
1 nœud	= 1,852 km/h
1 pied	= 0,304 m

Descente verticale sur la queue

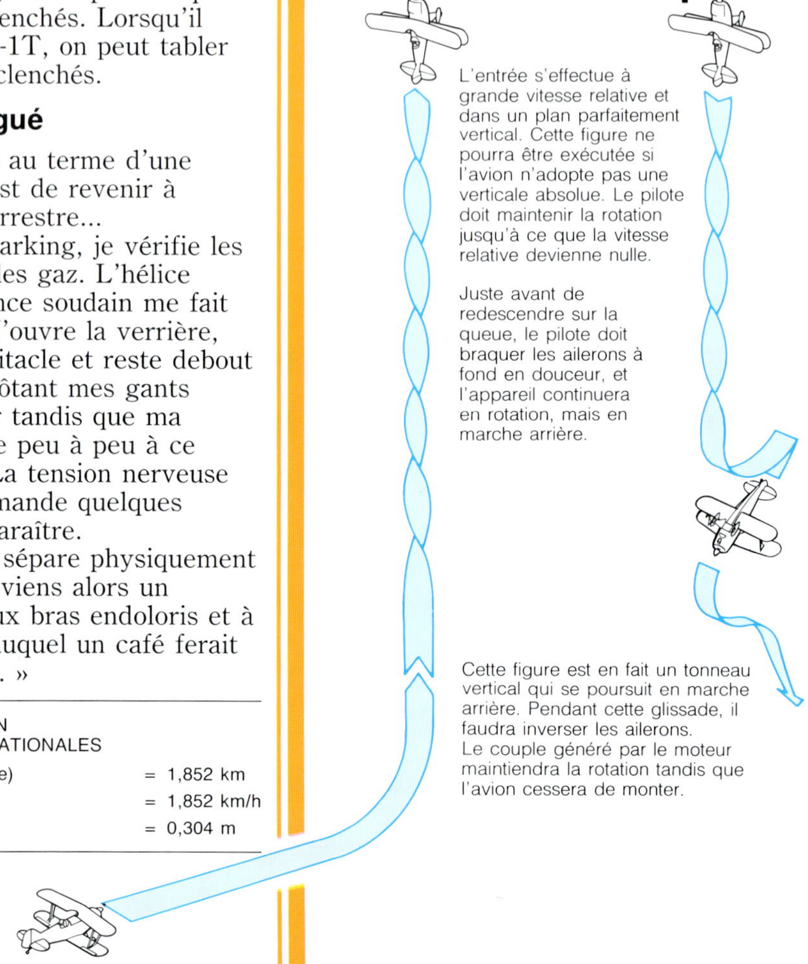

mettre en valeur, pas le pilote. ”

Les imposantes gouvernes de profondeur de l'Extra, qui occupent presque toute l'envergure, confèrent à cet appareil un taux de roulis exceptionnel. Toutefois, l'Extra ne déclenche pas aussi volontiers que le Pitts, de plus faibles dimensions.

Gamelle

La gamelle, ou marche arrière manche en avant, est exécutée de la même manière, bien que le nez parte en arrière au sommet de la figure. Au moment où l'avion recule à la verticale, il se développe un phénomène de pendule.

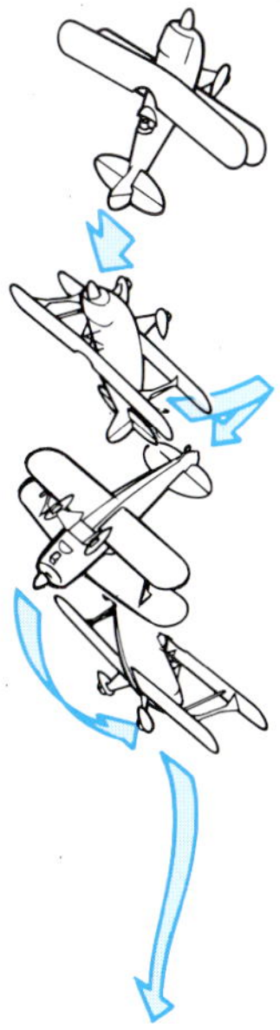

La gamelle manche en arrière demande une double longueur de glissade sur la queue. L'avion tombe alors en avant à la verticale. En arrivant au sommet, le pilote doit basculer le nez vers l'avant d'un degré ou deux, puis ramener le manche de quelques centimètres.

Les avions n'ont jamais été conçus pour la marche arrière. Comme cette manœuvre engendre un facteur de charge élevé sur les gouvernes, celles-ci doivent être mises au neutre ; ainsi, elles ne cognent pas sur leurs butées et ne risquent pas d'être endommagées.

Lomcevak

Le terme de Lomcevak vient d'un mot slovaque désignant une boisson extrêmement forte. Le Lomcevak est une figure très déroutante, qui consiste en une rotation sur les trois axes sous un facteur de charge négatif. Plus l'appareil est petit et le moteur volumineux, plus la manœuvre est spectaculaire et inconfortable. Un Lomcevak exécuté à bord d'un Pitts à moteur puissant est une figure beaucoup plus rude que si elle est accomplie à bord d'un Extra.

Différentes méthodes d'entrée produisent différents types de Lomcevak, mais cette famille de figures est maintenant bien assimilée, et elle forme une pièce maîtresse du programme de tout pilote de voltige.

Inventé en Tchécoslovaquie à la fin des années cinquante, le Lomcevak connut un gros succès au Championnat du monde de voltige. Les pilotes des autres pays tentèrent désespérément de comprendre comment l'avion pouvait tournoyer et cabrioler à vitesse relative nulle et, cependant, apparemment toujours sous le contrôle du pilote. Entrepris correctement, le Lomcevak est une figure douce, fondée sur le couple du moteur et de l'hélice, qui engendre une réaction gyroscopique au terme d'un tonneau déclenché vertical.

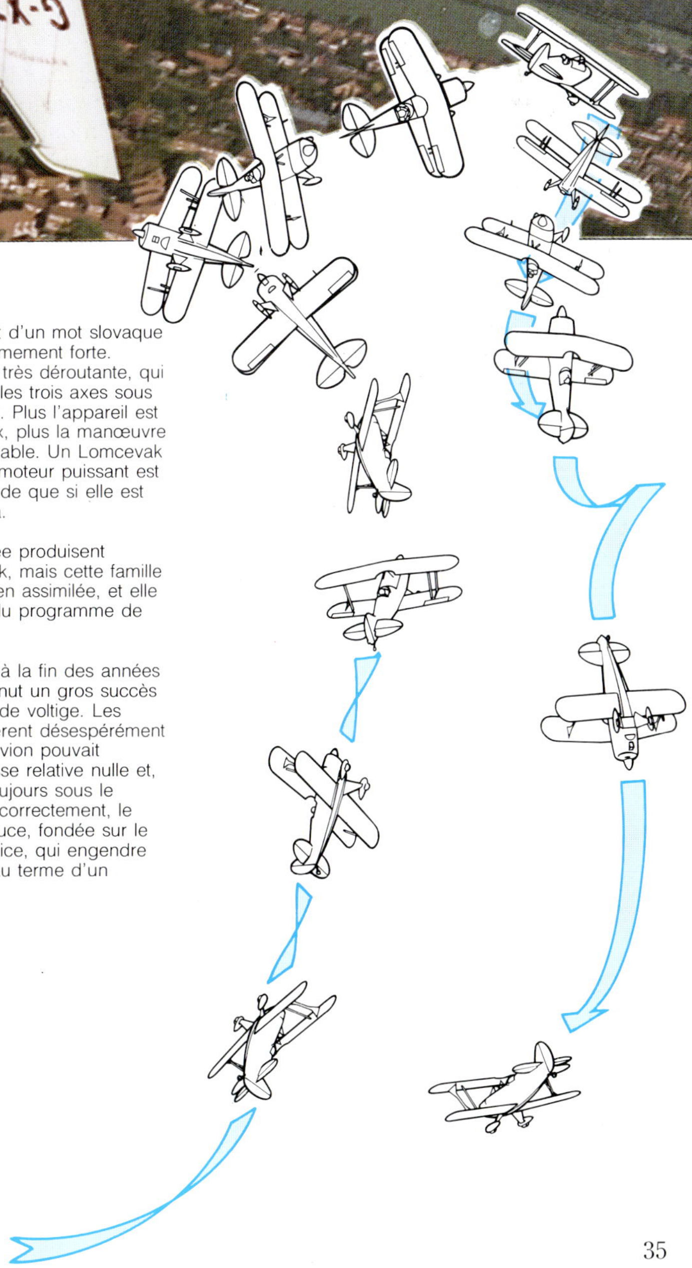

Les patrouilles acrobatiques

Les Blue Angels

La patrouille des Blue Angels aligne huit chasseurs monoplaces McDonnell Douglas F/A-18A Hornet et un biplace d'entraînement F/A-18B, équipés de générateurs de fumée.

Ci-dessus : les Blue Angels effectuent une manœuvre delta. Les sièges des avions possèdent des harnais spéciaux qui permettent des évolutions serrées.

Depuis sa création, en 1946, la patrouille acrobatique des Blue Angels, composée de six Hornet, donne soixante-quinze représentations chaque année, et ses pilotes — cinq de l'US Navy et un de l'USMC — accomplissent près de cinq cents heures de vol, faisant preuve d'un sang-froid et d'une précision hors du commun.

Appartenir aux Blue Angels, la patrouille acrobatique de l'US Navy, est un rare privilège. Un pilote passe deux années au sein de cette unité, au cours lesquelles il ne cesse de se déplacer. Quand ils ne sont pas en représentation, les Blue Angels restent à Pensacola, où ils se consacrent aux tâches de toute formation opérationnelle, répondent au courrier et préparent leurs futures exhibitions.
Entraînement, mise au point des vols et des figures, briefing et débriefing constituent l'essentiel de leurs activités.
Au cours de leurs quarante-cinq années d'existence, les Blue Angels ont attiré environ 210 millions de spectateurs. Créée en 1946 par le Lieutenant Commander Roy M. « Butch » Voris, as de la Seconde Guerre mondiale, cette formation

Cette photographie rapprochée du nez d'un A-4 Skyhawk montre l'insigne des Blue Angels et le badge du NATC (Naval Air Training Command). L'espace entre deux avions au cours de certaines figures n'est parfois que de 60 cm.

En médaillon : un vieux Grumman Tiger des Blue Angels est exposé à l'entrée de NAS El Centro.

vola d'abord sur Grumman F6F Hellcat, mais utilisa également des SNJ-6 pour des spectacles importants. Le Hellcat céda la place au F8F Bearcat, qui fut remplacé en 1949 par le F9F-2 Panther à réaction, et, deux ans plus tard, par le F9F-5.
Pendant la guerre de Corée, la patrouille forma le noyau du Squadron VF-191, embarqué sur le porte-avions *Princeton;* le chef de la formation, Johnny Magda, trouva la mort au cours d'une mission de combat en mars 1951.
Ces premières années d'existence furent consacrées au difficile apprentissage de la voltige en formation serrée, avec des appareils à hélice puis à réaction, et à l'adaptation à des systèmes nouveaux, comme les sièges éjectables.
En 1953, le Panther céda la place au F9F-6/8 Cougar à ailes en flèche et au biplace d'entraînement F9F-8T, puis les Blue Angels furent transformés sur F11F-1 Tiger en 1958. Ce chasseur de petites dimensions aux lignes affinées n'effectua qu'un court passage dans les unités opérationnelles de la Navy, mais les Blue Angels volèrent à son bord jusqu'en 1969.
La patrouille passa ensuite sur l'impressionnant F-4B Phantom II, très apprécié du public en raison de sa taille et du bruit assourdissant que produisaient ses deux réacteurs.
En 1972, les Blue Angels participèrent sur l'aéroport international de Dulles, près de Washington DC, au meeting Transpo'72, auquel étaient invités leurs homologues de l'US Air Force, les Thunderbirds, alors dotés de F-4E.

Une série noire

L'année 1973 fut marquée par une terrible série noire. Les Blue Angels perdirent cinq Phantom et deux pilotes, dont le leader de la patrouille, le Lieutenant Commander Skip Umstead. La saison fut alors interrompue, et la réputation de la formation acrobatique de l'US Navy en souffrit considérablement.
Par ailleurs, le coût d'exploitation du Phantom était devenu prohibitif dans le contexte de crise de l'énergie de ce milieu des années soixante-dix.
La Navy décida donc de rééquiper les Blue Angels avec des A-4F Skyhawk et un biplace TA-4J. L'A-4F était équipé d'un réacteur puissant et, du fait de sa masse peu élevée, affichait un rapport poids/poussée proche de 1. Le premier spectacle mené avec le Skyhawk se déroula en 1974, cet appareil continuant de servir dans sa livrée bleu et or jusqu'en 1986, année où les Blue Angels passèrent sur F/A-18 Hornet. Une fois familiarisés avec le nouvel appareil, les pilotes de la patrouille acrobatique donnèrent leur premier spectacle en mars 1987.
Préparer le F/A-18 pour ce travail très particulier demanda de longs mois et de nombreuses modifications.

Ainsi un système spécial d'alimentation en carburant conçu pour le vol inversé prolongé fut-il mis en place, de même qu'un manche à balai modifié facilitant le pilotage lors de certaines manœuvres acrobatiques. Pat Walsh, qui était Lieutenant à l'époque, dirigea le processus de transformation de la patrouille sur Hornet. Après avoir volé sur A-7E au sein du Squadron VA-192 (embarqué sur l'USS) *America* puis intégré le squadron d'essai et de développement VX-5 (basé en Californie), où il avait piloté des appareils aussi variés que l'A-7, l'A-6, l'A-4 et le F/A-18, Walsh avait rejoint les Blue Angels en 1985. Il avait d'abord été ailier gauche (numéro 3), puis avait tenu la place de « charognard » (numéro 4) en 1986. Et, du fait de sa plus grande expérience du Hornet,

Ci-contre : cinq McDonnell Douglas A-4F et un biplace TA-4J furent utilisés par les Blue Angels entre 1974 et 1986. Ces appareils ont été photographiés ici dans la seconde partie d'un looping, au moment où les générateurs de fumée cessent de fonctionner.

Ci-dessous : F11F des Blue Angels au-dessus du mont Rushmore, où les visages des présidents Washington, Jefferson, Lincoln et Roosevelt ont été sculptés dans le roc.

De 1953 à 1958, les Blue Angels volèrent sur Grumman F9F-6/8 Cougar. Le Cougar, version à ailes en flèche du Panther, participa à la guerre de Corée. L'avion leader est un Lockheed L-245, prototype du T2V-1 Sea Star, extrapolé du T-33.

il avait été choisi pour superviser l'apprentissage de ses camarades sur ce type d'appareil.
Walsh se souvient des circonstances dans lesquelles il a rejoint les Blue Angels :
« J'appris mon affectation à la patrouille en 1984. Ma première expérience dans le monde de l'exhibition aérienne fut d'assister à un briefing du squadron. Au cours de mes sept années de service dans l'aéronautique navale, j'avais pu voir de nombreux spectacles, et je m'étais enthousiasmé pour ces extraordinaires démonstrations aériennes. Mais je n'avais aucune idée du niveau de préparation et de planification qui accompagnait chaque exhibition. Je fus très marqué par ce premier briefing. Les pilotes, en combinaison de vol bleue, étaient assis autour d'une longue table. Alors que quelques instants plus tôt je les avais vus rire et échanger des plaisanteries, ils étudiaient maintenant avec le plus grand sérieux une photographie aérienne du futur site de leurs exploits. Le cliché en question était surchargé de lignes et de marques symbolisant les distances à observer et les figures à effectuer. Écoutant religieusement les instructions du commandant du squadron et de leur leader, les pilotes se représentaient mentalement les différentes figures du programme. »

Diamant 360

« C'est au cours de ce premier briefing que j'entendis parler de ce qui allait devenir ma manœuvre favorite, le diamant 360, une formation parfaite de quatre avions volant le plus près possible les uns des autres. La formation de quatre avions est appelée diamant, mais celle qui comprend six appareils porte le nom de delta. Il est intéressant de noter que, de toutes les grandes patrouilles acrobatiques militaires du monde, celle

Ci-dessus : la préparation prévol inclut un nettoyage scrupuleux de la verrière du Hornet. Noter que l'insigne d'unité des Blue Angels comporte les silhouettes des avions utilisés associées au badge du NATC.

En haut, à droite : le Commander Pat Moneymaker, commandant d'unité et leader des Blue Angels, conduit une séance de débriefing. Le Commander Moneymaker, qui a pris le commandement des Blue Angels en novembre 1988, s'est engagé dans l'US Navy à la fin des années soixante et a obtenu ses ailes de pilote en août 1971.

L'unique biplace F/A-18B Hornet des Blue Angels. Cet avion, utilisé pour transporter le commentateur, sert parfois à remplacer un monoplace. Il subit l'entraînement et réalise les figures des F/A-18A.

Les Hornet des Blue Angels revenant au parking après un vol de démonstration. Chaque vol d'entraînement pour une seule figure dure en moyenne soixante minutes.

des Blue Angels aligne le plus petit nombre d'avions, soit six, alors que plusieurs formations européennes comprennent un effectif allant de neuf à quinze appareils.
La figure appelée diamant 360 était présentée dès l'ouverture du spectacle, mais elle ne constituait qu'une évolution parmi vingt autres.
De prime abord, je ressentis une certaine angoisse à l'idée d'appartenir à cette unité d'élite. Ce n'est qu'après les épreuves de sélection que je compris mieux les règles et la nature de mon nouveau travail.
Il faut tenir compte d'une infinité de paramètres quand on évolue de cette façon, devant des centaines de milliers de spectateurs qui, eux, ne s'imaginent pas les contraintes de notre métier. »
Walsh revient au briefing : « Le leader dit d'une voix forte : "Nous allons faire un super-show", puis il passa en revue les prévisions météorologiques avant d'aborder la question du diamant : "On arrive par la gauche. Nous sommes en virage à gauche pour un diamant 360." Il examina une photographie aérienne du terrain, et en distribua une à chaque pilote. »

En position

« En jetant un œil sur la mienne, je me représentai la manœuvre. Le patron était à 1 000 pieds et à 310 nœuds. Les avions étaient en "diamant", et les lignes portées sur la photographie indiquaient très précisément la position de chacun par rapport au leader.
Les pilotes se servent de différents repères situés sur le fuselage et les ailes de leur avion pour maintenir leur place dans la formation.
Il faut signaler à ce propos que le passage de l'A-4, avion aux mécanismes relativement simples, au F-18, appareil doté d'un système de commandes de vol numériques, marqua un changement très important pour les Blue Angels.
Le Hornet est en effet une machine très difficile à stabiliser complètement, ce qui rend le travail d'ailier en

Les Hornet en formation delta survolent le littoral américain. La livrée des Blue Angels a été adoptée en 1946, mais, à l'heure actuelle, la couleur or a été remplacée par du jaune, qui résiste mieux aux vitesses élevées et qui est plus facile à entretenir.

formation serrée quelque peu déconcertant. L'ordinateur de commandes de vol du F/A-18 provoque des ajustements continuels des gouvernes qui donnent l'impression d'un balancement très net. »

Débriefing

« "Passons à autre chose", poursuivit avec emphase le patron, qui s'apprêtait à aborder à présent l'examen critique de la présentation de la veille. Les observateurs au sol, munis de photographies, se livrèrent à une analyse détaillée de chaque manœuvre, ponctuée de jugements sur la sécurité et l'esthétique des figures. Les manœuvres sont toujours expliquées en détail afin de permettre à chacun de se préparer et de se synchroniser, et tout problème de communication peut avoir des conséquences importantes.

Puis j'écoutai avec une attention soutenue les propos du patron sur les procédures d'urgence et les façons de quitter la formation sans provoquer de problèmes.

Il en arriva enfin au fameux 360, qui, je le sentis, a une connotation véritablement mythique et magique. En fait, il ne s'agit pas moins que de réaliser un tonneau complet à quatre en même temps tout en maintenant la figure diamant. En outre, les pilotes s'appliquent à exécuter cette figure en ajustant leur position — au besoin en trichant — de façon que l'effet visuel depuis le sol soit le plus esthétique possible. Le

A l'instar de toutes les grandes patrouilles acrobatiques du monde, celle des Blue Angels fait un usage intensif des fumigènes.

patron traçait des lignes et indiquait les angles à observer, chaque pilote répétant alors ce qu'il devait faire. Garder ses distances dans une manœuvre aussi longue et spectaculaire est quelque chose de délicat, mais les pilotes disposent de repères, le principal étant le charognard.

A la fin du briefing, je sentais mon cœur battre très fort : j'avais hâte de m'entraîner, hâte de devenir un vrai Blue Angel et de prendre la place qui m'était assignée au sein de la patrouille ; mais je n'en éprouvais pas moins une certaine appréhension.

Puis le jour arriva où je

Six Hornet en formation serrée triangulaire effectuent un passage avec fumigènes. Les Blue Angels sont réputés pour leurs démonstrations à la fois irréprochables et spectaculaires.

participai à mon premier diamant 360. Je m'aperçus alors que je gardai les bonnes distances en observant l'ombre que produisait le charognard sur l'une des entrées d'air de mes réacteurs. Dans ce type de figure, la confiance entre tous les pilotes doit être totale. Le leader doit pouvoir compter sur nous, et nous, nous devons nous fier à sa compétence. »
Les problèmes de sécurité et de prévention que pose une exhibition font l'objet de l'attention de nombreuses personnes, en tout premier lieu de celle des pilotes, qui sur ce point sont très rigoureux. Pendant sa seconde saison au sein des Blue Angels, Pat Walsh reçut la place de charognard, celle où le pilote voit tout et veille à la bonne coordination des opérations :
« Le charognard suit toujours le leader de la formation et, par sa position, il est le seul à sentir si une manœuvre s'engage et se déroule bien ou mal. Le pilote de voltige a une sorte de sixième sens,

Ci-contre : les combinaisons de vol de bonne coupe, bleu et doré, constituent la fierté des Blue Angels.

Des mécaniciens saluent un pilote des Blue Angels qui vient de prendre place dans son habitacle.

Ci-contre : les Blue Angels exécutent un éclatement à la verticale avec fumigènes au cours d'une exhibition. Les pilotes apprécient le Hornet, qui est presque aussi volumineux et bruyant que le F-4 et beaucoup plus agile que l'A-4.

Le personnel non navigant des Blue Angels se déplace à bord d'un C-130 Hercules décoré aux couleurs de la patrouille et fourni par l'US Marine Corps.

car voler à 300 nœuds au niveau de la mer ne procure pas la même sensation que d'évoluer à haute altitude. Parfois, quand je sens que les choses ne vont pas comme il faudrait, j'appelle le leader pour lui dire de ralentir ou d'accélérer. Il suit toujours mes conseils et nous en parlons une fois arrivés au sol. Il est de mon devoir d'intervenir dès qu'il y a danger. »

Degrés de difficulté

« Certaines manœuvres sont plus faciles à exécuter que d'autres. Pour ma part, je trouve que ma position de charognard dans la formation diamant est la plus confortable qui soit. Je trouve beaucoup plus difficile de se maintenir tous en ligne. Il faut surveiller chaque cadran et chaque instrument pour ne pas dépasser le voisin. Cependant, cette figure est plutôt plus aisée à accomplir depuis que nous volons sur F/A-18, un avion qui dispose d'un excellent collimateur cathodique tête haute. »

La précision des séquences et la beauté du spectacle sont le fruit d'un entraînement constant, qui permet de parvenir aux réflexes les plus appropriés. Chaque année, la saison des meetings s'étale sur huit mois, de mars à novembre. Après la dernière démonstration, la patrouille dresse un bilan de son activité et, au moment des fêtes de fin d'année, s'accorde quelques vacances. Dès le nouvel an débute un nouveau cycle d'activités, marqué par divers changements dans le personnel et dans l'architecture du spectacle.

Faire d'aviateurs expérimentés des étudiants dociles

Les pilotes présents depuis l'année précédente assument de nouvelles responsabilités, accédant généralement à une place plus valorisante au sein de la formation. Il leur faut aussi entraîner les nouveaux membres de la patrouille en faisant d'aviateurs très expérimentés des étudiants dociles — ce qui n'est pas toujours facile. En janvier, les Blue Angels quittent NAS Pensacola pour se transporter à NAS El Centro, en Californie, à 200 km à l'est de San Diego. El Centro a le grand avantage de bénéficier d'un temps très clair et ensoleillé qui facilite énormément le travail des pilotes, lequel se déroule en général à 1 000 pieds du sol. Les Blue Angels fréquentent El Centro depuis 1967, ce qui leur permet d'échapper aux rigueurs de l'hiver et de préparer la saison suivante.

Un travail à plein temps

Les nouveaux pilotes s'initient à leur métier dans le cadre d'un travail à plein temps. Après la phase de sélection, ils font l'apprentissage de leurs fonctions spécifiques au sein de la patrouille. Les postulants sont très nombreux — on en compta une fois quarante-sept pour deux ou trois places disponibles. A l'issue d'une sélection draconienne, il n'en reste plus que sept qui sont acceptés au sein de la patrouille afin d'acquérir les qualités nécessaires à leur nouveau métier. Enfin, la phase ultime de sélection s'effectue avant le retour de la formation à Pensacola, à la fin de l'année.

La position d'ailier droit du leader

Le travail des nouveaux pilotes est très contraignant. La première étape concerne la transformation sur Hornet. La plupart des postulants proviennent d'unités de chasse et d'attaque équipées de F-14, d'A-6 ou d'A-7. Aujourd'hui, certains ont déjà une expérience du F/A-18, mais cela était encore rare en 1987 et 1988. Au sein des Blue Angels, une place est traditionnellement réservée à un aviateur de l'US Marine Corps — l'équipe constituée pour la saison 1988 a inclus pour la première fois un pilote d'AV-8B Harrier II.
Le statut du Blue Angel provenant de l'USMC est unique, en ce sens qu'il connaît d'avance la place qu'il occupera au sein de la patrouille acrobatique : celle d'ailier droit du leader. Ce pilote, qui reste deux années dans l'équipe, demeure invariablement à cette place durant ses deux saisons.
Il devient donc très expérimenté et assiste le leader en toute occasion. Quand un nouveau leader prend le commandement de la patrouille, c'est le marine qui est le plus à même de l'aider et de le conseiller au départ.

La rigoureuse sélection du personnel au sol

D'autres aviateurs de l'USMC jouent un rôle prépondérant dans la vie opérationnelle des Blue Angels, en assurant le transport aérien du personnel au sol et du matériel sur KC-130F Hercules. A la différence des Thunderbirds de l'USAF, dont les déplacements sont assurés par n'importe quel squadron de transport disponible sur le moment, les Blue Angels ont à leur disposition un personnel et un matériel permanents ainsi qu'une station de ravitaillement en

Les avions numéros 5 et 6 exécutent un passage serré ventre à ventre.

carburant qui leur appartient en propre.
La sélection du personnel au sol des Blue Angels est presque aussi rigoureuse que celle à laquelle sont soumis les pilotes.
La compétence et le sens des responsabilités des mécaniciens sont des éléments essentiels, sans lesquels une patrouille ne peut pas exister. Mais il est inutile de dire combien tout

Cette figure très spectaculaire, appelée miroir et dans laquelle deux avions évoluent côte à côte — l'un en vol normal, l'autre en vol inversé —, a toujours été une des spécialités des Blue Angels.

Les Blue Angels de l'année 1989. De gauche à droite : l'ordonnateur des meetings, le Lieutenant Bruce Dillard; le second solo (6), le Lieutenant Lee Grawn; le charognard (4), le Lieutenant Commander Mark Ziegler; l'ailier droit (2), le Captain Kevin Lauver, de l'USMC; le leader (1), le Commander Pat Moneymaker; l'ailier gauche (3), le Lieutenant Commander Doug McClain; le solo leader (5), le Lieutenant Commander Cliff Skelton; et le commentateur, le Lieutenant Matt Seamon.

le personnel de maintenance et de logistique est fier d'appartenir à cette prestigieuse formation. Du point de vue logistique, le déménagement à El Centro en janvier et le retour à Pensacola en mars sont des opérations qui demandent entre sept et dix jours de travail intensif et de nombreuses rotations assurées pour la plupart par des marines.

Les démonstrations du Hercules

Au cours d'un meeting aérien, il arrive que le Hercules à la livrée bleu et blanc mis à la disposition des Blue Angels se livre lui aussi à quelques petites démonstrations. Il simule par exemple un décollage d'urgence sur terrain court avec des moteurs-fusées d'assistance (JATO). Cette manœuvre spectaculaire, accompagnée d'un bruit assourdissant, est particulièrement appréciée du public.

Appartenir au cercle très fermé des Blue Angels est un privilège dont chacun est conscient, les navigants comme le personnel au sol. C'est aussi une lourde responsabilité, celle de livrer à tous les spectateurs l'image la plus forte de l'Amérique. On peut dire qu'actuellement, équipée d'un des avions de combat les plus modernes du monde, la patrouille acrobatique des Blue Angels remplit parfaitement son rôle. Contempler une heure durant les fantastiques évolutions des six Hornet de cette formation, entendre le rugissement impressionnant de leurs douze réacteurs, est un spectacle inoubliable.

Un peu plus récent que l'Alpha Jet, le BAE Hawk remplit les mêmes missions. Il est donc logique que cet avion présente des similitudes avec son concurrent Franco-Allemand. Il est lui aussi utilisé par la patrouille acrobatique de la Royal Air Force, les célèbres Red Arrows. (Voir aussi photos pages 56 et 64.)

Les Red Arrows (1)

Le Squadron Leader Tim Miller, qui a trente-six ans, est un des hommes les plus en vue de la Royal Air Force. Il est Red One, c'est-à-dire chef de la patrouille acrobatique des Red Arrows.

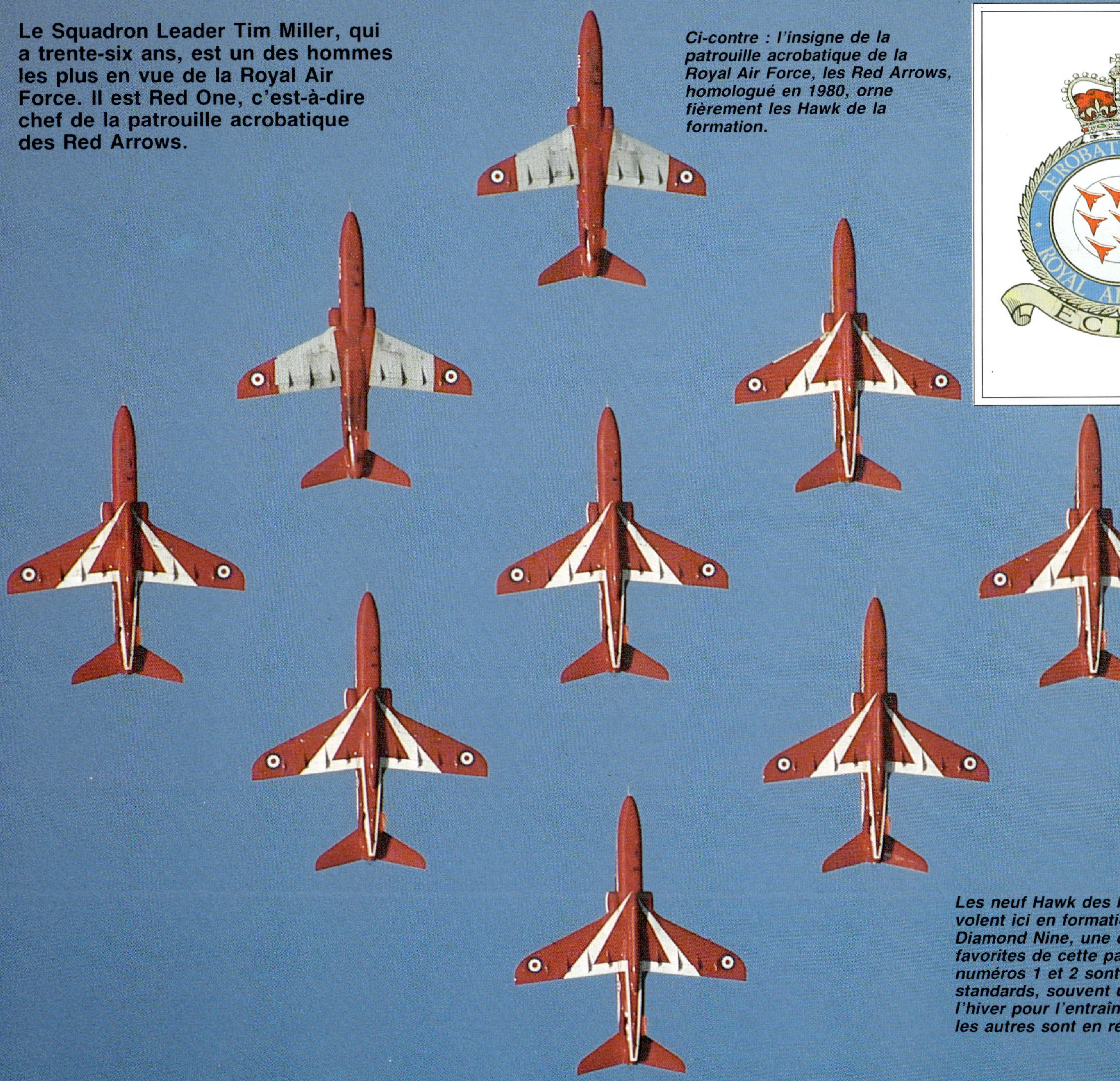

Ci-contre : l'insigne de la patrouille acrobatique de la Royal Air Force, les Red Arrows, homologué en 1980, orne fièrement les Hawk de la formation.

Les neuf Hawk des Red Arrows volent ici en formation dite Diamond Nine, une des figures favorites de cette patrouille. Les numéros 1 et 2 sont des Hawk standards, souvent utilisés l'hiver pour l'entraînement quand les autres sont en révision.

« Presque toutes les grandes nations occidentales possèdent une équipe de démonstration acrobatique; les Red Arrows constituent celle du Royaume-Uni. Nous sommes bien sûr le porte-drapeau de notre pays lors de nos déplacements à l'étranger, mais notre travail consiste d'abord à montrer au public britannique la valeur et le professionnalisme de la Royal Air Force. Dans les meetings, ce que le public voit, c'est une équipe de neuf pilotes; il n'imagine pas tout ce que cela suppose de logistique, d'organisation et de contraintes techniques. Je pense que ceux qui contribuent au fonctionnement de la patrouille figurent parmi les meilleurs éléments de la RAF dans leur spécialité. Le respect de l'horaire, à la minute, voire à la seconde près, est une loi essentielle pour nous. Chaque démonstration exige une ponctualité absolue. Si un organisateur nous demande de commencer à 15 h 25, nous débutons notre spectacle à l'heure dite, et l'espace aérien doit être parfaitement vide à ce moment précis. De notre côté, nous savons exactement combien de temps il nous faut pour rejoindre notre point de rassemblement. Généralement, nous décollons de Scampton, et le compte à rebours de l'opération débute sur cette base. Chaque détail est calculé et planifié à la seconde près, avant d'être commenté et vérifié de nouveau lors du briefing qui précède le décollage. A l'issue de ces séances de préparation, nous sommes à même de déterminer avec précision la quantité de carburant dont nous avons besoin. Nous n'en emportons jamais que le strict nécessaire, car la beauté du spectacle exige des avions le plus légers possible. »

Missions de guerre

« Nous avons, il ne faut pas l'oublier, des missions de guerre. En cas de forte tension internationale, nous cessons d'être une patrouille acrobatique et sommes prêts, en cas de besoin, à nous engager. Deux solutions s'offrent alors à nous : soit nous rejoignons notre unité précédente — à condition de l'avoir quittée depuis moins d'un an; soit nous restons sur nos Hawk pour conduire des missions de défense aérienne. A notre expérience de pilote s'ajoute une grande habitude des missiles. Notre appartenance aux Red Arrows ne nous empêche pas de rester parfaitement opérationnels sur avions d'arme.
Je suis conscient du grand privilège qui est le mien de diriger les Arrows, et je suis fier de représenter mon pays. Mon job n'est pas facile, mais je suis très bien entouré. Tout le personnel de la patrouille est extrêmement compétent, et il existe au sein de l'équipe une grande confiance et un respect réciproques. Les pilotes de Red Arrows sont recrutés parmi l'élite de la RAF. Chaque année, aux alentours du mois de janvier, nous envoyons à toutes les unités de la Royal Air Force une note concernant nos besoins en matière de recrutement et destinée à promouvoir des vocations. Les pilotes que nous recherchons doivent avoir effectué au moins deux séjours au sein d'unités opérationnelles et avoir à leur actif 2 000 heures de vol au minimum. Il n'existe pas de limite d'âge, mais nous nous adressons surtout à des gens qui ont autour de trente ans. Nous recherchons des gens expérimentés, des pilotes qui ont une dizaine d'années de métier. Nous recevons habituellement entre quarante et cinquante demandes : à l'issue d'un exmanen rigoureux, nous retenons huit ou neuf personnes pour des entretiens approfondis. Nous — je veux dire la patrouille — procédons à une évaluation très précise des candidats. Les pilotes d'avions à réaction au sein de la RAF ne sont pas légion actuellement, et nous avons les moyens de connaître leur carrière et leur compétence.

Ci-contre : le chef de l'équipe de maintenance et deux pilotes règlent quelques détails sur l'aile d'un Hawk avant le départ de la patrouille pour une sortie lointaine.

A l'intérieur du Hawk T Mk 1 des Red

1 Tube de Pitot
2 Phare d'atterrissage
3 Puits de la roulette de nez
4 Antenne de l'IFF
5 Soute à avionique
6 Entrée d'air de refroidissement
7 Pare-brise
8 Carénage du tableau de bord
9 Montant du collimateur cathodique tête haute
10 Verrière
11 Cordon détonateur de la verrière
12 Siège éjectable avant
13 Poignée d'ouverture de la verrière
14 Console latérale
15 Moteur-fusée du siège éjectable
16 Antenne UHF
17 Prise d'oxygène
18 Console arrière
19 Pare-brise de séparation
20 Siège éjectable arrière
21 Marchepied
22 Entrée d'air du réacteur
23 Réservoir de carburant du générateur de fumée
24 Prise de carburant sous pression
25 Attache de longeron de voilure
26 Cadres et lisses de fuselage
27 Canal d'aspiration de la couche limite
28 Cloison de pressurisation de l'habitacle
29 Bouteilles d'oxygène
30 Réservoir de carburant de fuselage

Au sein des Red Arrows travaillent d'anciens pilotes de Harrier, de Phantom, de Jaguar et de Lightning, qui sont à même de juger correctement les candidats. Pour ma part, je viens d'une unité de Harrier et je connais à peu près tous les pilotes qui servent sur ce type d'appareils. Cela dit, nous sélectionnons de la même façon les pilotes que nous connaissons et ceux que nous ne connaissons pas. Il existe de très bons pilotes qui ne seront jamais des pilotes d'acrobatie et d'autres qui ne seront jamais à l'aise devant le public. »

Intégrer l'équipe

Steve Johnson, Red 7, évoque ses premiers contacts avec la patrouille : « J'avais passé cinq années sur Harrier au sein du Squadron 4, à Gütersloh, avant de rejoindre les Arrows. Ayant été pilote de démonstration sur Harrier de la RAF en Allemagne fédérale, j'étais préparé à

Ci-dessus : le Hawk est un très bon avion de démonstration, performant et maniable. Le spectacle des Red Arrows évolue chaque année, avec l'introduction de figures nouvelles et de manœuvres différentes.

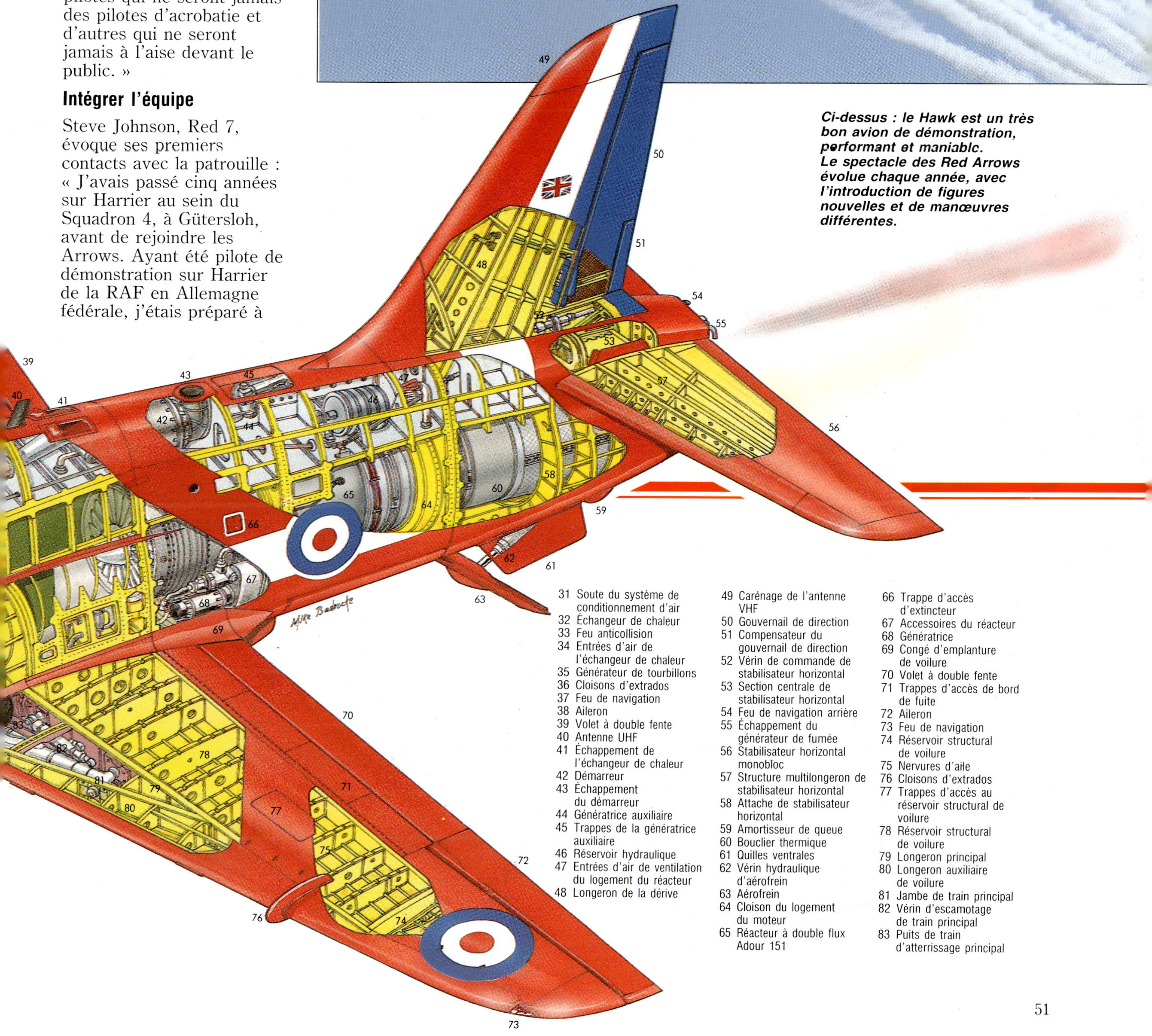

31 Soute du système de conditionnement d'air
32 Échangeur de chaleur
33 Feu anticollision
34 Entrées d'air de l'échangeur de chaleur
35 Générateur de tourbillons
36 Cloisons d'extrados
37 Feu de navigation
38 Aileron
39 Volet à double fente
40 Antenne UHF
41 Échappement de l'échangeur de chaleur
42 Démarreur
43 Échappement du démarreur
44 Génératrice auxiliaire
45 Trappes de la génératrice auxiliaire
46 Réservoir hydraulique
47 Entrées d'air de ventilation du logement du réacteur
48 Longeron de la dérive
49 Carénage de l'antenne VHF
50 Gouvernail de direction
51 Compensateur du gouvernail de direction
52 Vérin de commande de stabilisateur horizontal
53 Section centrale de stabilisateur horizontal
54 Feu de navigation arrière
55 Échappement du générateur de fumée
56 Stabilisateur horizontal monobloc
57 Structure multilongeron de stabilisateur horizontal
58 Attache de stabilisateur horizontal
59 Amortisseur de queue
60 Bouclier thermique
61 Quilles ventrales
62 Vérin hydraulique d'aérofrein
63 Aérofrein
64 Cloison du logement du moteur
65 Réacteur à double flux Adour 151
66 Trappe d'accès d'extincteur
67 Accessoires du réacteur
68 Génératrice
69 Congé d'emplanture de voilure
70 Volet à double fente
71 Trappes d'accès de bord de fuite
72 Aileron
73 Feu de navigation
74 Réservoir structural de voilure
75 Nervures d'aile
76 Cloisons d'extrados
77 Trappes d'accès au réservoir structural de voilure
78 Réservoir structural de voilure
79 Longeron principal
80 Longeron auxiliaire de voilure
81 Jambe de train principal
82 Vérin d'escamotage de train principal
83 Puits de train d'atterrissage principal

mon nouveau job au sein des Red Arrows, mais je ne savais pas encore précisément ce qui m'attendait. Tout semble lisse et bien huilé quand on regarde une démonstration du sol, mais, quand on est dans l'avion, c'est un peu plus violent. Cela bouge dans tous les sens et, où que l'on regarde, on n'aperçoit que des ailes. La première fois que je me suis retrouvé en place arrière, je me suis dis : "Pourvu que cet individu ne me passe pas les commandes."
En fait, c'était très excitant et très stimulant intellectuellement. Dans le fond, je ne doutais pas trop : si d'autres y arrivaient, il n'y avait pas de raisons que je n'y arrive pas. Je me rassurais de cette façon, et c'était la bonne méthode. Tout pilote de chasse qui se respecte doit pouvoir être en mesure de faire de l'acrobatie et de changer de type d'avion chaque année s'il le faut. Ma transformation sur Hawk, appareil sur lequel j'avais suivi ma formation d'élève pilote, se déroula sans aucun problème. Je fis un stage de deux semaines à Valley et accomplis entre dix et quinze heures de vol sur ce type d'appareil. Avec le Hawk, il faut utiliser les aérofreins et j'eus un peu de mal à m'y habituer. Ayant rejoint la patrouille en octobre 1987, je m'y intégrai normalement et volai en tant que Red 5. Puis Red 4, qui était mon symétrique, eut un accident — événement qui eut pour conséquence d'amener la patrouille à poursuivre la saison des meetings avec sept avions, et donc sans moi. En effet, à moins de pouvoir remplacer le pilote manquant par un membre de l'équipe très récemment parti, il faut généralement se passer des services de son symétrique afin de maintenir l'équilibre de la formation. Après l'accident de notre collègue, on m'assigna le rôle de numéro 2 Nav, qui comportait une part de responsabilités dans la préparation des programmes. »

Le chef de patrouille

La procédure de sélection du chef de la patrouille est assez différente, comme l'explique Tim Miller : « Je démarre ma sixième année au sein de la patrouille, et l'année prochaine sera ma troisième et dernière année en tant que leader. Le leader est le seul membre de l'équipe à être choisi selon une procédure externe. Il doit, pour des raisons aisément compréhensibles, avoir déjà effectué un séjour chez les Red Arrows. Tout ce que doit faire et savoir un leader ne s'apprend pas dans un livre : les terrains d'opérations habituels, les différents sites où peuvent se dérouler les spectacles, l'ensemble du dispositif de fonctionnement de la patrouille. La RAF recherche ainsi régulièrement un commandant d'unité qui soit dans la bonne tranche d'âge et qui ait déjà fait un passage au sein de l'équipe. Quand elle le découvre, ce sont des officiers généraux qui lui font passer une série d'entretiens. En réalité, il ne se trouvera peut-être que cinq individus correspondant au profil recherché, et, parmi les cinq, certains ne seront pas disponibles, l'orientation de leur carrière les destinant à d'autres postes. Appartenir à la patrouille comme simple pilote suppose un travail peu ordinaire, mais ce travail n'est pas harassant comparé à celui du leader. »

Préparation hivernale

Les trois nouveaux pilotes rejoignent la patrouille en octobre et passent les mois d'hiver à se mettre en condition et à s'entraîner pour devenir des membres à part entière de l'équipe. Les Red Arrows se déploient à Chypre, où la clémence du temps leur permet de s'entraîner sans interruption et de parfaire l'exécution des figures acrobatiques et des enchaînements. Ces séances d'entraînement à Chypre, tout comme l'ensemble des vols d'entraînement et des représentations, sont filmées en vidéo et analysées lors du débriefing.
Red 3, c'est-à-dire Martin Cliff, un des nouveaux

L'origine des Red Arrows remonte à 1965, année où la patrouille CFS Yellowjacks reçut cette appellation. Ici, les Gnat, utilisés jusqu'en 1979, effectuent un passage avec fumigènes.

Ci-contre : les Red Arrows se préparent à décoller pour un vol d'entraînement à Scampton. Le roulage en formation serrée constitue déjà un exercice difficile, qui réclame habileté et concentration.

Ci-dessous : les Hawk des Red Arrows font l'objet d'un entretien mécanique extrêmement rigoureux et leur aspect extérieur est toujours irréprochable, car la patrouille est l'ambassadrice de la RAF.

Page ci-contre : les Red Arrows survolent la campagne anglaise enneigée non loin de Kemble. De 1969 à 1985, la patrouille acrobatique britannique fut basée dans le Gloucestershire. A cette époque, elle constituait un détachement de la Central Flying School.

Ci-dessus : le Wineglass, figure difficile à réaliser, a été remplacé par le Delta.

Ci-dessous : à l'instar des autres grandes patrouilles acrobatiques, les Red Arrows font usage de fumigènes. Le liquide servant à produire la fumée est entreposé dans un réservoir ventral que montre bien cette photographie.

Ci-dessus : la patrouille acrobatique des Red Arrows escorte l'avion commercial supersonique Concorde. La beauté du spectacle n'en est que renforcée.

Ci-dessous : les pilotes des Red Arrows sont fiers d'appartenir à une unité dont le rôle est de représenter la Royal Air Force en Grande-Bretagne et dans le monde, mais ils ont également de nombreuses tâches secondaires à remplir.

membres de l'équipe pour la saison 1989, décrit les étapes et le déroulement de l'entraînement qui précède le début de la saison des représentations :
« J'ai pensé à rejoindre un jour les Red Arrows dès ma première affectation opérationnelle. Connaissant des pilotes qui avaient servi dans la patrouille, je fis une tentative : j'eus la très agréable surprise d'être sélectionné du premier coup. Appartenir aux Red Arrows m'apporte encore plus de satisfaction que je ne l'espérais. Le travail que j'accomplis ne ressemble en rien à tout ce que j'ai pu faire auparavant. Pour les autres pilotes, chaque sortie est identique aux autres, ou presque. Pour moi, ce n'est jamais pareil. La place de numéro 3, celle de « charognard », n'est pas facile à tenir, car on y est soumis à de grandes turbulences. On a du mal à ne pas bouger, à ne pas faire d'écart. Heureusement, Red 5 et Red 9 s'adaptent et corrigent mes erreurs. Je leur donne l'occasion de démontrer leur professionnalisme. Les premiers exercices se déroulent tranquillement.

« Finalement, on se préoccupe peu du sol »

On décolle par deux ou par trois avec le leader, puis on effectue de gentilles petites manœuvres, loopings et tonneaux, à haute altitude. Ainsi, en cas de problème, on a toute la place qu'il faut pour se rattraper.
L'entraînement au métier de pilote d'acrobatie se déroule très progressivement.
On ne passe à des exercices compliqués que lorsque les bases du métier sont parfaitement assimilées.
Au début, on prend pour s'exercer une altitude de base de 3 000 pieds et on effectue cinq sorties à cette altitude, avec des loopings culminant aux alentours de 8 000 pieds. Ensuite, on s'habitue à descendre toujours plus : 1 000 pieds, puis 500 pieds. Quand tout se passe bien à 500 pieds, quand la maîtrise est parfaite, on descend à 250 pieds, altitude pratiquée pour les démonstrations.
On est tellement concentré sur son pilotage, on fait tellement attention à rester parfaitement groupé derrière le leader que, finalement, on se préoccupe peu du sol, qui est pourtant très proche. »

Vols d'entraînement

« Nous avons appris le Diamond Nine, figure de base, avec le numéro 1 et les numéros 6 et 7 (le leader et la Synchro Pair) au milieu du motif et trois avions de chaque côté. Nous avons volé à six avions, sans la Synchro Pair. On assimile chaque figure en la décomposant, avant de la réaliser dans son entier.
En fait, le vol en formation serrée n'est pas si difficile. Le plus pénible, à mes yeux, est d'être toujours ponctuel et toujours concentré. Les déclenchements et les sorties de tonneaux sont souvent épineux : on est près du sol et on va assez lentement. Il faut être très prudent et attentif.

Le premier spectacle

Après l'apprentissage des figures acrobatiques et le séjour à Chypre vient le moment du premier spectacle en public. Parfois, on est confronté à une situation inédite. Les avions ne sont pas tout à fait dans la position prévue et il faut se réajuster. Ce genre de détail doit être corrigé très vite : il faut même anticiper les corrections à apporter à la figure prévue. Si on le fait trop tard, on risque la panique et la catastrophe. Cela dit, la préparation des vols est très rigoureuse et on apprend à tout prévoir. Le plus difficile est finalement d'être régulier et d'exercer le métier exaltant qui est le nôtre dans des conditions toujours optimales. »

RESCUE
FLT LT ANDY ROBINS
CPL LANCE DID-DELL
ROYAL AIR FORCE

Les Red Arrows (2)

Le Squadron Leader Andy Stewart, Red 10, descend de son BAe Hawk. Après avoir intégré la RAF en 1972, Andy fut formé sur Gnat et sur Hunter, puis il vola sur Phantom au sein des Squadrons 56 et 19. En tant que directeur de l'équipe, il s'occupe de l'organisation générale de la saison des meetings.

Les Red Arrows effectuent un passage au-dessus des pyramides au cours de leur récente tournée au Moyen-Orient. Cette exhibition eut des effets positifs sur les exportations de Hawk dans cette région du monde.

Prévoir

Le Squadron Leader Andy Stewart, directeur de l'équipe de présentation, possède une très grande expérience de pilote de chasse, avec, à son actif, trois affectations sur Phantom et une autre en tant qu'instructeur sur Hawk. Stewart ne participe pas aux vols, sa mission consistant à organiser et à gérer la vie des Red Arrows, à piloter l'avion de remplacement et à commenter les évolutions de ses camarades.

« Depuis la tragédie de Ramstein, je me suis parfois interrogé à propos de la sécurité. Nous ne sommes pas des casse-cou qui passons le plus clair de notre temps à rechercher le danger. Si nous étions inconscients, nous ne ferions pas ce métier. Et puis nous avons tous une femme, des enfants et diverses responsabilités. Outre qu'il existe des professions où les risques sont plus importants, je considère personnellement qu'il est plus risqué de traverser une rue de Londres que de servir au sein des Red Arrows.
Cela dit, au cours de ces dernières années, nous avons quelque peu modifié notre exhibition afin d'accroître les marges de sécurité. Ce que nous accomplissons est spectaculaire, parfois même très excitant, mais nous agissons avec professionnalisme. Tout est calculé, planifié, parfaitement exécuté et, finalement, peu dangereux. En vingt-cinq ans de démonstrations aériennes, nous avons connu un certain nombre d'accidents graves, mais jamais un spectateur n'a été blessé ou tué. On se demande parfois comment travaille le manager de l'équipe. Je dirais que, pendant que le reste de la patrouille s'entraîne, mes collaborateurs et moi-même concevons et préparons l'organisation de la saison. Même si nous ne donnons pas de spectacles l'hiver, cette période est très chargée pour nous. Chaque année, en octobre, trois nouveaux pilotes viennent nous rejoindre et se mettent à l'œuvre. Généralement, ils

ont accompli plusieurs vols en place arrière au cours de quelques meetings lors de la saison précedente.
C'est l'hiver que les avions subissent leur révision majeure, car nous ne pouvons, bien entendu, les abandonner aux mécaniciens pendant les mois d'été. Cette opération d'entretien de grande ampleur dure quatre semaines. Chaque avion est démonté, les moteurs et les sièges éjectables sont déposés, et tous les équipements sont examinés avec soin. Pendant que nos avions sont indisponibles, nous poursuivons notre entraînement avec des Hawk provenant de la Central Flying School ou de RAF Valley. »

Des Hawk améliorés

« Les avions qu'utilisent actuellement les Red Arrows sont des Hawk désignés T Mk 1A d'entraînement, qui ont bénéficié d'améliorations sur lesquelles je reviendrai. S'ils devaient être employés au combat, ces appareils seraient armés d'un canon Aden de 30 mm en nacelle et de deux missiles air-air Sidewinder. Nos avions se différencient des Hawk T Mk 1A en service dans la RAF par leur réservoir ventral, qui contient les liquides pour les fumigènes. Ils sont propulsés par un turboréacteur à double flux Adour Dash 2 et disposent d'une commande d'accélération modifiée qui offre une réponse plus rapide du moteur à toute sollicitation. Par rapport au Gnat, notre précédent appareil, le Hawk se caractérise par une bonne distance franchissable et une plus grande facilité d'entretien. Le Gnat était un chasseur léger dont les faibles dimensions donnaient l'impression qu'il volait plus vite qu'en réalité. Il se prêtait fort bien au vol en formation serrée et possédait un taux de roulis inégalable. C'est sur un Gnat que j'ai appris à piloter. Ensuite, je suis devenu instructeur sur Hawk. Le Hawk, avec ses ailes au profil supercritique, affiche des performances en virage supérieures à celles du Gnat. En outre, parce qu'il est plus moderne, il est plus facile à utiliser et plus économique sur le plan de la consommation (carburant, huile, pneumatiques et éléments de freinage). Et, comme sa mécanique est plus simple, nous n'avons besoin que d'une heure un quart pour effectuer les opérations d'escale sur les dix avions après une démonstration.
En tant que manager, je ne dispose pas d'assez de temps pour acquérir les compétences d'un pilote remplaçant, lequel devrait faire preuve d'une très grande polyvalence. D'ailleurs, aucun des membres de la patrouille n'est véritablement polyvalent, personne n'étant capable de voler à n'importe quelle place dans la formation.
En ce qui concerne la préparation de la saison, la première chose à faire est de dresser l'inventaire des invitations reçues et de coordonner notre action avec les autres patrouilles et formations.
Je pense par exemple aux spectacles historiques, comme la reconstitution de la bataille d'Angleterre, organisés par la RAF, qui nécessitent la participation de bien d'autres unités et organismes que les Red Arrows. Nous nous attachons à donner des spectacles dans toutes les régions du Royaume-Uni, même les plus reculées. »

Un site adapté à la démonstration

« Nous devons être certains que le site pressenti pour le spectacle est adapté. Si un Pitts Special peut effectuer une démonstration au-dessus d'un terrain de football ou presque, neuf Hawk ont besoin d'un peu plus de place. Quand nous sommes appelés à nous produire au-dessus d'un terrain que nous ne connaissons pas, nous envoyons quelqu'un le visiter et s'assurer de l'état de la piste. Nous prévoyons également un terrain de réserve. Si la manifestation a lieu en un endroit trop éloigné de Scampton pour qu'il soit possible de revenir à la base avant la nuit, et si le terrain est trop modeste pour nous accueillir, nous demandons l'hospitalité à la base aérienne opérationnelle la plus proche. Passer la nuit quelque part implique de disposer de lieux d'hébergement pour les pilotes et les mécaniciens, mais aussi pour les appareils, tant il est vrai qu'on ne peut pas laisser dix Hawk sur un terrain d'aéro-club sans surveillance.
Tous ces impératifs font que nous préférons souvent solliciter les grosses bases militaires, bien équipées et capables de nous fournir les carburants et autres produits nécessaires. Car nous n'emportons du gazole et des colorants pour les fumigènes que pour une seule représentation. Si nous sommes appelés à faire une seconde exhibition sans

Le Diamond Nine est une des figures acrobatiques les plus caractéristiques des démonstrations des Red Arrows.

repasser par Scampton, nous devons nous débrouiller pour trouver sur place des stocks de gazole et de colorants.
Une représentation de la patrouille s'étale sur environ dix-huit minutes, tandis que la capacité de nos fumigènes ne dépasse pas douze minutes. Nous avons donc toujours le souci de les économiser, pour ne pas

Ci-contre : pour un avion à ailes en flèche comme le Hawk, il est particulièrement difficile de maintenir une formation à plusieurs de front.

Ci-dessous : les Hawk des Red Arrows n'emportent que le carburant nécessaire pour le spectacle afin de ne pas s'alourdir inutilement. Des étapes de ravitaillement sont prévues tout au long de l'itinéraire de déplacement.

Les séances d'entraînement et les spectacles des Red Arrows sont filmés par un membre de l'équipage au sol. Ces films sont soigneusement analysés lors des débriefings ou des enquêtes qui suivent les accidents.

manquer de ces précieux liquides lors de la clôture du spectacle. Pour produire de la fumée blanche, nous injectons du gazole dans la tuyère, pour les fumées de couleur, nous ajoutons un colorant. Les colorants bleu et rouge nous sont fournis en quantités très limitées — raison pour laquelle on se contente généralement de la fumée blanche lors de la première partie du spectacle.
Se déplacer d'une base à une autre n'est pas une mince affaire. Les neuf chefs des équipes de maintenance effectuent le trajet en place arrière dans les avions, tandis que les vingt-six autres membres du personnel au sol voyagent soit à bord de notre Hercules, soit par la route. »

Une large audience

« Il faut veiller à l'organisation matérielle, aux repas, aux réceptions. L'hiver, nous accueillons parfois des visiteurs à Scampton, et nous nous appliquons à toujours garder le contact avec le public.
En mettant sur pied notre programme annuel, nous tenons compte d'un certain nombre de réalités. Certes, nos déplacements ont un large retentissement dans la région concernée, mais nous ne pouvons pas nous produire quand le nombre des spectateurs attendus est trop faible. Nous ne participons pas à des manifestations mineures, et il est de notre devoir de nous assurer en toute circonstance une audience le plus large possible. Nous fonctionnons sur le budget du ministère de la Défense, qui nous paie et assure tous les frais d'investissement et de fonctionnement de la patrouille. Le coût exact d'une prestation des Red Arrows pourrait être chiffré avec précision. Ce qui est sûr, c'est qu'il est très élevé et que personne ne pourrait le payer de sa poche, sauf peut-être un émir. Nous coûtons cher, certes, mais cela ne représente en fait qu'une goutte d'eau dans le budget militaire d'un pays comme le nôtre. Nous bénéficions d'un certain mécénat d'entreprise qui nous aide dans des domaines où le système militaire manque de compétences. Je pense, par exemple, aux autocollants et au matériel publicitaire.
Il est très positif que des entreprises financent les brochures et les posters que nous distribuons aux spectateurs et admirateurs. Ainsi, cela ne coûte pas un sou au contribuable.
Les tournées à l'étranger — comme celles que nous avons effectuées aux États-Unis en 1983 et, plus récemment, au Moyen-Orient — représentent un surcroît de dépense, mais de tels déplacements ne sont pas sans retombées pour

British Aerospace Hawk T Mk 1A

Red 6 et Red 7 se croisent devant la foule. Tout est calculé pour que les révisions majeures des Hawk T Mk 1 des Red Arrows (toutes les 1 200 heures de vol) et, lorsque cela est possible, les révisions de routine (toutes les 300 heures) soient effectuées au cours des mois d'hiver.

PREMIÈRES ANNÉES
Les Yellowjacks furent formés en 1964 en vue de représenter la RAF au Salon de Farnborough, aux côtés des Red Pelicans, équipés de Jet Provost. L'année suivante, la patrouille, devenue permanente, reçut l'appellation de Red Arrows. Cette équipe de démonstration était composée au départ de sept avions et d'un appareil de remplacement. En 1969, les effectifs de la patrouille furent portés à neuf avions. En 1971 et en 1988, des accidents contraignirent les Red Arrows à assurer la saison avec sept avions seulement.

RÉSERVOIR VENTRAL
Chacun des Hawk de la patrouille emporte un réservoir ventral contenant 300 l de gazole, ainsi que des liquides rouge et bleu dans des compartiments séparés. Grâce à des pompes, ces liquides sont injectés dans la tuyère d'éjection, où ils se mélangent et produisent de la fumée rouge ou bleue.

l'industrie de notre pays. Nous volons sur un avion British Aerospace équipé d'un moteur Rolls-Royce : on ne peut pas trouver meilleurs agents publicitaires que nous pour mettre en valeur l'industrie aéronautique britannique et tout particulièrement le Hawk. Il n'est un secret pour personne que les industriels comptent fermement décrocher des commandes nouvelles en provenance de l'US Navy et de différents pays du Moyen-Orient. »

Tournées à l'étranger

« Tous les pilotes qui passent dans la patrouille espèrent participer au cours de leur séjour à une tournée hors des frontières. De tels voyages, en dépit des contraintes qu'ils supposent, constituent une expérience très enrichissante sur le plan humain et professionnel. Nous ne sommes encore jamais allés en Amérique latine ni en Australie. Je souhaite pour ma part que nous puissions nous rendre un jour prochain dans les pays de l'Est, et même en Union soviétique. Après tout, on a déjà vu des MiG-29 à Farnborough, alors pourquoi pas les Red Arrows au-dessus de la place Rouge? »

Tâches administratives et conférences

Les neuf pilotes des Red Arrows ne font pas que des démonstrations acrobatiques, ils ont aussi des tâches administratives à

SYNCHRO PAIR
La Synchro Pair réalise les figures les plus spectaculaires proposées par les Red Arrows. Les deux avions se croisent devant la foule en donnant l'impression de se frôler littéralement. En vérité, l'écart est nettement plus important qu'il n'y paraît vu du sol.

MOTEURS
Les Hawk des Red Arrows sont propulsés par la version Dash 2 du turboréacteur à double flux Rolls-Royce/Turboméca Adour de 2 700 kgp. Ce moteur possède une manette modifiée qui réduit le temps de réponse au cours des enchaînements rapides de figures.

LIVRÉE
Les avions des Red Arrows portent une livrée rouge très caractéristique en polyuréthanne. Une grande bande blanche a été appliquée le long du fuselage et de l'empennage vertical.

Ci-dessus : un Hawk des Red Arrows vient de décoller. Les roues du train d'atterrissage sont déjà escamotées, et les trappes des logements sont en train de se refermer.

LE HAWK DANS LA RAF
Le BAe Hawk a été conçu par Hawker Siddeley en tant qu'avion d'entraînement avancé en vue de remplacer le Hunter et le Gnat. Le premier Hawk effectua son vol initial le 12 août 1974, l'avion entrant en service deux ans plus tard.

BASES
La patrouille des Red Arrows fut créée sur la base de RAF Fairford. Puis elle s'installa à Kemble en 1967, avant de faire mouvement sur Scampton en avril 1983.

Deux Hawk des Red Arrows, le premier en configuration de démonstration (au premier plan), l'autre en configuration de guerre (au second plan). En cas de guerre, les Hawk de la patrouille acrobatique britannique seraient affectés à des missions de défense aérienne, armés de missiles air-air AIM-9L Sidewinder sous voilure et d'un canon Aden de 30 mm en nacelle.

Ci-contre : à l'occasion du vingt-cinquième anniversaire de sa création, la patrouille des Red Arrows 1989 a posé en compagnie de la Patrouille de France (en bleu pâle) et des Frecce Tricolori italiens (en bleu foncé). Les Asas de Portugal, la Patrouille suisse et les Aguilas se trouvent au second plan.

remplir, entre autres répondre au courrier et participer à l'élaboration du programme de la saison. Ils visitent et soutiennent un grand nombre d'organisations charitables et donnent de nombreuses conférences. Contrairement à ce qu'on pourrait croire, les pilotes se livrent de bonne grâce à ces dernières activités.

Soulever l'enthousiasme

A ce propos, Martin Cliff témoigne :
« J'apprécie sincèrement cet aspect des choses. C'est l'occasion de rencontrer des gens que l'on n'aurait jamais l'occasion de côtoyer. Avant de rejoindre la patrouille, je savais que notre job comprenait aussi de nombreuses rencontres, soirées et conférences.

Ci-dessus : les neuf Hawk des Red Arrows au sommet d'un looping. La réalisation d'une telle figure exige beaucoup de précision et de concentration. Les erreurs — même les plus petites — sont très visibles depuis le sol.

Ci-dessus : les pilotes des Red Arrows appuyés sur l'aile de l'avion numéro 5 pour un briefing.

Ci-dessous : les Red Arrows ont acquis une excellente réputation dans le monde très fermé des patrouilles acrobatiques aériennes.

Mais, honnêtement, je trouve que c'est très agréable. Il faut savoir une fois pour toutes que notre métier, en l'air ou au sol, est avant tout un métier de relations publiques. Si on ne l'admet pas, il vaut mieux de pas nous rejoindre. Notre première mission est de soulever l'enthousiasme — un enthousiasme qui peut avoir de nombreux prolongements et, par exemple, susciter des vocations pour l'aéronautique dans l'ensemble de ses branches. Quel formidable challenge ! »

Les Red Arrows (3)

En avant pour le spectacle

Ci-dessus : Red Arrows au décollage pour une démonstration. Deux des trois Hawk de la première ligne sont des appareils d'entraînement standards, preuve qu'il s'agit d'une sortie d'entraînement d'hiver.

En médaillon : les Red Arrows, photographiés ici en formation Big Seven. Le spectacle débute par un Big Nine.

« Je devais à l'origine rejoindre la patrouille au cours de l'année 1984. Tout était en règle, mais, au dernier moment, la Royal Air Force décida que, manquant d'instructeurs, elle ne pouvait me laisser partir. Quelque temps plus tard, je fus promu Squadron Leader et crus que ma chance d'intégrer les Red Arrows était définitivement passée. En effet, les deux seuls postes affectés à des Squadrons Leaders sont normalement celui du leader (Team Leader), qui doit être un ancien membre de l'équipe, et celui du directeur (Team Manager), qui ne vole pas avec la patrouille.
Mais, après la mort de Red 8, les Red Arrows eurent besoin d'une nouvelle recrue dans les plus brefs délais. Je connaissais bien le Hawk et entretenais des relations très amicales avec les membres de l'équipe, si bien que je fus appelé à faire partie de cette prestigieuse formation. J'étais enchanté d'entrer dans la patrouille, même dans de si pénibles circonstances. Cela fait maintenant un peu plus d'un an que j'ai intégré les Red Arrows. C'est un travail exaltant, peut-être le plus merveilleux de tous ceux qu'offre la Royal Air Force. En tant qu'adjoint du commandant de la patrouille, j'assure, outre un gros travail administratif, la liaison entre les mécaniciens et les pilotes, et j'assiste le leader pour tout ce qui concerne la préparation et le déroulement du programme. »

Le Squadron Leader Jeff Glover, Red 8 et adjoint au commandant des Red Arrows, évoque de quelle manière il participe aux exhibitions de la patrouille.

« Si la démonstration doit commencer à 15 heures, nous nous rassemblons à 14 h 30 pour un briefing au cours duquel le leader nous résume rapidement les caractéristiques du spectacle qui va être présenté. Nous rejoignons nos avions environ quinze minutes avant le début du programme, lançons le réacteur dix minutes avant et prenons l'air trois minutes avant, de la façon suivante : les numéros 1, 2 et 3 décollent les premiers, suivis par les numéros 4 et 5 à environ 750 m, puis par le "Gypo", c'est-à-dire les quatre derniers appareils, à 750 m encore. A l'heure dite, nous surgissons derrière la foule; le "Gypo" se joint alors aux machines qui le précèdent de manière à former le Diamond Nine, figure de base des Red Arrows. Après avoir viré derrière la foule, nous formons le Nine Arrow, qui implique un mouvement vers l'extérieur des numéros

8 et 9. Mon travail consiste à me placer juste en dessous du numéro 4, de façon à apparaître sur sa droite. Je n'ai qu'à appliquer une petite poussée sur la manette des gaz et à actionner très légèrement le manche. Quand j'arrive à la hauteur du "charognard", j'arrête le mouvement latéral en agissant sur l'aileron opposé.
Nous voilà engagés dans le Nine Arrow.
Lorsque le chef de la patrouille annonce : "Big Nine, go!" le numéro 4 se dirige sur moi tandis que je m'écarte de lui, créant un espace dans lequel doit s'insérer le numéro 6.
Lorsque j'entends l'ordre : "Smoke on, go!" je déclenche le fumigène bleu. "Pulling up" correspond à la remise en marche des gaz, au cours de laquelle nous encaissons 3,5 G. Nous continuons ainsi jusqu'à ce qu'à ce que survienne l'ordre : "Diamond, go!" Les numéros 6 et 7 se replacent à l'arrière de la formation, le 4 se place dans l'espace laissé vacant par le 6, et je le suis, puis me place au-dessous de lui latéralement.

Diamond Nine
Diamond Nine constitue la figure de base de la patrouille des Red Arrows.

Du Diamond Nine au Nine Arrow
Le passage du Diamond Nine au Nine Arrow s'effectue par une simple translation latérale de Red 8 et de Red 9.

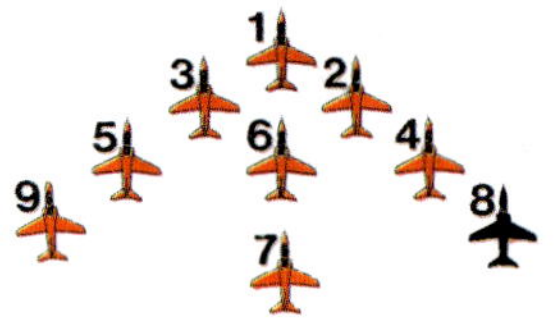

Du Nine Arrow au Big Nine
Red 6 se place entre Red 2 et Red 4, tandis que Red 7 s'insère entre Red 3 et Red 5. Dès que la patrouille a adopté cette formation, le leader ordonne l'activation des fumigènes.

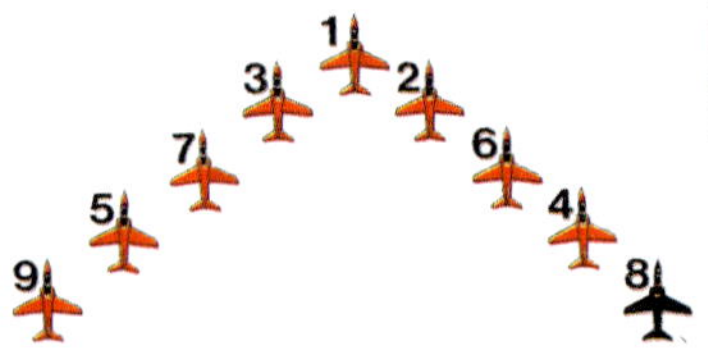

Tenir la position

En formation dite Big Nine ou Nine Arrow, mon seul travail consiste à tenir la position, c'est-à-dire à garder le bon espace avec le 4. En Diamond, j'ai les yeux continuellement rivés sur le commandant, avec comme point de repère l'extrémité de son empennage. Après le Diamond vient l'ordre : « Vixen, go ! ». Les numéros 6 et 7, alors en milieu de file, se placent côte à côte tandis que j'évolue à l'extérieur de la formation. Arrive le moment du Big Vixen Roll, qui représente pour moi la manœuvre la plus difficile du spectacle, car je suis alors le plus éloigné du leader. C'est donc moi qui ai le plus grand mouvement à accomplir et le maximum d'énergie à trouver pour réaliser cette manœuvre. Je sollicite mon moteur avec doigté, en augmentant la puissance jusqu'à ce que je me retrouve sur le dos. Ensuite, je joue avec les aérofreins, en me dépêchant d'effectuer la seconde partie de mon tonneau. C'est au cours de cette manœuvre que j'apprécie la commande des gaz à réaction rapide de l'Adour. Après le Big Vixen, nous revenons en formation Diamond avant d'aborder l'Eagle, pour lequel je n'ai à exécuter qu'un petit déplacement en ligne droite. Quand le Boss lance : « Eagle, go! » les numéros 4 et 5 reculent franchement par rapport au numéro 1 en agissant sur les aérofreins. Le numéro 4 dit alors : « Go! » tandis que les 2, 3, 8 et 9 reculent à leur tour.
Au lieu de me fonder sur le leader comme pour le Diamond, je prends pour référence le numéro 2, qui se trouve devant moi. Une fois en formation Eagle, nous entreprenons un looping délicat à négocier pour les numéros 4 et 5, qui sont les plus excentrés. Dans la boucle, nous nous plaçons en Apollo, figure pour laquelle les 2, 3, 8, 9, 4 et 5 avancent tous de la longueur d'un avion. Pour ma part, quand retentit l'ordre : « Apollo, go! » je change de repère, cesse de regarder le leader et m'assure que le numéro 2 et moi-même sommes bien alignés.

Concorde

Nous enchaînons alors sur le Concorde, une manœuvre épineuse reposant sur les numéros 2 et 3. Une fois cette figure accomplie, nous entendons : "Fred, go!" Fred étant l'abréviation de

Ci-dessus : les Red Arrows évoluent en configuration Big Vixen, une figure dans laquelle la formation est censée imiter la silhouette du Sea Vixen, un chasseur d'attaque.

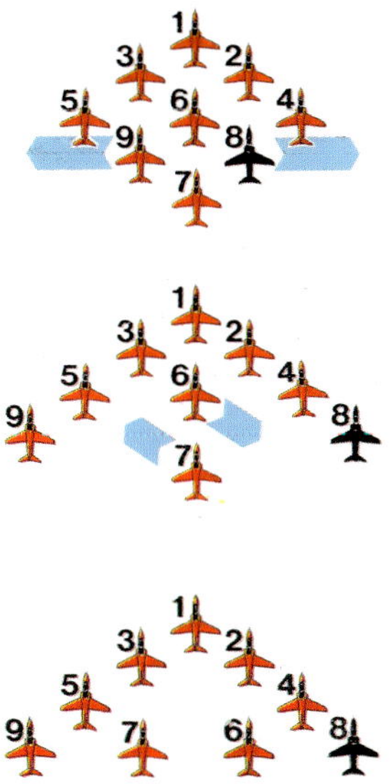

Du Diamond Nine au Big Vixen
Une fois accomplie la figure du Big Nine, la patrouille revient à celle du Diamond Nine, puis entreprend celle du Big Vixen. Tandis que Red 9 et Red 8 se décalent vers l'extérieur de la formation, Red 6 et Red 7, auparavant alignés, se placent l'un à côté de l'autre.

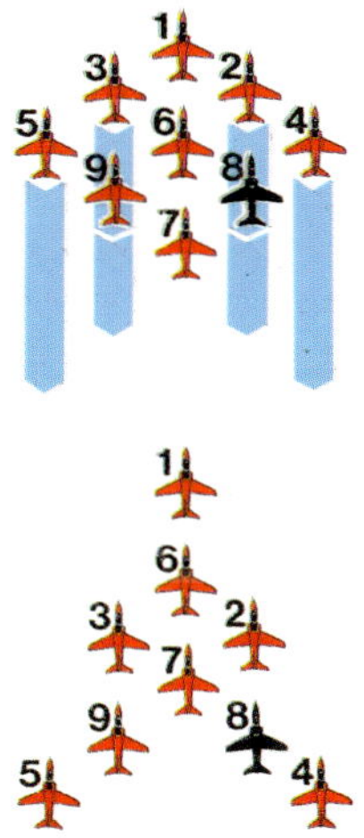

Du Diamond Nine à l'Eagle
Pour passer du Diamond Nine à l'Eagle, Red 5 et Red 4 se mettent en queue de la formation, tandis que Red 8 et Red 9 se placent de part et d'autre de Red 7, légèrement décalés sur l'arrière.

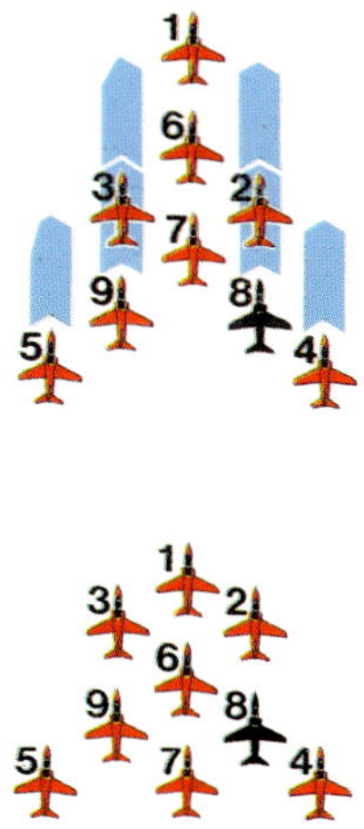

De l'Eagle à l'Apollo
Pour passer de l'Eagle à l'Apollo, Red 2, Red 3, Red 8, Red 9, Red 4 et Red 5 se déplacent vers l'avant de la formation, environ de la longueur d'un avion.

Ci-contre : pour accomplir le Big Vixen, la Synchro Pair se sépare de la formation et se place sur les côtés.

Ci-dessus : une autre figure favorite des Red Arrows est le Concorde, assez facile à réaliser.

De l'Apollo au Concorde
Dans le passage de l'Apollo au Concorde Red 2, Red 3, Red 8 et Red 9 se décalent vers l'arrière de la longueur de deux avions. Red 4 et Red 5, à l'extérieur, font de même, mais de la longueur d'un avion seulement.

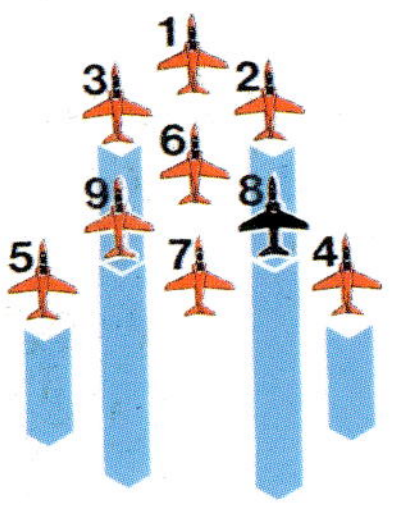

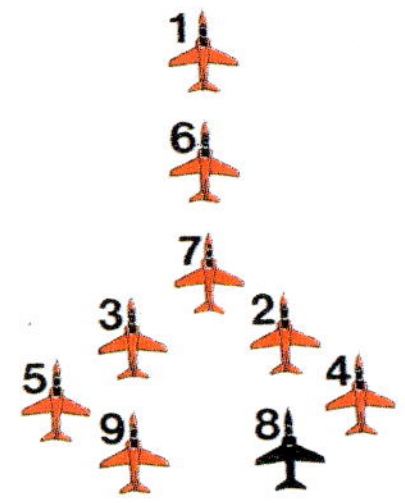

Du Concorde au Fred
Pour le Fred, qui correspond à la contraction de Feathered Arrow, Red 2 et Red 3 viennent se placer de part et d'autre du leader, tandis que Red 4 et Red 5 se retrouvent à l'extérieur de Red 2 et Red 3.

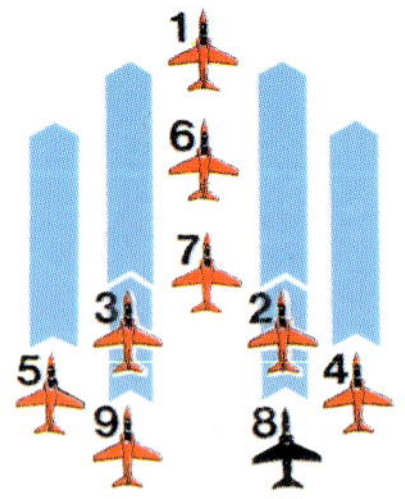

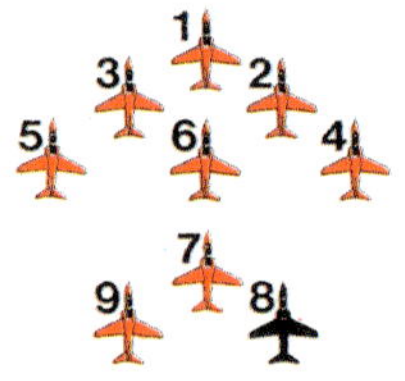

Du Fred au Diamond Nine
Red 8 et Red 9 viennent s'intercaler respectivement entre Red 6 et Red 4 et Red 6 et Red 5.

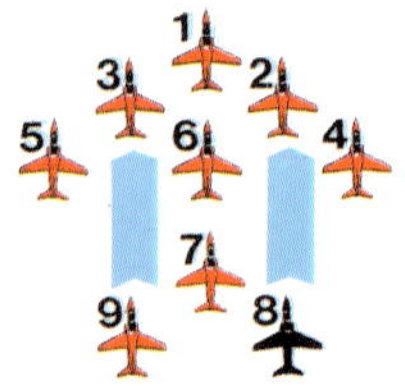

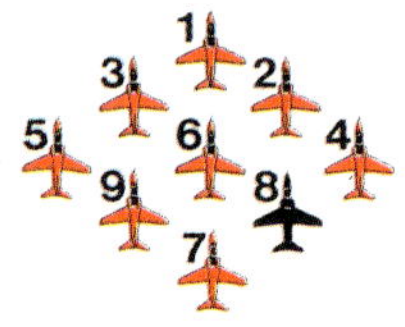

Du Diamond Nine au Delta
Pour les cinq appareils (Red 5, Red 3, Red 1, Red 2 et Red 4) qui en constituent la partie avant, le Delta est une figure difficile à réaliser. Tandis que Red 5, Red 3, Red 2 et Red 4 s'alignent sur le leader, Red 9 et Red 8 viennent se placer de part et d'autre de Red 6.

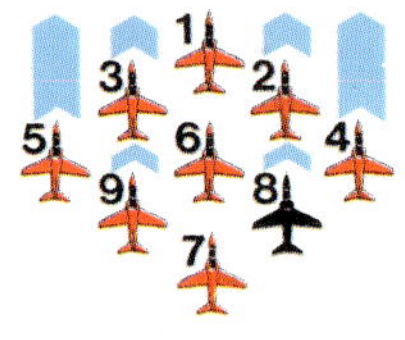

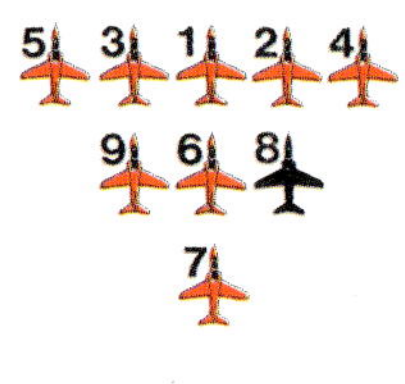

Feathered Arrow. Nous nous remettons ensuite en Diamond, ce qui implique une forte accélération des numéros 8 et 9, rapidement ralentie par une action sur l'aérofrein. Puis l'on en vient au Delta, manœuvre fort délicate pour les cinq avions qui évoluent de front. Cet exercice, malaisé avec des appareils à ailes en flèche, réclame beaucoup d'entraînement, d'autant que le moindre écart d'un des avions est visible du sol et rompt l'harmonie de la figure. Le Delta a succédé au Wineglass, dont il diffère uniquement par la descente d'un cran des avions 9 et 8. Vient ensuite la figure Leader's Benefit, avec sept avions de front, la Synchro Pair formant l'arrière. Pour moi, qui suis à l'extérieur du dispositif, le Leader's Benefit Loop est un moment un peu difficile. Je dois me repérer sur le leader et m'assurer en même temps que la formation est toujours parfaitement alignée.

Tonneaux

Nous nous replaçons en Big Seven pour entreprendre des tonneaux. A tour de rôle, nous prenons un peu de champ, effectuons un tonneau et venons nous remettre en position. Certains pilotes trouvent cette manœuvre très difficile et éprouvante pour les nerfs, d'autres estiment au contraire qu'elle est très facile. Notre vitesse est d'environ 250 nœuds aérofreins sortis, et nous mettons pleins gaz pour exécuter le tonneau. Ce qu'il faut, c'est ignorer la foule, oublier toutes les lumières qui peuvent distraire, et se concentrer sur le reste de la formation. L'horizon, c'est les camarades, un point c'est tout. Après les tonneaux en cascade, on en vient aux passages train sorti, qui ne posent pas de problèmes spéciaux. Quand, à un moment donné, nous stoppons les fumigènes et abaissons les atterrisseurs, il faut veiller à conserver la bonne position. Ensuite, nous entreprenons un retour vers la foule pour le Caterpillar. J'oublie de dire que tous les intervalles entre nos figures sont meublés par des exhibitions exécutées par la Synchro Pair. Le Caterpillar est une curieuse figure qui présente sept avions de front. Le leader décolle du groupe pour un looping individuel où il flirte avec les 3,5 G. Nous l'imitons à notre tour à une cadence assez rapide. Puis tout le monde reprend sa position et se met en Box, manœuvre qui ressemble au Fred. Les avions 4 et 5 se glissent sur les côtés en Vixen tandis que nous enchaînons sur une boucle qui se terminera en Vixen Break.
Cette figure, très spectaculaire, implique pour chacun de nous une manœuvre délicate, avec un angle de virage différent. Le leader continue tout droit, le 2 et le 3 prennent 30°, le 4 et le 5 60°, etc.

Ci-dessous : les Red Arrows évoluent en configuration Fred, figure précédemment dénommée Feathered Arrow. La ressemblance avec le Diamond Nine est manifeste.

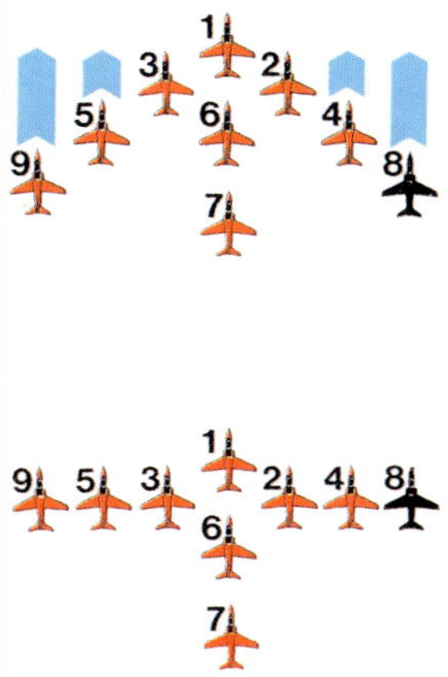

Du Nine Arrow au Leader's Benefit
Dans cette figure, Red 9, Red 5, Red 4 et Red 8 s'aignent sur Red 2 et Red 3.

En médaillon, ci-dessus : les Arrows sont en configuration Delta. Se maintenir à plusieurs de front est un exercice très difficile avec un avion à ailes en flèche, mais les Arrows ne reculent pas devant les difficultés puisqu'ils exécutent aussi le Delta en vol inversé.

Ci-dessous : la Synchro Pair exécute des croisements devant le public. La distance qui sépare les appareils est alors minime, et leur vitesse est très élevée.

Ci-dessus : remontée en vol inversé. Certains pilotes trouvent ce type d'exercice très facile, d'autres l'estiment fort difficile. Le vol inversé exige une grande concentration et des réflexes spéciaux en ce qui concerne le maniement des commandes.

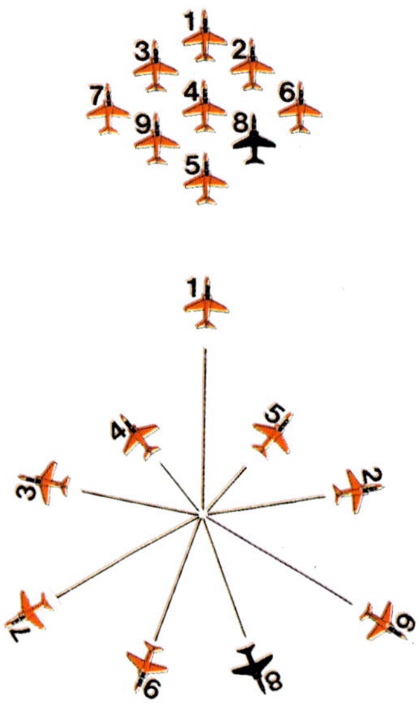

De l'Amateur Diamond au Parasol Break, ou Spaghetti
Le Parasol Break, ou Spaghetti, est une figure très spectaculaire qui consiste en un éclatement de la patrouille dans le plan vertical.

Ci-dessus et ci-contre : le Spaghetti, ou Parasol Break, est la figure qui clôt le spectacle des Red Arrows. Les avions, émettant une fumée blanche, effectuent une descente spectaculaire mais parfaitement contrôlée.

L'Amateur Diamond et le Spaghetti

Après cela, nous nous regroupons pour offrir au public le Join-up Loop, la Synchro Pair effectuant alors un travail difficile. Nous traversons la piste à la manière d'un troupeau égaré, mais, en fait, tout est planifié et correctement réalisé.
Le leader commence ensuite une boucle pendant que nous le rejoignons en Diamond. Il s'agit en fait de l'Amateur Diamond, dans lequel les numéros 4 et 5 ont échangé leurs positions avec les numéros 6 et 7, les deux premiers se retrouvant à l'arrière. Au sortir du looping vient le moment du Spaghetti (Parasol Break), où nous nous dispersons dans toutes les directions, couvrant les 360° du compas. Après son piqué, le leader file en ligne droite et tous les avions prennent des directions différentes, avec des angles de virage, de montée et de descente différents.
Enfin, nous nous posons dans l'ordre suivant : 2, 6, 4, 8, 1, 9, 5, 7 et 3. Cette figure finale fait un peu désordre et paraît un peu folle, mais, est-il besoin de le préciser, nous nous entraînons à la réaliser en respectant scrupuleusement les angles qui nous sont assignés.

Face aux difficultés

En fait, lors des sessions d'entraînement, les pilotes progressent à un rythme inégal : certains ont plus de mal à assimiler une figure que d'autres; quelques-uns butent sur un point qui paraît facile à d'autres.
Il s'agit d'adapter l'entraînement à chacun pour uniformiser le niveau de compétence des pilotes avant le début de la saison des représentations publiques. Il faut tantôt ralentir le rythme prévu pour l'un, tantôt l'accélérer pour l'autre. Il faut savoir une fois pour toutes qu'un pilote peut trouver facile ce qu'un autre estime très difficile. Par ailleurs, chacun d'entre nous appréhende particulièrement telle ou telle manœuvre. En ce qui me concerne, ma bête noire est la transition entre le Viggen — figure que nous avons abandonnée — et l'Apollo. C'est un moment où je ne me sens jamais à l'aise.

La démocratie dans la patrouille

Nous avons tous la possibilité de proposer des changements et des nouveautés dans le déroulement du spectacle, et nous en usons régulièrement. Mais nous tenons à respecter une certaine démocratie. Si la

Ci-contre : tandis que la Synchro Pair exécute des figures, le reste de la patrouille s'est rassemblée en Big Seven, train sorti.

Ci-contre : le Vixen Break est la dernière manœuvre exécutée par la formation à sept avions, avant qu'elle retrouve la Synchro Pair pour le Join-up Loop.

Comme sur l'Alpha Jet de la PAF, l'huile colorée servant a réaliser les fumigènes est stockée dans la bombonne ventrale et l'huile est projetée sur commande du pilote dans le flux du réacteur par un tuyau arrivant au bout de la tuyère.

Missions sur Lightning

Avec l'arrivée des Lightning à la livrée aluminium, les squadrons de chasse de la RAF adoptèrent des marques très colorées identiques à celles de l'avant-guerre. Ici, un Lightning F Mk 1A « Firebird » du Squadron 56, dont l'arête dorsale, l'empennage vertical et les bords d'attaque de voilure ont été peints en rouge.

Henry Ploszek, à l'époque commandant d'un unité basée à Akrotiri, assis à bord d'un Lightning F Mk 6 du Squadron 56.

Le Squadron Leader Henry Ploszek, qui fut longtemps pilote de Lightning dans la RAF, servit au sein de la célèbre patrouille acrobatique des Firebirds et de diverses autres unités. Il s'attache ici à décrire la vie d'un squadron de Lightning.

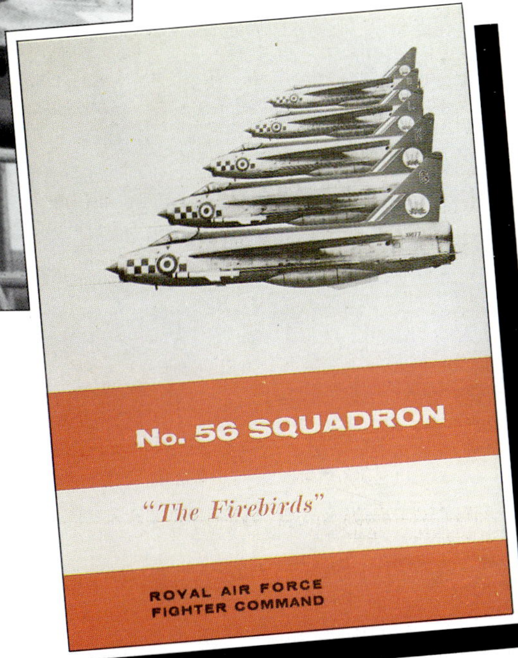

Ci-dessous : ce dépliant publicitaire décrit les prouesses des Lightning F Mk 1A du Squadron 56, au sein duquel Ploszek découvrit cet appareil.

Une génération entière de pilotes de la RAF fut marquée par le Lightning, premier et dernier chasseur bisonique de conception entièrement britannique. L'appareil, rapide et agile, était aussi primitif et difficile à piloter. Cela n'empêchait pas que l'ambition de tous les pilotes était de servir, après leur entraînement, sur ce monoplace de défense aérienne et d'appartenir ainsi à une élite. L'Electric Lightning avait été conçu à la fin des années quarante par le grand ingénieur W.E.W. Petter, qui avait également réalisé le Westland Whirlwind, l'English Electric Canberra et le Folland Gnat. A une époque où le Meteor, avec ses 940 km/h, était le chasseur le plus rapide de la RAF, le Lightning avait été prévu pour évoluer à 2 400 km/h. Il se caractérisait par une voilure en flèche, de puissants moteurs et un armement composé essentiellement de missiles. Le premier P.1 effectua son vol initial le 4 août 1954, et le P.1B, plus puissant, prit l'air le 4 avril 1957, le jour même où le gouvernement britannique annonçait que les avions pilotés seraient prochainement remplacés par des missiles. De tous les projets ambitieux de chasseurs conçus au Royaume-Uni, seul celui du Lightning allait voir le jour, le gouvernement considérant que son développement était trop avancé pour être interrompu et qu'il pourrait constituer un excellent appareil de transition. En fin de compte, l'avion qui entra en service dans la RAF bénéficiait d'un rayon d'action très insuffisant, mais les missiles Firestreak à guidage infrarouge et le radar Ferranti AI.23 Airpass dont il avait été pourvu en faisaient une machine technologiquement très supérieure au Hunter.

Une longue carrière

En dépit de ses défauts notoires, le Lightning allait donner satisfaction à la RAF pendant de longues années. Entré en service au sein de l'Air Fighting Development Squadron de la Central Flying School en décembre 1959, il fut utilisé en première ligne jusqu'en 1988. L'appareil fit également l'objet d'importantes commandes à l'exportation de la part du Koweït et de l'Arabie Saoudite, un marché prévu avec l'Autriche n'aboutissant pas pour des motifs politiques. Le Squadron Leader Henry Ploszek, futur leader des Red Arrows, servit dans un des premiers squadrons de Lightning. Il effectua trois tours d'opérations sur cet appareil, dont un comme instructeur, et fut pilote d'essai au sein de l'unité de maintenance stationnée sur la base de Leconfield :

« Après un tour sur Hunter avec le Squadron 43, à Leuchars, je fus affecté à Stradishall en septembre 1960, au sein du Squadron 56, lui aussi doté de Hunter. En décembre de la même année, quand nous touchâmes nos Lightning, aucune version d'entraînement biplace n'avait été réalisée et seul existait un simulateur de vol rudimentaire. Après deux séances sur simulateur, nous effectuions notre première sortie sur Lightning escortés par un Hunter. Ce premier vol, très bref, durait à peine quelques minutes, le temps de monter puis de redescendre vers le terrain. Je fus le sixième ou le septième pilote de mon squadron à être transformé, mon premier vol en solo datant du 3 mars 1961. Sur le Lightning, la roulette de nez s'escamotait vers l'avant : nous devions la remonter avant d'atteindre 220 nœuds, car, au-delà, la pression de l'air empêchait son verrouillage. Si le verrouillage ne se faisait pas, il fallait ralentir, procéder à cette opération puis accélérer. Une telle manœuvre étant essentielle, nous apprenions à l'effectuer sur le simulateur de vol. Mon premier vol en solo sur Lightning m'a profondément marqué. La durée normale d'une sortie était de trente-cinq à cinquante minutes. On nous apprit également qu'en utilisant la postcombustion en continu on ne pouvait rester en l'air que quinze minutes. Si on décollait en employant la postcombustion et qu'on accélérait, le vol pouvait ne durer que vingt minutes. Au départ, la disponibilité des avions était faible, si bien que nous ne volions que dix heures par mois sur Lightning. Pour garder la main, nous effectuions des heures de vol sur Hunter et même sur Meteor. Dans les premiers temps, nous n'utilisâmes pas toutes les capacités du Lightning, mais, par rapport au Hunter, le progrès était considérable. A Wattisham, nous prîmes en compte une

SQN. LDR. DAVID J. SEWARD (32) the Commanding Officer, attended Campbell Square Intermediate School, Northampton, and joined the R.A.F. as a National Serviceman in April, 1949. He learnt to fly on Prentices and Harvards at No. 3 Flying Training School, Feltwell, and his advanced flying was on Meteors at Middleton St. George, 1950-51. He attended No. 226 Operational Conversion Unit, Stradishall, and in May, 1951, was posted to No. 1 Squadron (Meteors) at Tangmere. In March, 1954, he went to the Development Squadron of the Central Signals Establishment at Watton, served later at Bassingbourn and North Luffenham, and in June, 1957, went to Odiham to fly Javelins with No. 46 Squadron. He was on exchange posting with the U.S.A.F., 1958-59, flying T-33s, Sabres, F-102s and F-106s and was appointed to command No. 56 Squadron in December, 1961. He plays rugby, cricket, and golf, and swims, and makes model aeroplanes as a hobby. He is married and has two sons and a daughter.
ADDRESS: *18 Junction Road, Northampton.*

FLT. LT. JOHN M. CURRY (27) 'A' Flight Commander, was born at Portsmouth and educated at Dartford Technical School, where he was in No. 74 (Crayford) Squadron, A.T.C. He joined the R.A.F. in May, 1953, and learnt to fly in Canada on Harvards and T-33s. He took a Meteor conversion course at Weston Zoyland in 1954 and in March, 1955, joined No. 66 Squadron (Meteors and Hunters) at Duxford. He was then posted to the staff of No. 229 Operational Conversion Unit and flew in its aerobatic team. March, 1960, saw him with No. 111 Squadron at Wattisham, flying with the "Black Arrows". He has been with No. 56 Squadron since October, 1961, and with the squadron made the first Lightning refuelling flights to Cyprus. He is married and has two boys and one girl.
ADDRESS: *"Cargreen", Ruggleswood, Chislehurst, Kent.*

FLT. LT. JEREMY J. R. COHU (26) 'B' Flight Commander, was born at Whyteleafe, Surrey, and went to Sherborne School, Dorset, where he was in the Combined Cadet Force, and entered the R.A.F. College, Cranwell, in January, 1955. After flying training on Provosts and Vampires he went to No. 229 Operational Conversion Unit at Chivenor for the Hunter conversion course. He was then posted to No. 74 Squadron at Horsham St. Faith, flying Hunters, and was detached to Cyprus in October, 1958. Converting to Lightnings in 1960, he flew with "The Tigers" aerobatic team at the Farnborough air displays, 1960-62, and at the Paris Air Show in 1961. He has been with No. 56 Squadron since October, 1962. He plays rugby, squash and tennis, and is the son of Air Vice-Marshal J. M. Cohu, R.A.F. (Retd).
ADDRESS: *The Creek, West Charleton, Kingsbridge, South Devon.*

FLT. LT. BRIAN J. CHEATER (25) Adjutant, was born at Pinner, Middle and attended Pinner County Gram School, where he was a member of 628 Squadron, A.T.C. He entered R.A.F. as a Cranwell cadet in Septem 1956, and learnt to fly on Provosts Vampires. In 1960 he flew Hunters No. 92 Squadron, visiting Cyprus Norway, and from 1960 to 1962 was No. 111 Squadron at Wattisham, f Hunters and converting to the Lightr With this squadron he visited Germ In June, 1962, he was posted to No Squadron, and was engaged in the Lightning refuelling flights to Cyprus is married.
ADDRESS: *77 Hill Road, Pinner, Middle*

Pilots of No. 56 Squadron

FLT. LT. TERENCE R. THOMPSON, R.C.A.F. (31) was born at Edmonton, Alberta, and educated at Theresseta High School, Castor. He was a bank clerk before joining the R.C.A.F. in April, 1951. He was initially trained as a radar operator and served at various radar units in Southern Ontario. He began flying training in April, 1953, flying Harvards and T-33 s and was commissioned in February, 1954. After a course at No. 3 All-Weather Operational Training Unit at North Bay, Ontario, he was retained as an instructor for three years. He then went to No. 409 All-Weather Squadron, flying CF-100s, at Comox, British Columbia, and, on exchange posting with the R.A.F., joined No. 56 Squadron in October, 1960. He is married and has two sons and lives in quarters at Wattisham.
ADDRESS: *251 Parsons Avenue, North Bay, Ontario, Canada.*

FLT. LT. ERNEST E. JONES (30), born in Liverpool, was educated at Mayfield and Southampton Technical College, where he was in No. 424 Squadron, A.T.C., and he flew Chipmunks in the R.A.F.V.R. He was apprenticed to a marine engineering firm at Southampton before joining the R.A.F. in November, 1953. He learnt to fly Provosts at Ternhill and Vampires at Oakington, after which he took the Hunter course at Chivenor in 1955. Later he flew Hunters with Nos. 26 and 14 Squadrons, 2nd Tactical Air Force, Germany, serving on detachment in Denmark, Holland and France. He also visited Norway, Spain and Italy. Returning to the United Kingdom in 1958 he went to the Javelin Operational Conversion Unit and was then posted to No. 85 Squadron at Stradishall and West Malling. He has been with No. 56 Squadron since April, 1960, and in 1962 made flight-refuelling exercises to Cyprus. He plays squash, basketball, hockey and water-polo.
ADDRESS: *36 Bottley Road, Sholing, Southampton.*

FLT. LT. MALCOLM J. MOORE (30), born at Hampstead, was educated at St. Clement Danes Grammar School, Hammersmith, and was a member of No. 78 (Wembley) Squadron, A.T.C. He was apprenticed to the Fairey company before joining the R.A.F. in June, 1954. He was trained in Canada on Harvards and T-33s, 1954-56; took the Vampire course at Swinderby, and flew Hunters at Pembrey, and in October, 1956, was posted to No. 16 Squadron (Venoms) at Celle, Germany. He then went to fly Venoms with No. 266 Squadron at Wunstorf, and later flew Mosquitos at Schleswigland and Meteors at Sylt. He took the Hunter conversion course at Chivenor in 1959 and joined No. 56 Squadron in October, 1959, initially flying Hunters and then converting to Lightnings. He is married and has two sons.
ADDRESS: *37 Whitton Avenue East, Greenford, Middlesex.*

FLT. LT. PETER M. JEWELL (29) born in Shanghai. He was educate Trent College, Long Eaton, Nottingh shire, and joined the R.A.F. in A 1951, as a radio apprentice at Cran and Locking. He began his flying t ing in Canada in January, 1955, f Harvards and T-33s, and then took Vampire course at Swinderby and Hunter course at Chivenor. In Octo 1956, he was posted to No. 112 Sq ron (Hunters) at Bruggen, Germany, in 1957-58 served at Hemswell, the tral Flying School and in Aden. He the C.F.S. course in 1959, and w qualified flying instructor on Vampire Oakington, 1959-62. He has been No. 56 Squadron since March, 1962 is married.
ADDRESS: *81 Wavertree Court, Waver Road, Streatham Hill, London, S.W.2*

Ci-dessus : les pilotes de la patrouille acrobatique des Firebirds. Ploszek est le quatrième en haut à partir de la gauche.

des premières versions opérationnelles, le Mk 1A. Les Mk 1 du Squadron 74 ne possédaient qu'un simple système de communication UHF et n'avaient pas de perche de ravitaillement en vol. »

Ravitaillement en vol

« Notre squadron accomplit les premiers essais de ravitaillement en vol, ce qui n'alla pas sans mal, car jamais personne dans la RAF n'avait pratiqué un tel exercice avec une perche latérale. Sur le Javelin, le Vulcan et d'autres appareils, la perche était située à l'avant du nez, alors que sur le Lightning English Electric on avait adopté une perche placée sous l'aile. On nous expédia sur la base américaine de Woodbridge afin d'observer la façon dont l'US Air Force procédait au ravitaillement en vol de ses F-100 Super Sabre, qui, eux aussi, possédaient une perche installée sous l'aile. Notre apprentissage, quoique laborieux, fut concluant et nous pûmes ensuite travailler correctement avec les citernes volantes Valiant. Nous rédigeâmes même le manuel de ravitaillement en vol. Notre premier déploiement outre-mer nous amena à Chypre. Notre chef d'escadron et John Curry convoyèrent leurs avions vers cette île accompagnés d'un Valiant, à bord duquel

Firebirds du Squadron 56.

FLT. LT. HENRYK R. PLOSZEK (27) was born in Danzig and was educated at King's School, Chester. He entered the R.A.F. College, Cranwell, in 1955, flying Provosts and Vampires, and in 1958 took the Hunter course at No. 229 Operational Conversion Unit at Chivenor. In May, 1958, he was posted to No. 43 Squadron, flying Hunters at Leuchars, and has been with No. 56 Squadron since September, 1960, initially flying Hunters and then converting to Lightnings. His father was a major in the Polish Air Force and joined the R.A.F. in the United Kingdom in 1940, serving as an engineer officer during the War. After the War he joined the R.A.F. and is now a Wing Commander (Retd). Flt. Lt. Ploszek and his mother came to Britain in 1946.
ADDRESS: 97 Dicksons Drive, Upton, Chester.

FLT. LT. ROBERT J. MANNING (26) born at Stockton-on-Tees, was educated at Uppingham, where he was in the Combined Cadet Force, and joined the R.A.F. in July, 1955, as a Cranwell cadet, learning to fly on Provosts and Vampires. He converted to the Hunter at No. 229 Operational Conversion Unit at Chivenor in 1958 and has been with No. 56 Squadron at Wattisham since December, 1958, initially flying Hunters and then converting to the Lightning. With the squadron he has visited Turkey, Malta and Germany, and was engaged in flight-refuelling exercises to Cyprus in 1962. He plays squash, tennis and golf. He is married.
ADDRESS: Astra, 90 Darlington Road, Hartburn, Stockton-on-Tees, Co. Durham.

FLT. LT. MICHAEL S. COOKE (26) was born at Martlesham, Suffolk, and attended Woodbridge School, where he was in the Combined Cadet Force. He joined the R.A.F. in October, 1955, and learnt to fly on Provosts at Ternhill and Vampires at Oakington. He took the Hunter course at the Operational Conversion Unit at Chivenor in 1957 and was posted to No. 74 Squadron in February, 1958, flying Hunters. He converted to the Lightning in June, 1960, and flew with "The Tigers" aerobatic team, visiting Paris, Sweden and Norway. He has been with No. 56 Squadron since October, 1962. He plays hockey, rugby and squash, and is interested in interior decorating. He is married.
ADDRESS: 12 Stearn Drive, Onehouse, Stowmarket, Suffolk.

FLT. LT. TIMOTHY F. H. MERMAGEN (25) was born at Taunton, Somerset, and was educated at Sherborne School, Dorset. He joined the R.A.F. in September, 1956, having flown Chipmunks at Hamble and Tiger Moths at Cambridge. Entering the R.A.F. College, Cranwell, he gained the Sword of Honour. He made visits to the U.S.A. and Germany. In August, 1959, he was posted to No. 7 Flying Training School, Valley, and in 1959 took the Hunter course at No. 229 Operational Conversion Unit at Chivenor. He joined No. 56 Squadron at the end of 1959, when it was flying Hunters, and later converted to the Lightning. He has been with the squadron to Germany and Cyprus. He is married. His father is the headmaster of Ipswich School.
ADDRESS: Bentons West, Bildeston, Suffolk.

FLT. LT. RICHARD CLOKE (24) was born at Bideford, Devon, and attended Bude County Grammar School, where he was in No. 1132 (Bude) Squadron A.T.C. He entered the R.A.F. College, Cranwell, in September, 1956, and in July, 1959, went to Valley. He took the Hunter course at No. 229 Operational Conversion Unit, Chivenor, in 1960, and in May, 1960, joined No. 92 Squadron (Hunters) and visited Norway. He joined No. 111 Squadron (Hunters, later Lightnings) in October, 1960, and was on detachment in Germany. Joining No. 56 Squadron in June, 1962, he has been with the squadron to Cyprus. He plays squash for Wattisham, and while at Cranwell captained the soccer and tennis teams. He is married.
ADDRESS: 1 Granville Terrace, Bude, Cornwall.

FLT. LT. BRIAN C. ALLCHIN (25) was born at Bromley, Kent, and attended Clacton County High School, Essex. On joining the R.A.F. in September, 1956, he was trained at Kirton-in-Lindsey, flew Provosts at No. 3 Flying Training School, Feltwell, and Vampires at No. 8 F.T.S., Swinderby, and took the Hunter conversion course at Chivenor. He was posted to No. 92 Squadron in February, 1959, and has visited Cyprus, North Africa, Norway, Malta, Aden, Greece and Persia. He flew in the "Blue Diamonds" aerobatic team in 1961 and 1962, and has been with No. 56 Squadron since April, 1963. His hobbies include photography, water ski-ing and sailing. He is married.
ADDRESS: 89 Kingswood Road, Shortlands, Bromley, Kent.

FLT. LT. ROBERT E. OFFORD (30) the commentator, was born in Singapore, and was educated at Lymm Grammar School, near Warrington, Lancs. Before joining the R.A.F. in January, 1951, he was a bank clerk. He learnt to fly on Chipmunks at Booker, and on Harvards at Oakington and Moreton-in-Marsh, 1951-52, then flew Meteors at Full Sutton and Stradishall. In 1952-54 he flew Meteors and Sabres with No. 66 Squadron at Linton-on-Ouse, and in February, 1955, became a qualified flying instructor at the Central Flying School. He instructed at Worksop, Valley and Linton-on-Ouse, and in May, 1959, was posted to No. 28 Squadron (Venoms) at Hong Kong. He has been with No. 56 Squadron since July, 1962.
ADDRESS: 17 Wenlock Road, Leigh, Lancashire.

WG. CDR. BERNARD H. HOWARD, D.F.C. (39) the team manager, attended Magnus Grammar School, Newark, and joined the R.A.F. in August, 1940, as an aircraft apprentice. As a flight engineer he served with No. 76 Squadron (Halifaxes) from 1943 to 1946, and began his pilot training in 1948. From 1950 to 1952 he was a flight commander with No. 66 Squadron (Meteors) and then joined No. 504 (County of Nottingham) Squadron, R.Aux. A.F. Thereafter he was a squadron commander at the Day Fighter Leaders School of the Central Fighter Establishment, and in 1959-61 was personal staff officer to the fortress commander, Malta. He has commanded the Flying Wing at Wattisham since December, 1961. In 1946-49 he played rugby for Command and participated in athletics. He is married and has a son and daughter.
ADDRESS: 12 The Park, Newark, Nottinghamshire.

Ci-contre : les Firebirds exécutent une figure acrobatique. Le Lightning était rapide, bruyant et volumineux.

Firebirds

« On nous dit un jour que nous allions être appelés à former la patrouille acrobatique du Fighter Command, ce qui eut effectivement lieu en 1963. Nous nous rendîmes à Paris, visite qui constitua le sommet de la saison des meetings pour les Firebirds. Je pense que la démonstration que nous y accomplîmes fut d'un excellent niveau. Le public français nous fit bon accueil, alors qu'il réservait généralement ses faveurs à la seule Patrouille de France.
Nous commençâmes nos répétitions en février 1963 et effectuâmes quelques sorties acrobatiques en formation serrée. Le 6 juin de la même année, une collision se produisit lors d'un exercice. L'aile de l'appareil de Mike Cook heurta le missile d'un autre avion. Ayant perdu un aileron, Mike se trouva dans l'incapacité de contrôler sa machine et dut s'éjecter. Malheureusement, le siège éjectable fonctionna mal et heurta la nuque du pilote, qui tomba inanimé dans un champ labouré. Les infirmiers qui le retrouvèrent se rendirent compte qu'il avait le dos brisé.
Il fut conduit à l'hôpital d'Ipswich et, le lendemain, un hélicoptère le transporta à Stoke Mandeville.
Il survécut, mais dans un fauteuil roulant. L'autre pilote se posa sain et sauf.
Les démonstrations débutaient généralement par un décollage postcombustion allumée suivi d'une rotation en bout de piste. Ensuite, nous nous regroupions en formation à neuf pour exécuter diverses manœuvres qui se terminaient à cinq et à quatre appareils. Tandis

Ian Thompson et moi-même avions pris place. Le voyage fut bref, mais me permit de voir pour la première fois un Lightning en vol. Au retour, Ian et moi prîmes les commandes des deux Lightning. A mi-chemin, au-dessus de l'Italie, nous rencontrâmes un temps épouvantable. Mais nous étions bien entraînés et nous regagnâmes le Royaume-Uni sans incident majeur. Nous commençâmes à tenir des alertes à temps de réaction rapide (QRA, pour Quick Reaction Alert) dès que notre unité fut déclarée opérationnelle. Seuls quelques squadrons bénéficiaient de ce privilège. A Wattisham, nous appartenions au secteur d'alerte sud et partagions les alertes avec nos collègues de Binbrook et Leconfield. Nous alternions quinze jours d'alerte et un mois de travail normal. Assis dans nos avions en bout de piste, nous assurions les veilles de jour, les veilles de nuit étant à la charge des unités de Javelin. Si tout se passait bien, nous pouvions prendre l'air très rapidement, en à peine plus d'une minute. J'effectuai mon premier décollage en QRA à cause d'un ovni. Un jour, il y eut de nombreux signaux lumineux très haut dans le ciel, ainsi que quelques éclairs. Les journaux ne parlèrent que de cela. Le lendemain, alors que j'étais d'alerte, le phénomène se reproduisit et le Fighter Command me communiqua l'ordre de décoller. Le contrôleur m'expliqua : "Regardez, il y a un ovni; il est invisible au radar mais il a été signalé par un autre avion à

qu'une formation achevait une boucle, l'autre commençait un tonneau.
A cette époque, chaque grand commandement possédait sa propre patrouille acrobatique, mais celle du Fighter Command, parce qu'elle utilisait un avion impressionnant tant par son allure que par ses dimensions, était censée représenter l'ensemble de la RAF. Compte tenu du fait que notre unité conservait son statut opérationnel, nous n'exécutions que cinq représentations annuelles. Toute l'année, nous accomplissions notre entraînement normal sur deux ou trois avions. Pour les exhibitions, le personnel au sol faisait un gros effort afin de mettre en ligne dix, voire onze appareils. La maintenance posait d'importants problèmes et, en dehors des meetings, les appareils étaient rarement tous disponibles. Nous fûmes la dernière patrouille du Fighter Command à fonctionner de cette façon. En 1964, la patrouille du Training Command, les Red Pelicans, fut chargée de monter une exhibition à Farnborough. Ses Jet Provost paraissaient bien lents après nos Lightning, et, quand les responsables de la RAF apprirent qu'une patrouille officieuse et même illégale de cinq Gnat jaunes, les Yellowjacks, existait à RAF Valley, ils décidèrent de l'engager à Farnborough en même temps que les Red Pelicans. Ce fut un tel succès que dès l'année suivante fut constituée, sur Gnat, la désormais celèbre patrouille des Red Arrows. »

English Electric Lightning F Mk 1A

Ce Lightning F Mk 1A appartient au Squadron 56, qui prit en compte le premier appareil de ce type à RAF Wattisham en décembre 1960.
Le Squadron 56, devenu opérationnel sur Lightning au printemps de 1961, constitua la patrouille acrobatique du Fighter Command, les Firebirds, deux ans plus tard avec neuf de ses avions.

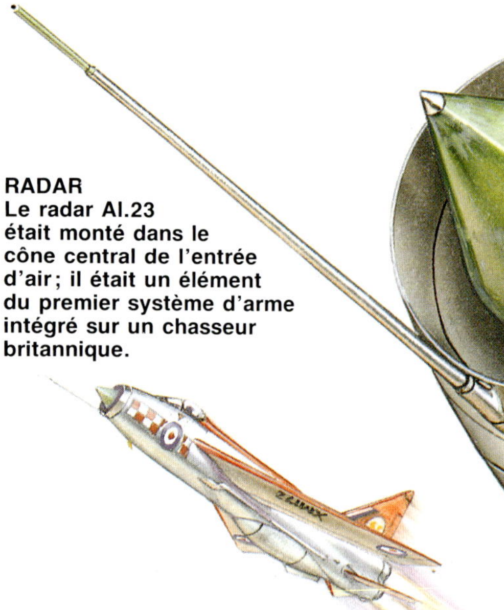

RADAR
Le radar AI.23 était monté dans le cône central de l'entrée d'air; il était un élément du premier système d'arme intégré sur un chasseur britannique.

ATTAQUE AUTOMATIQUE
Bien que rudimentarisé par rapport aux systèmes actuels, le radar AI.23 permettait au pilote d'acquérir et d'accrocher une cible de façon automatique. Le pilote pouvait donc se consacrer au tir sans avoir à suivre visuellement la cible.

ARMEMENT
Le Lightning F.Mk 1A avait été conçu autour du radar Ferranti AI.23, et son armement consistait en deux missiles air-air à guidage infrarouge De Havilland Propellers Firestreak. Deux canons Aden de 30 mm étaient montés au-dessus du nez de l'avion.

Lightning au sommet d'un spectaculaire looping, dans une formation irréprochable.

très haute altitude. Nous pensons qu'il doit se trouver au-dessus de Woodbridge. Nous allons vous positionner de façon que vous montiez le plus haut possible pour l'identifier." J'effectuai un décollage spectaculaire et accélérai jusqu'à Mach 1,5 ou 1,6 tout près du sol, procédure qui était normalement interdite, puis entamai mon ascension. L'ovni se trouvait loin, très loin devant moi. Je m'avisai très vite que ce n'était qu'un ballon de recherche de haute altitude doté d'une nacelle. Effectivement, sous l'effet de la lumière et de ses propres mouvements, il renvoyait des rayons qui pouvaient paraître bizarres vus de la terre. »

Le Lightning F Mk 3

« J'appartenais depuis presque trois ans au Squadron 56 quand je fus affecté au Squadron 74, à Leuchars, qui possédait encore des Lightning F Mk 1 mais était en train de prendre en compte le Lightning F Mk 3. J'effectuai plusieurs vols d'essai sur cette version améliorée dotée de réacteurs plus puissants et de missiles Red Top, mais dépourvue de canon. Le Lightning Mk 3 affichait aussi une consommation en carburant plus élevée et, comme il ne possédait pas le même réservoir ventral que celui des premières variantes de l'appareil, son rayon d'action était encore moins important. Son radar AI.23B était cependant plus performant et ses missiles Red Top avaient été pourvus d'une tête chercheuse plus sensible J'ai connu l'époque où l'on réclamait des unités de Lightning les choses les plus diverses, où il nous fallait mener des attaques de front et des attaques latérales et nous débrouiller avec notre seul écran radar. Le radar nous donnait des indications particulièrement fiables pour le tir au canon avec viseur. Le Lightning F Mk 3 réagissait très vite à toute sollicitation et, pour peu qu'on ait la main un peu lourde sur une manette, on se retrouvait dans des positions surprenantes. Au Squadron 74, notre patron nous faisait toujours voler avec une combinaison et un casque partiellement pressurisés, même pour les exercices à moyenne altitude. Tout cela était certes assez gênant, mais il avait sans doute raison de

Ci-dessus : ce Lightning F Mk 1 appartient au Squadron 74, une unité qui était en cours de transformation sur Lightning F Mk 3 au moment de l'arrivée de Ploszek.

RAVITAILLEMENT EN VOL
Le Lightning F Mk 1A pouvait être doté d'une perche de ravitaillement montée sous l'aile gauche. Le ravitaillement en vol était pratiqué seulement pour les vols de convoyage.

INSIGNE
L'insigne du Squadron 56, un phénix surmontant des flammes, ornait l'empennage des avions utilisés par les Firebirds. Le damier rouge et blanc, motif introduit au cours des années vingt, décorait l'avant de l'appareil.

ARMEMENT
Les deux missiles Firestreak pouvaient être remplacés par un panier de 48 roquettes de 51 mm ou par deux canons de 30 mm supplémentaires.

MOTEURS
Le Lightning F Mk 1A était propulsé par deux turboréacteurs Rolls-Royce Avon 210, d'une poussée maximale de 6 350 kg. Les Lightning des versions suivantes possédaient des Avon 301 de 8 360 kgp, mais étaient plus lourds et moins aérodynamiques.

nous habituer à ce type d'équipement. Après mon passage chez les Tigers, je fis un séjour d'une année à Steamer Point (Aden), avant d'être affecté au Squadron 3 de l'Operational Conversion Unit sur Lightning, basée Coltishall. Il s'agissait principalement de donner des cours théoriques et de transformer des pilotes saoudiens sur Lightning. Sur ce dernier point, j'eus des responsabilités particulières et le travail me passionna. Pendant mon séjour à Coltishall, j'eus le privilège de voler comme numéro deux d'une imposante formation de quarante appareils à l'occasion de la Royal Review de la RAF, à Abingdon, en 1968. Après trois années passées en dehors d'une unité navigante, je retrouvai les joies du métier de pilote en étant affecté, en septembre 1975, au Squadron 56, basé à Chypre et équipé de Lightning F Mk 6. »

Ravitaillement de nuit

« Nous pratiquions le ravitaillement de nuit sans allumer nos feux, un exercice particulièrement difficile et excitant. L'époque était intéressante : nous rencontrions des avions soviétiques qui allaient livrer des armes en Égypte et en Syrie et observions avec attention les navires de guerre israéliens qui croisaient en Méditerranée. Peu avant l'invasion de Chypre, en 1974, nous eûmes l'occasion d'intercepter des RF-84 turcs et de les reconduire chez eux. Nous n'avions pas l'ordre d'ouvrir le feu et eux se contentaient de photographier toutes les plages de l'île. Une semaine plus tard se produisit l'attaque turque. Au début, nous ne ne fûmes pas autorisés à survoler le territoire chypriote, mais nous assurâmes la défense aérienne des installations militaires britanniques. Nous opérions alors avec des missiles, prêts à ouvrir le feu. Un jour, je crus bien être obligé de tirer, mais l'avion en question, un F-100, eut le bon goût de disparaître à temps. Nous étions prêts à intervenir si notre base se trouvait menacée. »

De progrès en progrès

« Le Lightning était un avion plein de qualités. Il était rapide, lourd, et montait très bien. Il était volumineux, mais son habitacle était étroit et inconfortable, surtout quand nous portions notre combinaison et notre casque pressurisé. Un de ses autres inconvénients était le champ visuel réduit qu'il offrait au pilote. J'étais toujours très amusé quand je constatais les progrès qu'accomplissait la force de Lightning de la RAF. Chaque fois que j'y revenais après l'avoir quittée un moment, je trouvais de jeunes types très brillants et motivés et je me disais que la qualité opérationnelle des unités s'était encore accrue depuis mon précédent passage. Le professionnalisme était toujours plus grand et les tâches demandées toujours plus difficiles. Le personnel de ces formations avait suivi des stages de haut niveau et subi plusieurs phases de sélection. Puis un entraînement intensif l'avait initié au maniement de l'appareil et à celui de son système d'arme. Il était rompu au vol de nuit à basse altitude, qui, je puis en témoigner, était un travail particulièrement harassant. »

Au cours de sa carrière, Ploszek participa à divers défilés, notamment lors des anniversaires de la reine ou lors de la commémoration de la bataille d'Angleterre.

Quand il servit au sein de l'OCU 226, Ploszek fut chargé d'instruire les Saoudiens en cours de transformation opérationnelle sur Lightning.

Ci-contre : personnel du Squadron 56 à Akrotiri (Chypre) peu avant l'invasion de l'île par la Turquie. Ploszek se trouve à l'extrême droite.

Ci-dessous : à la suite d'un mauvais fonctionnement du train, Ploszek a dû effectuer un atterrissage en catastrophe, mais il en a été quitte pour la peur.

Ci-contre : l'avion de Ploszek, accompagné d'un Vigilante de l'US Navy, photographié par un Skywarrior d'espionnage électronique.

Ci-dessous : Ploszek intercepta cet Antonov An-12 « Cub » chargé de livrer des armes en Égypte. D'autres « Cub » interceptés portaient abusivement des marques syriennes ou égyptiennes hâtivement mises en place par les Soviétiques.

Ci-dessous : Lightning T Mk 5 d'entraînement du Squadron 56. Cette version du chasseur supersonique britannique possédait certaines capacités opérationnelles.

Ci-dessous : ravitaillement en vol du Lightning de Ploszek par un Buccaneer du Squadron 809 de la Fleet Air Arm.

THUNDERBIRDS

Republic F-84G Thunderjet

Le Thunderjet fut le premier avion utilisé par les Thunderbirds. La patrouille effectua 132 démonstrations à bord de ce type d'appareil entre juin 1953 et février 1955.

Republic F-84F Thunderstreak

Le F-84F se présentait comme un F-84 dont les ailes et les empennages étaient en flèche. Les Thunderbirds accomplirent 91 démonstrations à bord de ce type d'appareil entre avril 1955 et mai 1956.

North American F-100 Super Sabre

Les Thunderbirds utilisèrent des F-100C à l'occasion de 641 démonstrations entre 1956 et 1963, et des F-100D pour 471 exhibitions entre 1965 et 1968.

Les Thunderbirds se firent connaître au départ sous la dénomination de 3600th Air Demonstration Team. Formée en mai 1953 à Luke AFB (Arizona), cette patrouille acrobatique effectua sa première démonstration le 9 juin de la même année. Depuis cette époque, les Thunderbirds ont connu un succès grandissant, marqué cependant par une tragédie : l'écrasement au sol de quatre de leurs avions en 1982. Outre aux États-Unis, la patrouille acrobatique de l'US Air Force s'est produite dans de nombreux pays.
Les exhibitions des Thunderbirds ne se limitent pas au vol de précision : les pilotes adoptent en effet une formation impeccable pour rejoindre leurs appareils et s'installer aux commandes.

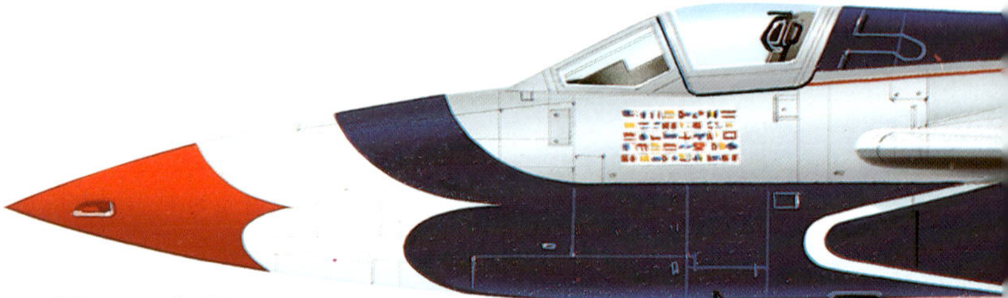

Republic F-105B Thunderchief

Les Thunderbirds effectuèrent sur ce type d'appareil six démonstrations en vol au cours de l'année 1965. La patrouille vola à nouveau sur F-100 pendant les trois années suivantes.

S'il ne connut qu'une brève carrière au sein des Thunderbirds, le F-105 Thunderchief n'en fut pas moins l'un des avions les plus impressionnants à servir dans cette patrouille.

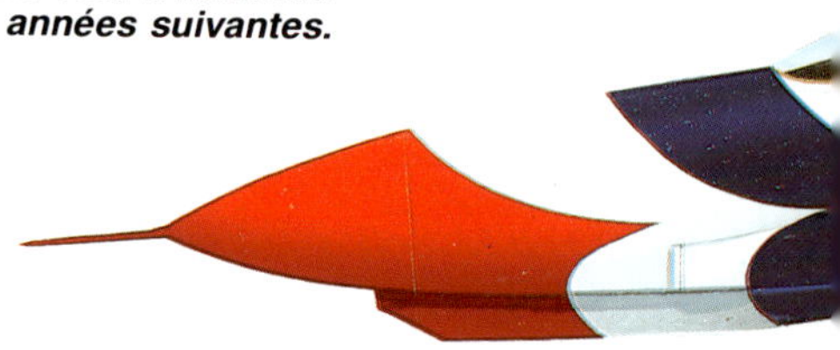

McDonnell F-4E Phantom

Adapté au vol acrobatique, le F-4 ne fut cependant pas aussi manœuvrable que les autres types d'appareils employés par les Thunderbirds.

General Dynamics F-16 Fighting Falcon

Depuis 1982, les Thunderbirds opèrent sur F-16, machine à la fois puissante et manœuvrable. Les pilotes acrobatiques américains réussirent à bord de cet appareil des manœuvres qu'ils ne pouvaient entreprendre avec leurs avions précédents.

Ci-contre : l'un des meilleurs avions qu'utilisèrent les Thunderbirds fut le North American F-100 Super Sabre, à bord duquel ils accomplirent 1 112 démonstrations en vol.

Northrop T-38A Talon

En 1974, les Thunderbirds passèrent sur T-38 dans le cadre d'une politique visant à faire des économies de carburant.

CRÈVE-CŒUR A RAMSTEIN

La manœuvre fatale : le « cœur percé »

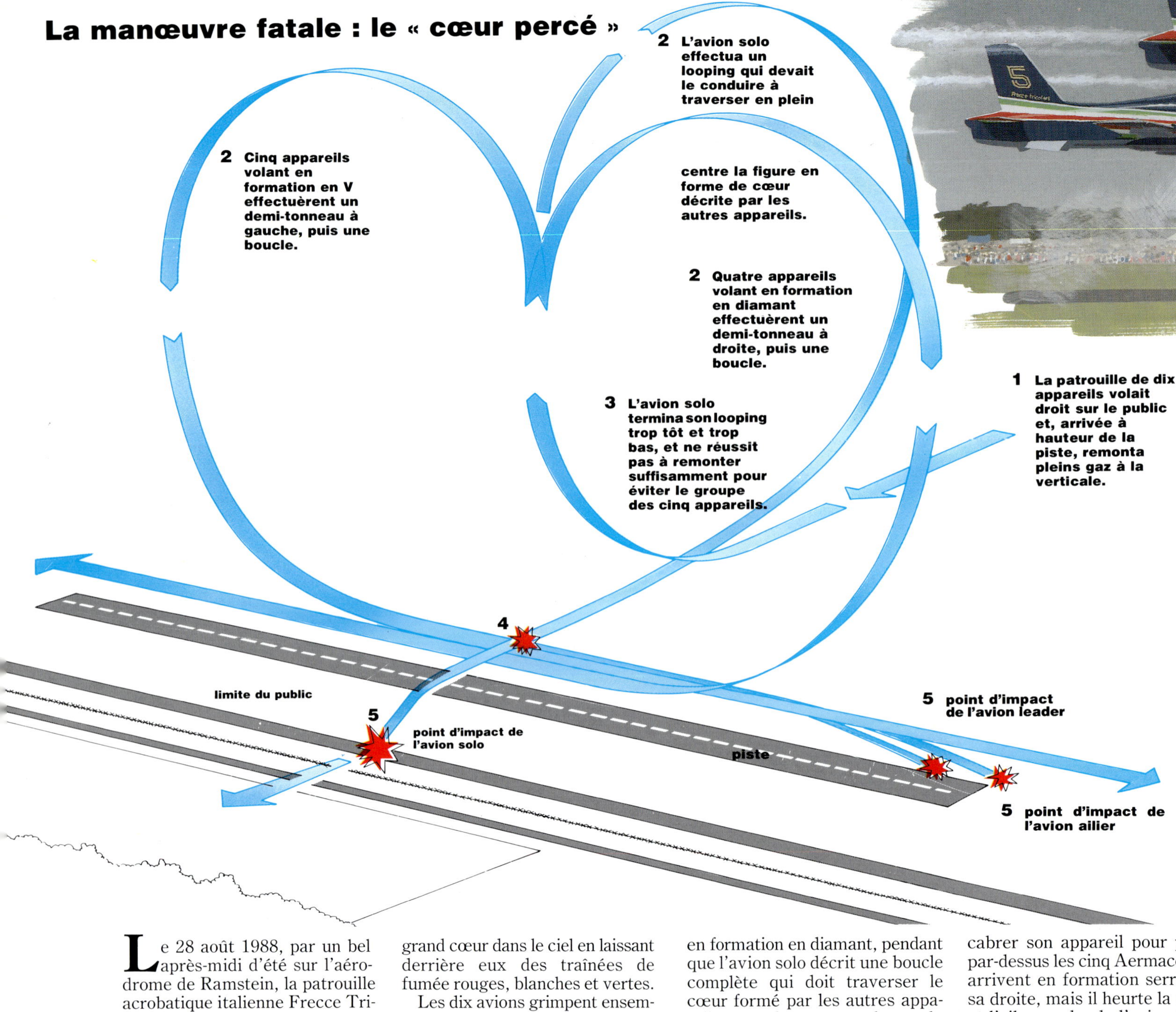

Le 28 août 1988, par un bel après-midi d'été sur l'aérodrome de Ramstein, la patrouille acrobatique italienne Frecce Tricolori, formée de dix Aermacchi MB. 339 Pan, vient juste de commencer un show aérien qui doit durer trente minutes. La principale figure consiste en une manœuvre surnommée le « cœur percé » : les appareils décrivent un grand cœur dans le ciel en laissant derrière eux des traînées de fumée rouges, blanches et vertes.

Les dix avions grimpent ensemble à la verticale puis éclatent en trois groupes avant d'effectuer un tonneau et de se croiser à grande vitesse et à basse altitude au-dessus de la piste. Cinq Aermacchi basculent sur la gauche en formation en V, quatre sur la droite en formation en diamant, pendant que l'avion solo décrit une boucle complète qui doit traverser le cœur formé par les autres appareils avant de passer au-dessus du public à une altitude de 80 m.

Il est 15 h 35. Le lieutenant-colonel Ivo Nutarelli, âgé de trente-huit ans, qui pilote l'avion solo, termine son looping trop tôt et trop bas. Nutarelli cherche à cabrer son appareil pour passer par-dessus les cinq Aermacchi qui arrivent en formation serrée sur sa droite, mais il heurte la dérive et l'aile gauche de l'avion leader du lieutenant-colonel Mario Naldini. Ce dernier percute à son tour son ailier, le capitaine Giorgio Alessio. Alessio s'écrase sur la piste, et Naldini dans le bois bordant l'aérodrome.

L'avant du fuselage de l'avion solo fut déchiqueté lors de la collision avec l'avion leader, qui, ayant perdu son aile gauche et l'arrière de son fuselage, percuta un troisième appareil.

Ci-dessus et ci-dessus, à droite : après avoir perdu l'avant de son fuselage, l'appareil de Nutarelli, incontrôlable, s'écrasa dans la foule et explosa, pulvérisant des débris enflammés sur une large surface.

L'avion de Nutarelli, qui a perdu tout l'avant de son fuselage, tournoie un instant en l'air avant de heurter le sol à la limite du public, à 450 m de la piste, puis il rebondit lourdement et s'écrase dans la foule, pulvérisant des débris enflammés autour de lui.

Deux autres avions subirent également des dégâts au cours de la collision, mais la patrouille réussit tout de même à atterrir sur la base voisine de Sembach.

Meetings interdits

A la suite de cet accident, toutes les présentations aériennes militaires et acrobatiques furent interdites en Allemagne fédérale jusqu'à la conclusion de l'enquête, menée par des experts allemands, italiens et américains.

On apprit ainsi que Nutarelli, Naldini et Alessio avaient respectivement 3 800, 3900 et 1 600 heures de vol sur avion à réaction ; ils n'étaient donc plus des débutants. Mais on souligna le fait que la patrouille des Frecce Tricolori, comme la Patrouille de France, emploie beaucoup plus d'appareils que les autres formations acrobatiques internationales. Par exemple, les Red Arrows de la RAF ou les Snowbird canadiens ne déploient que neuf avions au maximum, et les Blue Angels de l'US Navy ou les Thunderbird de l'USAF ne volent généralement qu'avec quatre appareils et un ou deux avions solos.

Ramstein était le quatrième accident mortel subi par la formation italienne depuis 1978, les autres accidents ayant eu lieu en 1978, 1979 et 1981. La commission d'enquête rendit son rapport en novembre 1988 : « Lors de la préparation du meeting aérien, les organisateurs ont pris toutes les mesures de sécurité qu'on pouvait prendre et ont même adopté des mesures de sécurité extraordinaires. La cause de la tragédie ne peut donc être imputable qu'à une erreur humaine, une mauvaise appréciation du pilote de l'avion solo. » Le rapport se termine en ces termes car, faute de renseignements, on ne pourra jamais savoir pourquoi Nutarelli était sorti de son looping si bas et si tôt.

La Patrouille de France fait partie du club très fermé des patrouilles acrobatiques évoluant à six avions et plus.

ALPHA JET

de l'armée de l'Air

8e ESCADRE

Constituée des escadrons de chasse 1/8 Saintonge et 2/8 Nice, la 8e escadre de chasse a été transformée sur Alpha Jet en 1982.

1/8

L'insigne de l'escadron de chasse 1/8 Saintonge : trident d'or ailé et lion bondissant de sable et d'or.

2/8

L'insigne de l'escadron de chasse 2/8 Nice : panthère de sable et d'azur et cigogne virant au naturel, avec aigle de gueule et d'or sur terrasse d'azur.

GROUPEMENT-ÉCOLE 314

Installé sur la base de Tours depuis 1961, le groupement-école 314, également connu sous l'appellation d'école de chasse Christian Martell, est formé de cinq escadrons d'instruction en vol (EIV). Cette unité a été transformée sur Alpha Jet en 1979.

Insigne du 1ᵉʳ escadron d'instruction en vol du GE-314 Jean-Michel Lenglet.

Insigne du 2ᵉ escadron d'instruction en vol du GE-314 Henry Jeandet.

Insigne du 3ᵉ escadron d'instruction en vol du GE-314 Henry Arnaud.

Insigne du 4e escadron d'instruction en vol du GE-314 Marin La Meslée.

Alpha Jet portant l'insigne du GE-314 sur l'empennage vertical : étoile chérifienne et cigogne au naturel.

Insigne du 6e escadron d'instruction en vol du GE-314 Jean Maridor.

ÉCOLE MILITAIRE DE L'AIR

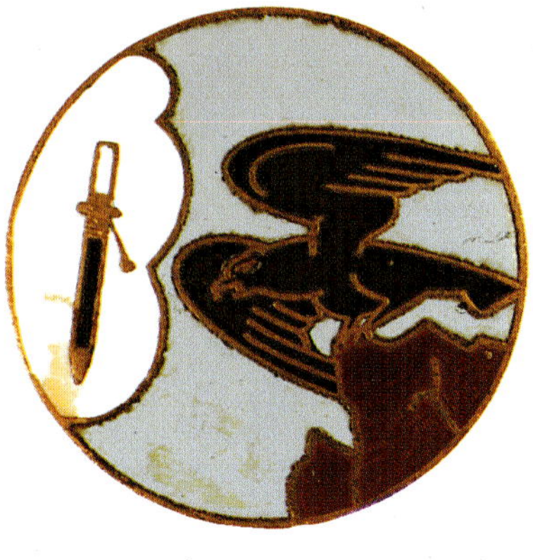

Insigne de l'École militaire de l'Air, installée à Salon-de-Provence.

Insigne de l'escadron d'instruction en vol de l'École de l'Air, basé à Salon-de-Provence.

ÉCOLE DE L'AIR

Insigne de l'École de l'Air, installée à Salon-de-Provence.

PATROUILLE DE FRANCE

Après avoir volé sur Fouga Magister, la Patrouille de France a été transformée sur Alpha Jet en septembre 1980. Cette unité est installée sur la base de Salon-de-Provence.

Alignement d'Alpha Jet de la Patrouille de France, à la livrée très colorée.

Alpha Jet de la Patrouille de France escortant un Falcon 50.

La Patrouille de France utilise depuis 1981 des Dassault Dornier Alpha Jet en remplacement de ses Fouga Magister. Ce biréacteur biplace est conçu pour l'entraînement et peut être utilisé pour des missions d'attaque au sol. Son pilotage est le dernier stade de préparation que doit franchir un élève pilote afin de l'habituer à gérer tous les paramètres de vol qui seront son quotidien lorsqu'il sera titularisé.

Pilotes de course

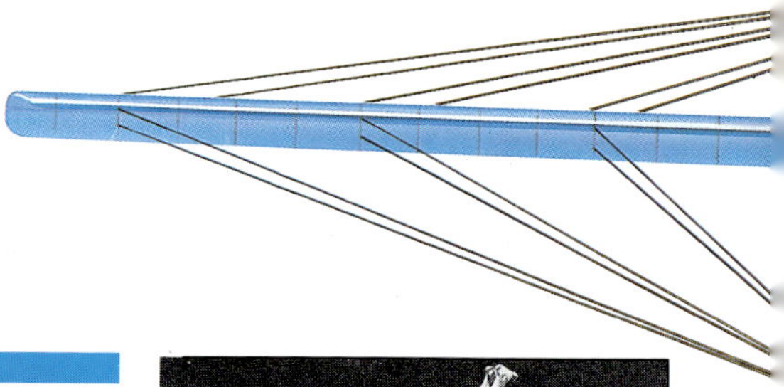

La coupe Schneider (1)

LES PIONNIERS

Aprement convoitée, la coupe Schneider fut disputée lors de douze épreuves qui se déroulèrent entre 1913 et 1931.

En 1913, trois ans après que le pionnier français Fabre eut fait prendre l'air à un appareil de ce type, les hydravions, ou plutôt les hydroaéroplanes, comme on disait à l'époque, avaient à peine dépassé le stade expérimental. Ces machines, qui consistaient souvent en des avions terrestres sur lesquels avaient été montés des flotteurs, étaient encore très peu manœuvrables.

Leurs moteurs manquaient de puissance, notamment pour le déjaugeage, et ceux qui prenaient place à leur bord couraient de grands risques. Nombre de ces appareils étaient incapables de prendre l'air et ne pouvaient que cercler à la surface de l'eau avant de couler, entraînant parfois dans la mort leur pilote.

Parmi ceux qui estimaient que l'hydravion constituait le seul moyen envisageable de voyager autour du monde figurait le Français Jacques Schneider. Certain de l'avenir de ce moyen de locomotion aérienne, Schneider décida de créer un prix qui, chaque année, récompenserait le vainqueur d'une compétition dont l'impact allait se révéler immense.

Le règlement de la coupe Schneider allait légèrement varier d'une année sur l'autre, mais le principe selon lequel la participation de chaque pays était limitée à trois appareils fut immuable. L'épreuve de distance, qui constituait l'un des aspects principaux de la compétition, ne devait pas être inférieure à 240 km. Quant à l'épreuve de vitesse, elle était précédée d'une sélection rigoureuse dans laquelle chaque candidat devait prouver que son appareil était capable de flotter. Les pilotes prenaient alors l'air à intervalles réguliers et s'affrontaient dans une course contre la montre.

Roland Garros à bord de son monoplan Morane-Saulnier. Lors de la première coupe Schneider, en 1913, le célèbre aviateur français, qui traversa la Méditerranée en septembre de la même année, dut abandonner la course.

1913 : Monaco

La première coupe Schneider fut disputée à Monaco en 1913, comme épreuve finale d'une série de courses organisée par le club sportif international de la principauté.

Sur les huit candidats français inscrits à cette première course trois seulement furent en mesure de participer à l'épreuve : Maurice Prévost, à bord d'un Deperdussin, Gabriel Espanet, sur un Nieuport, et Roland Garros, sur un Morane-Saulnier. Le seul autre pilote autorisé à prendre part à la course était l'Américain Charles Weymann, sur un Nieuport.

Le coup d'envoi fut donné peu après 8 heures, le vendredi 16 avril 1913, Prévost prenant l'air le premier en vue de couvrir les vingt-huit tours d'un circuit qui faisait une dizaine de kilomètres.

Garros malchanceux

Quand Prévost eut bouclé son premier tour de circuit, les commissaires de course donnèrent le signal du départ à Garros, qui tenta, mais en vain, de faire partir son Morane-Saulnier. Rebondissant et dansant sur les vagues, l'appareil souleva des gerbes d'écume qui noyèrent son moteur en quelques minutes.

Pendant ce temps, les deux Nieuport, qui portaient les couleurs française et américaine, avaient déjaugé et s'étaient lancés à la poursuite du Deperdussin de Prévost.

Soudain, le moteur du Nieuport d'Espanet pétarada puis rendit l'âme, contraignant l'aviateur français à regagner le port. Prévost et Weymann restaient désormais seuls en course. Équipé d'un propulseur parfaitement réglé, le Nieuport de l'Américain, évoluant à près de 110 km/h, rattrapa progressivement le Deperdussin, qui n'avançait qu'à 95 km/h. Après dix tours de circuit, Weymann avait repris la moitié de son handicap de départ, et, au bout de quinze tours, il était presque à égalité avec Prévost. Cinq tours plus tard, l'Américain devançait le Français de trois minutes.

Achevant son vingt-huitième tour, Prévost amerrit à 500 m de la ligne d'arrivée et hydroplana jusqu'à elle. Alors qu'il croyait avoir remporté la course, une cruelle déception l'attendait. Les commissaires, estimant qu'il s'était posé après la ligne d'arrivée, lui demandèrent de recommencer son circuit s'il souhaitait être classé.

Pour être consacré vainqueur de cette première coupe Schneider, Weymann n'avait plus que deux tours à effectuer. C'est alors que survint le désastre. Une rupture de canalisation d'huile le contraignit à amerrir précipitamment.

Une occasion unique s'ouvrant à lui, Garros décida de repartir et prit l'air à bord de son Morane-Saulnier, qui avait été remis en état. Cet événement poussa Prévost à tenter sa chance à nouveau et à déjauger sur son Deperdussin, lequel, en fin de compte, franchit la ligne d'arrivée en vainqueur.

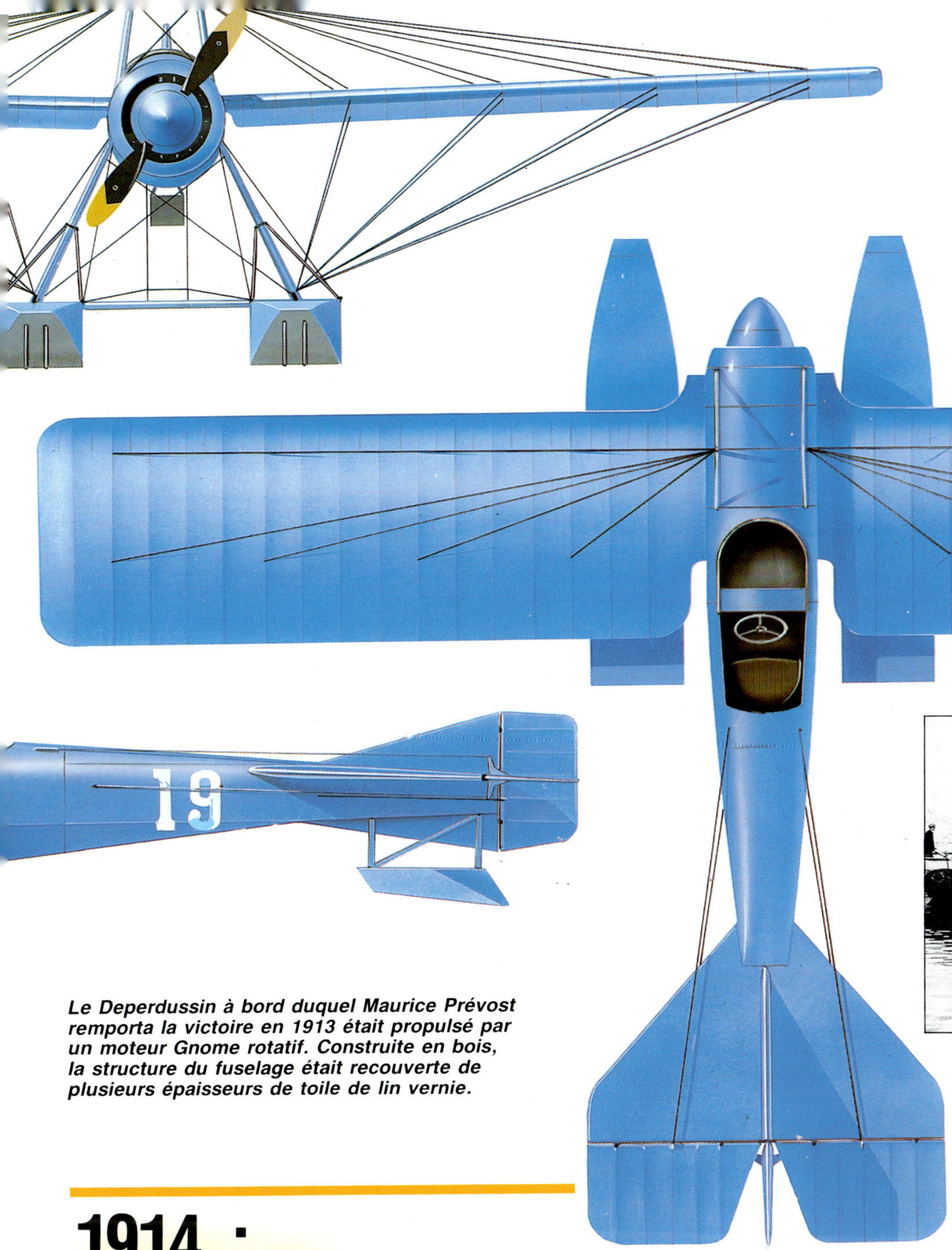

Ce Morane, présenté à la coupe de 1913, ne put y prendre part. Seuls quatre appareils concoururent à cette occasion.

Le Deperdussin à bord duquel Maurice Prévost remporta la victoire en 1913 était propulsé par un moteur Gnome rotatif. Construite en bois, la structure du fuselage était recouverte de plusieurs épaisseurs de toile de lin vernie.

Ce Nieuport prit part à la coupe de 1913. A l'arrière-plan se trouve un Breguet. Les essais d'hydroplanage constituaient un aspect important de la coupe Schneider.

1914 : Monaco

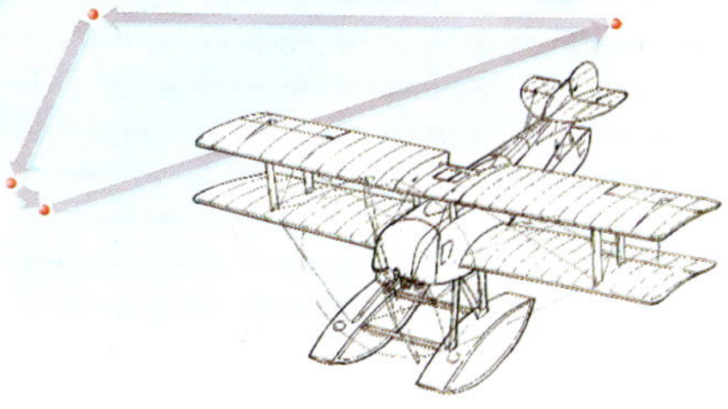

Un beau jour d'avril 1914, à l'embouchure de la rivière Hamble, une équipe composée d'ingénieurs et d'aviateurs britanniques s'apprêtait à tester, non sans une certaine appréhension, un nouveau système de flottaison destiné à équiper un appareil qui devait prendre part à la coupe Schneider. Le petit biplan fut mis à l'eau à l'extrémité d'une jetée, alors que la marée montait. L'aviateur qui devait piloter l'hydravion, Howard Pixton, s'installa dans l'habitacle et lança le moteur. Puis des mécaniciens éloignèrent l'appareil de la jetée, tandis que Pixton s'apprêtait à hydroplaner. Brusquement, le biplan, dont le flotteur principal avait été installé trop en arrière, s'enfonça dans l'eau et coula, tandis que le pilote revenait à la nage vers la jetée. L'hydroaéroplane en question, le Sopwith Tabloid, fut tiré de l'eau au moyen d'une corde le matin suivant. Il fut modifié et réassemblé en toute hâte pour être prêt à temps.

Mis en caisses, le Tabloid fut transporté jusqu'à Monaco, où allaient se jouer les épreuves de la deuxième coupe Schneider. Le biplan britannique, qui fut remonté à l'abri d'une tente, était le plus petit et le moins puissant de tous les appareils qui devaient prendre part à cette compétition. Les autres concurrents ignoraient cependant que l'hydravion britannique avait atteint près de 150 km/h au cours de ses essais.

Les tests qui furent menés au cours de la matinée du 19 avril 1914, veille de la course, montrèrent que, en dépit de sa configuration inhabituelle, le Tabloid déjaugeait beaucoup plus légèrement et plus souplement que les lourds monoplans français.

Vint enfin le grand jour, le lundi 20 avril 1914. Selon le règlement, chaque concurrent devait effectuer deux déjaugeages et deux amerrissages au cours du premier tour. Les premiers appareils à prendre le départ furent deux Nieuport portant les couleurs françaises. Puis arriva un hydravion FBA, concourant pour le compte de la Suisse.

Les spectateurs, qui s'intéressaient particulièrement au FBA, le virent tenter de déjauger, rebondir à plusieurs reprises sur la surface de l'eau et, enfin, prendre l'air.

Howard Pixton à bord de son Tabloid alors que l'appareil est remorqué vers le port. Le Tabloid était à la fois rapide, manœuvrable et facile à piloter.

Pixton s'éleva à son tour dans les airs un quart d'heure après les Nieuport. Ouvrant les gaz, le pilote britannique accéléra à fond dès qu'il franchit la ligne de départ, mais il ne déjaugea qu'une soixantaine de mètres plus loin. Les flotteurs touchèrent l'eau à quelques reprises puis le petit biplan prit son essor, se dirigeant vers le cap Martin. Quand il fallut virer, Pixton inclina fortement l'appareil, et, réduisant la vitesse, il poussa le manche vers l'avant, effleurant de ses flotteurs la surface de l'eau. La manœuvre réussit parfaitement, et le Tabloid ne sembla pas ralenti par son contact avec les vagues. Manifestement, il était un peu plus rapide et manœuvrable que les volumineux monoplans qui s'opposaient à lui. Peu après, la foule apprit que Pixton avait couvert son premier tour en 4 mn 27 s, soit la moitié du meilleur temps français.

Six tours interminables

Au milieu de la course, les moteurs des deux Nieuport français commencèrent à donner des signes d'essoufflement. La seconde rangée de cylindres de leur moteur Gnome en double étoile s'échauffait inexplicablement. Les deux appareils durent abandonner, avec seulement seize cylindres en état de marche, laissant le Tabloid de Pixton et le FBA suisse se disputer la victoire.

Quelques-uns des participants qui n'avaient pas pris le départ, convaincus d'avance de la suprématie du Tabloid, se demandèrent s'ils n'allaient pas participer à l'épreuve quand, au quinzième tour, ils apprirent que l'un des neuf cylindres du moteur Gnome Monosoupape de l'appareil du Britannique avait des ratés.

Le temps mis par Pixton pour couvrir les tours suivants ne cessa d'augmenter. Mais, alors que tout le monde s'attendait à voir le pilote britannique quitter la course à son tour, le Tabloid tint bon avec ses huit cylindres valides. Les performances de l'appareil s'améliorèrent de nouveau, et, lors du dernier tour, Pixton, qui vivait dans l'appréhension d'une panne totale, fut applaudi par les spectateurs. Avec une vitesse moyenne de 140 km/h, le Britannique battait le record établi par Prévost l'année précédente de près de 40 km/h.

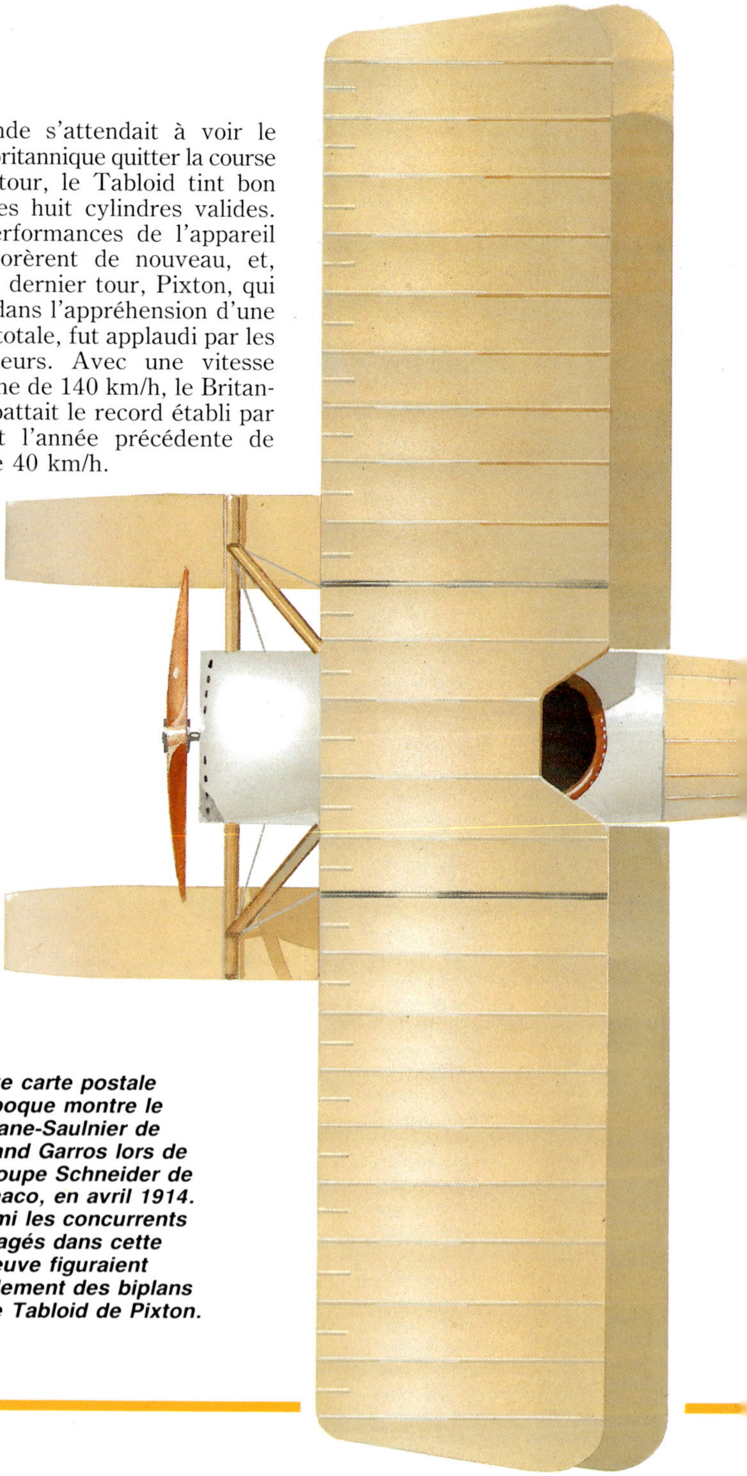

Cette carte postale d'époque montre le Morane-Saulnier de Roland Garros lors de la coupe Schneider de Monaco, en avril 1914. Parmi les concurrents engagés dans cette épreuve figuraient également des biplans et le Tabloid de Pixton.

1919 : Bournemouth

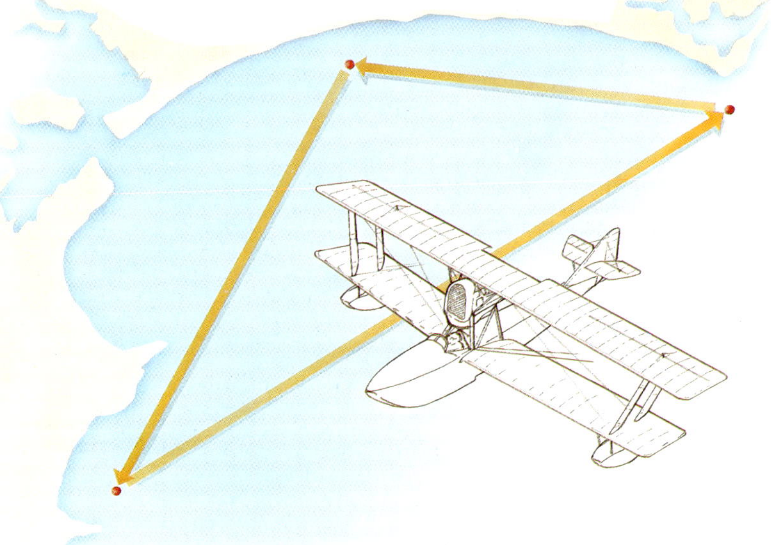

Après une interruption due à la guerre, laquelle amena d'immenses progrès dans la conception et la construction des aéroplanes, la troisième coupe Schneider fut courue à Bournemouth, en Grande-Bretagne, le 10 septembre 1919.

L'épreuve consistait à effectuer dix circuits de 37 km chacun, et, les États-Unis et la Belgique s'étant retirés de l'épreuve quelque temps plus tôt, le Royaume-Uni était favori. L'Italie n'était représentée que par un seul Savoia-Marchetti, tandis que la France avait engagé deux Nieuport et un SPAD-Herbemont.

L'hydravion à coque Sea Lion peu avant l'épreuve de 1919, au cours de laquelle il coula après avoir heurté un objet immergé.

Ci-contre : Howard Pixton est félicité par Jacques Schneider, créateur de la coupe du même nom, après sa victoire d'avril 1914.

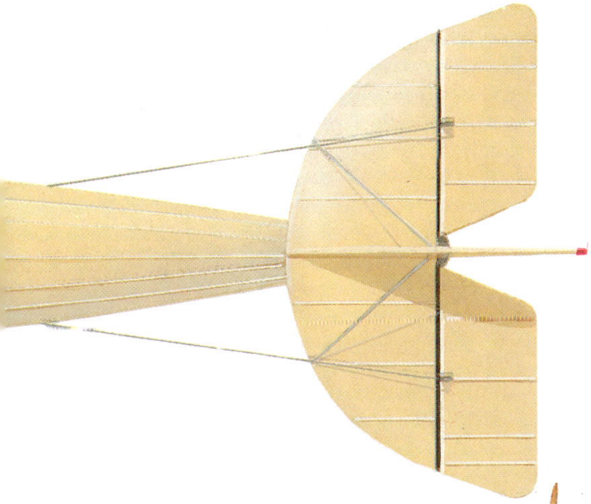

Thomas Sopwith, réalisant l'immense impact publicitaire de la coupe Schneider, finança la transformation du Tabloid en hydravion à flotteurs en vue de le faire participer à l'épreuve de 1914. Propulsé par un Gnome Monosoupape de 100 ch, l'appareil fut commandé par le Royal Naval Air Service dans sa version terrestre.

Sopwith Tabloid

Après avoir heurté une bouée lors de son arrivée à Cowes Roads, l'un des deux Nieuport fut endommagé, mais les ingénieurs britanniques, aidés par des mécaniciens, parvinrent à le remettre en état en moins de quarante-huit heures. L'autre Nieuport s'abîma dans la Manche, son pilote passant vingt-quatre heures à bord de son avion à moitié immergé.

Les Britanniques firent entrer dans la course un hydravion à flotteurs Sopwith propulsé par un moteur Cosmos Jupiter en étoile de 450 ch, un autre hydravion à flotteurs Fairey III doté d'un Napier Lion et un hydravion à coque Supermarine Sea Lion.

L'organisation de l'épreuve avait été très poussée, avec la mise en place de nombreux équipements et moyens de communication. Les spectateurs, très nombreux, ne facilitèrent pas la tâche des équipes de mécaniciens chargées de la préparation des appareils. C'est alors qu'un brouillard épais recouvrit la région où devait se tenir la compétition. Au cours de l'après-midi, les avions britanniques et l'hydravion italien prirent le départ, mais les Français, qui procédaient à la réparation d'un flotteur endommagé, ne purent le faire.

Le moteur Jupiter du Sopwith engagé dans la coupe Schneider de 1919, à Bournemouth, était soigneusement caréné et son hélice comportait une casserole de grandes dimensions.

Quant au Supermarine, dont la coque avait été trouée lors d'une collision avec un objet immergé, il se remplit d'eau et se retourna à l'amerrissage. Mais l'aviateur qui le pilotait s'en tira sain et sauf.

Le Savoia-Marchetti, manœuvré par le sergent Jannello, qui appartenait à l'aviation militaire italienne, accomplit le nombre de tours requis, mais se perdit à la suite d'une erreur de navigation due au brouillard. Il fut disqualifié, en dépit des virulentes protestations de l'équipe italienne, si bien que personne ne remporta en fin de compte la coupe Schneider de 1919.

Au cours d'un virage, pendant la coupe de 1922, l'hydravion italien Savoia tente de distancer le Supermarine Sea Lion et de le déséquilibrer en le forçant à évoluer dans les turbulences qu'il laisse derrière lui.

1920 : Venise

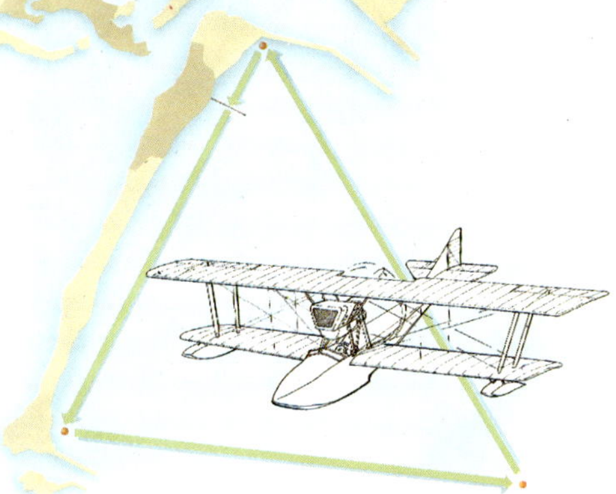

Le SPAD-Herbemont S.26, appareil remarquable, dut finalement renoncer à participer à la coupe Schneider de 1920.

Pour consoler les Italiens des avatars qu'ils avaient connus en 1919, les organisateurs de l'épreuve décidèrent que la coupe Schneider de 1920 se déroulerait chez eux, en l'occurrence à Venise.

N'ayant aucun commanditaire, les Britanniques ne purent prendre part à la compétition qui eut lieu cette année-là, tandis que le seul pilote français engagé dans l'épreuve abandonna au dernier moment. L'unique participant fut un Savoia 12, bombardier spécialement transformé pour la coupe, avec un moteur propulsif Ansaldo de 550 ch. Cet appareil, qui connut quelques ennuis mécaniques, accomplit ses essais de conformité puis boucla les 320 km de l'épreuve.

1921 : Venise

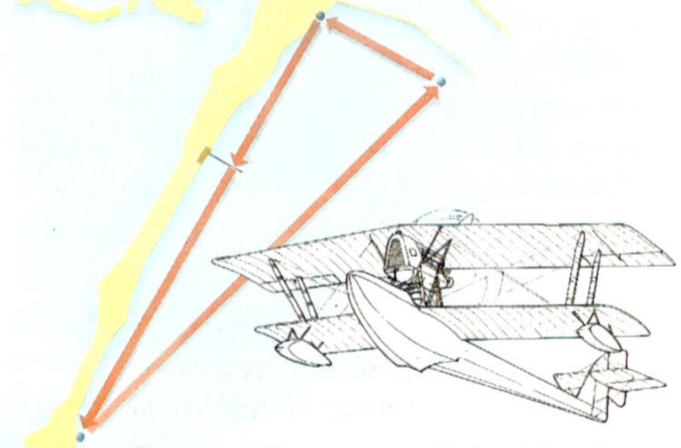

La cinquième coupe Schneider fut tout aussi décevante que la quatrième, avec un seul concurrent autre qu'italien, en l'occurrence un Nieuport-Delage français propulsé par un moteur Hispano-Suiza de 300 ch. Décidés à conserver la coupe plusieurs années de suite, les Italiens firent participer pas moins de seize appareils aux essais initiaux.

Le 11 août 1921, jour où devait se dérouler l'épreuve, l'appareil français entra en collision avec une bouée alors qu'il effectuait ses tests de navigation. Le favori de la course était le Macchi 19, qui disposait d'un puissant moteur Fiat de 680 ch. Cet hydravion prit la tête de la compétition dès le départ, mais, au bout de quelques tours, il dut abandonner en raison de la rupture d'un vilebrequin. Le pilote et le copilote parvinrent à se sortir sains et saufs de l'appareil en flammes. Sur les deux Macchi 17 qui demeuraient dans la course, l'un dut amerrir à court de carburant à 2 km de la ligne d'arrivée. Le vainqueur, l'avion le moins rapide de tous ceux qui avaient été alignés au départ, afficha une vitesse moyenne de 190 km/h.

Cinq Macchi M.7 furent engagés dans la coupe de 1921. Trois d'entre eux s'écrasèrent en mer au cours des essais préparatoires.

1922 : Naples

La sixième coupe Schneider devait se tenir à Naples, et, si l'Italie la remportait, elle conserverait indéfiniment le trophée. Ne bénéficiant d'aucun soutien de la part de leur gouvernement, les Britanniques ne devaient compter que sur la firme Supermarine, avec son brillant ingénieur en chef, Reginald Mitchell, créateur du Spitfire, et son chef pilote d'essai, Henri Biard.

La France, avec un appui officiel, inscrivit à cette épreuve deux hydravions militaires CAMS 36 dotés de moteurs Hispano-Suiza de 300 ch. Décidée plus que jamais à s'attribuer définitivement la coupe, l'Italie alignait deux hydravions de course conçus par Savoia. Mais l'un de ces appareils s'écrasa lors d'un vol d'essai, tuant son pilote. Outre le Savoia S.51 survivant, dont ils étaient extrêmement fiers, les Italiens firent prendre le départ à un Macchi M.17 et à un Macchi M.7 propulsés par des moteurs Isotta-Fraschini.

Portant l'immatriculation G-EBAH, le Sea Lion II britannique, extrapolé du Sea Lion de 1919, était l'hydravion le plus rapide qui ait jamais été réalisé jusque-là en Grande-Bretagne. Biard, qui l'avait mené à près de 250 km/h, savait que l'appareil était aussi manœuvrable qu'une machine légère.

Les chances italiennes

Tous les spécialistes prévoyaient la victoire du S.51 italien, et, les deux hydravions français ayant dû abandonner après les tests préliminaires, seuls l'Italie et le

Royaume-Uni restaient dans la course. A 16 h 6, le samedi 12 août 1922, Biard fit hydroplaner le Sea Lion II jusqu'à la ligne de départ, prit son envol et s'éloigna de la côte en direction du pylône où il devait effectuer son premier virage. Puis le pilote britannique vit arriver derrière lui le S.51, qui s'employa par tous les moyens à le doubler.

Maintenant les gaz à fond, Biard testa les capacités de l'Italien en matière de vitesse. Virant très serré à chaque pylône, il le distança progressivement.

Avant que Biard ait pu achever son premier circuit, le M.7 et le M.17 avaient pris l'air, mais leur vitesse moyenne était largement inférieure à celle de l'appareil britannique. Celui-ci, poursuivi par le S.51, réussit à rattraper les deux Macchi; mais, selon un plan concerté, les Italiens s'employèrent à l'empêcher de passer. Biard se rapprocha d'eux, et, apercevant un espace suffisant entre les avions de ses concurrents, il tenta de s'y glisser. Ce fut en vain.

Gaz à fond

Le pilote britannique n'avait plus d'autre possibilité que de voler au plus près derrière les Italiens. Quand il s'approchait un peu trop, son appareil était secoué par les importantes turbulences provoquées par les sillages de leurs hélices. Alors, Biard ouvrit les gaz à fond et piqua.

Tandis qu'il se remettait à l'horizontale sous les appareils italiens, il put voir que les pilotes le regardaient d'un air moqueur. Il se dirigeait à présent vers le pylône suivant, situé à 1,5 km. Bien que craignant de toucher l'un de ses rivaux avec son empennage et de provoquer un accident, Biard vira très sec, en se demandant si les ailes de son hydravion résisteraient. Et il parvint à doubler ses concurrents : à présent, c'étaient les Italiens qui se trouvaient dans le sillage de son hélice.

Biard boucla alors sept tours de circuit, mais il perdit peu à peu son avance. Préoccupé par l'idée que son moteur, trop sollicité, puisse tomber en panne, le pilote britannique réduisit un peu les gaz. Il remporta finalement la course avec deux minutes d'avance sur l'appareil italien le plus proche.

Ainsi, les premières épreuves de la coupe Schneider avaient montré que, dans le domaine des hydravions de course, les Britanniques et les Italiens détenaient une très nette supériorité sur leurs autres concurrents. Cette supériorité allait-elle être définitive? L'arrivée des Américains dans la course allait changer radicalement les données du problème.

La France remporta peu de succès dans la coupe Schneider, qui fut dominée par l'Italie et le Royaume-Uni. Ici, un CAMS 36 bis entré en collision avec un yacht au moment du déjaugeage.

La coupe Schneider (2)

L'ÈRE AMÉRICAINE

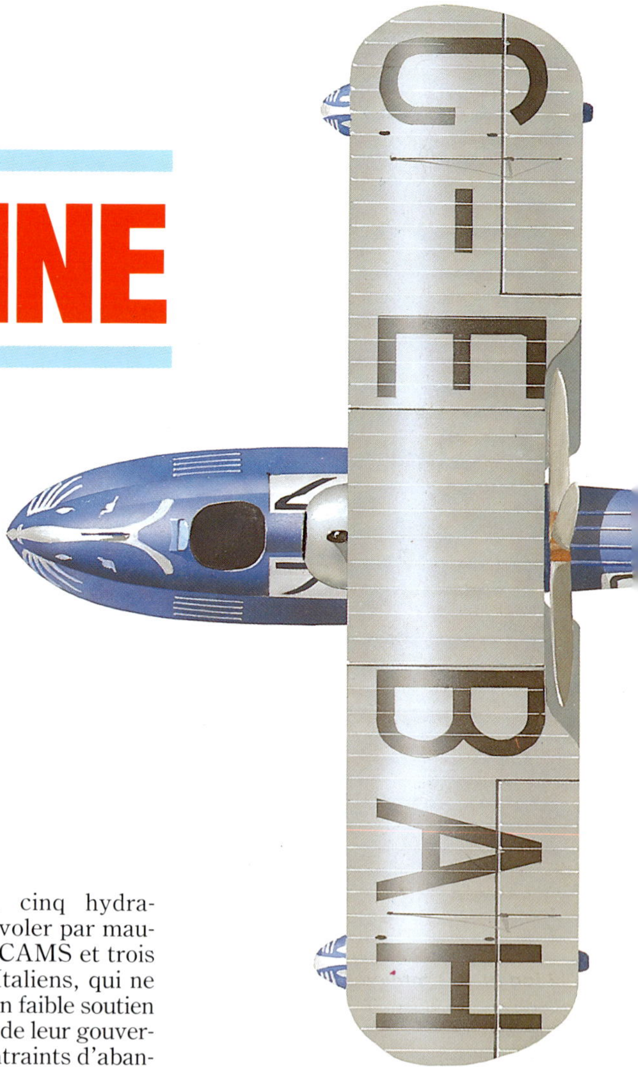

1923 : Cowes

La septième coupe Schneider, qui se déroula en 1923, marqua, avec l'entrée en lice des États-Unis, une ère nouvelle dans l'histoire de cette compétition. La rivalité qui existait entre les aviations de l'armée de terre et de la marine américaines de même que la création de la coupe Pulitzer, une course de vitesse internationale dotée de prix importants, permirent en effet de stimuler la conception d'appareils modernes et fiables.

Le Curtiss CR-3 était un appareil fin et racé dont la propulsion était assurée par un moteur Curtiss D-12 actionnant une hélice métallique à pas fixe.

A cette époque, la Curtiss Aeroplane and Motor Company avait un racer biplan léger, le CR-3, équipé d'un moteur à refroidissement par liquide ainsi que de radiateurs noyés dans les ailes et d'une hélice métallique. Deux de ces appareils furent engagés dans la coupe Schneider de 1923, en même temps qu'un racer de l'US Navy désigné Wright NW-2.

Comme un cheval de course

Quatre pays devaient participer aux épreuves organisées en 1923, et, hormis les Américains, tous les aviateurs concernés par cette épreuve étaient des pilotes d'essais navals confirmés. Les Français envoyèrent à Cowes, en Grande-Bretagne, cinq hydravions capables de voler par mauvais temps : deux CAMS et trois Latham L.1. Les Italiens, qui ne disposaient que d'un faible soutien financier de la part de leur gouvernement, furent contraints d'abandonner au tout dernier moment. Quant aux Britanniques, tous leurs espoirs reposaient sur un Supermarine Sea Lion du même type que celui qui avait remporté la coupe de 1922, mais bénéficiant d'une hydrodynamique améliorée et doté d'un moteur plus puissant ainsi que d'ailes aux envergures raccourcies. Outre cet appareil, rebaptisé Sea Lion III, le

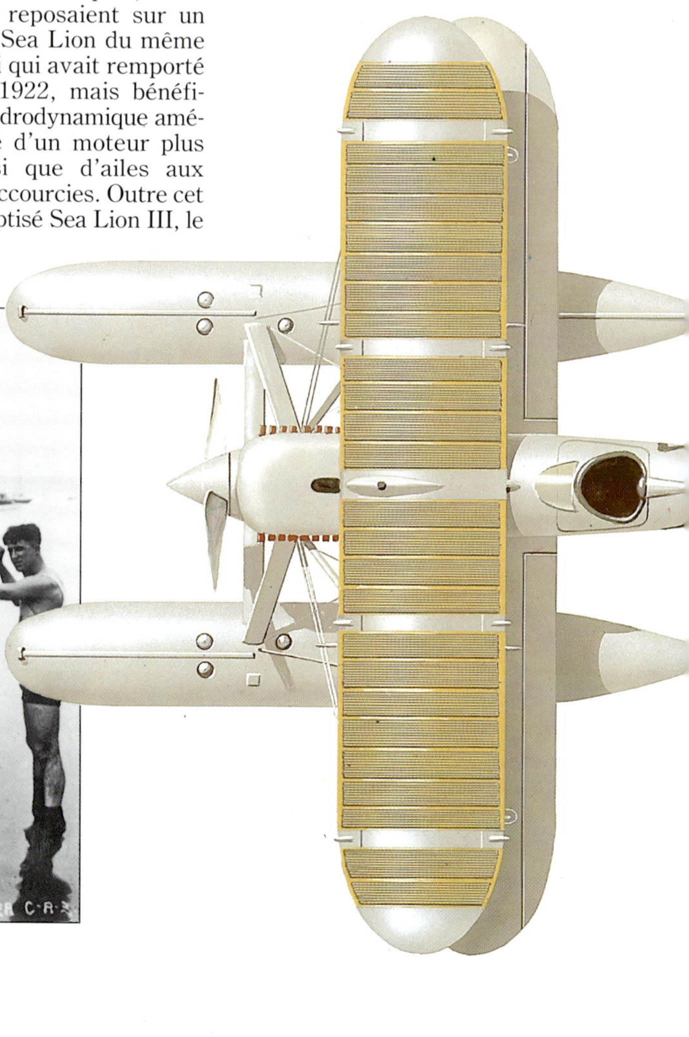

Supermarine Sea Lion III

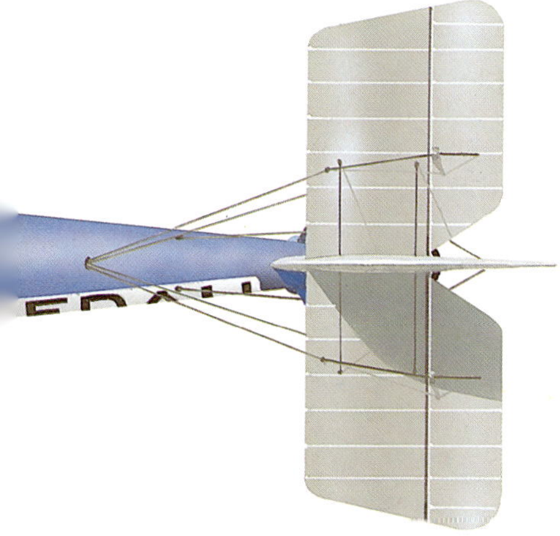

En vue des épreuves de 1923, la firme Supermarine extrapola du Sea Lion II un appareil beaucoup plus performant qui fut équipé de flotteurs à l'hydrodynamique améliorée et d'un moteur Napier Lion de 525 ch. Cet hydravion, qui reçut la dénomination de Sea Lion III, fut totalement surclassé par les Curtiss CR-3 alignés par l'US Navy.

Curtiss CR-3

Lors des épreuves de 1923, qui se déroulèrent à Cowes, le Curtiss CR-3 qui arborait le n° 4 fut piloté par David Rittenhouse. Cet appareil battit plusieurs records du monde de vitesse sur circuit au cours de l'année 1924.

Deux des Latham L.1 engagés en 1923 furent endommagés lors du transport, et le troisième ne put prendre le départ.

Royaume-Uni alignait un Sopwith Hawker fatigué, qui ne put prendre part à la course, et un Blackburn Pellet, hydravion de chasse de petites dimensions équipé d'un moteur Napier Lion.

A quatre jours du départ, le propulseur du Wright NW-2 américain explosa au visage du pilote alors que l'appareil évoluait à plus de 350 km/h. Comme un boxeur déséquilibré par un direct, le NW-2 tournoya dans les airs, abandonnant derrière lui des pièces de métal, puis il s'abîma en mer. Éjecté à plus de 150 km/h, le pilote, encore conscient, s'éloigna à la nage de l'épave et fut recueilli par un bateau de pêche.

Au cours des essais de navigabilité, le pilote du Blackburn Pellet dut accélérer prématurément pour éviter un bateau qui se trouvait sur sa trajectoire. Le résultat de cette manœuvre fut des plus spectaculaires. L'appareil, se cabrant comme un cheval sauvage, leva le nez et, en perte de vitesse, décrocha puis toucha la mer de l'extrémité de son aile droite. Le Pellet se retourna et coula instantanément, mais son pilote parvint à s'extraire de son habitacle et remonta à la surface une minute plus tard.

La déroute française

L'épreuve finale de la septième coupe Schneider se déroula le 28 septembre 1923, les Américains étant les premiers à prendre le départ à bord de leurs deux Curtiss C-3.

Biard se préparait à s'envoler à bord de son Sea Lion III quand, achevant leur premier tour, les hydravions américains, moteurs rugissant, survolèrent la ligne de départ. Tout le monde fut étonné de voir apparaître si tôt les deux Curtiss, dont la vitesse moyenne atteignait près de 275 km/h.

Gaz à fond, Biard se lança à la poursuite des hydravions américains. Faisant preuve d'une très grande virtuosité, le pilote britannique négocia les balises de virage à la limite de la sécurité, mais il perdit encore du terrain par rapport à ses rivaux d'outre-Atlantique. A la fin du premier tour, le chronomètre confirma l'impression initiale de Biard : il avait deux minutes de retard sur les Curtiss C-3.

Vainqueur de l'épreuve de 1922, le Supermarine Sea Lion II donna naissance au Sea Lion III, qui se classa en troisième position derrière les deux Curtiss CR-3 de l'US Navy.

Quant aux Français, ils avaient joué de malchance. L'un des CAMS était entré en collision avec un yacht au moment du déjaugeage, tandis que le dernier Latham en course avait dû abandonner en raison de problèmes de magnéto.

Victoire américaine

Pendant ce temps, tour après tour, l'avance des Curtiss n'avait cessé de s'accroître. La victoire des Américains ne faisait à présent plus aucun doute. Le vainqueur, le Lieutenant Rittenhouse, franchit la ligne d'arrivée après 1 h 12 mn 26 s de course, à la vitesse moyenne de 285 km/h. Le second Curtiss termina à 1 mn 39 s du premier, et le Sea Lion III ne fut que troisième, avec une moyenne de 250 km/h.

« A chaque virage, il glissait sur l'aile comme une automobile dérapant sur une chaussée verglacée. »

Un des deux Gloster III engagés dans la course de 1925 fut endommagé avant le départ. L'autre fut surclassé par le Curtiss R3C-2 de Jimmy Doolittle, qui se caractérisait par des empennages cantilever et par des radiateurs noyés dans l'extrados du plan de voilure supérieur.

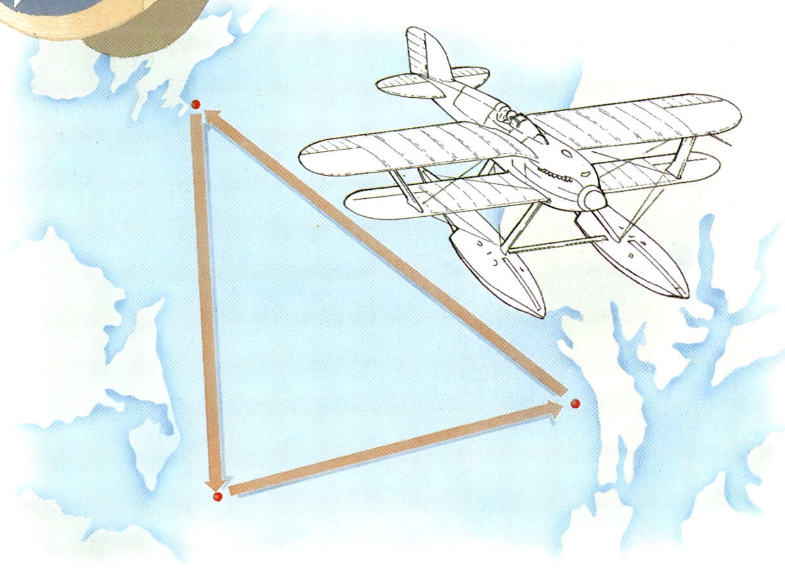

En 1925, faisant preuve d'une extraordinaire maestria, Jimmy Doolittle, aviateur très expérimenté dans les courses aériennes, conduisit à la victoire le Curtiss R3C-2.

1924-1925 : Baltimore

Un an après la brillante victoire américaine à Cowes, les États-Unis prirent à leur compte l'organisation de la huitième coupe Schneider. Du C-3, la firme Curtiss avait extrapolé le R2C-1, dont les envergures avaient été réduites, le fuselage raccourci et l'aile supérieure noyée sur le dessus du fuselage. L'une des deux machines produites avait atteint 390 km/h lors des essais.

L'US Navy demanda alors à Curtiss de modifier le nouvel appareil en vue de sa participation à la coupe Schneider, qui devait se dérouler à Baltimore et allait être marquée par l'engagement d'avions britanniques, français et italiens.

L'équipe américaine comprenait également un Wright F2W-2 de la marine qui, lors de son premier essai, était monté verticalement à pleine vitesse jusqu'à 1 500 m avant que le pilote ait pu en reprendre le contrôle. Puis, alors qu'il se préparait à amerrir, l'aviateur américain vit, non sans surprise, un jet d'air brûlant s'échapper du radiateur situé devant son habitacle. L'hy-

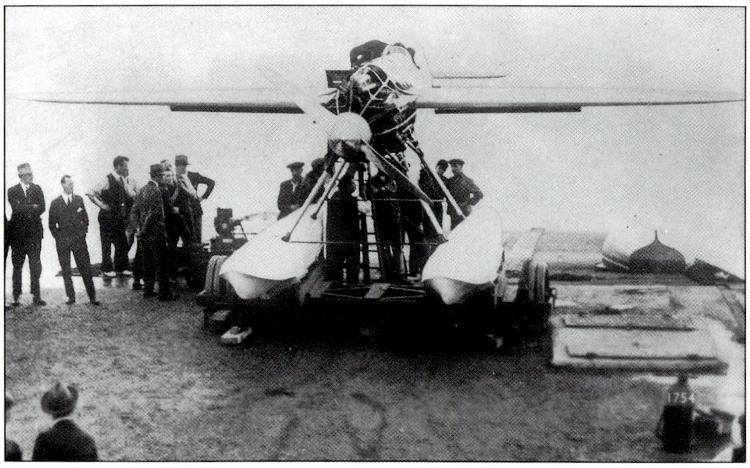

Le Supermarine S.4, premier des hydravions monoplaces de course réalisés par l'ingénieur Mitchell, était propulsé par un moteur Napier Lion. Cette lignée d'appareils devait conduire au Spitfire.

dravion toucha l'eau à l'horizontale à la vitesse de 200 km/h et, après s'être cabré, il se retourna. Le pilote s'en sortit presque indemne, avec un coude cassé.

Pour les Britanniques, les choses s'engagèrent fort mal, Supermarine n'ayant pu mettre au point une machine susceptible de prendre part à la compétition. Quant à Gloster, elle réalisa un racer biplan désigné Bamel qui coula au cours des essais. La France et l'Italie étant hors course, les Américains étaient bien placés pour remporter une nouvelle fois la coupe. Mais, par esprit sportif, ils décidèrent d'annuler purement et simplement l'épreuve et de la remettre à l'année suivante.

David Rittenhouse photographié sur son Curtiss R2C-2, propulsé par un moteur D-12. Construit pour l'épreuve de 1924, qui n'eut pas lieu, cet appareil participa pour le compte de l'US Navy à la course de 1925.

En 1925, les Britanniques étaient mieux préparés qu'en 1924, l'Air Ministry ayant demandé à Supermarine et à Gloster de mettre au point de nouveaux appareils. L'ingénieur Reginald Mitchell, qui travaillait chez Supermarine, conçut le S.4, un hydravion monoplan à flotteurs aux ailes et aux empennages cantilever. En fait, le S.4 présentait déjà la configuration des chasseurs britanniques réalisés dans les années de l'immédiat avant-guerre. Depuis dix ans qu'elle existait, la coupe Schneider n'avait jamais été remportée par un monoplan. Les racers mis au point par Curtiss étaient tous des biplans, et Mitchell était décidé à briser ce monopole.

Avantage aux États-Unis

Les Italiens engagèrent dans la course deux Macchi 33, racers monoplans aux ailes basses cantilever dotés d'un moteur installé sur des mâts au-dessus de la coque. Ces appareils présentaient une hydrodynamique soignée, mais ils n'étaient pas aussi rapides que les hydravions à flotteurs de petites dimensions.

Pour relever le défi européen, les Américains avaient dépensé plus d'un demi-million de dollars en vue de la mise au point d'un nouveau modèle Curtiss équipé de moteurs V-1400. Deux machines de ce type étaient pilotées par des aviateurs de l'US Navy et une autre par le Lieutenant Doolittle, de l'US Army.

La course se déroula le samedi 24 octobre 1925. La veille, lors des essais, l'équipe britannique avait subi un véritable désastre. Tout s'était pourtant bien passé pour les Italiens, les Américains et le Gloster III britannique, quand Henri Biard, se hissant à bord du S.4, effectua son déjaugeage sur une courte distance. Le magazine *Aviation* relate ainsi la suite des événements.

Malchance britannique

« Le Captain Biard survola la jetée et les hangars puis inclina fortement son appareil pour accomplir un virage sur la droite. Les observateurs placés au sol se rendirent compte à ce moment que quelque chose n'allait pas. En perte de vitesse, le S.4 décrocha et dérapa alors qu'il se trouvait à une altitude de 150 m. Après une douzaine de zigzags, le Captain Biard perdit totalement le contrôle de l'avion, qui, d'une altitude de 30 m, alla s'abîmer dans l'eau. »

Par une chance miraculeuse, Biard parvint à sortir vivant de l'accident; mais son hydravion avait été complètement détruit. Deux fois auparavant, alors qu'il pilotait le S.4 en Angleterre, Biard avait été confronté à un phénomène du même type sans que cela eût prêté à conséquence.

Gloster III

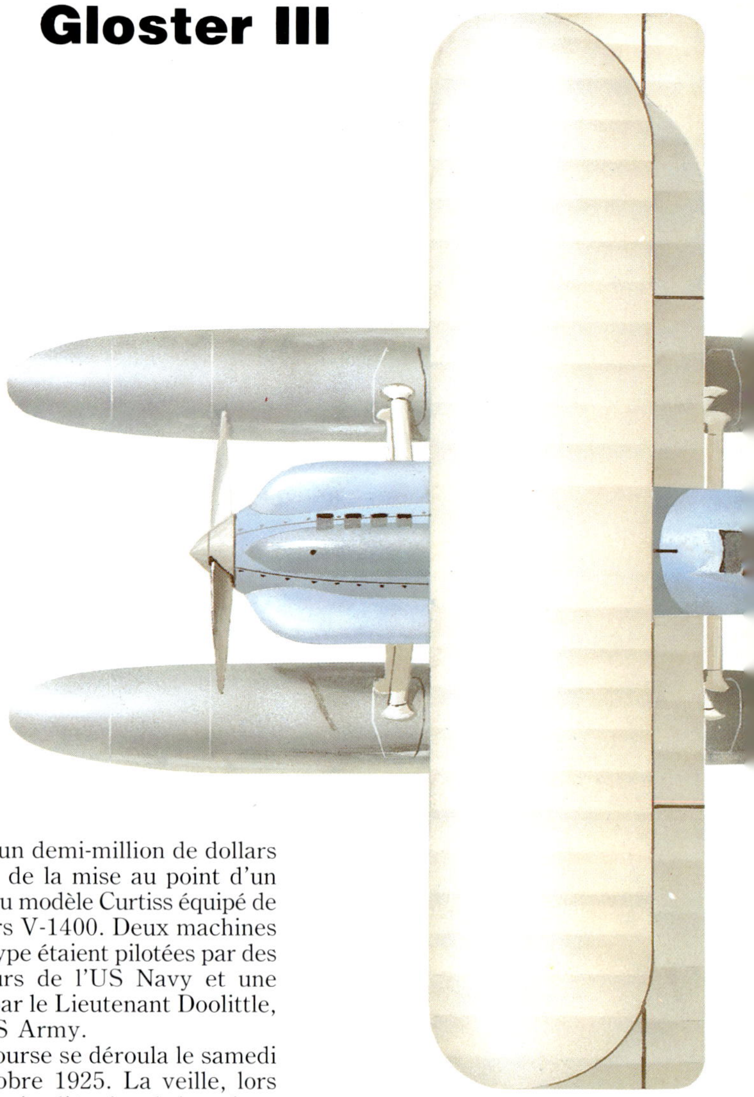

Le jour de la course, de violentes rafales soufflèrent sur Baltimore, coulant sept hydravions à flotteurs rassemblés là pour effectuer une démonstration, et qui emportaient les tentes dans lesquelles vivaient les concurrents. L'épreuve fut alors retardée de deux jours, l'un des Macchi 33 italiens se retirant de la compétition à la suite d'une panne de moteur.

Le triomphe de Doolittle

Doolittle prit le départ le premier à bord du Curtiss R3C-2, laissant derrière lui un grand nuage d'écume. Puis vinrent le dernier Gloster III britannique encore en course et, finalement, un Macchi 33. Quand le Macchi déjaugea, Doolittle avait déjà accompli un premier tour de circuit. Virant au plus près des pylônes, pratiquement incliné à la verticale, l'aviateur américain, gaz à fond, avait atteint la vitesse moyenne de 360 km/h.

Le Gloster III, quant à lui, connaissait d'importants problèmes de stabilité. « A chaque virage, rapporta plus tard son pilote, il glissait sur l'aile comme l'eût fait une automobile dérapant

Le Gloster III de Hubert Broad, qui se classa en deuxième position lors de l'épreuve de 1925. Par la suite, cet appareil fut doté de radiateurs noyés dans l'extrados de ses ailes et d'empennages cantilever. Il fut alors utilisé par le High Speed Flight de la RAF à des fins d'entraînement pour la course de 1927.

sur une chaussée verglacée. » Le rival le plus dangereux de Doolittle, le Lieutenant Cuddihy, ne put rien faire face à la maestria de l'aviateur américain, spécialiste des évolutions serrées qui engendrent de forts facteurs de charge.

Puis, au grand dam de leurs pilotes, les deux R3C-2 engagés par l'US Navy dans la compétition durent abandonner en raison de problèmes de moteur. De grandes flammes s'échappèrent d'un des deux appareils au cours du dernier tour, tandis que Doolittle, négociant un ultime virage, s'envolait vers la victoire. Effectuant une impressionnante chandelle, l'Américain rétablit son appareil et accomplit un amerrissage parfait. A la vitesse moyenne de 375 km/h, Doolittle entrait dans la légende de la coupe Schneider et battait, par la même occasion, le record de vitesse dans sa catégorie. Ainsi, en quelques années, la technologie et les pilotes américains s'étaient imposés dans une épreuve des plus difficiles. La question qui se posait était de savoir qui allait définitivement conserver la coupe.

Le S-4, avec ses ailes cantilever et sa structure moderne, était très en avance sur son temps. Endommagé peu avant l'épreuve, il ne put prendre part à la coupe Schneider de 1925, mais il battit plus tard un record du monde de vitesse.

La coupe Schneider (3)

DUEL ANGLO-ITALIEN

1926 : Hampton Roads

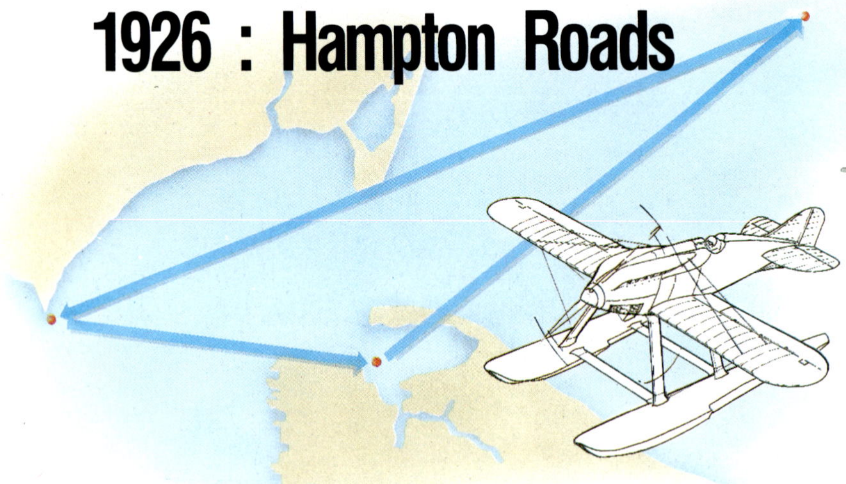

Estimant que les retombées commerciales de la coupe de 1925 avaient été insuffisantes, le gouvernement américain décida de ne pas subventionner, comme les années précédentes, la réalisation de nouveaux appareils de course pour la compétition de 1926. Quant à l'Italie et à la Grande-Bretagne, elles souhaitaient que la coupe fût reportée à 1927 afin de pouvoir mettre au point des machines capables de concurrencer le racer Curtiss. Les Américains n'ayant pas accédé à cette demande, les Britanniques se retirèrent de la compétition, tandis que les Italiens, encouragés par Benito Mussolini, parvenu au pouvoir en 1922, décidèrent de remporter la victoire quoi qu'il leur en coûte.

Belle aérodynamique

Le samedi 13 novembre 1926, 30 000 personnes se pressaient à Hampton Roads pour assister au duel qu'allaient se livrer l'Italie et les États-Unis. Les Italiens avaient engagé dans la compétition trois Macchi 39 développés par les firmes Macchi et Fiat avec quelques subsides fournis par le gouvernement fasciste. Ces appareils, dotés d'ailes contreventées, étaient équipés de flotteurs et d'un moteur Fiat de 800 ch. Quant aux Américains, leur participation était limitée à deux Curtiss RC3 et à un Curtiss Hawk. Les deux équipes avaient subi quelques accidents qui avaient fait plusieurs blessés lors de la préparation de l'épreuve.

Le premier à prendre l'air fut un Macchi 39, qui fut suivi par le Curtiss Hawk. Le troisième candidat, un Italien, prétexta de problèmes de moteur pour retarder son départ. Mais dès que le favori de la course, l'Américain Cuddihy, eut déjaugé, l'hydravion italien franchit à son tour la ligne de départ. Alors que le Macchi 39 et le Hawk terminaient leur premier circuit à un rythme très lent, Cuddihy, mettant les gaz à fond, négociait des virages très serrés et atteignait, à l'issue du premier tour, la vitesse de 373,975 km/h, battant le record de Doolittle.

Délire chez les Italiens

Derrière Cuddihy venait Ferrarin, dans lequel les Italiens avaient placé tous leurs espoirs. Volant très bas, ce pilote vira à 90° pour achever son premier tour.

La lutte entre Américains et Italiens devint alors très âpre. Cuddihy atteignit la vitesse de 380 km/h, tandis que l'Italien de Bernardi bouclait son premier tour à 385,258 km/h. L'enthousiasme de la foule monta à chaque nouveau tour de circuit, et les Italiens présents sur place ne purent contenir leur joie, qui tourna au délire quand les Macchi occupèrent la première, la deuxième et la quatrième place.

A ce moment débutèrent les problèmes. Le moteur de Ferrarin commença à donner des signes de surchauffe, et, se rendant compte qu'il ne lui restait que 100 l de carburant dans son réservoir principal, Cuddihy pompa fiévreusement à la main l'essence entreposée dans les flotteurs de son appareil. La moyenne de l'Américain, qui faisait une meilleure course que de Bernardi, s'améliorait tour après tour.

Mussolini ordonna aux pilotes italiens engagés dans la coupe Schneider de 1926 de remporter à tout prix l'épreuve. Les ingénieurs de Macchi réalisèrent à cette fin le M.39, une machine à l'aérodynamique soignée, dotée d'un moteur Fiat de 800 ch.

Négociant les virages de manière plus agressive, Cuddihy réussit à atteindre la vitesse de 389,635 km/h lors du cinquième tour. Mais de Bernardi, qui volait déjà à 399,868 km/h, lui était supérieur en matière de vitesse. Au sixième tour, l'Italien passa de 35 à 180 m pour tenter de refroidir son moteur, qui présentait toujours une fâcheuse tendance à la surchauffe. Épuisé, Cuddihy n'en pouvait plus de pomper le carburant des flotteurs vers son réservoir principal. Si de Bernardi s'était arrêté, l'Américain aurait pu précéder les autres concurrents et remporter la victoire. Pourtant, peu avant d'entamer son dernier tour, l'Américain, n'ayant plus d'essence, dut renoncer et amerrit.

Quant à de Bernardi, il franchit la ligne d'arrivée à plus de 400 km/h, battant tous les records établis jusque-là, notamment celui de la vitesse moyenne, avec 396,618 km/h. Peu après, il câbla à Mussolini le message suivant : « Vos ordres de gagner la course à tout prix ont été respectés. »

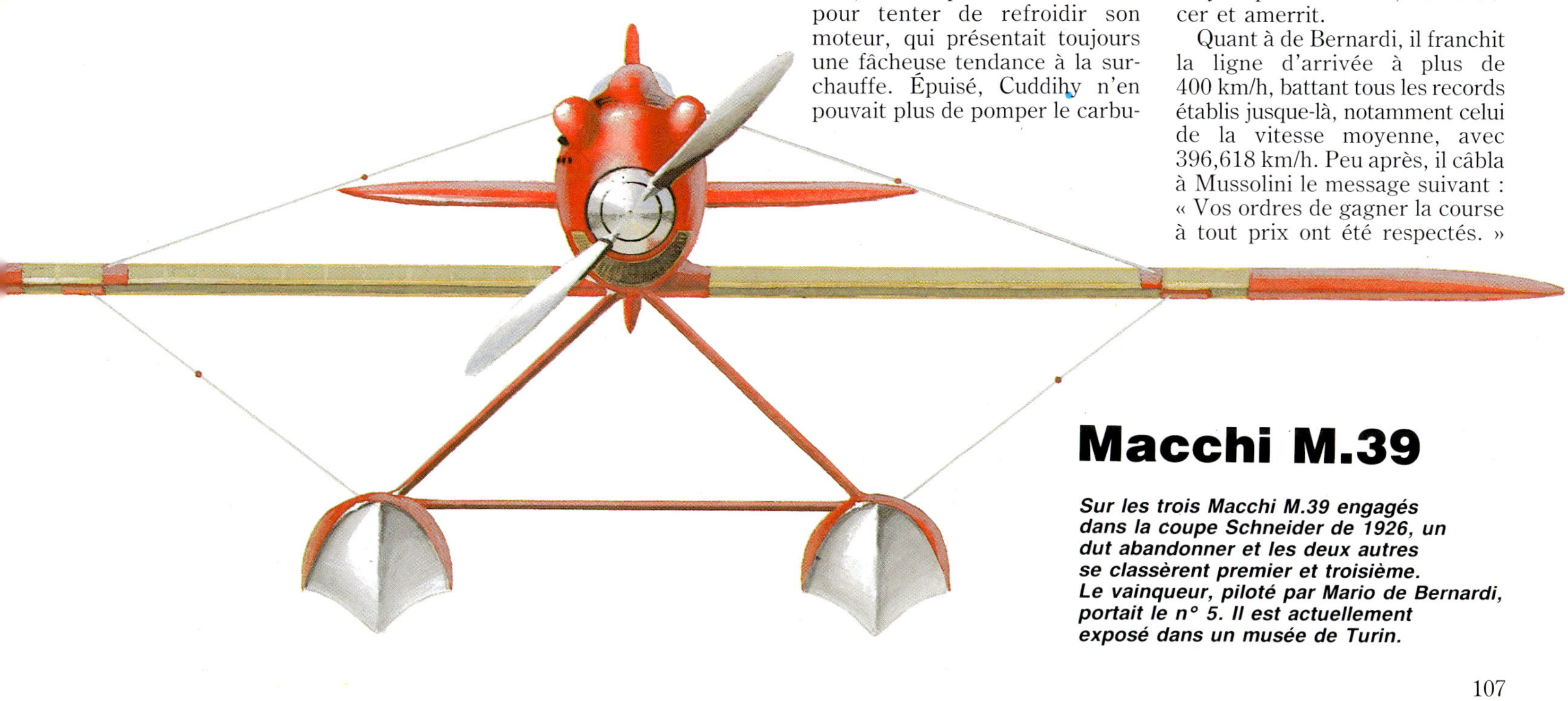

Macchi M.39

Sur les trois Macchi M.39 engagés dans la coupe Schneider de 1926, un dut abandonner et les deux autres se classèrent premier et troisième. Le vainqueur, piloté par Mario de Bernardi, portait le n° 5. Il est actuellement exposé dans un musée de Turin.

1927 : Venise

Le Supermarine S.5 est mis à l'eau à Calshot peu avant la coupe de 1927. Avec cet appareil, Mitchell abandonna la formule de l'aile haubanée pour passer à celle de la voilure cantilever.

Sam Kinkead fut frustré de la victoire par une rupture de l'arbre de l'hélice de son Gloster IVB au cours du quatrième tour.
Le Britannique fut contraint d'abandonner l'épreuve pendant le sixième tour.

Malgré les désillusions qu'ils avaient enregistrées en 1926, les Britanniques avaient continué à développer des racers. A la suite d'une commande passée par l'Air Ministry, trois machines différentes furent réalisées et testées, notamment dans des essais à basse altitude et à grande vitesse. Selon les spécifications officielles, la vitesse à 300 m devait être supérieure à 425 km/h, tandis que la vitesse d'amerrissage ne devait pas dépasser 150 km/h. L'Air Council décida de prendre à sa charge le financement et l'organisation de l'équipe de maintenance qui devait prendre part à la prochaine coupe Schneider.

Le brillant ingénieur qu'était Mitchell avait amélioré le S.4, en augmentant sa finesse aérodynamique, en diminuant les masses et en l'équipant d'un moteur plus puissant actionnant l'hélice par le truchement d'un réducteur. Mitchell espérait ainsi accroître la vitesse de son nouvel appareil, le Supermarine S.5, d'environ 120 km/h, soit 480 km/h.

L'autre appareil britannique engagé dans la course était le Gloster IV, qui était propulsé par le même moteur Napier Lion que le S.5 et présentait une traînée frontale inférieure de 40 % à celle du Gloster III, son prédécesseur. Ces transformations avaient permis d'augmenter la vitesse de cet appareil de 120 km/h.

Propulsé par un moteur en étoile Bristol Mercury, le Short-Bristow Crusader était un avion original. La traînée était réduite par le recours à des carénages montés au-dessus des cylindres du propulseur. Transporté par mer jusqu'à Venise, le Crusader fut détruit au moment du déjaugeage.

Trois Supermarine S.5 furent convoyés par mer jusqu'à Venise en vue de prendre part à la coupe Schneider de 1927. Deux d'entre eux seulement y participèrent, entre les mains des Flight Lieutenants Webster et Worsley, qui se classèrent respectivement premier et second.

Le meilleur de la technique américaine

Un autre des avions britanniques, le Short Crusader, avait été réalisé en vue de tester les possibilités d'un moteur refroidi par air dans une compétition de vitesse pure. Le Bristol Mercury qui propulsait cette machine comportait neuf cylindres disposés en étoile. Des essais en soufflerie avaient montré que, avec un capot moteur bien profilé, le Crusader était en mesure d'atteindre la vitesse de 420 km/h.

Ne bénéficiant d'aucun soutien financier des autorités fédérales, qui s'intéressaient désormais à l'aviation commerciale, les Américains allaient faire entrer dans la course une machine subventionnée par des organismes privés. L'appareil en question, le Kirkham-Packard, devait être pourvu d'un imposant moteur de vingt-quatre cylindres développant 1 200 ch à 2 700 tours et autorisant une vitesse maximale de 480 km/h. L'homme qui allait manœuvrer cet hydravion était le meilleur pilote de course américain du temps, le Lieutenant Al Williams.

Les Italiens, quant à eux, engageaient le Macchi 52, de moindres dimensions que le M.39, qui avait remporté la coupe de 1926. Les ailes de cette machine accusaient une flèche accentuée, tandis que le moteur avait été allégé mais fournissait une plus grande puissance, soit 1 000 ch. Six de ces engins, produits par Fiat, furent préparés en cas de panne irrémédiable survenant au banc d'essai.

Une gerbe d'écume

L'équipe britannique arriva à Venise dans les derniers jours du mois d'août 1927. Une semaine plus tard, les Américains firent savoir que, n'ayant pas suffisamment testé leur appareil, ils étaient contraints d'abandonner la course. Le 11 septembre de la même année, le Flying Officer H.M. Schofield prit l'air depuis le Lido pour des essais. L'officier

> « La casserole de l'hélice s'était brisée, entraînant des vibrations qui menaçaient de mettre à mal le moteur. »

britannique n'appréciait pas la nouvelle verrière dont avait été équipé son appareil. Elle lui donnait l'impression de se trouver dans un véritable cercueil. Le malheureux pilote ignorait que, à la suite d'une erreur, les câbles des commandes des ailerons avaient été inversées.

Après avoir lancé le moteur, Schofield prit l'air sur une courte distance et maintint son appareil à basse altitude en vue de vérifier ses commandes. Soudain, l'hydravion tressauta comme si une rafale de vent l'avait secoué, puis il glissa sur la droite. Immédiatement, le pilote britannique, réagissant de manière professionnelle, corrigea. Mais, au lieu de se remettre en vol horizontal, le Crusader s'inclina encore plus, jusqu'à ce que l'aile droite fût pratiquement à la verticale. Quelques secondes plus tard, l'extrémité du plan de voilure se brisa, et l'appareil, touchant la surface de la mer, disparut dans une gerbe d'écume.

Quand il heurta la mer, le Crusader se cassa en deux parties, et l'eau s'engouffra dans le fuselage avec une violence telle que Schofield fut éjecté et que sa combinaison et ses bottes de vol furent arrachées. Vêtu de sa seule chemise, le pilote britannique fut recueilli quelques minutes plus tard par un bateau de sauvetage. Bien que n'ayant subi aucune fracture, il était couvert de bleus des pieds à la tête.

Les essais de navigation débutèrent le vendredi 23 septembre 1927. Sous un beau soleil d'automne, les Macchi, peints en rouge, les S.5, bleus, et les Gloster, bleu et or, prirent leur envol. Le lendemain, une foule nom-

Les Italiens engagèrent trois Macchi M.52 dans la coupe de 1927. Ces appareils, qui étaient moins rapide que le Gloster IV et le S.5, connurent de nombreux problèmes techniques pendant la course. Ici, l'appareil de Ferrarin est mis à l'eau à partir du ponton sur lequel il était transporté.

Ce Supermarine S.5 était piloté par le Flight Lieutenant Worsley, qui se classa en seconde position pendant la coupe de 1927. Les radiateurs d'huile occupaient toute la longueur du fuselage.

breuse s'était rassemblée pour assister à l'épreuve finale, mais, le temps ayant changé, il fallut remettre la course. Le lundi 26 septembre, le vent était tombé, mais la mer Adriatique était encore agitée. Comme le rivage était noir de monde et que le prince héritier de la couronne italienne se trouvait là, entouré de nombreuses personnalités, le départ fut donné. A 2 h 30 de l'après-midi, les haut-parleurs annoncèrent qu'un Gloster venait de prendre l'air.

Une belle démonstration

L'appareil britannique effectua un virage ascendant puis piqua en direction de la ligne de départ. Pour la première fois dans l'histoire de la coupe Schneider, le règlement permettait un départ en vol. Le Gloster acheva son premier tour à la vitesse de 428,798 km/h, tandis que le premier Macchi 52 avait déjà déjaugé, laissant derrière lui le léger nuage de fumée qui le caractérisait. Piloté par de Bernardi, l'hydravion italien négociait chaque pylône en accomplissant une spectaculaire montée qui l'amenait à 180 m, puis il piquait jusqu'au pylône suivant. Les 200 000 spectateurs présents apprécièrent la démonstration et le firent savoir au pilote par des applaudissements frénétiques. De Bernardi couvrit ainsi son premier tour à la vitesse de 442,475 km/h, soit à près de 15 km/h de mieux que le Gloster.

Une langue de feu

A peine avait-il entamé son deuxième tour que de Bernardi, se rendant compte que son moteur présentait des problèmes de soupape, dut renoncer à poursuivre la course. Quant à Ferrarin, à bord d'un autre Macchi, la foule le vit prendre l'air incliné sur l'aile droite et remarqua que son moteur toussait. Soudain, un nuage de fumée, rapidement suivi par une langue de feu, s'échappa du propulseur. L'appareil grimpa quelques secondes puis amerrit avec un piston cassé.

De son côté, le Gloster ralentissait de plus en plus. La casserole de l'hélice s'était brisée, entraînant des vibrations qui menaçaient de mettre à mal le moteur. Après un cinquième tour, le petit biplan dut se poser.

Dernier espoir italien

A présent, les deux Supermarine S.5 s'étaient intégrés à la course, et le pilote de l'un de ces appareils, le Flight Lieutenant S.N. Webster, avait presque atteint la vitesse de 450 km/h. Quant à l'autre pilote, le Flight Lieutenant O.E. Worsley, il volait à plus de 435 km/h. Vers la fin du sixième tour, le dernier pilote italien en lice reçut en plein visage un jet de carburant provenant d'une canalisation crevée. Aveuglé, l'aviateur parvint de justesse à amerrir près de la jetée de l'hôtel *Excelsior*. Les Italiens perdaient ainsi leur dernier espoir de remporter la coupe Schneider de 1927.

Arrivant à toute vitesse sur la ligne d'arrivée, Webster boucla son dernier circuit et s'offrit même le luxe d'effectuer un tour supplémentaire. Avec une moyenne de 453,174 km/h, le pilote britannique battait le record du monde de vitesse toutes catégories. Restés seuls en course, les deux Supermarine S.5 prirent la première et la seconde place.

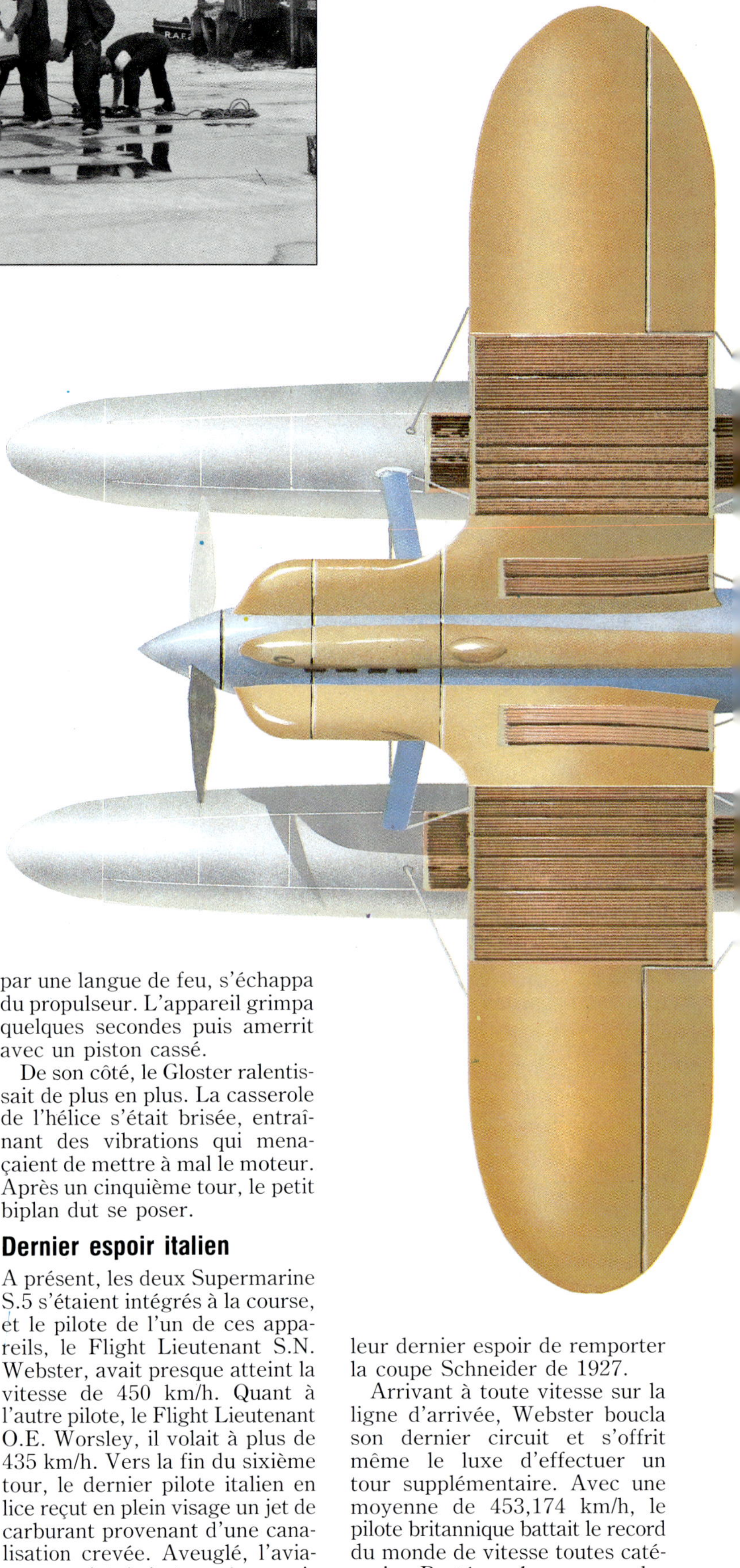

Cette carte postale des années vingt montre le Flight Lieutenant Webster, vainqueur de la coupe de 1927, et son Supermarine S.5. Les épreuves de 1929 allaient être organisées en Grande-Bretagne.

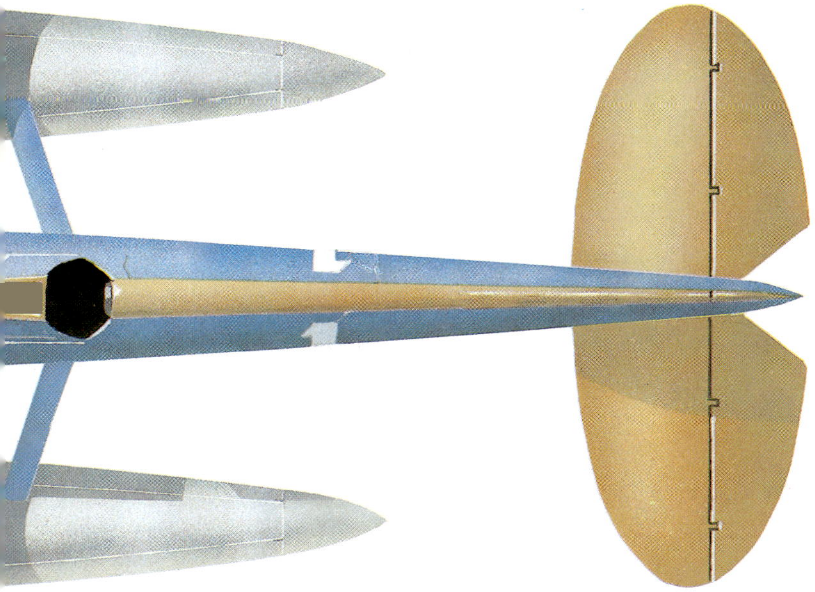

Sam Kinkead à bord de son Gloster IVA avant la coupe Schneider de 1927. Cet avion fut utilisé pour l'entraînement des pilotes qui prirent part aux épreuves de 1929 et de 1931, puis à des fins expérimentales.

Gloster IVB

Le Gloster IVB fut le dernier biplan engagé par les Britanniques dans la coupe Schneider. Propulsé par un moteur Napier Lion VIIB qui actionnait une hélice métallique bipale, cet appareil possédait des lignes très fines et affichait d'excellentes performances.

La coupe Schneider (4)

TRIOMPHE BRITANNIQUE

1929 : Calshot

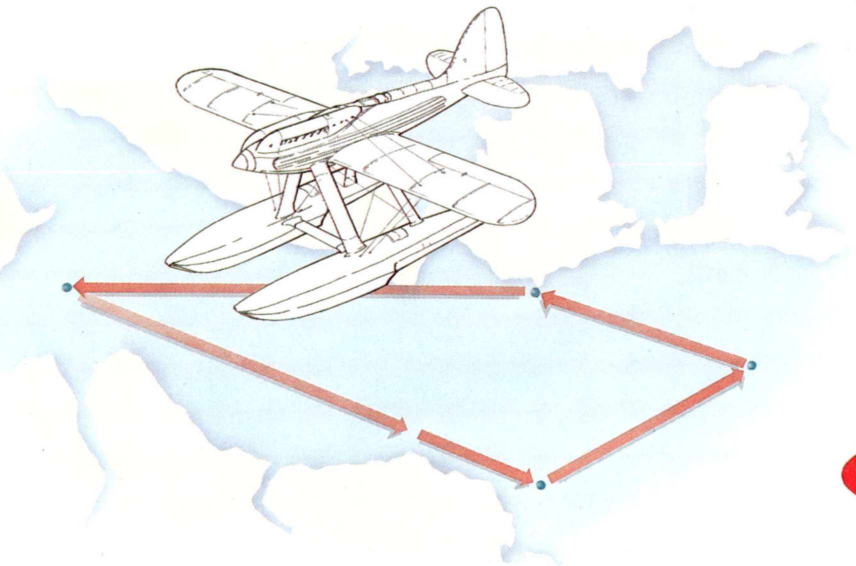

Quelques semaines avant que se déroule la onzième coupe Schneider, les Italiens, qui étaient les seuls à accepter d'affronter les Britanniques chez eux, demandèrent un report des épreuves. En effet, ils venaient de perdre en quelques jours deux de leurs appareils et déploraient la mort d'un de leurs pilotes. L'un des avions détruits était une machine révolutionnaire dotée de deux moteurs en tandem, réalisée par la firme Savoia-Marchetti.

Nouveau moteur Rolls-Royce

Le Royal Aero Club britannique refusa l'ajournement, ajoutant que le seul facteur susceptible de lui faire reconsidérer son attitude était le mauvais temps. Par voie de presse, les Italiens firent alors savoir qu'ils se rendraient tout de même en Grande-Bretagne pour montrer qu'ils avaient l'esprit sportif et que leur attitude n'était pas dictée par une quelconque crainte d'affronter les pilotes britanniques. Ils firent ce qu'ils

Le lieutenant Monti fut le dernier des trois pilotes italiens à prendre l'air lors de la coupe de 1929. Évoluant à très basse altitude, l'aviateur négocia des virages accentués avec une grande précision. Mais il fut bientôt contraint d'abandonner en raison d'une défaillance de son système de refroidissement, non sans avoir été légèrement brûlé.

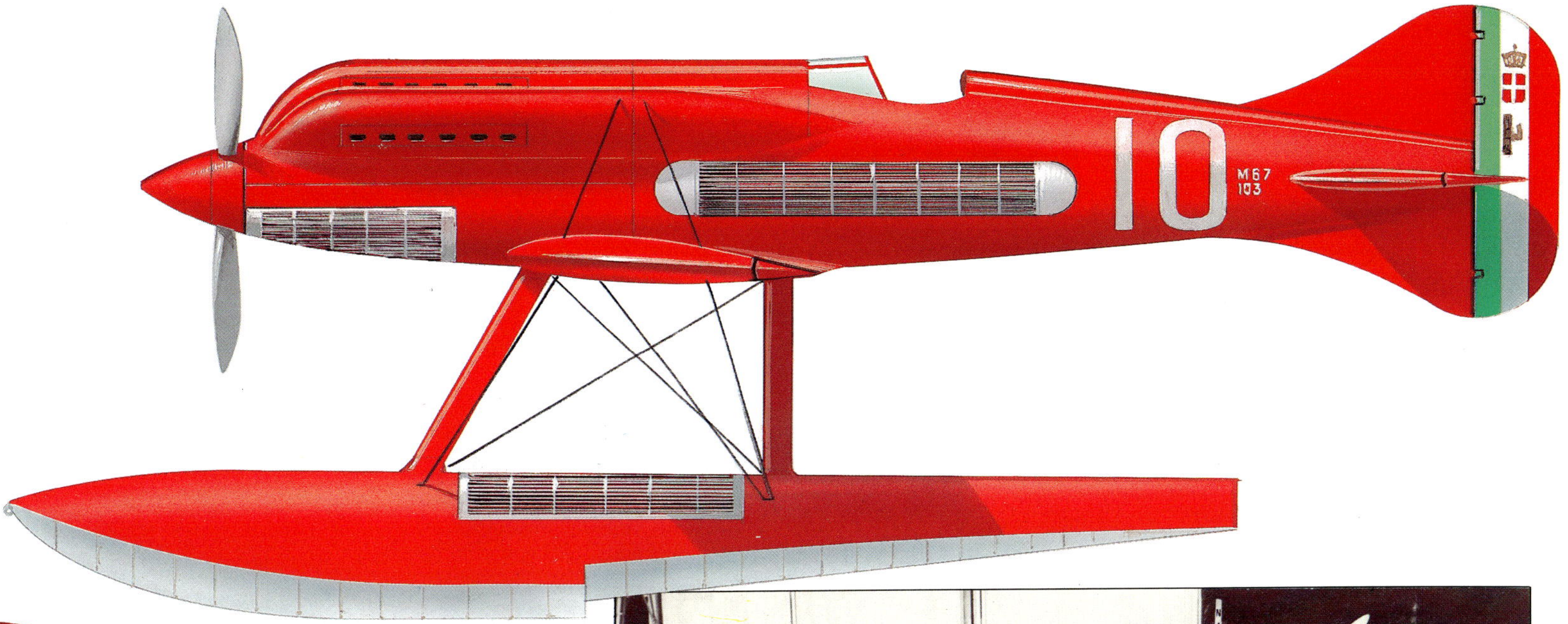

L'officier italien Dal Molin devant son S.65, fabriqué tout spécialement pour la course de 1929. Molin était, semble-t-il, le seul pilote italien suffisamment petit pour tenir à bord du S.65.

Macchi M.67

Le Macchi M.67 avait été conçu en vue de prendre part à la course de 1929. Pour refroidir l'imposant moteur qui le propulsait, il avait fallu installer des radiateurs sur le dessus de la voilure, dans le fuselage et dans les flotteurs.

avaient dit, sans nourrir le moindre espoir de gagner l'épreuve.

L'équipe britannique, recrutée dans la Royal Air Force, alignait des appareils entièrement transformés construits par Gloster et Supermarine. Mitchell avait installé un moteur Rolls-Royce R de douze cylindres équipé d'une entrée d'air frontale et d'un surcompresseur sur un appareil portant la désignation de S.6. Ce propulseur, qui développait 1 900 ch, avait une puissance supérieure de 100 ch à celle de l'Isotta-Fraschini de dix-huit cylindres dont le Macchi M.67 avait été pourvu.

La flèche d'or

Mais ce fut l'avion mis au point par Gloster qui enthousiasma le plus le public et la presse. Présenté comme une « flèche d'or » ou un « météore ailé », le Gloster VI était, tout comme le S.6, doté d'un surcompresseur et présentait des lignes élancées ainsi qu'une voilure monoplan.

Les premiers essais du S.6 se révélèrent quelque peu chaotiques. A ce propos, le pilote qui les mena raconte : « Chaque fois que je tentai de déjauger, je fus arrosé comme je ne l'avais jamais été dans aucun autre appareil. L'avion se déportait violemment sur la gauche, et le flotteur qui se trouvait de ce côté s'enfonçait si profondément dans l'eau que je m'attendais à voir l'aile faire de même. » En fait, le S.6 refusait de prendre l'air. Au terme d'une course qui atteignit plus de 5 km, le moteur commençait à chauffer dangereusement.

Finalement, une nouvelle technique de déjaugeage fut mise au point, et, dès qu'il fut en l'air, le S.6 fit preuve d'une excellente maniabilité et réagit parfaitement aux sollicitations de son pilote. Par la suite, les commandes d'aile-

Les équipes, la coupe et les S.6 de l'épreuve de 1929. De gauche à droite, Waghorn, Atcherley, Orlebar, D'Arcy Greig, Stainforth, Monti, Cadringher, Bernasconi, Canavari et Molin.

Dal Molin courut la coupe de 1929 à bord d'un Macchi M.52R quelque peu dépassé, le S.65 s'étant révélé trop peu fiable et sujet à des pannes. L'aviateur italien se classa deuxième de l'épreuve.

rons furent améliorées, et des panneaux de radiateurs ainsi que des entrées d'air de refroidissement furent mis en place pour éviter une surchauffe du moteur au déjaugeage.

Danger de collision

Malgré sa belle apparence, le Gloster VI connut lui aussi de nombreux problèmes lors de ses essais. Trois fois au cours de la même journée, les mécaniciens durent changer des éléments du circuit de carburant. Rien n'y fit, car, une fois l'avion dans les airs, le moteur refusait toujours de donner toute sa puissance. De ce fait, la flèche d'or dut être retirée de la compétition.

Puis les équipes s'intéressèrent aux essais de navigation et d'hydrodynamique, qui se déroulèrent plutôt bien en dépit du fait qu'à plusieurs reprises les appareils faillirent entrer en collision avec des navires croisant en mer. Ainsi, un Macchi M.67 fut presque sur le point de heurter le cuirassé HMS *Iron Duke,* qui portait les couleurs de l'amiral commandant en chef de la Home Fleet.

Un million de spectateurs

La nuit qui précéda la course, un mécanicien qui changeait une bougie sur le moteur d'un des S.6 découvrit un dépôt de métal blanchâtre sur l'électrode. Il fallait absolument changer un des cylindres pour éviter une panne définitive pendant la course. Par chance, un certain nombre de techniciens appartenant à la firme Rolls-Royce se trouvaient sur place pour assister à la course. Les mécaniciens de l'équipe britannique durent visiter tous les bars et tous les hôtels de la ville pour les trouver. Commençant leur travail à 2 heures du matin, les techniciens de Rolls-Royce parvinrent à remettre le moteur en état aux premières lueurs de l'aube.

Le temps étant magnifique, plus d'un million de spectateurs se pressaient autour de Calshot, plus particulièrement sur la côte du Hampshire et sur l'île de Wight. L'ordre de départ était établi comme suit : d'abord le Flying Officer Waghorn, à bord d'un S.6, puis Dal Molin, avec son M.52R, le Flight Lieutenant D'Arcy Greig, sur un S.5, l'Italien Cadringher, sur un M.67, le

Le Flying Officer Waghorn, à bord de son S.6, dépasse Dal Molin, qui pilote un Macchi, pendant l'épreuve de 1929. Waghorn, qui s'était trompé dans le décompte de ses tours, effectua un circuit supplémentaire et tomba en panne de carburant.

Le Squadron Leader Orlebar, chef de l'équipe britannique, observe le ravitaillement de son S.6 à Calshot pendant un essai. Orlebar ne fut pas sélectionné pour courir l'épreuve de 1929.

Insigne de l'époque relatif à la coupe Schneider de 1929.

Flying Officer Atcherley, lui aussi à bord d'un Supermarine S.6, et le lieutenant Monti, sur un Macchi M.67.

Le racer Mercury Williams s'étant révélé trop lourd, un nouveau moteur dut y être installé. L'US Navy ayant refusé de transporter gratuitement l'appareil, l'équipe américaine ne put prendre part à la course.

Départ réussi

A 14 heures, le S.6 de Waghorn déjaugea, survolant la Solent et Spithead et achevant son premier tour de circuit à la vitesse de 520 km/h. N'ayant pas aperçu une des balises de virage, le pilote britannique était allé plus loin que prévu, ce qui ne l'empêcha pas d'établir un nouveau record du monde de vitesse. Au cours du deuxième tour, Waghorn, manœuvrant parfaitement son appareil, parvint à atteindre la vitesse de 530 km/h, et, au cours du troisième, il approcha de 535 km/h.

Pour le pilote britannique, tout allait pour le mieux. Mais, tandis qu'il achevait son sixième tour et virait en direction de Seaview pour aborder le pylône de l'île de Hayling, son moteur s'arrêta puis repartit en émettant un bruit peu rassurant. L'appareil plana sur

Le Flight Lieutenant D'Arcy Greig prend l'air à bord de son S.5. Cet appareil fut engagé dans l'épreuve de 1929 à la suite de la défection des deux Gloster VI.

Ci-dessus : cette affiche publicitaire représente un Macchi stylisé survolant la ville de Southsea. Au cours de l'épreuve de 1929, les plages de Southsea furent littéralement envahies par les spectateurs.

Le Gloster VI, sans doute l'un des plus beaux racers qui aient jamais été engagés dans la coupe Schneider, connut avec son moteur Napier de nombreux problèmes qui ne purent être résolus avant l'épreuve.

environ 250 m, et Waghorn se dit qu'après tout il aurait peut-être la chance d'aller ainsi jusqu'à la fin de son dernier tour de circuit. Le sort en décida autrement, car, dans l'ultime ligne droite, le Rolls-Royce rendit l'âme, et Waghorn dut amerrir à Old Castle Point.

Furieux, Waghorn attendit que des mécaniciens viennent le dépanner. Quand le bateau qui amenait ces derniers s'approcha, le pilote vit que les hommes qui se trouvaient à bord exultaient. Il comprit les raisons de ce débordement quand il apprit qu'il avait mal calculé son nombre de tours et que, en fait, il en avait accompli un de trop.

Waghorn vainqueur

Pour le pilote britannique, la plus grande menace provenait des Macchi M.67. Cadringher, volant aussi bas que le M.52R, prit le départ, lâchant derrière lui un imposant nuage de fumée. Au départ, tout sembla aller pour le mieux pour l'aviateur italien, mais, au bout de quelques minutes, les choses tournèrent mal. Chaque fois qu'il prenait un virage, Cadringher recevait en pleine figure une épaisse fumée provenant des pipes d'échappement de son moteur. Asphyxié et aveuglé, le pilote italien dut abandonner pendant son second tour.

L'incontestable vainqueur de la coupe de 1929 était Waghorn, et le Macchi M.52R de Dal Molin se classait en deuxième position, avec une vitesse inférieure de près de 65 km/h à celle de l'hydravion britannique. Puis venait le Supermarine S.5. Encore une victoire, et les Britanniques pourraient conserver définitivement la coupe.

Ci-dessous : les deux S.6 et les trois Macchi de l'épreuve de 1929 au mouillage lors des essais hydrodynamiques. Pendant la course, les deux M.67 durent abandonner, et seul le M.52R put terminer l'épreuve.

Le Supermarine S.6 présentait des lignes classiques et affichait de belles performances. Ici, l'un des deux avions de l'épreuve de 1929 manœuvré sur l'eau.

1931 : Calshot

Une fois courue l'épreuve de 1929, les Italiens et les Britanniques convinrent d'un commun accord qu'il fallait laisser passer deux ans et ne disputer la coupe suivante qu'en 1931. Cette décision en apparence raisonnable allait soulever bien des problèmes.

Au Royaume-Uni, le gouvernement refusa de subventionner une autre course, et les fonds nécessaires furent accordés par la veuve excentrique d'un millionnaire, lady Lucy Houston.

Les Italiens, quant à eux, travaillaient sur un appareil combinant une cellule conçue par Macchi et un moteur à hélices contrarotatives réalisé par Fiat. En 1930, un Savoia-Marchetti,

Ci-contre : affiche de la coupe Schneider de 1931. La France et l'Italie ayant déclaré forfait, le Royaume-Uni remporta l'épreuve haut la main. La coupe Schneider put ainsi être définitivement conservée par les Britanniques.

Ci-dessous : deux S.6B et un S.6A sur la jetée de Calshot en 1931. En cartouche, les trois pilotes britanniques de l'épreuve, le Flight Lieutenant Boothman, le Flying Officer Snaith et le Flight Lieutenant Long.

La coupe Schneider permit à de nombreuses sociétés de mener des campagnes publicitaires. Ces affiches vantent les mérites d'un fabricant de bougies et d'un raffineur.

Les deux S.6B et le S.6A de la coupe de 1931 peu avant le départ de l'épreuve. Noter les lignes très fines des appareils britanniques.

candidat potentiel, s'abîma dans un lac au cours d'une tentative de record de vitesse mondial, tuant son pilote, Dal Molin, deuxième de la coupe Schneider de 1929. Puis ce fut le tour d'un autre aviateur italien, Monti, qui trouva la mort à bord de son Macchi MC.72 peu de temps avant de partir pour Calshot. Un concurrent français s'étant tué à son tour, la France et l'Italie demandèrent une reconduction de la course, ce à quoi le Royal Aero Club répondit par la négative.

Un lourd tribut

Le Supermarine S.6B, qui était propulsé par un moteur Rolls-Royce développant une puissance de 2 300 ch, avait été modifié en vue de supprimer des vibrations qui avaient failli coûter la vie à un de ses pilotes d'essai. Peu après, un pilote de l'aéronautique navale britannique, le Lieutenant Gerry Brinton, se tua à bord d'un S.6. La coupe Schneider était en train de prélever un lourd tribut sur ses participants.

Le 12 septembre 1931, le Flight Lieutenant J. N. Boothman fut le seul concurrent de la douzième coupe Schneider à prendre l'air. La France et l'Italie avaient déclaré forfait, non sans protester contre l'attitude et le manque de fair-play des Britanniques. Le S.6B effectua une course sans histoire, virant sous des angles de 80° aux pylônes, tandis que le pilote s'efforçait de maintenir la température du moteur en des-

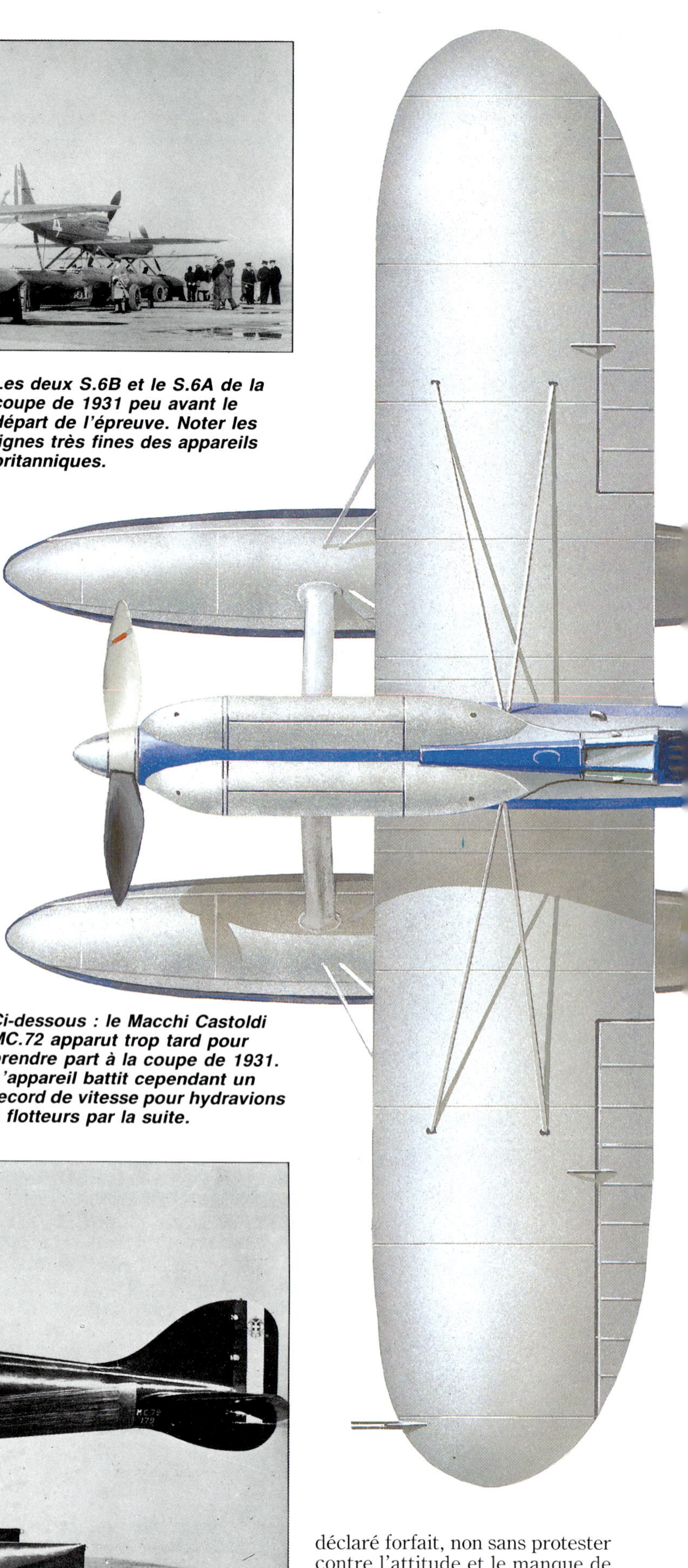

Ci-dessous : le Macchi Castoldi MC.72 apparut trop tard pour prendre part à la coupe de 1931. L'appareil battit cependant un record de vitesse pour hydravions à flotteurs par la suite.

Supermarine S.6A

Le Supermarine S.6A N248 fut endommagé dans un accident puis réparé en vue d'être engagé dans l'épreuve de 1931.

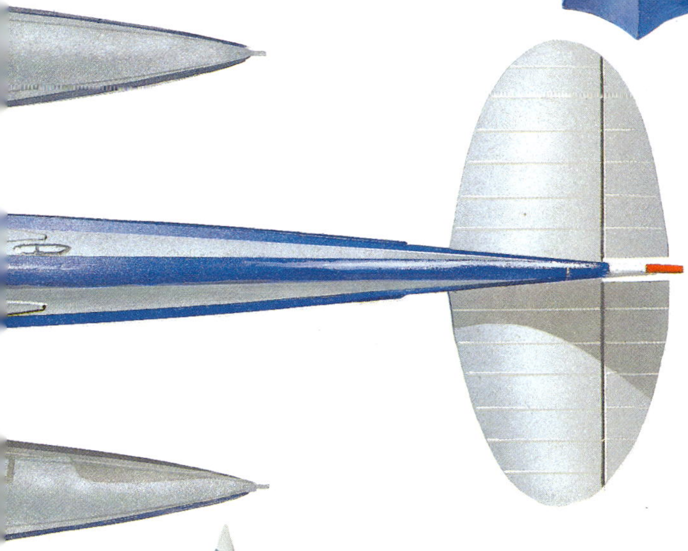

Une des rares photographies du S.6B hydroplanant près de Calshot peu avant l'épreuve de 1931. Piloté par le Flight Lieutenant Boothman, l'appareil remporta la coupe cette année-là. Il est exposé au Science Museum, à Londres.

sous de 95 °C. Au moindre incident, deux autres Supermarine S.6B étaient prêts à être engagés dans la course.

Pour conserver le niveau de température voulu, Boothman fut contraint de réduire les gaz, et il acheva son dernier tour à la vitesse de 547,188 km/h. La foule se précipita pour acclamer l'aviateur britannique quand il se posa, et des centaines de sirènes lui rendirent hommage. La coupe Schneider était revenue au Royaume-Uni et elle ne le quitterait plus.

Des mécaniciens travaillent sur un S.6B pendant une visite de la presse à Calshot, en 1931. Le S.6B était une version améliorée du S.6, qui se caractérisait par une aérodynamique améliorée et un moteur plus puissant.

Le pilotage de l'extrême et le travail aérien

LA LÉGENDE DE HOWARD HUGHES (1)

Ci-contre : un Fokker D VII exécute un looping au-dessus d'Oakland, en Californie, pendant le tournage du film Hell's Angels. *L'appareil porte les mêmes insignes que ceux qu'arboraient les machines allemandes de la Grande Guerre.*

Ci-dessous : Howard Hughes rassembla une flotte d'une cinquantaine d'avions pour le tournage de Hell's Angels, *dont de véritables chasseurs de la Grande Guerre, parmi lesquels des Fokker, des Pfalz, des Sopwith et des SE.5a. Quelques-uns furent détruits lors de combats spectaculaires pendant le tournage. L'argent comptait moins que le spectacle.*

Ci-dessus : cet avion est un des appareils modernes utilisés dans le film comme plates-formes de prise de vues. A l'arrière-plan, deux Fokker D VII.

Par une belle journée de l'été 1919, un jeune garçon reçut de la part de son millionnaire de père un cadeau d'une valeur de cinq dollars : un baptême de l'air à bord d'un hydravion Curtiss OX-5. Au moment où le vieil appareil à hélice propulsive reprit contact avec la rivière Thames, dans le Connecticut, Howard Robard Hughes, alors âgé de quatorze ans, eut la révélation de ce que serait sa vie : il allait, dit-il à son père, devenir le plus grand aviateur du monde.
Aujourd'hui, plus de dix ans après sa mort, tout le monde s'accorde à dire que Hughes, ce milliardaire producteur de films, ce play-boy sportif aux manières excentriques, compta parmi les innovateurs les plus charismatiques et les plus influents de l'histoire de l'aéronautique. Son plus grand legs à l'aviation se trouve de nos jours dans le hangar construit spécialement à cet effet, près du paquebot *Queen Mary,* à Long Beach (Californie) : il s'agit de l'énorme Hughes Flying-Boat, le *Spruce Goose,* un hydravion à huit moteurs qui fut le plus gigantesque appareil jamais construit, véritable monument à l'obsession maladive d'un homme.
Howard Hughes naquit la veille de Noël 1905 à Houston, au Texas. Son père, également prénommé Howard, fils prodigue d'une famille américaine moyenne du Missouri, était parti pour le Texas chercher fortune dans le pétrole. En fait, il avait acheté un jour dans un bar les droits d'un foret révolutionnaire qui allait lui permettre de jeter les bases de l'empire de la Hughes Tool Company. Cette société et ses filiales devaient financer par la suite les entreprises de son fils dans les domaines de l'immobilier, du cinéma et de l'aviation.
Le jeune Howard fut éduqué dans une école privée de la Nouvelle-Angleterre avant d'entrer au California Institute of Technology (Caltech).
Peu littéraire, il avait la bosse des mathématiques et montrait une fascination pour tout ce qui était mécanique.

Naturellement doué

Howard avait dix-neuf ans lorsque son père mourut, lui laissant 75 % des parts de la société familiale. Conformément aux lois de l'État du Texas, le jeune Hughes, en tant que mineur, fut écarté de la direction des affaires de la société. Cependant, il quitta le Caltech avant même d'avoir obtenu le moindre diplôme : en quelques mois, il réussit non seulement à convaincre les autorités du Texas de lever son incapacité juridique, mais aussi à récupérer le reste des parts, qui se trouvaient aux mains de ses grands-parents. Assuré désormais de son avenir sur le plan matériel, Howard, qui avait des visées sur le cinéma, confia la direction de sa société à des hommes d'affaires et

Howard Hughes se relaxant dans son fauteuil de metteur en scène entre deux prises sur le plateau de* Hell's Angels. *Le budget du film, 3,8 millions de dollars, était le plus important qui eût jamais été investi dans une production cinématographique, mais il fut largement couvert par les entrées dans les salles du monde entier.

Hughes et Roscoe Turner discutent d'une scène aérienne pour Hell's Angels, dans laquelle apparaissent un Gotha et quatre Fokker D VII.

s'attela à la poursuite de ses propres ambitions.

L'oncle de Howard, Rupert Hughes, un des plus célèbres scénaristes de Hollywood, était sous contrat avec Samuel Goldwyn. Howard s'installa à Hollywood et mit sur pied son propre studio au milieu des années vingt.

Sa première production, un navet intitulé *Swell Hogan,* était si médiocre qu'il fit détruire toutes les copies du film. En 1925, le jeune homme avait acheté un biplan Waco à cabine fermée et avait commencé à prendre des leçons de pilotage. Trois ans plus tard, il obtint son brevet de pilote de multimoteur ainsi qu'une qualification pour le vol aux instruments et sur lignes commerciales.

« C'était tout simplement un pilote exceptionnel, précisa son instructeur. Un pilote naturellement doué. Il était avide d'apprendre tout ce que je pouvais lui enseigner. »

Dès que son studio lui laissait un moment libre, il s'envolait avec son Waco dans le ciel bleu de Californie, s'entraînant à la voltige et aux cascades. En 1927, sa passion de l'aviation et son amour du cinéma s'associèrent pour mettre en scène un des films les plus ambitieux qui aient jamais été réalisés : *Hell's Angels.*

C'est Hughes lui-même qui en bâtit le script, autour de l'histoire de deux pilotes du Royal Flying Corps basés en France pendant la Première Guerre mondiale.

Les « anges de l'enfer »

Tandis que les scénaristes peaufinaient le script, Hughes envoya une équipe de pilotes et de conseillers en Europe pour qu'ils achètent des avions de combat authentiques. A la fin de l'automne, il avait déboursé 500 000 dollars pour acquérir 87 appareils : Sopwith Pup et Camel, SE.5, Thomas Morse Scout, SPAD, Snipe, Avro, Canuck et Fokker. En janvier de l'année suivante, ils furent rassemblés sur le terrain de Mines Field, à Inglewood (Californie). Pour les piloter, Hughes loua les services de 137 des meilleurs pilotes de cascade du pays, avec, à leur tête, un certain Roscoe Turner. Pour 500 000 dollars de mieux, le millionnaire s'offrit un véritable zeppelin qui fut « abattu » et incendié devant les caméras.

Le tournage commença dans la vallée de San Fernando sous la direction de Hughes, qui effectua également quelques séances de voltige aérienne. Le seul appareil qu'il n'avait pas réussi à trouver était un bombardier allemand Gotha. Toutefois, Roscoe Turner possédait un énorme bimoteur Sikorsky, que Hughes racheta et transforma pour qu'il ressemble à un Gotha. L'appareil servit également pour certaines prises de vues aériennes.

« Au cours d'une séquence, devait déclarer Turner, Howard ne cessait de me demander de voler de plus en plus bas avec le Sikorsky. A la fin, j'en eus tellement assez que je me ruai sur lui. J'abaissais le train d'atterrissage et arrachais la caméra de son pied. Il en fut ravi. »

Dans sa recherche d'une authenticité absolue, Hughes se refusa à utiliser des modèles ou des effets spéciaux et poussa au maximum de leurs possibilités pilotes et avions. Mais, par

la suite, il affirma qu'il n'avait jamais demandé à ses pilotes de faire ce que lui-même n'avait pas essayé. Au début du tournage, Hughes devait faire la première de ses nombreuses expériences de trompe-la-mort. Un matin, il demanda à Frank Clarke, un cascadeur réputé, de décoller à bord d'un Thomas Morse Scout, d'exécuter immédiatement un virage incliné à gauche et de revenir en piquant sur les caméras. Clarke refusa tout net : « Personne ne peut faire ça, Howard, lui dit-il. La force centrifuge du moteur rotatif Le Rhône va l'entraîner en vrille vers la gauche et il va s'écraser. » Un méchant sourire aux lèvres, Hughes s'empara d'un casque et de lunettes de vol, repoussa Clarke, monta dans l'habitacle et lança le moteur. Clarke, avec son expérience de guerre à bord du Morse, un appareil qui ne pardonnait pas les fautes de pilotage, avait bien entendu parfaitement raison. Hughes n'avait pas plus tôt mis son avion en virage qu'il partit en vrille et percuta le sol du désert. L'hélice en bois et les entretroises s'éparpillèrent dans toutes les directions.
Le metteur en scène fut extrait inconscient de l'épave, avec la pommette gauche fracassée.

Page ci-contre : 43 des 137 pilotes employés par Hughes pour le tournage de* Hell's Angels *posent devant le bombardier Sikorsky, transformé pour les besoins du film en Gotha.

FOKKER D VII

Hughes n'acheta pas moins de 87 chasseurs de la Grande Guerre à l'US Army Air Service et en Europe. Parmi ceux-ci figuraient d'authentiques avions allemands, comme le Fokker D VII et son rival, le Pfalz D XII. Hughes vola personnellement à bord de nombreux modèles pendant le tournage de *Hell's Angels,* le Fokker étant apparemment un de ses appareils favoris.

Moteur
Le Fokker D VII était équipé d'un moteur en ligne de six cylindres BMW IIIa, qui conférait à l'appareil d'excellentes performances, avec une vitesse maximale de 195 km/h et un plafond de près de 6 000 m. Cet avion était exceptionnellement maniable à haute altitude.

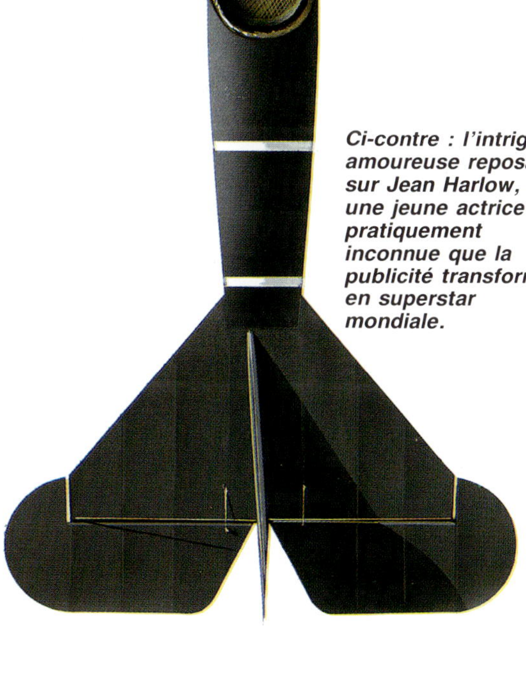

Ailes
Les bords de fuite des ailes du Fokker D VII étaient dentelés. Le Fokker D VII fut construit par Fokker ainsi que par un grand nombre de sous-traitants.

Cet appareil, récupéré par l'US Army Air Service, fut essentiellement utilisé pour l'entraînement avancé. Au moins une unité de première ligne, le 9th Aero Squadron, fut équipée de cette machine. Le Fokker D VII fut probablement un des meilleurs chasseurs de la Grande Guerre.

Ci-contre : l'intrigue amoureuse reposait sur Jean Harlow, une jeune actrice pratiquement inconnue que la publicité transforma en superstar mondiale.

Ne tenant pas compte de l'avis de ses pilotes, Howard Hughes tenta un virage serré immédiatement après le décollage à bord d'un Thomas Morse S-4C. Le couple du moteur rotatif Le Rhône fit basculer l'appareil dans une autorotation, comme prévu, mais l'extrémité de l'aile heurta le sol et l'appareil s'écrasa. Hughes fut blessé dans l'accident.

Ci-dessus : l'épave du Thomas Morse Scout de Hughes. Les appareils de ce type furent notamment utilisés pour l'entraînement par l'armée américaine.

Miraculeusement, il était de retour dans son fauteuil de réalisateur avant la fin de la journée. C'était bien dans le caractère de Howard Hughes.
Dans la dernière scène, le morceau de bravoure de *Hell's Angels,* le Gotha, touché par le tir d'avions alliés, prend feu et part en abattée. Hughes décida que le gros Sikorsky, transformé en bombardier allemand, serait réellement détruit. Cette décision entraîna de nouvelles protestations, notamment de la part de Roscoe Turner, l'ancien propriétaire de l'avion. Si le lent bimoteur devait être délibérément mis en vrille, son pilote aurait toutes les chances d'être tué.
Une fois encore, Hughes se fit insistant. Le pilote Al Wilson et un jeune mécanicien du nom de Phil Jones, qui n'attendait qu'une occasion de voler, se portèrent volontaires pour prendre un parachute et se mettre aux commandes. Wilson devait le piloter pour son ultime vol et Jones devait allumer les pots fumigènes dans le fuselage pour simuler un incendie.
A moins de 1 500 m d'altitude, Wilson se lança en autorotation et sauta. Jones ne le suivit pas. Hughes, pilotant l'appareil qui réalisait les prises de vues aériennes, descendit derrière le Gotha et atterrit quelques secondes après que la grosse machine noire eut percuté le sol.
Il courut pour sortir Jones de l'épave en flammes, mais il était trop tard. Deux pilotes trouvèrent la mort en convoyant les avions à travers les États-Unis, mais Jones fut la seule victime du tournage proprement dit. La scène fut conservée dans le montage, et son histoire n'a été révélée que très récemment.
Le tournage, dont le coût final s'éleva à 3,8 millions de dollars, fut achevé en 1929, à l'avènement du parlant. Hughes, qui ne reculait devant aucun sacrifice, s'attacha les services de la célèbre aviatrice « Pancho » Barnes pour voler à travers un barrage de ballons destiné à la prise de son. Il fit venir également comme ingénieur un jeune mécanicien, Glenn Odekirk, qui devait rester à ses côtés comme ingénieur, copilote, et homme de confiance, pendant quarante ans.
Et, pour le premier rôle féminin parlant, il découvrit l'une des nombreuses inconnues dont il allait faire des stars au fil des années, Jean Harlow.
La nouvelle version parlante de *Hell's Angels* sortit à l'été de 1930 et reçut aussitôt les plus vifs éloges. Pour sa promotion, des cascadeurs sautèrent en parachute. Le film établit solidement la réputation de Howard Hughes en tant que producteur hollywoodien, et, dans les années trente, celui-ci devait remporter deux autres gros succès au box-office avec *Scarface* et *The Front Page,* avant de confier ses intérêts dans l'industrie cinématographique à des hommes d'affaires. Cependant, après l'aviation, le cinéma demeura son second centre d'intérêt personnel. En 1948, il prit une participation dans la firme RKO Pictures.

Plus vite, plus loin, plus grand

En 1932, alors que *Hell's Angels* faisait courir les foules dans les salles obscures des États-Unis et de toute l'Europe, Hughes disparut soudainement. Pendant deux mois, même ses associés les plus proches turent son lieu de retraite. La presse découvrit alors que Hughes avait servi comme copilote sur un trimoteur Fokker d'American Airlines de transport de fret entre Fort Worth et Cleveland, sous le pseudonyme de Charles Howard. En 1935, il devait récidiver en tant que copilote d'un avion de ligne transcontinental de TWA. Cette façon de procéder est significative du besoin que ressentait Hughes de tout apprendre sur les divers aspects de l'aviation.
Son vieux Waco étant à bout de souffle, Hughes commanda deux

nouveaux avions, l'un pour les voyages, l'autre pour la vitesse.
Le premier était un bimoteur amphibie Sikorsky S-38, un biplace à cabine fermée, dont il confia le rodage à Glenn Odekirk tout en demandant à des techniciens de Western Electric d'y installer un émetteur-récepteur — équipement rare à bord d'un avion privé à cette époque.
Le second était en tout point spectaculaire. Boeing Aircraft Company avait conçu un chasseur biplan volant à près de 300 km/h, et, à la suite d'un arrangement avec le constructeur et l'USAAF, Hughes en avait acheté une version civile, le Boeing 100-A, pour une somme de 45 000 dollars.

L'homme le plus rapide du monde

Conservant la cellule de base, il commença par transformer le Boeing en monoplace en reculant l'habitacle et en intégrant un repose-tête dans l'arrière du fuselage, qu'il avait en grande partie redessiné. Il donna une légère flèche aux ailes et monta des carénages de roue. Enfin, il créa un capot profond et profilé, et l'appareil fut entièrement poli à la main. Lorsque le Boeing 100-A apparut pour la première fois, rutilant sous le soleil californien, la facture s'élevait à 75 000 dollars. Ce magnifique jouet revenait ainsi à Hughes à 120 000 dollars, mais l'aviateur avait une idée derrière la tête.
Le 100-A terminé, Hughes l'inlassable s'attaqua au S-38. En février 1933, Odekirk et lui décollèrent de Los Angeles pour un long voyage, mêlant l'utile à l'agréable, qui les amena notamment à Houston, où ils visitèrent une firme négligée mais prospère du nom de Hughes Tool Company. Puis les aviateurs poussèrent jusqu'à La Nouvelle-Orléans, où son propriétaire

Ci-dessus : à la fin du tournage de* Hell's Angels, *Hughes acheta un bimoteur amphibie Sikorsky S-38 pour remplacer son Waco.

Pour la joie de voler, Hughes fit l'acquisition d'un Boeing 100-A, version d'entraînement biplace d'un chasseur militaire, qu'il destina à la course. Il fit modifier spécialement le moteur et conduisit son appareil à la victoire lors des courses aériennes panaméricaines de Miami, en janvier 1934.

posa avec adresse le S-38 en pleine mer après une panne de moteur.
Ils repartirent pour la Nouvelle-Angleterre, où Hughes participa à des tournois de golf, s'échappant toutefois entre deux parties vers l'Europe pour faire l'acquisition du *Southern Cross,* le cinquième yacht privé du monde.
Peu après Noël 1933, le 100-A fut transporté par bateau jusqu'à Miami, où Hughes commença à mettre son coûteux jouet à l'épreuve. Sur une distance plane mesurée, l'appareil atteignit la moyenne de 360 km/h, battant les versions pilotées par l'armée et la marine de 65 km/h.
Le 14 janvier 1934, Howard Robard Hughes devint l'homme le plus rapide du monde, surclassant ses adversaires dans la compétition toutes catégories, sur un parcours en lacets de 32 km, à la moyenne de 318,500 km/h.

LES HYDRAVIONS (1)

L'hydravion est généralement considéré comme l'appareil idéal pour apprendre à piloter. Il est plus simple à contrôler et pardonne davantage les fautes; les décollages et les atterrissages sont facilités par le fait qu'ils ont lieu sur de vastes pièces d'eau dégagées; en outre, on peut pratiquement toujours décoller ou atterrir dans le vent sans être contraint de se plier à l'orientation fixe d'une piste. A la surface de l'eau, en outre, l'air est plus calme, ce qui libère la tension du pilote et lui permet de mieux se concentrer sur son travail de navigation. Et même la navigation est plus simple, car le pilote d'hydravion peut se contenter de suivre la côte ou le cours d'une rivière. Par ailleurs, s'il n'a pas à survoler la terre, il peut savourer la satisfaction d'être à bord d'un des aéronefs les plus sûrs. Un amerrissage forcé se termine rarement par une catastrophe : l'appareil peut hydroplaner sur de longues distances, même lorsque les conditions atmosphériques ont interrompu tout trafic. Si le pilote est obligé de se poser sur la terre ferme, il sait qu'il peut le faire sans grand risque et sans réelle difficulté.

Les hydravions à flotteurs sont les petits frères des hydravions à coque commerciaux, dont quelques exemplaires sont encore exploités. La principale différence de ces derniers réside dans le fait qu'ils possèdent un fuselage qui leur sert de coque, comme pour un bateau. Ils peuvent être équipés de flotteurs en balancelle, mais leur flottabilité provient de la coque elle-même.

L'hydravion à flotteurs, comme son nom l'indique, est équipé de flotteurs à la place des roues. Ces derniers supportent toute la charge; ils peuvent recevoir des roues escamotables, qui transforment l'appareil en véritable véhicule amphibie. Le fuselage ne doit pas venir au contact de l'eau.

Les flotteurs doivent être vérifiés avant chaque vol. Conçus selon les principes classiques de la construction navale, ils sont divisés en plusieurs compartiments étanches de manière que le flotteur entier ne soit pas envahi par l'eau si l'un des compartiments subit une avarie.

Il est également nécessaire de vérifier les mâts et les entretoises.

Les contraintes et la fatigue engendrées par les amerrissages sont plus importantes que sur un avion terrestre.

Sur l'eau, l'avion entier réagit comme la voile d'un bateau. Il est important d'apprendre très tôt à tirer parti de cet effet, afin de mieux manœuvrer l'appareil.

L'hydravion, tout comme un voilier, pivote comme une girouette si on l'abandonne à lui-même. Il tournera sur son axe jusqu'à ce que son nez pointe vers le vent. Placer l'appareil dans une autre position que vent debout requerra une forte poussée de l'hélice.

Il existe trois manières de faire hydroplaner un appareil par ses propres moyens — sans compter la mauvaise! Normalement, lorsqu'on hydroplane pour se mettre en position de décoller ou pour se ranger le long du quai, on doit manœuvrer aussi lentement que possible.

Le pilote doit exercer une pression ferme sur le manche, de manière à lever légèrement le nez de l'appareil. Celui-ci doit conserver une attitude bien équilibrée; les flotteurs ne doivent pas affleurer la surface de l'eau mais demeurer immergés.

Un Beaver et deux Cessna 180 en train d'être préparés pour un vol à Prince Rupert, en Colombie britannique. L'hydravion est un moyen de transport très utilisé dans l'immense pays qu'est le Canada.

Page ci-contre, en haut : un Cessna 207, hydravion amphibie, s'envole dans les embruns.

Ci-dessus : un De Havilland Canada Beaver équipé de flotteurs.

L'intérieur d'un flotteur classique

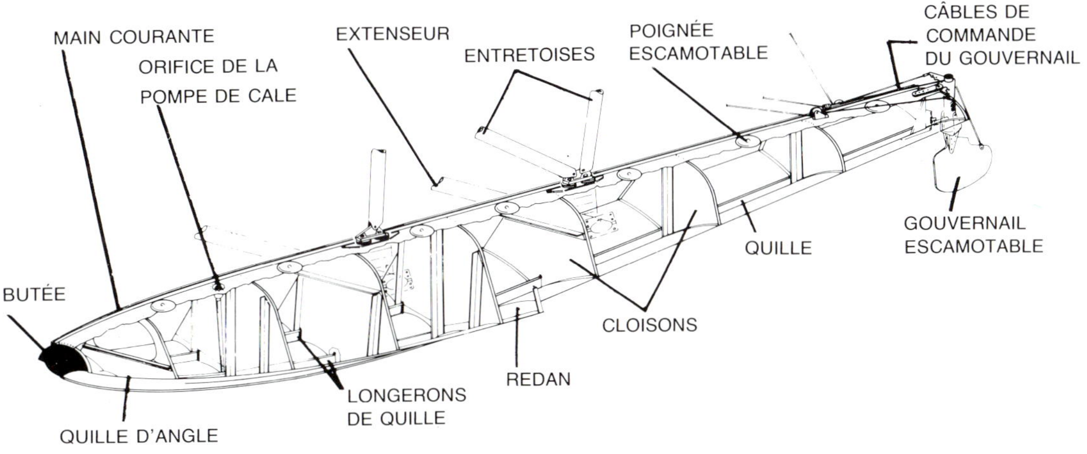

Le Maule M-7 Rocket est un excellent hydravion ADAC. Quelques appareils de ce type sont équipés d'un turbopropulseur Allison 250, qui améliore encore leurs performances.

Centre de flottabilité

Lorsque le nez se lève, par exemple en virage queue basse, le centre de flottabilité se déplace vers l'arrière, entraînant un mouvement de girouette qui tend à placer l'appareil vent debout. Si le vent est très fort, l'appareil doit être ramené en douceur.

Attitude d'hydroplanage au neutre

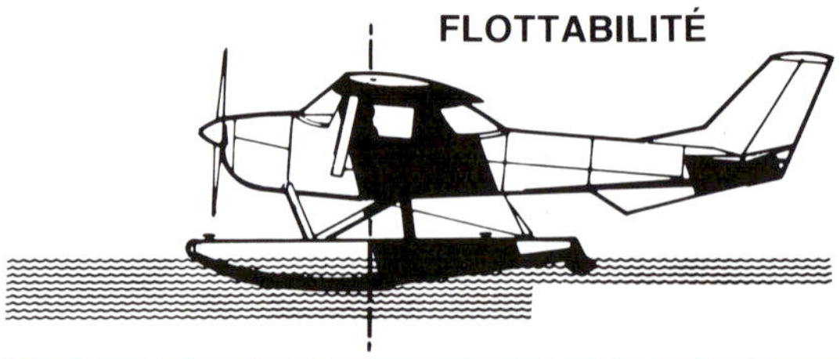

Attitude queue basse

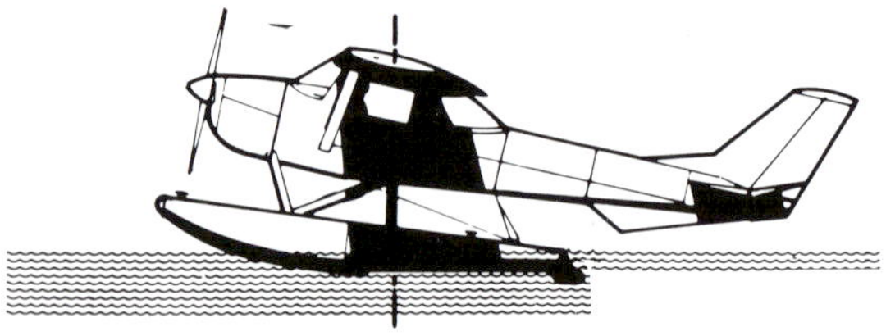

En raison du couple du moteur, l'appareil tourne plus facilement à gauche qu'à droite. Le degré de contrôle que l'on exerce sur lui peut très bien donner de l'importance à ce petit détail. De courtes accélérations sont préférables à un effort prolongé du moteur si l'on veut tourner au plus court.

En cas de vent, on doit disposer de plus de puissance et manœuvrer plus vite, ce qui, évidemment, rend le pilotage plus délicat. Sur un hors-bord, si l'on ouvre les gaz, la proue sort de l'eau et la poupe s'enfonce : c'est exactement la même chose avec les flotteurs de l'hydravion. L'appareil prend alors l'attitude d'une charrue traçant son sillon, selon l'argot imagé des pilotes d'hydravion anglo-saxons, et les flotteurs fendent l'eau dans une gerbe d'écume. Il s'agit là de la plus mauvaise manière, en termes d'économie de carburant et de respect des autres usagers, de manœuvrer un hydravion ou un hors-bord.

Faire tourner l'appareil signifie immanquablement le placer par vent de travers. La plupart des hydravions, sinon tous, possèdent une aile haute qui permet de dégager le champ de vision du pilote et d'offrir une garde supplémentaire au-dessus de la surface de l'eau. Cependant, cette caractéristique fait que le vent risque de s'infiltrer par-dessous et de faire basculer l'appareil. Il faut agir sur les ailerons pour maintenir celui-ci sous le vent.

Placer l'appareil queue basse engendre un autre effet indésirable. En soulevant le nez et en faisant pour ainsi dire reposer toute la machine sur la partie postérieure des flotteurs, on déplace le centre de gravité vers l'arrière. Le principal effet est d'inverser la tendance de l'appareil à pivoter sur lui-même et de le placer vent de travers. C'est peut-être ce que l'on tente de faire, mais il faut encore passer vent de travers pour réussir, au risque de chavirer sous l'effet d'une rafale.

La troisième méthode d'hydroplanage ressemble aussi aux règles de conduite d'un hors-bord, mais elle nécessite l'emploi d'une certaine puissance.

Le De Havilland Otter compte parmi les hydravions préférés des pilotes de brousse, tout comme son homologue, le Beaver. Ce sont tous deux des appareils robustes, fiables et assez volumineux pour emporter une charge utile intéressante.

Hydroplanage à fleur d'eau

Pour placer l'hydravion sur le redan, le pilote tient le manche en arrière et met les gaz jusqu'à ce que les flotteurs émergent. Les gouvernails sont escamotés, pour éviter qu'ils ne soient endommagés dans le sillage.

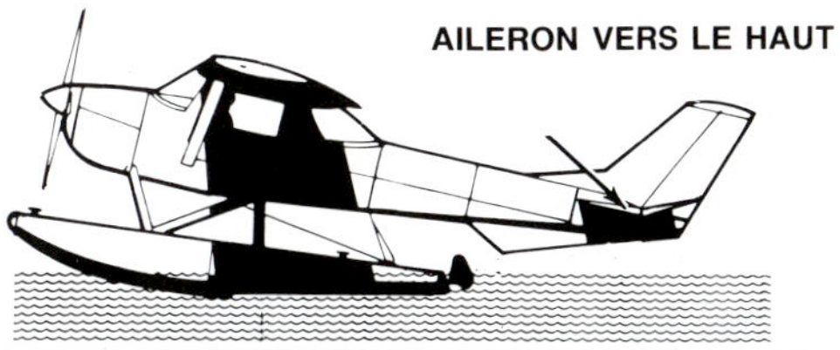

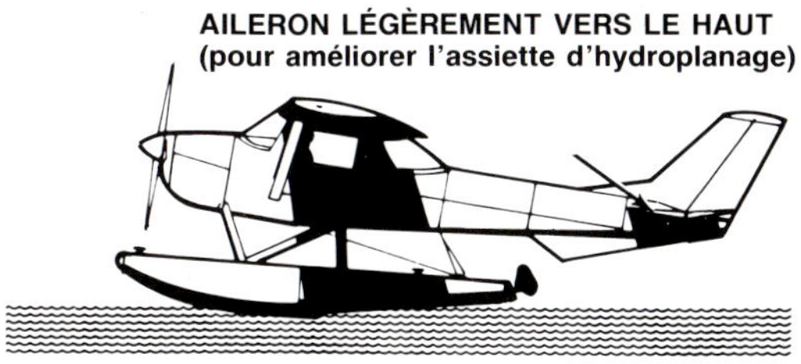

Piper Super Cub doté de flotteurs. Cet appareil est un des rares hydravions immatriculés en Grande-Bretagne ces dernières années.

C'est là où va jouer la conception des flotteurs ou de la coque. Il faut relever les gouvernails (ils ne sont d'aucun effet et pourraient être endommagés par les remous) puis lever le nez de l'appareil en tirant d'un coup sec sur le manche et mettre les gaz. Dès que les flotteurs sortent de l'eau, il convient de remettre le manche plus ou moins au neutre. Les flotteurs vont revenir à l'horizontale pratiquement à la surface de l'eau. Cette façon d'hydroplaner à fleur d'eau constitue la meilleure manière de couvrir de longues distances. Mais, parce qu'à ce stade on est à mi-chemin entre le décollage et l'amerrissage, tout apprenti pilote d'hydravion doit savoir parfaitement maîtriser cette manœuvre avant son premier essai.

Planches à voile et autres obstacles

Les engins qui croisent sur les plans d'eau constituent sans nul doute le plus grave danger qui guette les pilotes d'hydravion. La solution est de faire appel au bon sens de chacun et d'obéir à des règles précises.
Les hors-bord représentent des risques imprévisibles, car leurs propriétaires effectuent souvent des changements de cap brutaux. Quant aux voiliers, ils sont soumis aux caprices du vent. Il faut donc passer autant que possible au large et couper leur route toujours dans leur sillage. Le sillage des hors-bord présentant plus de danger que n'importe quelle eau agitée, il convient de le couper à 45°.
Les engins les plus dangereux sont sans conteste les planches à voile et les voiliers. Ils sont rapides — étonnamment, parfois — et assez instables. En un mot, ils peuvent surgir de nulle part et chavirer juste devant un hydravion sans crier gare. Il faut leur accorder un vaste espace, mais s'attendre à les trouver au pire endroit et au pire moment.
Les usagers des lacs et des rivières sont en fait les seuls obstacles que rencontre un hydravion. La menace qu'ils représentent ne se manifeste bien sûr qu'au début et au terme du vol.

Le virage en charrue

Pour se placer sous le vent, le pilote met les gaz en maintenant le nez de l'appareil levé et les gouvernails des flotteurs dans l'eau. Un léger virage à droite plaque le gouvernail de direction et les gouvernails des flotteurs complètement à gauche, en vue de réduire le rayon du virage à gauche.

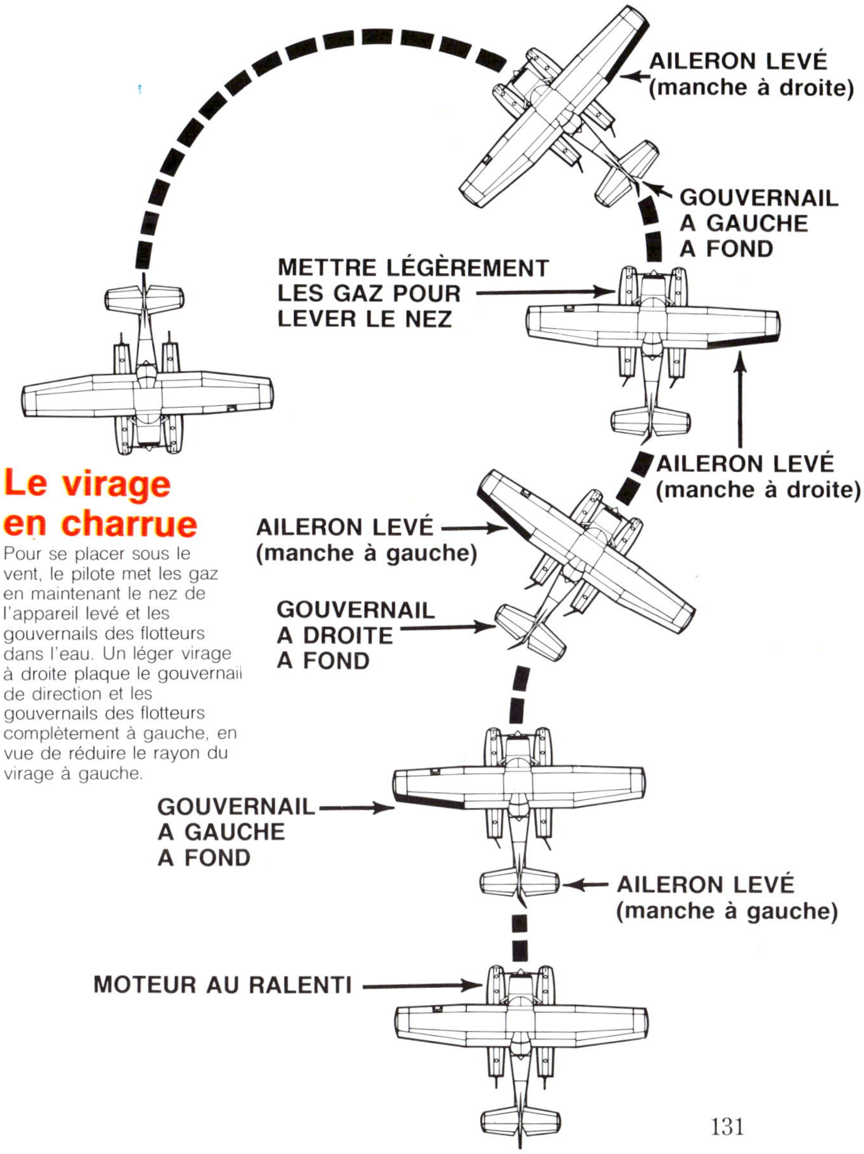

LES HYDRAVIONS (2)
LE DÉCOLLAGE

L'importante flotte d'avions de la police montée canadienne compte un nombre substantiel d'hydravions et d'amphibies, comme ce DHC-2 Beaver.

Pendant l'hydroplanage jusqu'au point de déjaugeage, il faut faire attention au comportement de l'appareil et aux bruits qu'il pourrait émettre, ainsi qu'aux conditions atmosphériques qui règnent sur le plan d'eau lui-même et aux obstacles divers.
Arrivé à l'extrémité du circuit, parcouru vent arrière, il est temps d'effectuer un certain nombre de vérifications.
Les check-lists d'un hydravion sont identiques à celles d'un avion sauf en ce qui concerne les contrôles spécifiques de la structure, qu'il convient d'effectuer avant même de quitter le quai. Une fois le moteur lancé face au vent, il faut maintenir sans relâche le manche en arrière afin de protéger l'hélice des remous. Il faut alors revenir au ralenti.
A ce moment, il convient d'observer en détail la zone de déjaugeage.
Un lac ne ressemble en rien à un terrain d'aviation privé ni même à un aérodrome municipal, où le trafic et l'accès sont strictement réglementés. Un lac est ouvert à tout le monde, et chacun y a les mêmes droits.
Si le temps le permet, il faut effectuer un tour complet pour balayer toute la zone. Si cela n'est pas possible, un tour d'horizon du regard aussi large que possible suffira. A bord d'un hydravion à ailes hautes, il est nécessaire d'accomplir cette opération avant d'abaisser les volets; sinon, ceux-ci réduiront sensiblement le champ visuel.
Pour la course de décollage, le pilote devra définir une ligne imaginaire en prenant un point de repère dans le paysage. Il lui faudra s'assurer que ce point de repère est suffisamment haut

Ci-contre : après avoir manœuvré pour faire face au vent et disposer d'un plan d'eau de longueur suffisante, le pilote vérifie une dernière fois l'absence d'obstacles, efface les gouvernails des flotteurs et met les gaz à fond. Ayant tiré sur le manche pour dégager l'avant des flotteurs de l'eau, il le remet au neutre afin de permettre à l'appareil d'acquérir suffisamment de vitesse pour déjauger. Quelques hydravions auront besoin d'un petit coup de manche en avant pour y arriver. L'assiette de l'appareil est maintenue par une légère pression sur le manche jusqu'à ce que la vitesse de décollage soit atteinte. Une nouvelle pression sur le manche suffira alors à l'hydravion pour quitter la surface de l'eau. Ici, un Cessna 180 amphibie met cette théorie en pratique.

Ci-dessus : ce Piper Super Cub appartenant au Tiger Club, un des rares hydravions immatriculés au Royaume-Uni, décolle dans une gerbe d'écume.

pour rester visible lorsque le nez de l'avion se cabrera. Le pilote doit également tenir compte d'une éventuelle tendance de son appareil à embarquer d'un côté, ainsi que de la hauteur dont il aura besoin pour éviter les obstacles dressés sur la rive opposée. Après un dernier coup d'œil pour s'assurer que la voie est libre et que rien ne viendra couper la route de l'hydravion, il est temps d'escamoter les gouvernails des flotteurs et de mettre les gaz. Le premier stade du déjaugeage ressemble à un hydroplanage queue basse. Le moteur tournant à plein régime, les flotteurs chassent un flot d'écume dont il faut réduire les

de Havilland Canada DHC-2 Beaver

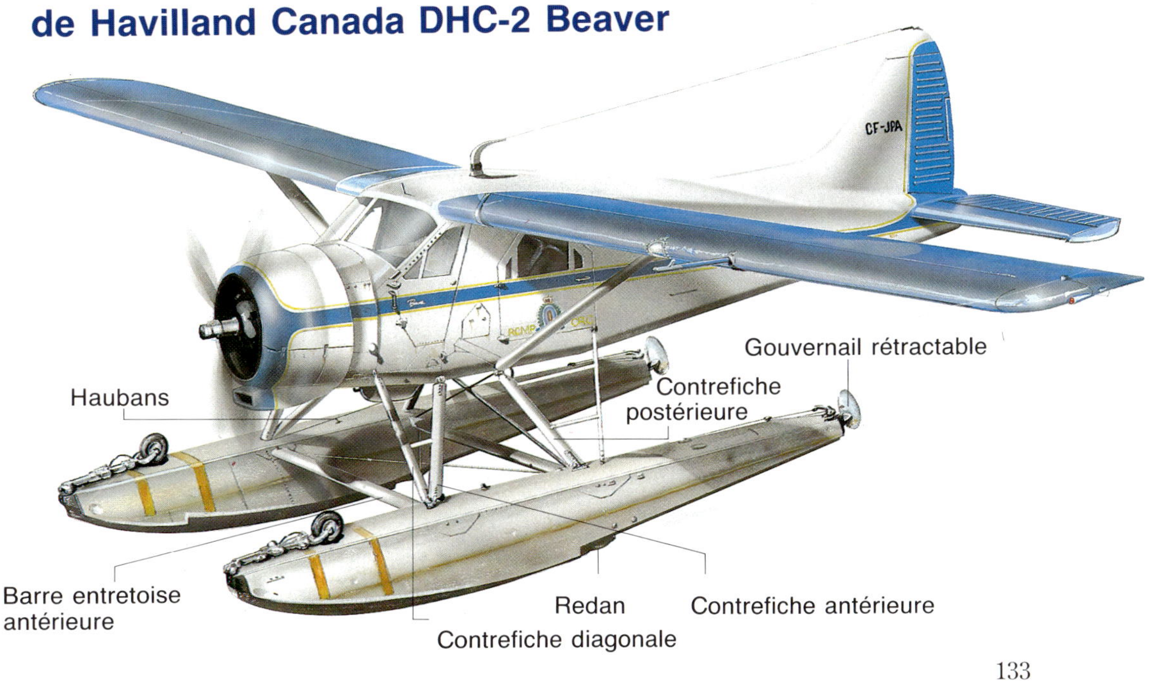

effets en maintenant une pression constante sur le manche. Au fur et à mesure que la vitesse augmente, l'eau exerce une pression de plus en plus forte sur les flotteurs, les poussant vers la surface. L'avion hydroplane alors nez cabré, porté par la bosse des flotteurs, comme s'il atteignait sa vitesse de déjaugeage.
Dans cette attitude, l'hydravion est soumis à diverses forces, dont la plus importante est le couple de renversement du moteur. Il faut en effet s'attendre que l'appareil embarque vers la gauche et ne pas être surpris si, en braquant à fond le gouvernail vers la droite, on ne parvient pas à redresser complètement. Cette tendance à embarquer à gauche n'est en fait gênante ou dangereuse que dans des endroits très fréquentés ou sur des plans d'eau étroits.
Si cela est possible, il vaut mieux démarrer en visant légèrement à droite du point de repère initial afin de compenser le déport. Le temps que le moteur atteigne sa puissance maximale et que la vitesse relative devienne suffisante pour que le gouvernail de direction ait une quelconque efficience, le pilote aura compensé et l'appareil se dirigera dans la bonne direction. Il ne faut pas trop s'inquiéter de cette tendance.

L'élan

Dès que les flotteurs affleureront la surface de l'eau, le nez reviendra peu à peu à l'horizontale et le pilote retrouvera une visibilité totale vers l'avant; mais, pendant un court moment, il prendra le risque de voir des embarcations couper sa route ou simplement celui de dévier de sa ligne.
Dès qu'il se trouve sur la bosse des flotteurs, le pilote doit ramener le manche au neutre. En maintenant la profondeur vers le haut, il ne fera que

Déjaugeage

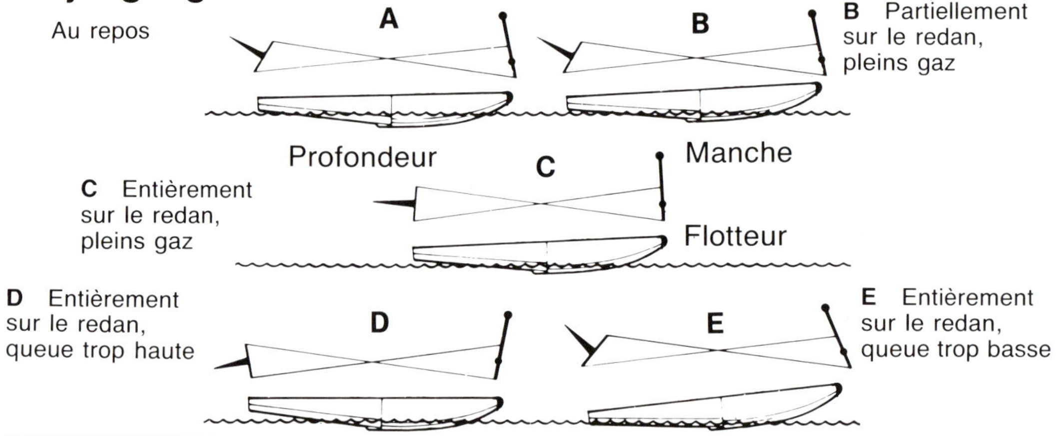

Manœuvres d'un hydravion

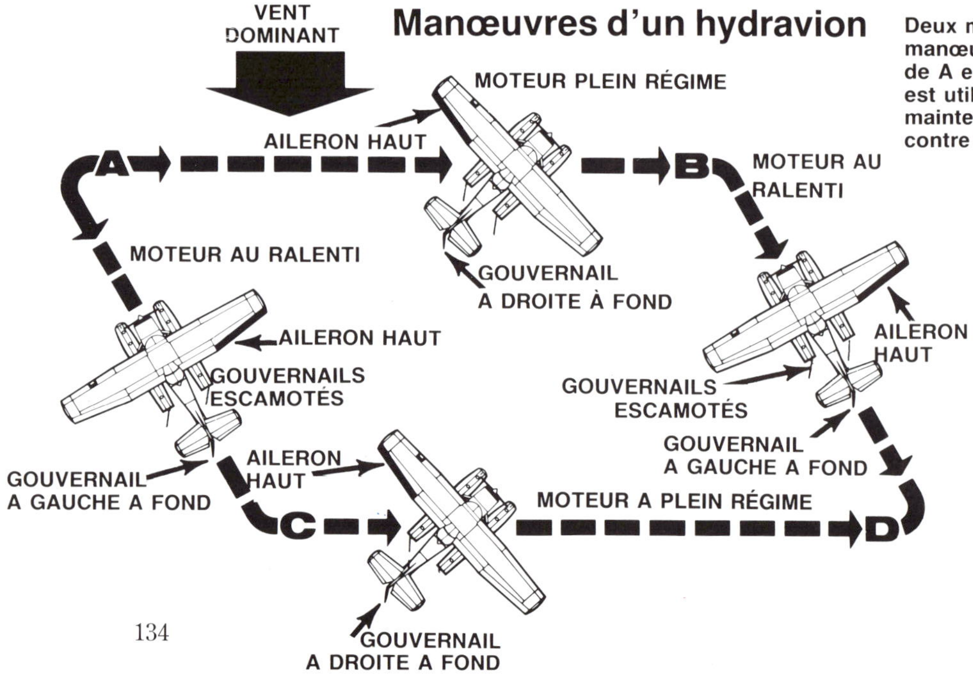

Deux manières de manœuvrer pour aller de A en D. Le moteur est utilisé pour maintenir le cap contre le vent.

Hydroplaner est une chose, manœuvrer l'appareil à la surface de l'eau en est une autre. Dès la première saute de vent, l'hydroplanage devient presque impossible, si bien qu'il faut utiliser les surfaces de l'hydravion comme une voile. Quiconque a manié un petit voilier sait combien cet exercice paraît délicat au début; mais, avec un tant soit peu de pratique et en ayant appris à anticiper les réactions de l'appareil, utiliser la force du vent est la manière la plus aisée de manœuvrer un hydravion, même s'il est particulièrement difficile de se maintenir de côté par rapport au vent.
En fait, cette méthode n'est pas seulement simple, elle est la seule praticable. L'hydroplanage au moteur doit être réservé aux courses vent debout. Par vent arrière ou vent de travers, se servir des surfaces de l'appareil comme d'une voile est nettement plus sûr et plus efficace. Il importe peu de dépasser l'objectif en se servant d'un vent arrière et d'être contraint de revenir au moteur. Bien au contraire, cette manière de procéder est préférable, dans la mesure où l'on conserve un contrôle actif au moment où on en a le plus besoin.
En raison de la tendance normale d'un hydravion à se comporter comme une girouette, le nez de l'appareil pointera dans la direction du vent et lui offrira une prise. Ainsi, la plupart du temps, lorsqu'on manœuvrera avec le vent, on fera de la marche arrière. Les gouvernails des flotteurs agissant en sens inverse du gouvernail de direction de l'appareil, il sera judicieux de les escamoter.

Ci-contre : un Cessna 185 hydroplane sur ses flotteurs amphibies EDO 3500. L'adoption des flotteurs EDO a fait de cet hydravion l'un des plus appréciés par les pilotes privés.

Ci-contre : la firme Soloy a installé des turbopropulseurs sur de nombreux appareils, leur offrant ainsi une puissance supplémentaire qui compense la traînée engendrée par les flotteurs. Ici, un Cessna 206 Stationair amphibie.

retarder la transition vers l'hydroplanage à fleur d'eau. La pression de l'eau sur les flotteurs augmentant avec la vitesse, l'appareil bascule tout d'un coup en avant. C'est là qu'intervient la technique de construction des flotteurs. Désormais, c'est non plus leur flottabilité mais la pression dynamique qui maintient l'appareil sur l'eau.
A ce moment, la partie immergée des flotteurs est réduite au minimum, tout comme la traînée induite, si bien que l'appareil commence réellement à accélérer.
Le pilote doit impérativement se concentrer sur la nécessité de maintenir l'hydravion à l'horizontale. Parmi les quelques dangers qui le guettent lors du décollage figure le marsouinage, lequel consiste en des oscillations longitudinales. Ce phénomène survient lorsque le nez de l'appareil est maintenu trop bas lors du déjaugeage. Au lieu de se maintenir à quelques centimètres au-dessus de la surface, la partie antérieure des flotteurs se met à fendre l'eau.
Lorsque les flotteurs émergent de nouveau, la vague qu'ils ont créée est si importante qu'elle amène l'appareil à piquer encore du nez, replongeant les flotteurs plus bas sous la surface.
Après avoir déjaugé, l'hydravion accélère rapidement jusqu'à atteindre sa vitesse de décollage. S'il a été correctement réglé, il pourra fort bien quitter la surface de l'eau et grimper, parfois même sans l'intervention du pilote, ce qui ne manquera pas de surprendre le néophyte. Une simple pression sur le manche sera suffisante pour engager la montée. Il faut éviter d'hydroplaner à fleur d'eau trop longtemps, car l'on fatigue inutilement l'avion. Le pilote doit également s'efforcer de ne pas basculer trop vite, car il risque d'immerger l'arrière des flotteurs et de faire tomber la vitesse de l'avion en deçà du minimum requis pour prendre l'air.
En dernier ressort, il est toujours possible d'effectuer un virage rapide et de couper son propre sillage pour décoller.

Ci-dessous : la version à flotteurs du Bellanca/Champion Citabria se caractérise par des dérives supplémentaires, montées sur les stabilisateurs horizontaux.

LES HYDRAVIONS (3)

DANS LES VAGUES

Une fois en l'air, un hydravion ne se comporte guère différemment d'un avion terrestre. Certains pilotes avancent que la vitesse maximale d'un hydravion à flotteurs est supérieure de 10 % à celle d'un appareil équipé d'un atterrisseur à roues. Mais, en général, c'est le contraire qui se produit. Il convient plutôt de tabler sur une réduction de 10 % en matière de vitesse maximale au même régime et de s'attendre à une nette dégradation des performances dans le domaine de la vitesse ascensionnelle. La distance franchissable s'en trouve également affectée, et certains petits appareils, parfaits pour deux personnes, leurs bagages et le plein de carburant, se révèlent incapables d'emporter la moindre charge lorsqu'ils sont équipés de flotteurs en raison du poids de ces derniers.

Ci-dessus : les monomoteurs à ailes hautes Cessna comptent parmi les hydravions les plus prisés des pilotes privés. La plupart de ces machines sont équipées de flotteurs amphibies qui leur assurent une plus grande polyvalence.

Cependant, le pilotage ne s'en ressent guère et les performances de l'appareil en tonneaux lents et en autorotations font oublier les flotteurs. Quelques machines manifestent une nette tendance à l'instabilité en lacets, dérapant et glissant en virage à plat, à cause des surfaces verticales des flotteurs qui se trouvent en avant de l'axe de lacet. Les constructeurs pallient cet inconvénient en fixant des stabilisateurs verticaux supplémentaires en arrière de l'axe de lacet, généralement sous les empennages de l'hydravion.
Ces éléments remplissent parfaitement leur fonction, mais en engendrant cependant une traînée qui réduit encore les performances.
Se poser sur un grand plan d'eau dépourvu d'obstacles est plus facile que d'atterrir sur une piste

Un amerrissage passe généralement pour être plus facile qu'un atterrissage, mais sur une eau calme la perception de l'altitude peut se révéler trompeuse. Il est donc important de s'assurer que l'eau est assez profonde et libre d'obstacles.

aménagée, car le pilote est toujours certain de se trouver dans la direction du vent. Il doit cependant faire face à deux difficultés : estimer correctement la direction et la force du vent, et s'assurer que la zone d'amerrissage est dégagée et possède une profondeur suffisante.
On peut surmonter ces difficultés par une observation attentive. En effet, l'eau elle-même constitue la meilleure manche à air. Les vaguelettes ondulent à angle droit par rapport à la direction du vent et de l'écume.
L'eau indiquera également la vitesse du vent. Une écume importante sur la crête des vaguelettes signale la présence d'un vent d'au moins 25 km/h, ce qui incitera le pilote à chercher un endroit mieux abrité. Au large, il faudra se méfier des creux. En effet, se poser perpendiculairement à la houle est la meilleure façon de faire rebondir l'appareil au contact de l'eau, avec les risques d'avaries que cela entraîne. Si l'on ne peut faire autrement, il faudra amerrir parallèlement aux creux, mais il vaut toujours mieux trouver un autre endroit ou patienter jusqu'à ce les flots soient apaisés. Dans tous les cas, il faut repérer avec précaution l'endroit où aura lieu l'amerrissage, et se méfier des bancs de sable, des hauts-fonds, des souches immergées et autres obstacles flottants. Une eau calme et transparente offre l'avantage d'un repérage aisé, mais elle rend difficile l'estimation de sa profondeur. Une légère ondulation en surface peut amener le pilote à effectuer un second tour d'observation à plus haute altitude. Des verres Polaroïd permettent de voir sous l'eau lorsque les reflets du soleil sont trop intenses. L'amerrissage doit être conduit à la plus faible vitesse possible, le nez cabré pour que les redans des flotteurs touchent l'eau en premier. La traînée produite par les flotteurs au contact de l'eau sera immédiatement considérable et, de ce fait, amènera l'appareil à piquer du nez, immergeant une plus grande partie des flotteurs, ce qui produira encore plus de traînée.

Photographié en finale, ce Cessna équipé de flotteurs Edo se présente volets à moitié sortis pour une approche moins cabrée.

Au moment du touché, le pilote de ce Cessna retient son appareil pour un amerrissage en douceur.

Le Caravan est un remarquable appareil à turbopropulseur réalisé par Cessna. Sa taille en fait un appareil de servitude très apprécié, quelques exemplaires ayant été livrés avec des flotteurs. Cet hydravion porte les couleurs de la police montée canadienne.

Tenir le nez cabré

Pour contrer ce phénomène, le pilote devra couper les gaz et tirer davantage le manche en conservant une attitude cabrée, et ce tant que la vitesse n'aura pas diminué suffisamment pour permettre aux flotteurs de s'immerger sur toute leur longueur sans risque de faire basculer l'avion vers l'avant. Si le

Lire le vent

Il peut être tout à la fois facile et difficile de faire décoller un hydravion. Dans des conditions météorologiques idéales, sur une large pièce d'eau peu fréquentée, il s'agit d'une manœuvre d'une extrême simplicité et, contrairement à ce qui se produit sur un terrain, on est toujours assuré de décoller dans le vent.
Il faut mettre cet avantage à profit et utiliser toutes les informations susceptibles d'être recueillies afin de se faire une idée précise de la manière dont le vent souffle. La tendance naturelle qu'a un hydravion à jouer les girouettes offre déjà une indication intéressante, mais il convient de ne pas négliger l'agitation des arbres et, plus important encore, celle de l'eau.
Il ne faut pas s'attendre que le vent souffle uniformément sur toute l'étendue du lac : certains endroits seront abrités, d'autres exposés.
La rencontre avec un courant contraire après avoir doublé une colline offrant une protection contre le vent peut contrarier le meilleur plan de décollage.
La force du vent joue également un rôle important au moment du décollage. A la surface de l'eau, le vent créé des vaguelettes qu'il faudra bien traverser. Plus le vent est fort, plus les vaguelettes sont importantes; à une vitesse relativement basse, comprise entre 10 et 20 km/h, leur crête se casse et elles laissent une écume blanche derrière elle. Dans des eaux abritées, ce sont des conditions idéales pour décoller, mais il suffit de multiplier par deux la vitesse du vent pour que le pilote le plus chevronné rencontre d'assez grandes difficultés.

Les véritables hydravions à coque ou amphibies ont désormais cédé la place aux appareils terrestres équipés de flotteurs. Quelques rares machines, provenant généralement des surplus militaires, volent encore, comme ce Grumman Goose de la police montée canadienne.

Bellanca 7GCBC Citabria

Le Champion Citabria et le Champion Scout, plus puissant, peuvent être tous deux équipés de flotteurs.

Envergure : 10,49 m
Moteur : Lycoming O-320-A2B de 150 ch
Vitesse maximale : 180 km/h
Vitesse de croisière : 165 km/h
Distance franchissable : 725 km
Charge utile : 230 kg
Capacité en carburant : 175 l

Cessna 180 Skywagon

Les Cessna 180 et 185 sont sans doute les avions de brousse les plus populaires du monde, mais aussi les plus renommés pour leur robustesse et leur sécurité. Le Cessna 180, produit à partir de 1953, s'est rapidement taillé une importante part du marché des monomoteurs à six places.

Envergure : 10,21 m
Moteur : Lycoming O-540 J1A5D de 235 ch
Vitesse maximale : 275 km/h
Vitesse de croisière : 265 km/h
Distance franchissable : 1 200 km
Charge utile : 455 kg
Capacité en carburant : 400 l

Prise de quai par vent de terre

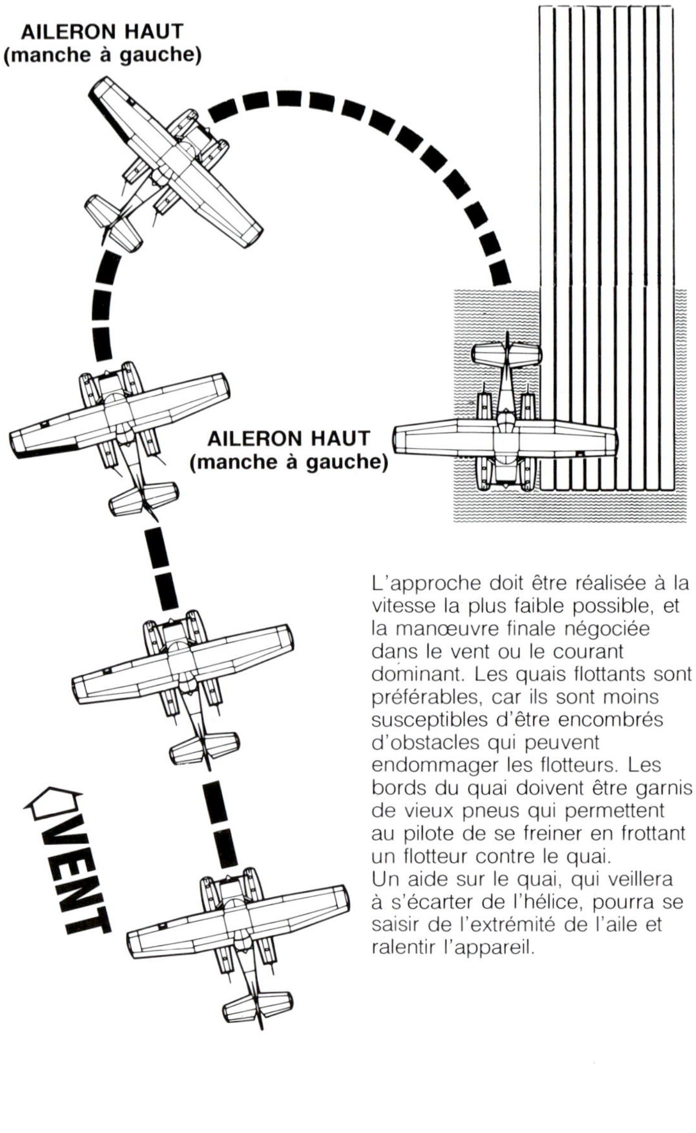

L'approche doit être réalisée à la vitesse la plus faible possible, et la manœuvre finale négociée dans le vent ou le courant dominant. Les quais flottants sont préférables, car ils sont moins susceptibles d'être encombrés d'obstacles qui peuvent endommager les flotteurs. Les bords du quai doivent être garnis de vieux pneus qui permettent au pilote de se freiner en frottant un flotteur contre le quai.
Un aide sur le quai, qui veillera à s'écarter de l'hélice, pourra se saisir de l'extrémité de l'aile et ralentir l'appareil.

pilote a l'intention d'hydroplaner en vitesse de déjaugeage sur une certaine distance, il ne devra pas trop réduire les gaz et passer directement à la phase d'hydroplanage.
Se poser sur une eau calme est encore plus dangereux et plus délicat que d'en décoller. Cette fois, la difficulté réside dans une bonne estimation de la hauteur pour toucher l'eau au point choisi. Plus d'un pilote s'est retrouvé dans l'eau sans savoir comment, tout simplement en ayant jugé la hauteur non pas d'après la surface, mais d'après le fond de l'eau, ou bien en perte de vitesse alors qu'il volait encore quelques mètres au-dessus de la surface.
Un amerrissage de nuit est virtuellement impossible. Même dans des bases bien aménagées, où les zones de décollage et d'amerrissage sont délimitées par des bouées en théorie lumineuses, il est très délicat de s'assurer qu'aucun obstacle susceptible de crever un flotteur n'encombre pas le chenal.
En revanche, il est tout à fait possible de réussir un atterrissage forcé sur la terre ferme.

Cessna 206 Stationair

Les Cessna 296 Skylane et Stationair furent conçus pour remplacer le Cessna 180 Skywagon.

Moteur : Continental IO-520F de 300 ch
Vitesse maximale : 255 km/h
Vitesse de croisière : 245 km/h
Distance franchissable : 1 420 km
Charge utile : 490 kg
Capacité en carburant : 420 l

Cessna Caravan

Le Caravan à turbopropulseur fut conçu pour remplacer les appareils de servitude dotés d'un turbopropulseur.

Envergure : 15,87 m
Moteur : PT-6A de 600 ch
Vitesse maximale : 320 km/h
Vitesse de croisière : 300 km/h
Distance franchissable : 1 850 km
Charge utile : 1 360 kg
Capacité en carburant : 1 525 l

Maule M-6 et -7

Leurs bonnes performances ADAC font des Maule M-6 et M-7 des hydravions idéaux pour une exploitation sur de petites pièces d'eau.

Moteur : Continental IO-520F de 300 ch
Vitesse maximale : 255 km/h
Vitesse de croisière : 245 km/h
Distance franchissable : 1 420 km
Charge utile : 490 kg
Capacité en carburant : 420 l

DHC-3 Otter

Le De Havilland Canada DHC-3 Otter, avec ses dix sièges, a toujours été un avion de brousse très prisé. Équipé au départ d'un Pratt & Whitney en étoile, il reçut par la suite des moteurs plus récents.

Envergure : 17,68 m
Moteur : PW R-1340 de 600 ch
Vitesse maximale : 295 km/h
Vitesse de croisière : 240 km/h
Distance franchissable : 1 700 km

DHC-6 Twin Otter

Le De Havilland Canada DHC-6 Twin Otter prit l'air pour la première fois en 1956, un certain nombre d'appareils de ce type étant dotés de flotteurs. L'appareil accueille dix-neuf passagers ainsi que deux pilotes.

Moteur : 2 turbopropulseurs PT6-A de 652 ch chacun
Vitesse de croisière : 335 km/h
Distance franchissable : 1 820 km
Charge utile : 1 940 kg
Capacité en carburant : 1 735 l

DHC-2 Beaver

Le Beaver, qui vola pour la première fois en 1947, fut conçu comme un avion léger monomoteur ADAC. Équipés à l'origine de moteurs Alvis Leonides ou Pratt & Whitney Wasp Junior, nombre d'appareils de ce type furent remotorisés.

Envergure : 14,63 m
Moteur : Alvis Leonides de 550 ch
Vitesse maximale : 260 km/h
Vitesse de croisière : 205 km/h
Distance franchissable : 1 050 km
Charge utile : 905 kg
Capacité en carburant : 360 l

MISSIONS CIVILES

PILOTE AGRICOLE

Ci-dessus : un Air Tractor AT-401 traite une orangeraie en Floride. L'Air Tractor a été conçu par Leland Snow, qui créa aussi le Snow S-2, dont la fabrication fut reprise par Rockwell sous la dénomination de Thrush Commander.

Lorsqu'on observe un pilote agricole en plein travail, on se demande de quoi l'on doit s'étonner le plus, de son habileté ou de son inconscience. La réponse dépend des connaissances que l'on possède quant à la technique et au travail si particuliers d'un pilote pratiquant cette spécialité. En fait, il existe deux catégories de pilotes de travail agricole : ceux qui sont vivants et ceux qui sont morts — ou si gravement handicapés qu'il ne pourront jamais plus voler. S'il n'existait aucun obstacle au sol, cette spécialité présenterait aussi peu de risques que n'importe quelle autre. Mais l'être humain s'entête à vouloir ériger des maisons, des lignes à haute tension, des barrières et des poteaux télégraphiques, et la nature elle-même s'en mêle, en faisant pousser des taillis et des arbres un peu partout, sans parler des collines qui s'élèvent dans les endroits les plus inattendus.

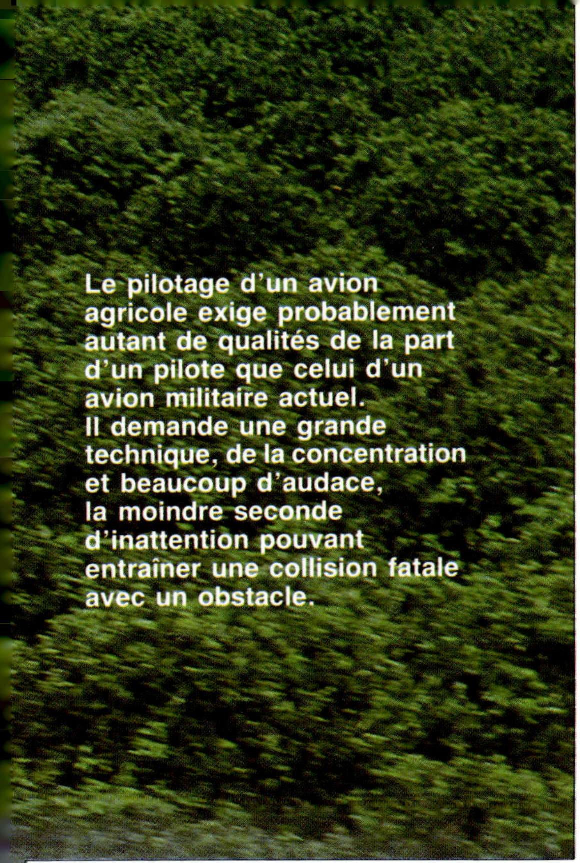

Le pilotage d'un avion agricole exige probablement autant de qualités de la part d'un pilote que celui d'un avion militaire actuel. Il demande une grande technique, de la concentration et beaucoup d'audace, la moindre seconde d'inattention pouvant entraîner une collision fatale avec un obstacle.

Qu'est-ce qui fait la différence, en fin de compte, entre un pilote ordinaire et un pilote de travail agricole? L'entraînement, à coup sûr, et une sorte d'instinct qui permet au second de deviner les dangers multiples qui le guettent.

Un sixième sens

Un pilote qui a subi dans sa carrière plusieurs centaines de décrochages pourrait se sentir parfaitement apte à pratiquer le travail agricole.
Mais un décrochage à une quinzaine de mètres du sol au cours d'un virage conventionnel n'a rien à voir avec une perte de vitesse à 300 m, alors qu'on dispose encore d'assez de hauteur pour redresser.
En matière de sécurité, un pilote de travail agricole possède une sorte de sixième sens qui n'a que peu de chose à voir avec le pilotage proprement dit. Il sait comment ne pas se retrouver dans des situations sans issue. La tâche à laquelle ils se consacre exige un degré élevé de précision. Lorsqu'il perd une trentaine de mètres d'altitude et dévie d'une dizaine de degrés de son cap d'origine, un pilote moyen peut penser qu'il vole avec une précision remarquable. De tels errements sont inacceptables pour un pilote de travail agricole.
Conserver une ligne de vol parfaitement rectiligne dans tous les axes constitue en la matière la base du pilotage. L'important est d'être très strict avec soi-même et de prendre dès le départ de bonnes habitudes.
La qualité de l'entraînement dépendra des objectifs qu'on s'est préalablement fixés. L'entraînement doit aboutir à doter le pilote de deux atouts essentiels : la capacité de manœuvrer en utilisant les repères extérieurs, et une connaissance complète de la zone concernée — impliquant un maniement quasi réflexe des commandes.

Les rampes d'épandage de l'AT-502 comportent jusqu'à quatre-vingts buses à débit variable qui permettent un réglage très fin du jet de pulvérisation. L'appareil est équipé d'une trémie de 2 200 l en fibre de verre.

Ci-contre : l'AT-502 est une version de l'Air Tractor équipée d'un turbopropulseur PT6A. Ici, un appareil de ce type pulvérise des champs de coton dans le delta du Mississippi.

Quand on évolue à 15 m du sol, à plus de 300 km/h, et qu'un obstacle se dresse brusquement devant l'appareil, il est hors de question de jeter un coup d'œil dans l'habitacle pour trouver une manette ou vérifier sa vitesse. Tout doit se faire instinctivement. Ce n'est qu'en toute dernière extrémité qu'un bon pilote de travail agricole regardera son tableau de bord. Mais, avant de le faire — si jamais il le fait —, il devra prendre un peu d'altitude.

Les montées et les virages en phase de vol ascendante constituent l'étape suivante de l'entraînement. Lorsqu'on monte à une altitude prédéterminée, il convient de bien faire attention à sa vitesse relative, à son cap et au contrôle d'équilibrage. L'utilisation des volets de compensation de profondeur revêt une importance vitale pour tous les pilotes. Non seulement elle permet de soulager la pression sur lesdites gouvernes, mais, par ailleurs, elle facilite considérablement le contrôle qu'on exerce sur la vitesse relative.

Il est nécessaire de s'exercer aux montées et aux virages en phase de vol ascendante jusqu'à ce que l'on parvienne à les effectuer sans heurt et sans effort. En montée, le couple de renversement du moteur s'exerce plus fortement. Une hélice qui tourne vers la droite tend à déporter l'avion sur la gauche. Il faut donc compenser en maintenant le gouvernail de direction à droite. En outre, il convient de s'attacher à grimper sous un angle qui offre le meilleur taux de montée à l'appareil. Une fois encore, le cap, la vitesse relative et l'équilibrage sont dans ce cas les éléments les plus importants dont il faille tenir compte.

Coordination visuelle

Après être monté, il faut bien descendre. Les descentes doivent être tout aussi étroitement contrôlées. Après avoir amorcé sa descente normale sans moteur, il faut jouer sur le réglage des gaz et sur celui des volets en n'oubliant pas que ce qui compte, encore une fois, est de conserver le cap, la vitesse relative et l'équilibrage.

Finitions dans des conditions normales

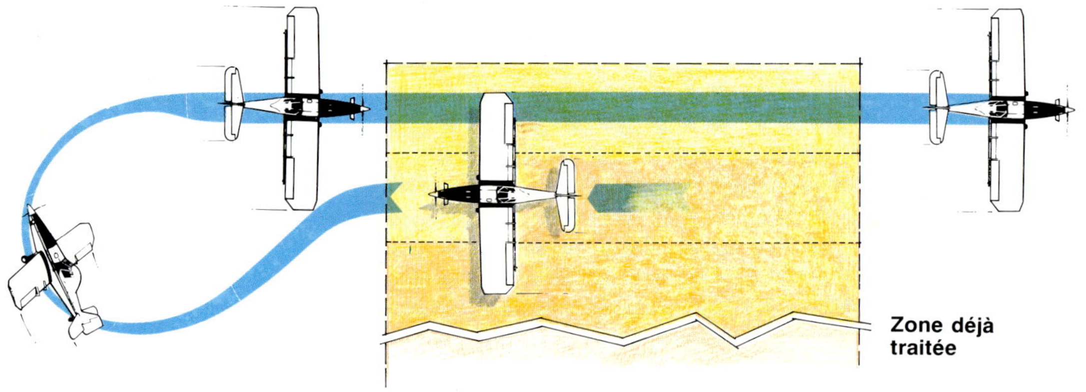

Si le vent est faible, la finition du travail s'effectue par passes normales, mais perpendiculairement à la ligne de vol utilisée sur la plus grande surface du champ. La manœuvre consiste en une série de courts passages sur les deux extrémités du champ.

Ci-dessus : lorsqu'un pilote de travail agricole parle d'altitude, il raisonne souvent en centimètres. Ici, un Rockwell Thrush Commander répand de l'engrais.

Ci-contre : la surface et la densité de l'épandage peuvent être modifiées en jouant sur l'altitude de l'appareil, dans la mesure où les gouttes ont tendance à se disperser en tombant. Cette photographie montre un Air Tractor AT-301 en train de pulvériser une bande étroite à basse altitude.

Mauvais angle d'entrée

Il est toujours plus sûr d'arrêter la pulvérisation et de commencer à redresser avant d'atteindre un obstacle. Il faudra alors achever de traiter la zone en volant parallèlement à l'obstacle.

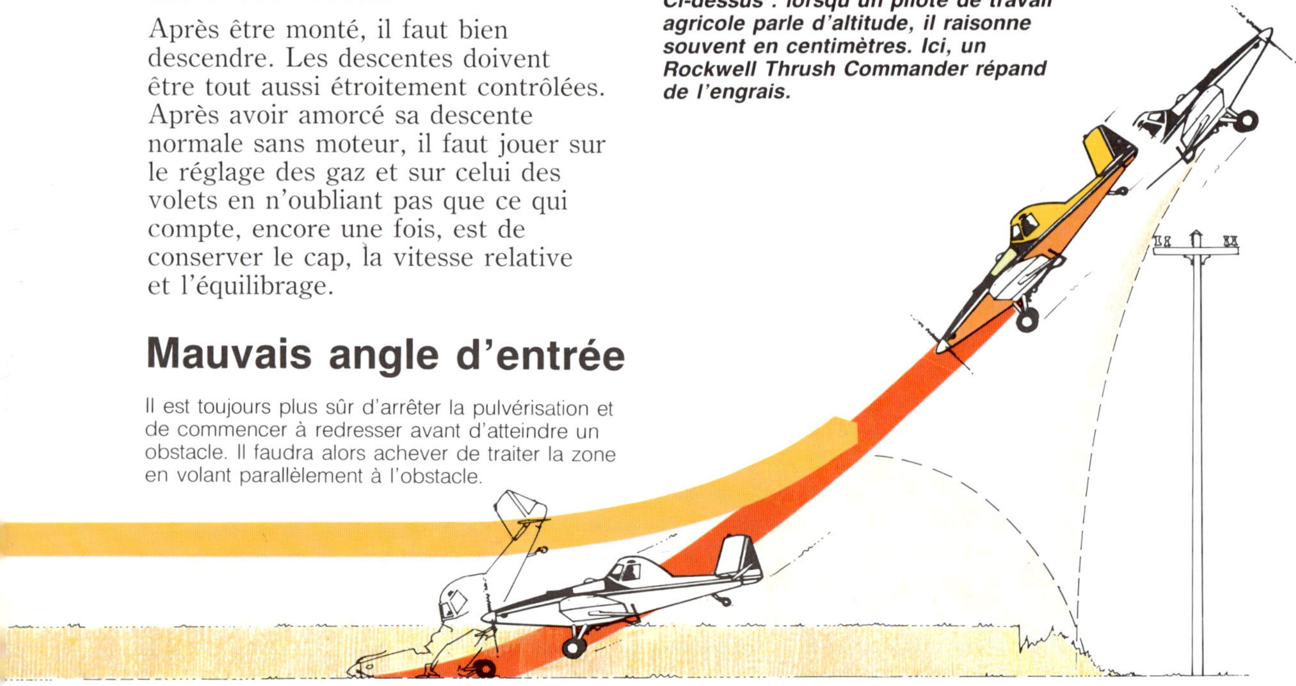

Ci-contre : il faut commencer à redresser assez tôt, car il faudra peut-être se trouver à l'extérieur du champ pour éviter l'obstacle. En faisant appel à toute la puissance du moteur, un pilote pourra passer par-dessus l'obstacle en question, mais, quand il reviendra vers le champ, l'inertie de l'avion pourra avoir raison de sa portance.

Finitions par vent fort

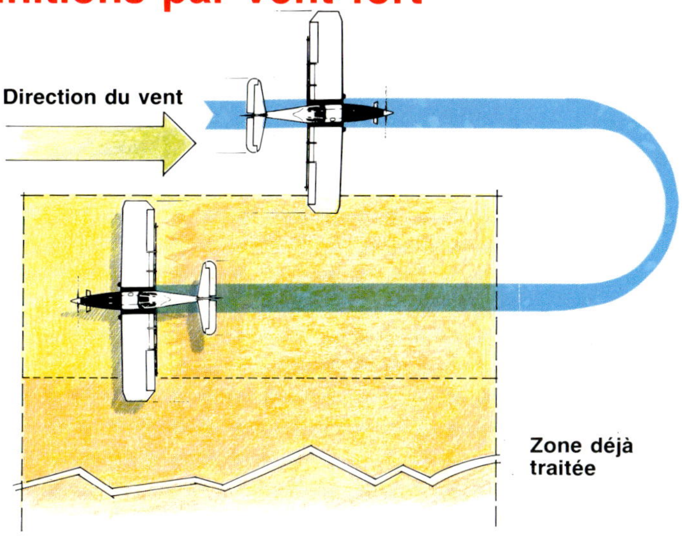

Si le vent est fort, la procédure de finition doit être modifiée, et l'épandage se fait face au vent. Comme pour tout virage à basse altitude, il est important de redresser avant de commencer à incliner l'appareil.

Réglage de l'angle des pulvérisateurs

Afin d'assurer une pulvérisation uniforme, les buses doivent être réglées correctement, notamment pour tenir compte du remous causé par l'hélice, mais aussi en fonction de la grosseur des gouttes que l'on souhaite obtenir. Les rampes de pulvérisation ont rarement la même envergure que celle de la voilure, car les tourbillons engendrés par les extrémités des ailes gêneraient le bon fonctionnement des buses situées près des saumons.

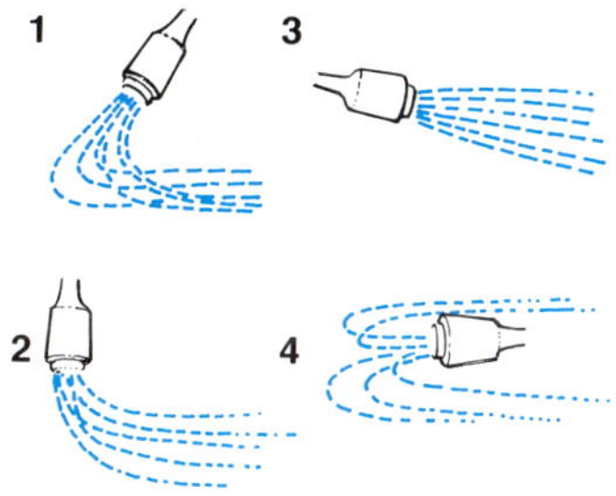

1 Quand la buse est tournée vers l'avant, les gouttes sont fines.

2 Quand la buse est pointée vers le bas, les gouttes ont une grosseur moyenne.

3 Quand la buse est tournée vers l'arrière, les gouttes sont grosses et épaisses.

4 Si la buse est trop relevée vers l'avant, les gouttes viendront la heurter, et la pulvérisation ne sera pas uniforme.

Le dernier des exercices, mais non le moins délicat, de la première partie du programme d'entraînement d'un pilote de travail agricole concerne le virage à l'horizontale. Dans ce cas, il faut se méfier des mauvaises habitudes que l'on a acquises, telles que les glissades, les embardées ou la mauvaise utilisation des commandes de profondeur. Outre qu'elles affectent la précision du vol, ces erreurs communes ne permettent pas de tirer le meilleur parti des performances de l'avion. Les instruments, comme l'horizon artificiel et la bille, peuvent constituer dans ce cas une aide précieuse, mais le pilote de travail agricole ne doit jamais jeter un œil sur le tableau de bord. Au contraire, il doit trouver le moyen de coordonner son pilotage en utilisant seulement des références visuelles extérieures.
Tout cela n'est pas aussi difficile qu'on le pense généralement. Il suffit de voler droit devant soi, à une altitude constante, et de placer ses pieds sur le plancher. Puis, après avoir choisi un point de repère bien visible à l'avant de l'avion, on entame un virage en palier sans utiliser le gouvernail de direction : le nez semble partir un instant dans la direction opposée, mais il revient vite dans l'alignement de départ. La manœuvre doit être répétée, mais, cette fois, en utilisant le gouvernail de direction et en jouant sur la profondeur : le nez pivotera dans la direction du virage et le roulis sera déclenché par l'aileron. Il s'agit là d'un bel exemple de virage non coordonné, sans aucun recours aux instruments.

Faire la juste part des choses

Un dernier exercice concerne des séries de virages à 360°, à droite et à gauche, effectués en variant l'inclinaison latérale de l'appareil jusqu'à ce que l'on soit en mesure de

Pendant de longues années, le Piper Pawnee Brave fut un des avions préférés des pilotes de travail agricole, mais le constructeur américain d'avions légers Piper s'est désormais retiré du marché de l'aviation agricole.

la modifier en douceur et selon un choix préétabli, tout en maintenant son altitude. Deux manœuvres différencient ceux qui pilotent de ceux qui se contentent de tenir les commandes. La première consiste à voler à faible vitesse. Piloter un appareil à une altitude déterminée, dans une position choisie, à la vitesse limite de décrochage, est une affaire très délicate. Le pilote agricole doit être parfaitement aguerri au vol à faible vitesse et au vol à basse altitude pour mener sa tâche de manière correcte. L'autre manœuvre qui permet de distinguer les pilotes les plus aptes au travail agricole est le virage pris serré. Maintenir son altitude et son cap est un problème important qui nécessite de la part du pilote un sens aigu de la synchronisation.

Virages serrés

Si l'on exerce une pression très précise sur le manche au cours d'un virage serré, on parvient à contrôler parfaitement son altitude. Mais les pilotes qui réussissent cette manœuvre ne sont pas nombreux. La plupart du temps, la pression exercée est trop importante ou trop faible, et elle survient au mauvais moment, si bien que le pilote achève son virage en étant contraint de contrôler son inclinaison. Il est préférable de commencer à virer à une cadence plus élevée que la normale. Le manche doit être légèrement tiré au moment où l'avion se trouve à la moitié de l'angle d'inclinaison maximal. C'est alors que l'altitude peut être contrôlée par de légères modifications d'inclinaison permettant d'accroître et de réduire la portance verticale.
En fait, il faut avoir deux choses bien présentes à l'esprit : la première est qu'un virage serré engendre une accélération de la pesanteur de près de 2 G, si bien que la vitesse relative diminue plus rapidement qu'en vol normal; la seconde est que la vitesse de décrochage augmente avec l'angle d'inclinaison. La combinaison de ces deux facteurs peut aboutir à un décrochage accéléré.
Telles sont les bases de la profession de pilote de travail agricole. Mais ce ne sont là que quelques aspects des manœuvres que ledit pilote doit savoir parfaitement maîtriser s'il souhaite rester en vie le plus longtemps possible. Il lui faut connaître bien d'autres façons de procéder, notamment celles qui concernent l'évitement d'obstacles, mais aussi acquérir les réflexes nécessaires en cas d'urgence. En fait, il y a bien d'autres figures à connaître en la matière.

Ci-dessus : cette photographie permet de distinguer parfaitement le moteur en étoile Pratt & Whitney R-1340 de l'Air Tractor AT-301.

Ci-contre : l'EMBRAER EMB-201A Ipanema fait partie des plus petits et des plus légers avions de travail agricole du monde.

PZL M-18 Dromader

Slov Air
Installée à Bratislava, la firme Slov Air utilise 40 hélicoptères et plus de 250 avions agricoles pour différents travaux en relation avec l'agriculture.

Ci-dessous : si les tableaux de bord de la plupart des avions de travail agricole impressionnent par leur équipement, il sont en revanche généralement très fonctionnels.

Habitacle
L'habitacle, entièrement fermé, étanche et ventilé, renferme un siège réglable, conçu pour résister à un impact de 40 G. Derrière le siège se trouve un petit compartiment à bagages.

Moteur
Le M-18 est équipé d'un moteur à neuf cylindres en étoile turbocompressé PZL Kalisz ASz-621R de 1 000 ch entraînant une hélice quadripale à vitesse constante. Une filiale de PZL installée aux États-Unis produit une version à turbopropulseur, connue sous l'appellation de Melex T45 Turbine Dromader.

Équipement agricole
Une trémie de 2 900 l en fibre de verre est installée dans une cage en acier inoxydable en avant de l'habitacle. L'appareil peut être équipé de rampes de pulvérisation classiques ou d'un système comportant un épandeur sous le fuselage.

Réservoirs d'essence
L'appareil possède un réservoir à alimentation par gravité, situé dans le fuselage, et deux réservoirs intégraux de 400 l de voilure.

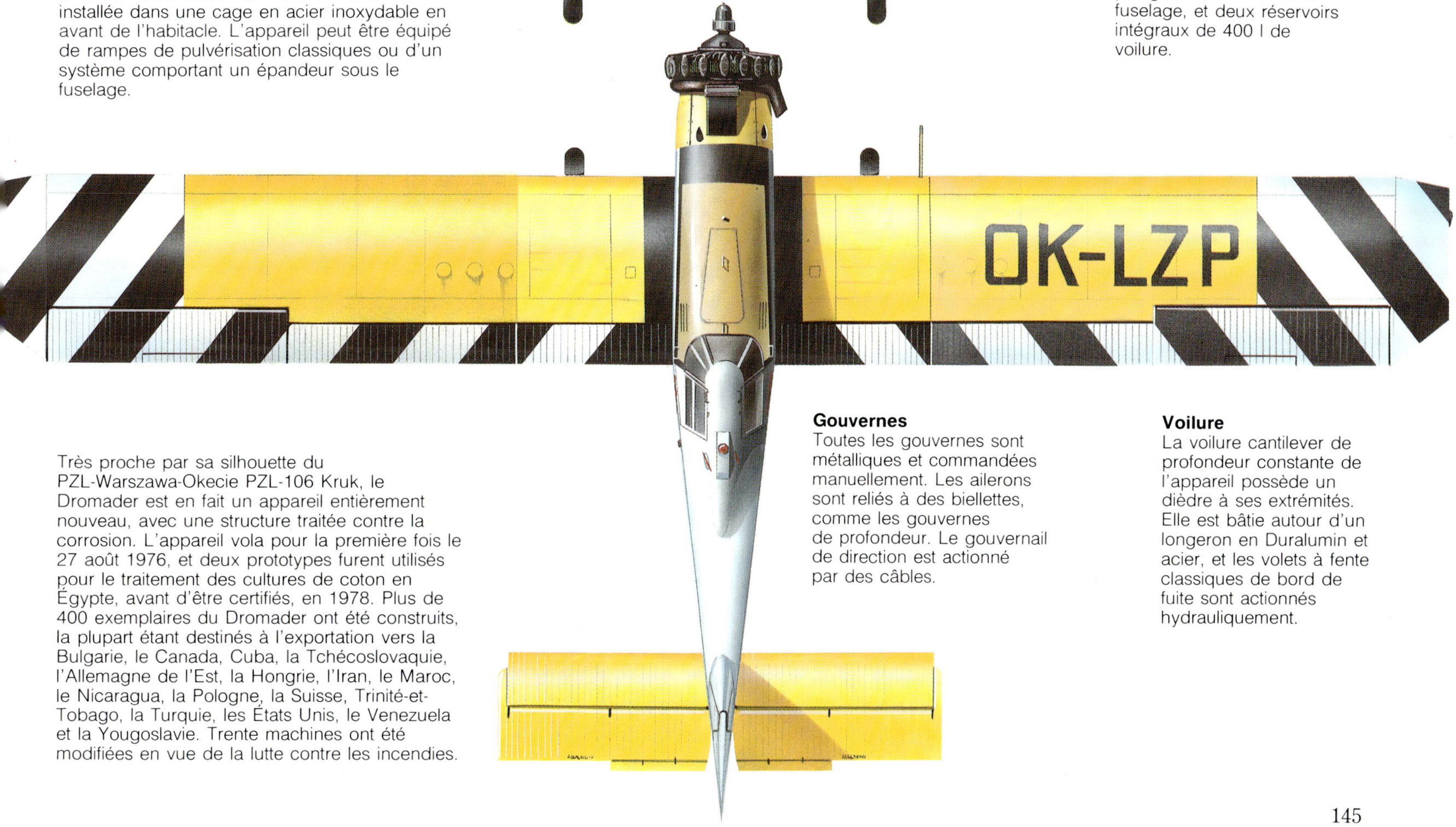

Très proche par sa silhouette du PZL-Warszawa-Okecie PZL-106 Kruk, le Dromader est en fait un appareil entièrement nouveau, avec une structure traitée contre la corrosion. L'appareil vola pour la première fois le 27 août 1976, et deux prototypes furent utilisés pour le traitement des cultures de coton en Égypte, avant d'être certifiés, en 1978. Plus de 400 exemplaires du Dromader ont été construits, la plupart étant destinés à l'exportation vers la Bulgarie, le Canada, Cuba, la Tchécoslovaquie, l'Allemagne de l'Est, la Hongrie, l'Iran, le Maroc, le Nicaragua, la Pologne, la Suisse, Trinité-et-Tobago, la Turquie, les États Unis, le Venezuela et la Yougoslavie. Trente machines ont été modifiées en vue de la lutte contre les incendies.

Gouvernes
Toutes les gouvernes sont métalliques et commandées manuellement. Les ailerons sont reliés à des biellettes, comme les gouvernes de profondeur. Le gouvernail de direction est actionné par des câbles.

Voilure
La voilure cantilever de profondeur constante de l'appareil possède un dièdre à ses extrémités. Elle est bâtie autour d'un longeron en Duralumin et acier, et les volets à fente classiques de bord de fuite sont actionnés hydrauliquement.

Pilote agricole (2)

Le pilotage d'un avion agricole exige un haut degré de précision. Le fermier qui paie un pilote a des idées très arrêtées sur l'endroit où le produit doit être pulvérisé.

Ses roues frôlant les cultures à moins de 50 cm de hauteur, un Air Tractor AT-502 pulvérise de l'engrais sur un champ de coton au Texas. Cet appareil, comme la plupart des avions agricoles, est peint en jaune pour être vu de loin.

LES FICELLES DU MÉTIER

Qu'a donc de si particulier un pilote agricole? Simplement ceci que, à l'exception des militaires, il est le seul à utiliser son avion comme un instrument de précision. Un fermier le paiera pour traiter ses champs d'une manière uniforme. Les limites des champs en question seront constituées par des bosquets d'arbres ou des poteaux télégraphiques, ou encore par d'autres parcelles appartenant à un cultivateur qui, lui, ne tiendra peut-être pas à fertiliser sa terre et surtout pas à voir ses récoltes recouvertes de défoliant. Pour un pilote agricole, ces exigences se traduisent par la nécessité d'amener son appareil à son altitude de travail avec toute la précision voulue, et ce quel que soit l'environnement. A cette fin, il doit être rompu aux pratiques et aux procédures du vol à basse altitude.

Une mesure de contrôle

Après avoir corrigé ses mauvaises habitudes et appris à voler en ligne droite, d'une manière stable, à une altitude, à une vitesse et selon une procédure prédéterminées, le pilote agricole devra se familiariser avec quelques figures de voltige qu'il sera amené à effectuer quotidiennement, notamment les boucles, les huit paresseux, les renversements et les spirales. La boucle est un virage en montée à 180° qui permet de prendre de l'altitude et de se retrouver en même temps dans l'autre sens. Le huit paresseux commence comme une boucle qui se transforme en verticale descendante à la fin de la figure, et qui enchaîne sur une boucle en sens

Un accident stupide

« Il y a de ça plusieurs années, Joe et moi procédions au largage de semences en graines pour le compte d'une grande exploitation agricole du Middle West. Lors de ce type de travail, nous volions jusqu'à ce que la température devienne trop élevée pour empêcher les graines de se mettre en terre. Nous faisions le plein à partir d'une nourrice montée sur le plateau d'un véhicule tout terrain. Ce matin de juillet, nous avions presque fini. La chaleur commençait à empêcher les graines de toucher le sol. Il nous restait un champ à ensemencer avant de rentrer à la maison. Nous chargeâmes nos appareils au maximum, ainsi nous pouvions terminer avant que la chaleur ne soit trop élevée.
Je remplis ma trémie, fis le plein de carburant et roulai pour laisser la place à Joe. Je coupai le moteur et attendis. Nous décollâmes, grimpâmes jusqu'à 15 m, puis longeâmes l'autoroute qui allait nous mener droit sur le champ. Nous volions en formation, chacun d'un côté de l'autoroute. Soudain, mon moteur commença à perdre de la puissance. Juste au moment où j'allais me délester de ma charge, le propulseur reprit son rythme normal.
En jetant un coup d'œil du côté de Joe pour voir s'il s'était rendu compte de ce qui venait de m'arriver, je le vis avec horreur embarqué dans un long virage descendant. Il s'était délesté de sa charge, et la poudre blanche laissait derrière lui une longue traînée de condensation. Il s'éloignait de l'autoroute, qui était presque déserte, et je me demandais ce qu'il était en train de fabriquer. A ce moment précis, il redressa et tenta de revenir vers la route. Malheureusement, il était déjà trop bas et l'extrémité de son aile heurta le sol. Je vis des débris de l'appareil s'éparpiller dans toutes les directions et un énorme nuage de poussière monter de l'endroit où il s'était écrasé.
Tout à coup, le fuselage de son appareil émergea brusquement de la poussière et alla percuter une barrière qui longeait l'autoroute. La minute suivante sembla durer une éternité. J'étais sur le point de me débarrasser de ma charge pour atterrir sur l'autoroute lorsque deux camions s'arrêtèrent. Les chauffeurs sortirent de leurs véhicules, se précipitèrent vers l'épave et en extirpèrent Joe. Finalement, tout se terminait pour le mieux, à part la perte de l'avion. Les blessures de Joe n'étaient pas graves et personne d'autre n'avait été touché dans l'accident. »

En matière de travail aérien agricole, la précision du pilotage est essentielle. Les manœuvres d'entrée et de sortie du champ doivent être parfaitement synchronisées.

Le pilote de cet AT-502 amène son appareil en virage serré pour commencer une nouvelle passe. Sur les avions de travail agricole, les turbopropulseurs commencent à remplacer les moteurs à piston.

inverse. L'intérêt de telles figures n'est pas seulement de faire évoluer un appareil dans le ciel en changeant d'altitude et de direction, mais aussi de mesurer le contrôle que le pilote exerce sur son avion.
Toutefois, la technique particulière du pilotage agricole ne s'arrête pas là. Elle consiste avant tout à répandre les produits chimiques à l'endroit précis où il doivent l'être et à perdre le moins de temps possible entre deux passes. L'opération de largage, le passage à basse altitude au-dessus de la surface à traiter, manette du pulvérisateur ouverte, s'appelle la passe. La manœuvre qui permet à un pilote de se trouver de nouveau en position pour traiter la surface contiguë s'appelle le virage conventionnel.
Avant une opération de traitement, il s'agit de repérer le champ, si possible depuis le sol. Outre les obstacles, il convient d'observer très attentivement les champs avoisinants et de se demander s'ils ne risquent pas d'être

affectés par l'épandage des produits chimiques. Existe-t-il d'autres cultures que celles que l'on doit traiter? Y a-t-il du bétail à proximité? Des gens? Y a-t-il une rivière ou une étendue d'eau qui pourrait être polluée par un ruissellement consécutif aux premières pluies? Quel effet l'épandage aura-t-il sur les insectes, en particulier sur les abeilles qui viendront butiner les récoltes? S'il n'est pas possible d'apprécier ces paramètres au sol, il faudra mener une reconnaissance aérienne très minutieuse. La nécessité s'imposera de commencer par un passage à une altitude de sécurité — mais pas trop haut pour ne pas manquer le moindre détail — et dans une direction qui évitera au pilote d'être ébloui par le soleil. Un second passage s'imposera au moindre doute.

Question d'habitude

Un débutant commence généralement ses passes à une hauteur de 3 m, ce qui lui permet de faire les petites corrections d'usage sans trop de danger. Tenir le cap et passer d'une bande à une autre sans intervalle ni superposition n'est pas non plus un travail de tout repos. Il faudra commencer par une bordure de champ marquée par une route ou par n'importe quelle autre limite, jusqu'à ce qu'on se sente plus sûr de soi, et trouver les points de référence qui permettront de travailler plus loin, au-dessus de ce qui sera probablement une vaste étendue dépourvue de points de repère.
Aller d'une bande à l'autre en douceur, avec précision et sans perte de temps est une affaire délicate. Le virage conventionnel tient à la fois de la boucle et du huit paresseux. Lorsqu'on doit redresser au terme d'une passe, il convient de manœuvrer pour être vent arrière et amorcer un virage en montée.
En plus de ses commandes de vol habituelles, le pilote de travail agricole dispose d'une manette supplémentaire qui lui permet de commander l'épandage et qui fonctionne comme un robinet.
Cependant, les lois de la physique, en particulier celles qui s'appliquent à la conservation de la vitesse et à la gravité, font qu'un produit chimique,

Procédure normale

La procédure normale pour pulvériser un champ consiste à effectuer tous les virages vent de face. Cette manière de travailler permet d'obtenir un circuit net, serré, uniforme et prévisible, mais aussi d'effectuer des passes.

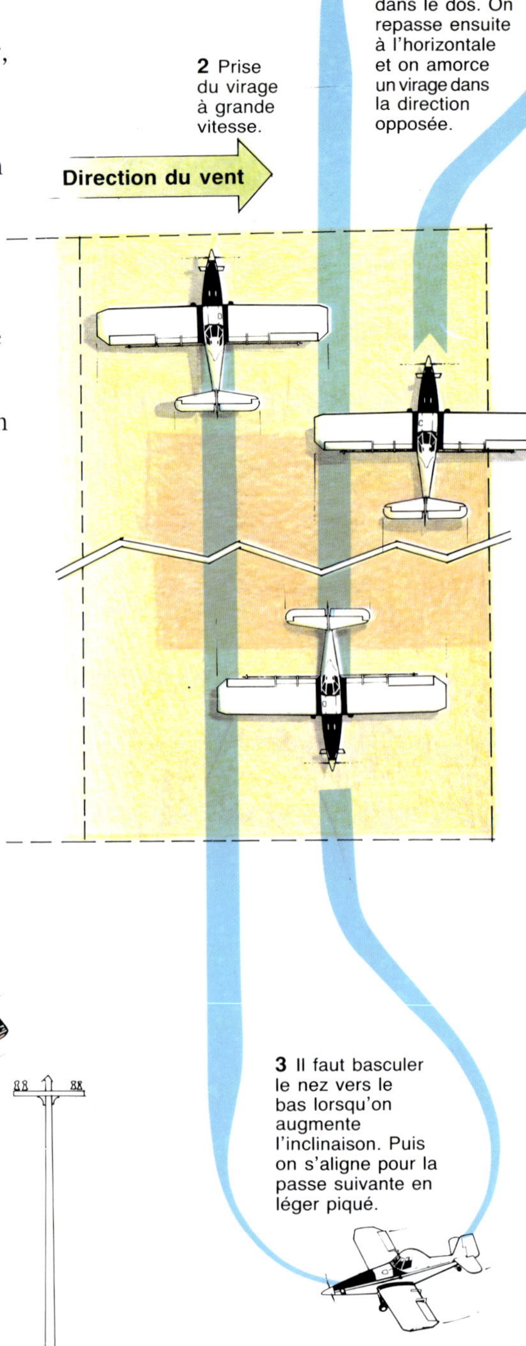

Techniques de pulvérisation

Pour le traitement des cultures, il est très important de commencer et de terminer la pulvérisation au bon moment, en vue de permettre un traitement uniforme.

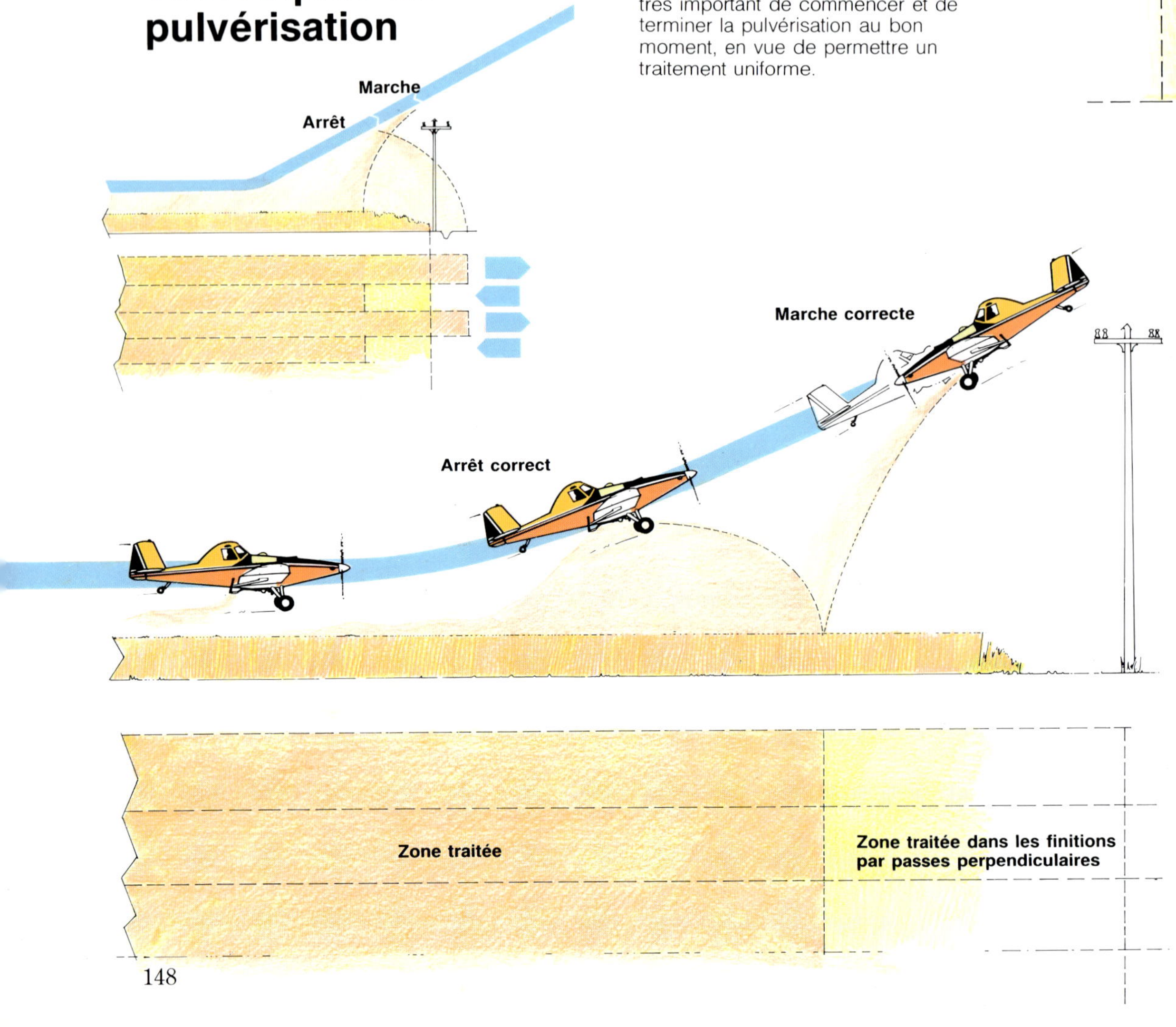

Ci-contre et ci-dessus à gauche : la bonne technique de mise en marche et d'arrêt laissera une bande large mais égale qui n'aura pas été traitée à la lisière du champ. Celle-ci sera facilement traitée pendant les finitions, avec une ou deux passes à 90°.

Un AT-502 effectue une passe à faible hauteur pour pulvériser son herbicide au-dessus d'un vaste champ. Le pilote jouit d'une bonne visibilité vers l'avant, en dépit de la longueur du capot du moteur PT6 qui équipe cet appareil.

qu'il soit en poudre ou liquide, n'a jamais une trajectoire verticale. Au contraire, il reste dans le sillage de l'avion pendant un court instant, puis descend vers le sol en formant une courbe orientée dans la même direction que celle de l'appareil.

Une pulvérisation précise

En tombant, les gouttes de produit sont soumises à des courants d'air qui peuvent les pousser d'un côté ou d'un autre. Peut-être même des courants de convection vont-ils les faire remonter pour les transporter n'importe où. Pour toutes ces raisons, le pilote agricole doit opérer aussi près du sol que possible, en fonction de la nature des récoltes qu'il traite. Moins le produit chimique tombe de haut, moins il est sujet à des déviations importantes. Peu importe finalement la hauteur à laquelle l'avion se trouve ; en fait, il y aura toujours un décalage, si bien qu'un pilote agricole devra

Virage conventionnel

Il existe plusieurs façons d'exécuter un virage conventionnel, mais la plus rapide et aussi la plus sûre consiste en une manœuvre combinant des éléments de virage en montée et en piqué, de boucles et de huit paresseux. Le virage conventionnel peut aller du simple virage à l'horizontale, long, lent et sans inclinaison, au brutal renversement.

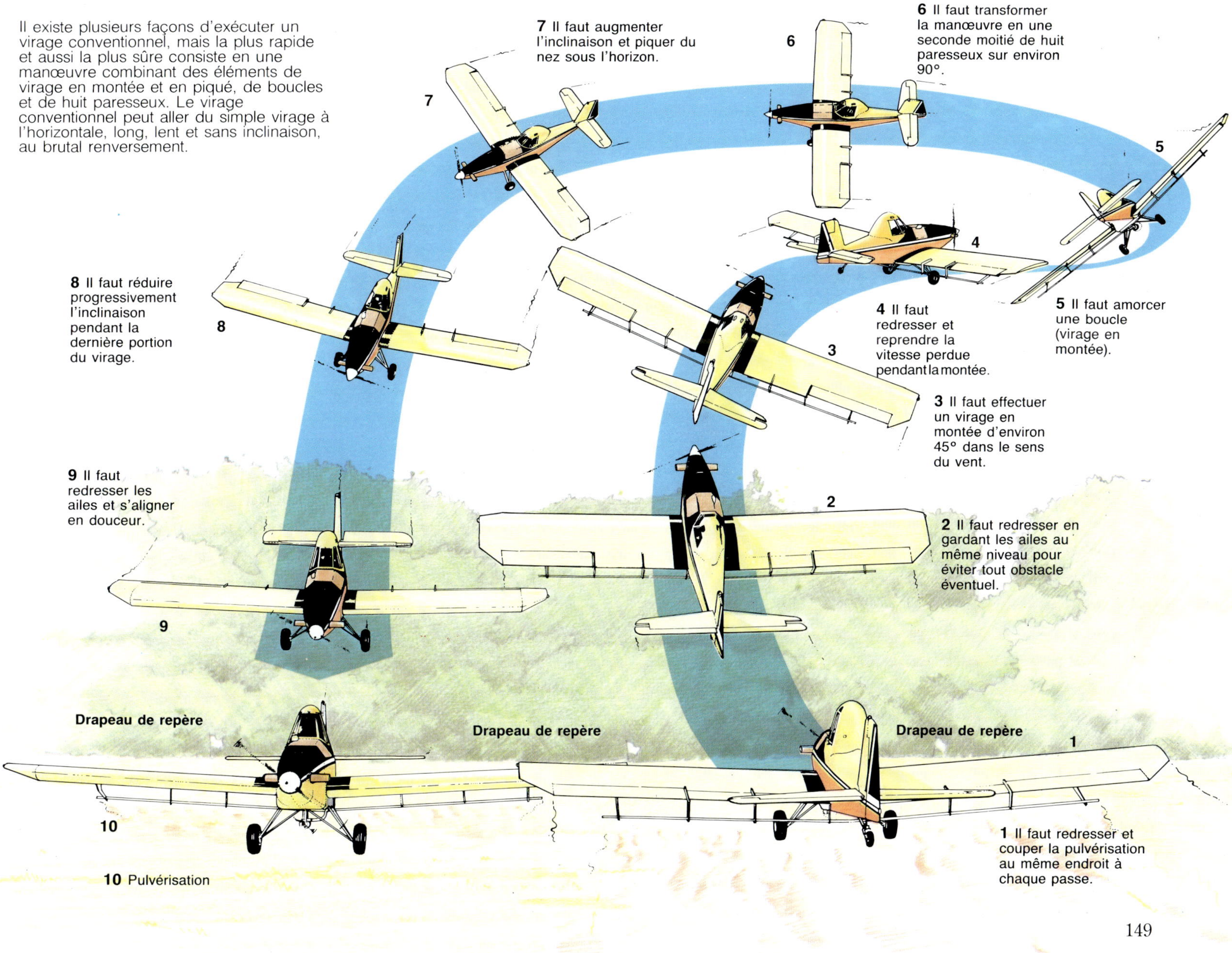

Trois Air Tractor AT-402, qui doivent être livrés en Égypte, prêts à décoller pour leur long voyage depuis le terrain de l'usine d'Olney, au Texas.

s'entraîner non seulement à manœuvrer aussi bien que possible son appareil, mais également à savoir manier le robinet d'épandage avec toute l'expérience nécessaire.

En termes simples, il n'existe pas de formule magique permettant de savoir à quel moment il faudra larguer le produit chimique. Dans ce domaine, les variables sont multiples, mais il existe une constante : si l'on anticipe mal l'entrée dans la zone à traiter, de même que la sortie, on se présentera trop lentement et on en sortira trop vite. Il faut à tout prix éviter de procéder de cette façon, même si l'on utilise la substance la plus bénigne qui soit. Si l'on pulvérise un herbicide puissant sur une zone entourée par d'autres cultures, la moindre erreur peut coûter très cher. En fait, le degré d'anticipation varie principalement en fonction de l'altitude et de la vitesse. Mais la façon dont un pilote agricole opère dans ce cas dépend surtout de son entraînement.

Telles sont les précautions à adopter pour un vol sans histoire. Mais qu'en est-il des mesures préventives? Comment appréhender les problèmes, les éviter et, au cas où cela n'aurait pas été possible, se sortir d'une situation difficile? Un pilote agricole devra veiller à emporter une quantité de carburant suffisante. La tâche qu'il exécute étant par nature salissante, il lui faudra veiller de très près à la propreté de son matériel, en particulier dans les zones situées près des prises d'air et des filtres à essence.

Contamination

L'eau est probablement l'agent d'altération du carburant le plus courant. En général, les pleins sont effectués avec des matériels qui ne sont plus commercialisés, le plus souvent en pompant l'essence d'une nourrice chargée sur le plateau d'un véhicule à quatre roues motrices. Il

Air Tractor AT-400 Turbo Air Tractor

Leland Snow conçut son premier avion agricole, le Snow S-1, en 1953, puis il réalisa le S-2. Après avoir quitté Rockwell, Snow fonda la société Air Tractor en vue de développer une série d'appareils dérivés du modèle d'origine.

Empennages
Les empennages en alliage léger se composent d'une dérive cantilever, mais le stabilisateur horizontal est contreventé. Les gouvernes sont entoilées.

Ci-dessous : l'Air Tractor AT-401 est doté d'un Pratt & Whitney R-1340 actionnant une hélice tripale Hydromatic.

Ci-dessus et ci-contre à gauche : l'Air Tractor AT-301 est équipé d'un moteur en étoile Pratt & Whitney R1-1340 de 600 ch qui entraîne une hélice bipale à vitesse constante.

faut donc s'assurer que ladite nourrice possède un robinet de vidange afin d'évacuer l'eau qui stagnera immanquablement dans le fond.
Dans le cas contraire, la nécessité s'imposera d'attendre cinq minutes après avoir empli le réservoir de carburant de l'avion, puis de le vidanger. A 1 500 m, un pilote se sortirait certainement d'une situation difficile créée par le brusque arrêt du moteur de son appareil, mais certainement pas à 15 m.
La réaction qu'il doit adopter lorsqu'un propulseur cesse de fonctionner à basse altitude dépend de nombreux facteurs, et de ce qu'il fait au moment où l'incident se produit. S'il est en train d'accomplir une passe d'épandage, il n'a d'autre solution que de se poser le plus vite possible sur le champ qu'il est en train de traiter.
Avec un peu de chance, il pourra vidanger le réservoir de produits chimiques, permettant à l'avion de s'alléger, puis reprendre un peu d'altitude, passer par-dessus un obstacle éventuel situé à l'extrémité du champ à traiter et aller atterrir sur une parcelle voisine. S'il se trouve en plein milieu d'un virage conventionnel, il pourra choisir entre le champ au-dessus duquel il travaille et le champ voisin. Il devra tirer parti au mieux de l'altitude à laquelle il se trouve pour accomplir une descente en vol plané, mais il ne devra pas la prolonger trop longtemps et surtout éviter les virages très serrés.
Si l'on se réfère aux statistiques, la plupart des accidents enregistrés dans le domaine du travail agricole sont imputables à une erreur de pilotage; ils surviennent beaucoup plus rarement à la suite d'une défaillance mécanique.
Par contre, il est plus fréquent que l'erreur humaine soit commise au sol.

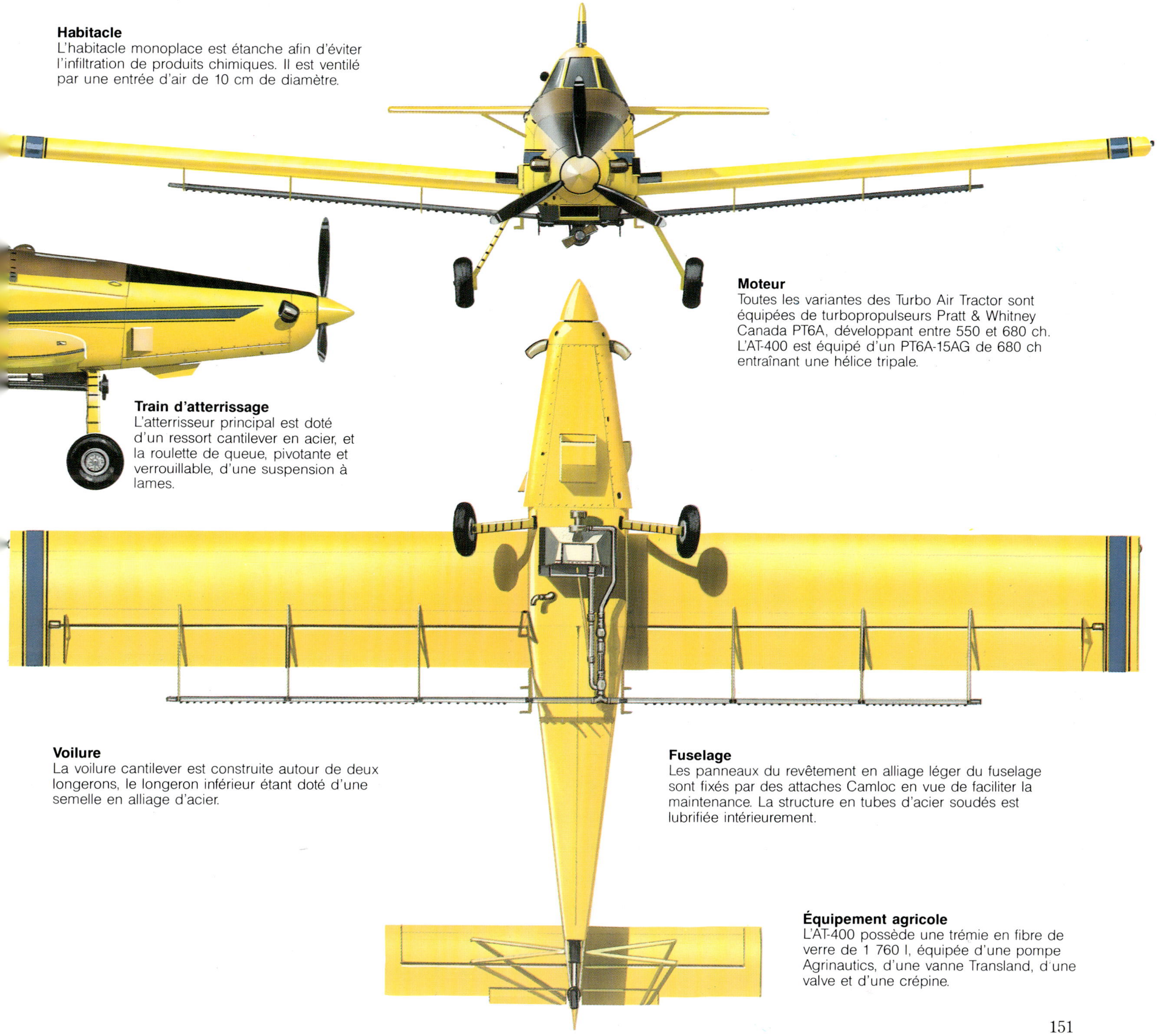

Habitacle
L'habitacle monoplace est étanche afin d'éviter l'infiltration de produits chimiques. Il est ventilé par une entrée d'air de 10 cm de diamètre.

Moteur
Toutes les variantes des Turbo Air Tractor sont équipées de turbopropulseurs Pratt & Whitney Canada PT6A, développant entre 550 et 680 ch. L'AT-400 est équipé d'un PT6A-15AG de 680 ch entraînant une hélice tripale.

Train d'atterrissage
L'atterrisseur principal est doté d'un ressort cantilever en acier, et la roulette de queue, pivotante et verrouillable, d'une suspension à lames.

Voilure
La voilure cantilever est construite autour de deux longerons, le longeron inférieur étant doté d'une semelle en alliage d'acier.

Fuselage
Les panneaux du revêtement en alliage léger du fuselage sont fixés par des attaches Camloc en vue de faciliter la maintenance. La structure en tubes d'acier soudés est lubrifiée intérieurement.

Équipement agricole
L'AT-400 possède une trémie en fibre de verre de 1 760 l, équipée d'une pompe Agrinautics, d'une vanne Transland, d'une valve et d'une crépine.

Police des frontières

Ci-dessus : ce Convair 580, provenant de la compagnie Allegheny, est utilisé par le service de détention et de déportation pour transporter les clandestins à l'intérieur du pays, entre les tribunaux et les centres d'internement.

Ci-dessous : un des seize hélicoptères McDonnell Douglas OH-6 Cayuse de la police des frontières dans un environnement typiquement texan, près de la frontière mexicaine.

Il est 18 h 30 en ce début de soirée fraîche et sans nuages du 7 mars 1989. Notre hélicoptère, un Hughes Model 500C vert et blanc, immatriculé N8388F, brille sous le soleil de fin d'après-midi qui inonde l'aéroport international de Brownsville (Texas), tandis que nous préparons une mission avec la police des frontières américaine pour traquer les immigrés qui franchissent clandestinement le Rio Grande, fleuve qui marque la frontière entre le Mexique des États-Unis. Avec son champ visuel exceptionnel et sa nervosité, le Hughes 500C n'a pas d'équivalent pour le travail en collaboration avec les formations de la police des frontières. Pour la mission qu'il doit entreprendre aujourd'hui, le N8388F sera piloté par Charlie Chandler, moi-même prenant place sur le siège de droite en tant qu'observateur. Le premier soin du pilote est d'effectuer une visite prévol, qui consiste notamment en une inspection détaillée des charnières maintenant les capots du turbomoteur Allison C250-C-20B de 420 ch dont le Hughes 500C est équipé. Par rapport au T63-A-5A, monté sur le OH-6A militaire, ce moteur a été conçu pour conférer à l'appareil des performances

améliorées en altitude et par temps chaud. Poursuivant son inspection, Chandler monte sur le dessus du fuselage pour une vérification complète de la tête du rotor quadripale, dont l'envergure atteint 8,05 m. Enfin, à 18 h 35, le pilote et le passager se hissent à bord de l'hélicoptère en empruntant le marchepied métallique fixé aux patins et pénètrent chacun par une portière dans la bulle de verre spacieuse qui constitue le poste de pilotage.
Chandler, qui a été détaché temporairement de Tucson (Arizona),

Chaque année, des milliers de Mexicains désespérés tentent de franchir la frontière des États-Unis. Aucune barrière physique n'étant là pour les empêcher de passer, seuls les hommes et les femmes de la police des frontières peuvent les dissuader de tenter l'aventure.

Ci-contre : deux immigrés clandestins sont pris dans le faisceau du projecteur d'un OH-6 de la police des frontières.

Ci-dessous : Charlie Chandler, pilote de la police des frontières, termine l'inspection prévol de son Hughes 500C. Un seul exemplaire civil du Model 500 est actuellement en service dans la police des frontières.

porte le drapeau de l'État d'Arizona sur un casque bigarré qui le fait ressembler à Tom Cruise dans *Top Gun.* Le casque que je porte me paraît étonnamment lourd et encombrant, mais l'interphone fonctionne à la perfection et la visibilité depuis le Hughes est si extraordinaire qu'on en oublie vite ces quelques désagréments. A 18 h 40, les instruments et le starter sont mis en fonction. Chandler contacte la tour :
« Brownsville, hélicoptère huit-huit Foxtrot. Demande l'autorisation de rouler pour décoller, circuit gauche.
— Huit-huit Foxtrot, autorisation accordée. »
Monter à la verticale de quelques mètres, puis frôler les Cessna et les Piper garés sur leur aire de stationnement afin de gagner le point de décollage, situé près de l'extrémité de la piste, procure une drôle de sensation.
« Prêt pour le décollage maintenant.
— Huit-huit Foxtrot, autorisation de décoller. Vous pouvez virer à gauche à votre discrétion. »
Le décollage a lieu à 18 h 45. L'habitacle du Hughes 500C est parfaitement conçu pour éviter toute nuisance sonore. L'aéroport de Brownsville s'évanouit et la terre bascule au moment où l'hélicoptère grimpe et pointe son nez vers une immense étendue de toits éclairés par

Ci-dessus : Charlie Chandler, qui opère habituellement en Arizona, porte le drapeau de son État d'origine sur son casque.

Ci-contre : un OH-6 suit une boucle du Rio Grande, fleuve qui délimite la frontière entre le Mexique et les États-Unis et que de nombreux immigrés clandestins tentent désespérément de franchir à la nage.

le soleil couchant, qui ressemble à une grosse boule rouge suspendue au-dessus de l'horizon, dans la direction de Matamoros, la ville frontalière mexicaine qui a poussé à l'ombre de Brownsville.

Un OH-6 survole la frontière, les portières ouvertes en raison de la canicule. Quelques pilotes d'hélicoptère de la police des frontières sont des vétérans du Viêt-nam.

La frontière

Il est 18 h 55. Le Rio Grande se contorsionne comme un serpent qui se love. L'ombre du Hughes 500C se projette sur l'eau marron du fleuve, qui présente dans cette région une largeur pratiquement constante d'une quinzaine de mètres. A une cinquantaine de mètres de hauteur, le Hughes rôde au-dessus de la rive nord, là où patrouillent les véhicules de la police des frontières. Pour empêcher les clandestins de passer en territoire américain, aucun mur, aucune clôture, aucune barrière n'ont été prévus, à l'exception des routes poussiéreuses que sillonnent les hommes et les femmes de la police des frontières à bord de leurs 4 × 4. Tout le long de la berge nord du Rio Grande, on découvre des chemises, des robes et des pantalons abandonnés, petites taches multicolores contrastant avec la couleur terne et sale du fleuve. La voix de Chandler résonne, métallique, dans l'interphone : « Ils emportent des habits secs dans un sac en plastique. Quand ils ont traversé, ils abandonnent leurs vêtements mouillés et se changent. » L'hélicoptère sert plus à dissuader qu'à appréhender les clandestins qui franchissent le fleuve.

Les points stratégiques

Le Hughes 500C est équipé d'un puissant projecteur de 310 000 bougies, installé sous le siège de droite, mais les patrouilles se déroulent le plus souvent le jour et non la nuit, où ont lieu la majorité des passages.
Les Mexicains qui tentent de s'infiltrer aux États-Unis peuvent parfaitement nous entendre arriver, même si le Hughes 500C est une machine relativement silencieuse. La tactique que nous avons adoptée consiste à surveiller les points stratégiques, où s'opèrent les plus grandes concentrations de clandestins.
A 19 heures, nous arrivons à notre position, le long du fleuve. Chandler maintient une très légère pression sur les commandes. « Certains pilotes ont tendance à se crisper dessus, mais, en fait, les commandes doivent être maniées avec doigté. Cet hélicoptère est vraiment nerveux; il n'a pas besoin d'être poussé. »
Pour évoluer aux altitudes requises par notre mission, parfois à moins de 30 m, le Hughes 500C consomme beaucoup carburant. Normalement, nous nous envolons depuis des points très proches de la frontière (l'aéroport de Brownsville est situé à moins de 15 km du Rio Grande), afin d'optimiser notre autonomie de patrouille. Ainsi chaque sortie comporte-t-elle trente minutes consacrées au trajet aller et retour, et environ deux heures et demie pour patrouiller la rive américaine du fleuve, tout cela en contact radio permanent avec les unités terrestres de la patrouille des frontières.
Personne ne connaît le nombre d'immigrants passés clandestinement aux États-Unis. Certaines sources font état de 5 millions de personnes, et un organisme de recensement a estimé à 160 000 ceux qui ont pénétré illégalement sur le territoire américain au cours d'une seule de ces dernières années. Dans la mesure où l'administration fédérale ne s'est pas résolue à fermer les frontières, ceux qui surveillent le Rio Grande se sont résignés à assumer une tâche qu'ils savent, par nature, pratiquement impossible à mener à bien. Beaucoup ont l'impression de colmater une voie d'eau avec un doigt, et il est reconnu que la misère est la principale des motivations qui provoquent ce formidable exode.
« Bien sûr, on ne tire pas sur les clandestins. On les force à faire demi-tour ou on les appréhende. Mais, dans l'affaire, on peut aussi bien tomber sur un dealer ou un autre genre de

Ci-dessous : le seul Hughes 500C utilisé par la police des frontières. Cette version à vocation civile est pratiquement impossible à différencier des OH-6 en service dans la même administration.

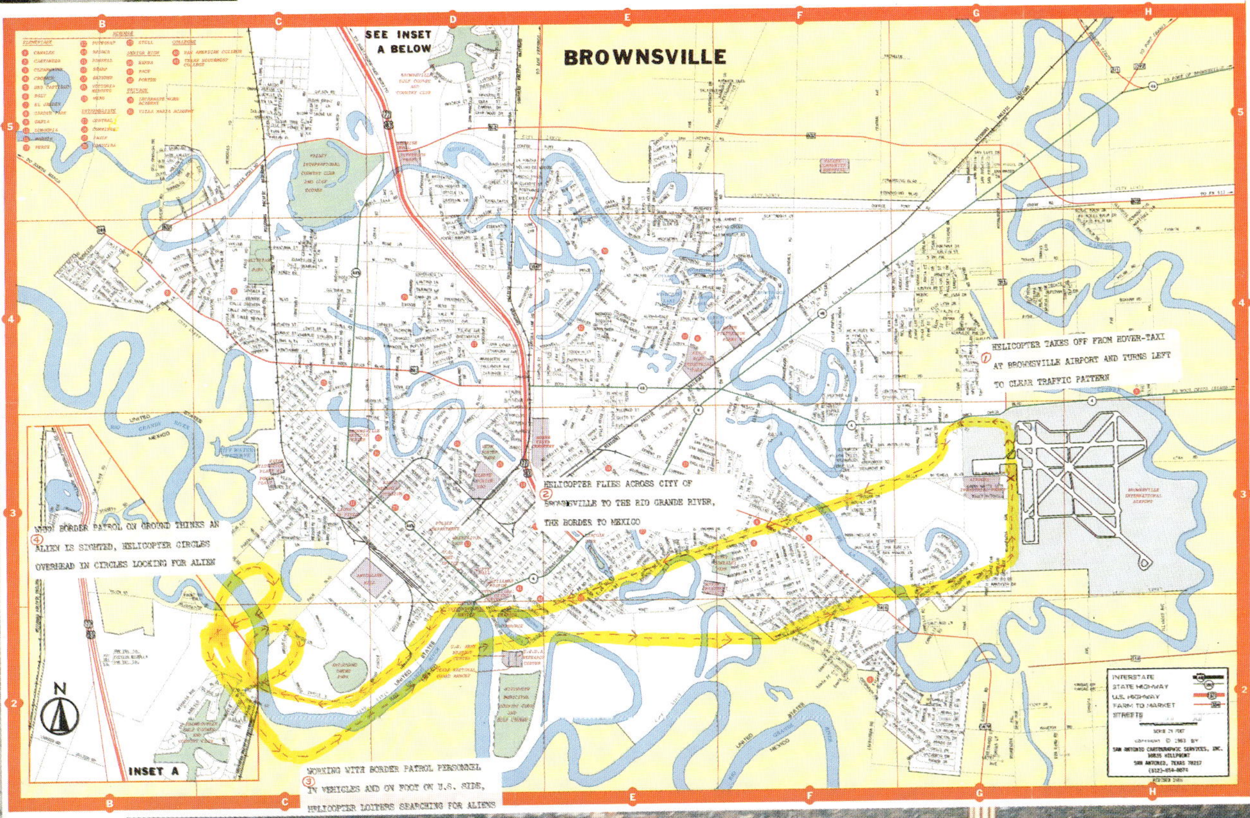

En haut : cette carte montre une patrouille typique assurée par un hélicoptère de la police des frontières.

Ci-contre : le Rio Grande traverse Brownsville, une ville frontalière typique du Texas.

criminel, si bien qu'il faut rester particulièrement vigilant. »

La police des frontières fait partie du service d'immigration et de naturalisation, lui-même rattaché au ministère de la Justice. Alors que le service des douanes, qui dépend du ministère du Trésor, ne s'occupe que des marchandises importées, la police des frontières ne s'intéresse qu'aux personnes. Des hommes comme Chandler sont avant tout des officiers bénéficiant d'une longue expérience, qui sont d'abord des représentants de la loi et, seulement ensuite, des pilotes. Quelqu'un qui veut devenir pilote dans la police des frontières doit avoir fait ses preuves dans une autre spécialité trois années durant avant de présenter sa candidature. Quand il est sélectionné, il doit apprendre à manœuvrer des hélicoptères et des avions. Le principal type d'appareil en service dans la police des frontières est le Christen Husky, une version du Piper Super Cub.

A 19 h 30, peu après son arrivée dans la zone de patrouille, Chandler est informé par un collègue au sol que quelques clandestins semblent avoir

Vingt Piper Super Cub et une quinzaine de Husky servent actuellement au sein de la police des frontières, qui utilise également dix Cessna 182.

Un OH-6 en observation sur une crête, face à la frontière, moteur au ralenti. L'utilisation de machines de ce type dans des environnements désertiques pose de nombreux problèmes.

franchi le Rio Grande « près de la tour hertzienne ». Dans les écouteurs, la communication est claire et nette, sans le moindre grésillement ni friture. Chandler se dirige vers un vieux relais hertzien qui se trouve à 150 m au nord du fleuve.

Le pilote lance son appareil dans un virage serré et tire de la main droite sur le levier de pas collectif. Les pales du rotor répondent en s'inclinant vers le haut, brassant davantage d'air. L'hélicoptère fond vers le gué. Il est 19 h 35.

« Les voilà ! » s'exclame Chandler.

Il fait descendre le Hughes et se met en vol stationnaire au-dessus de deux jeunes gens trempés jusqu'aux os qui, après avoir atteint la rive nord, se sont remis à l'eau et tentent de regagner le Mexique. Le temps que les unités terrestres arrivent, les deux clandestins ont déjà atteint la rive sud du Rio Grande. Ce ne sera pas pour cette fois.

La nuit tombe. Le soleil descend à l'horizon derrière Matamoros. Le sol est chaud et sombre. Il est 19 h 45. Bien que les missions nocturnes ne soient pas courantes, Charlie Chandler fait maintenant la démonstration de la puissance du projecteur du Hughes 500C. L'hélicoptère glisse au-dessus de la plaine et capture dans l'ovale de son faisceau jaune rochers, herbes, cailloux et êtres humains. Trois jeunes gens sont saisis en pleine course dans la lumière du projecteur. Ils s'arrêtent et mettent les bras devant les yeux. Chandler se place en vol stationnaire.

« A un demi-mile de cette double boucle », indique-t-il à la police des frontières au sol. Sous nos pieds, les clandestins sont comme paralysés par le sifflement du turbomoteur et par le souffle des pales du rotor.

Des règles du jeu bien établies

Ces hommes pourraient s'enfuir. Ils ne le font pas. C'est comme un jeu avec des règles bien établies au départ. Immobiles, ils attendent jusqu'à ce que les hommes de la police des frontières arrivent et les appréhendent. Il est 20 heures. Les trois personnes sont emmenées à bord d'une Chevrolet à ridelles. Demain matin, ils seront traduits devant un juge qui prononcera leur expulsion.

« S'ils s'enfuyaient, je pourrais les poursuivre », me confie Chandler.

Le pilote fait littéralement corps avec le Hughes 500C, qui est un appareil robuste. Le fuselage ressemble à un œuf, si bien qu'en cas d'accident l'hélicoptère se met à rouler au lieu de se désagréger. A l'inverse de ce qui se passe avec les autres voilures tournantes, il est presque impossible d'être tué dans un Hughes 500C.

Ici, dans le sud du Texas, notre mission s'est déroulée par un temps relativement frais. Chandler fait remarquer que sa zone d'action habituelle est l'Arizona, où la frontière est délimitée non par un fleuve boueux mais par des bornes alignées dans une plaine et sur des plateaux.

« Quand on me parle de piloter le Hughes 500C là-bas, je réponds : chaleur, sable, ennuis de moteur. »

Le Hughes est un hélicoptère qui a du répondant, mais dans un tel

Rotor
Les modèles les plus récents du Hughes 500 sont équipés d'un rotor principal à cinq pales et d'un rotor anticouple quadripale. Cependant, l'OH-6A et le Hughes 500C possèdent un rotor principal quadripale et un rotor anticouple bipale.

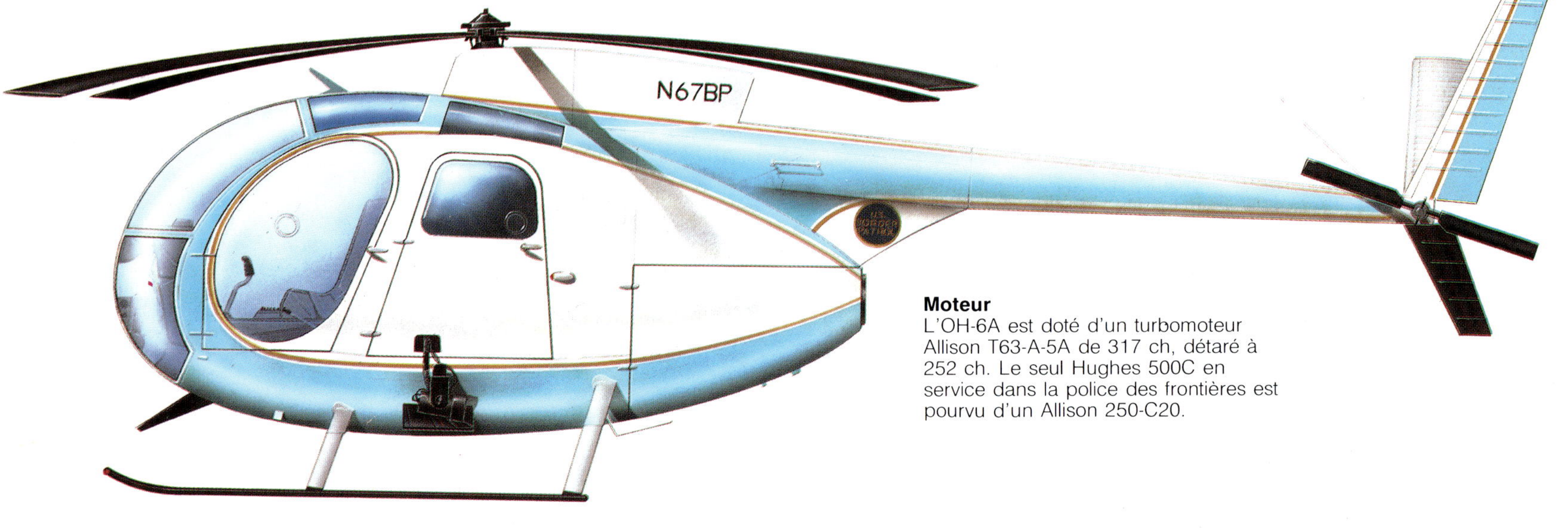

Moteur
L'OH-6A est doté d'un turbomoteur Allison T63-A-5A de 317 ch, détaré à 252 ch. Le seul Hughes 500C en service dans la police des frontières est pourvu d'un Allison 250-C20.

environnement il n'est pas épargné. Le désert est très probablement le lieu le plus hostile qui soit pour un hélicoptère, car les pales tournent presque à la vitesse du son et le sable pénètre partout, tant dans les roulements que dans la tête du rotor. 20 h 5. Il est l'heure de mettre un terme à la sortie. Chandler demande par radio un circuit d'approche à l'aéroport de Brownsville. Il prend de l'altitude à la verticale de la zone frontalière et fait demi-tour. Nous effectuons une approche en ligne droite et saluons de la main les contrôleurs en passant au ras de la tour. A 20 h 20, sur la rampe illuminée, Chandler pose son appareil et coupe le moteur. Demain, aux premières lueurs de l'aube, commencera une autre patrouille.

Les avions légers jouent un rôle important dans la surveillance des frontières américaines du fait de leur rayon d'action, plus élevé que celui des hélicoptères.

Hughes OH-58 Cayuse

Au cours des trente dernières années, la police des frontières a été essentiellement équipée de Piper Cub. L'hélicoptère est un moyen récent mis à la disposition de cette institution. En 1978, les Hughes 500 utilisés à l'origine ont été remplacés pour l'essentiel par des OH-6 provenant des surplus de l'US Army.

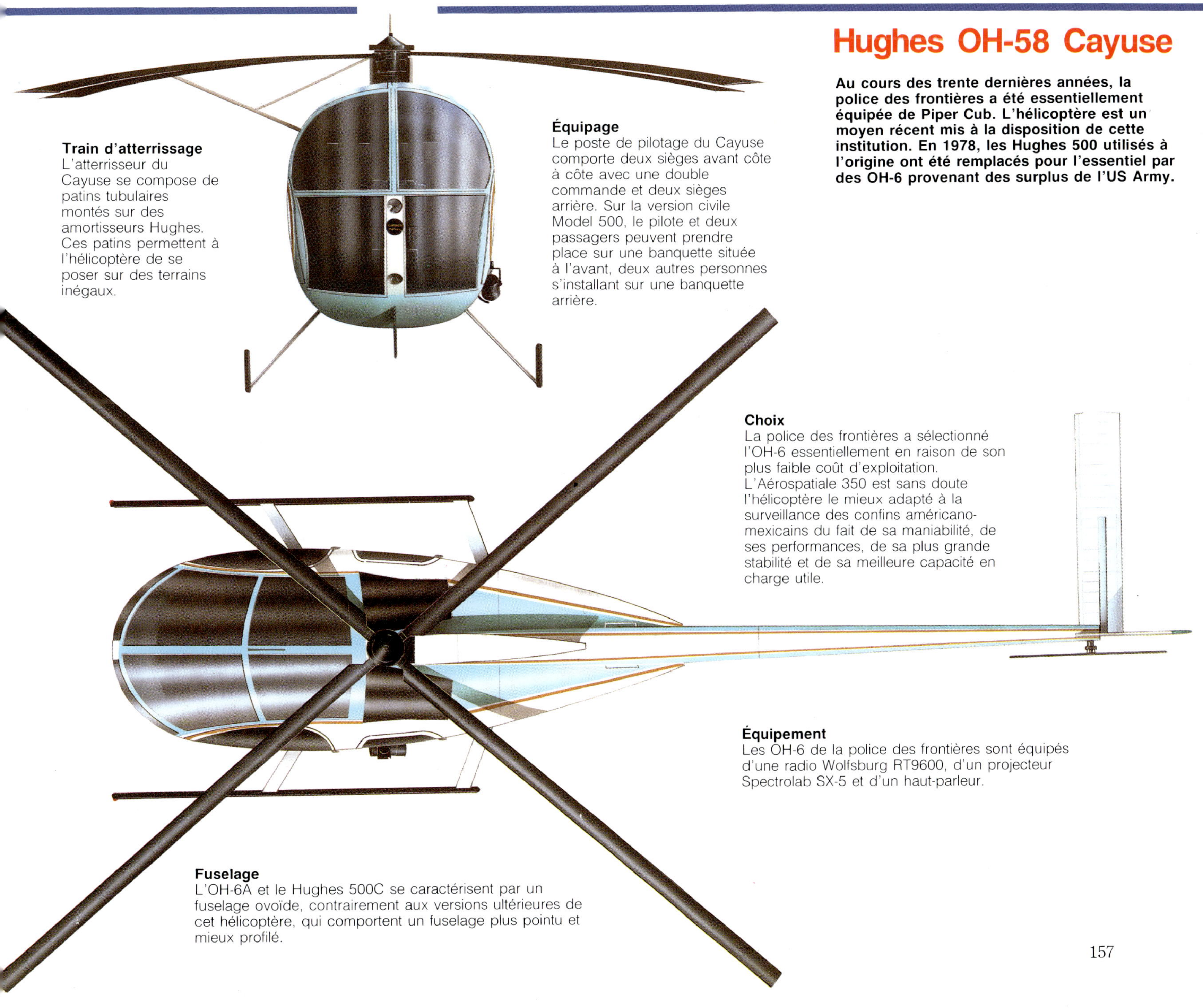

Train d'atterrissage
L'atterrisseur du Cayuse se compose de patins tubulaires montés sur des amortisseurs Hughes. Ces patins permettent à l'hélicoptère de se poser sur des terrains inégaux.

Équipage
Le poste de pilotage du Cayuse comporte deux sièges avant côte à côte avec une double commande et deux sièges arrière. Sur la version civile Model 500, le pilote et deux passagers peuvent prendre place sur une banquette située à l'avant, deux autres personnes s'installant sur une banquette arrière.

Choix
La police des frontières a sélectionné l'OH-6 essentiellement en raison de son plus faible coût d'exploitation. L'Aérospatiale 350 est sans doute l'hélicoptère le mieux adapté à la surveillance des confins américano-mexicains du fait de sa maniabilité, de ses performances, de sa plus grande stabilité et de sa meilleure capacité en charge utile.

Équipement
Les OH-6 de la police des frontières sont équipés d'une radio Wolfsburg RT9600, d'un projecteur Spectrolab SX-5 et d'un haut-parleur.

Fuselage
L'OH-6A et le Hughes 500C se caractérisent par un fuselage ovoïde, contrairement aux versions ultérieures de cet hélicoptère, qui comportent un fuselage plus pointu et mieux profilé.

L'un des deux Bell 222 de la Metropolitan Police effectue une patrouille de routine au-dessus de Londres. A l'origine, trois exemplaires de cette machine polyvalente avaient été pris en compte par ce service.

MAINTIEN DE L'ORDRE (1)

Ci-contre : un Bell 222 se pose sur la base de l'Air Support Unit, à Lippitts Hill. Cet appareil est doté d'un projecteur Nitesun destiné aux patrouilles de nuit.

Les équipages de la Metropolitan Police Air Support Unit ont la difficile mission de surveiller l'agglomération londonienne.

Basée à Lippitts Hill, près de Loughton, dans le comté d'Essex, la Metropolitan Police Air Support Unit est la seule unité de police héliportée permanente en service au Royaume-Uni.
Dotée d'effectifs réduits, mais constituée de personnels hautement compétents, la Metropolitan Police Air Support Unit aligne deux Bell 222 et un Écureuil. Aujourd'hui, le pilote est le commandant Graham Jeffs, et ses adjoints sont les inspecteurs Chris Raindale et Malcolm Jarvis.
« Nous faisons une sorte de ménage à trois. Nous, les pilotes, appartenons à Bristow Helicopters, dont les mécaniciens sont des civils, mais nous menons une action de police, la Metropolitan Police gardant toutefois le contrôle sur tout ce qui concerne les actes criminels. Le pilote est maître de la manœuvre et conserve le pouvoir de décision pour tout ce qui se rapporte aux conditions atmosphériques, au plan de vol, au contrôle aérien de Heathrow. Les observateurs, qui sont les responsables tactiques des missions, comprennent bien ces problèmes, de sorte que tout fonctionne à merveille. Je suis issu des Royal Marines, où, pendant douze ans, j'ai piloté des Wessex, des Scout et des Gazelle. Puis j'ai quitté l'armée pour rejoindre Bristow, en mer du Nord. J'ai volé pour le compte de cette compagnie pendant une dizaine d'années, pour finir par commander la station d'Aberdeen. Ensuite, je suis parti deux ans pour le sultanat d'Oman. »

Expérience militaire

« J'ai alors réintégré Bristow — où j'ai été reçu à bras ouverts car on s'était quittés en excellents termes — et piloté des Super-Puma et des Bell 214 sur la mer du Nord pendant un an, puis j'ai obtenu ce travail que j'espère garder longtemps encore.
L'expérience des vols militaires m'a été très utile. Une grande partie de mon job est de nature paramilitaire. Je ne veux pas dire qu'un pilote civil très

chevronné ne pourrait pas faire la même chose que moi. Cependant, certains pilotes militaires, notamment ceux de la Royal Navy qui sont spécialisés dans la lutte anti-sous-marine, ne seraient pas vraiment à leur aise chez nous. En fait, seuls ceux qui ont servi dans l'armée de terre ou dans les Royal Marines sont parfaitement aptes à cette tâche.
La police américaine forme ses propres pilotes, mais tel n'est pas le cas au Royaume-Uni, où je suis en effet le seul pilote appartenant au comité du ministère de l'Intérieur.
Nous devons respecter dans la mesure du possible toutes les réglementations et les exigences de l'OAC (Organisation de l'aviation civile), et je vois mal comment nous pourrions former nos propres pilotes dans un avenir proche. Ce travail nécessite un haut niveau d'expérience et un grand nombre d'heures de vol. Comment pourrions-nous parvenir à de tels résultats? Il faudrait que nos pilotes effectuent des stages au sein de compagnies privées. Là, ils se rendraient sans doute compte de tout l'argent qu'ils peuvent gagner et, à moins d'être des officiers de police d'un dévouement exceptionnel, ils seraient tentés de démissionner. »

Basse altitude et faible vitesse

« Nous ne pouvons pas utiliser des pilotes militaires en cours de formation, parce qu'il s'agit d'un travail civil, que nous avons une licence commerciale civile, que l'appareil est immatriculé sur les registres civils et que nous obéissons aux réglementations civiles. Néanmoins, mon boulot a des points communs avec les missions militaires

Ci-dessus : la base de l'Air Support Unit, à Lippitts Hill, comporte deux hangars entièrement équipés.

Ci-dessus : le commandant Graham Jeffs pose, avec les observateurs Malcolm Jarvis et Chris Raindale, devant un Bell 222.

Ci-dessus : l'insigne de la police métropolitaine a été apposé sur la queue des Bell 222 et sur les portes de l'Écureuil en service dans cette unité.

Ci-dessous : Chris Raindale à son poste d'observation. De là, ce spécialiste peut surveiller ce qui se passe au sol, tandis que le pilote vire serré sur sa droite.

En médaillon, à droite : comme à bord de tous les hélicoptères, le pilote occupe le siège de droite. Cette tradition remonte à l'époque où les voilures tournantes ne disposaient que d'un seul levier de pas collectif.

Ci-dessus : l'un des deux Bell 222 de la police métropolitaine en cours d'entretien. Les mécaniciens sont ici des fonctionnaires du ministère de l'Intérieur.

Ci-dessous : le tableau de bord du Bell 222 dispose de tous les instruments nécessaires au pilotage sans visibilité.

Ci-contre : le poste d'observation du Bell 222 est doté d'une commande et d'un écran relié à la caméra infrarouge, installée en option.

de recherche et de sauvetage, où il faut évoluer à basse altitude et à faible vitesse. Deux d'entre nous opéraient au-dessus de la mer du Nord avant de rejoindre l'unité, et les deux autres sont là depuis sa création. Coïncidence, nous sommes tous d'anciens militaires. Il y a toujours un pilote en réserve à Aberdeen, en cas de maladie ou de blessure d'un des nôtres. Et, l'entraînement réclamant beaucoup de

L'intérieur du Bell 222

temps, on a toujours un pilote chevronné sous la main dans l'éventualité d'une démission. Celui-ci effectue des stages de quinze jours tous les deux mois pour ne pas perdre la main. Ainsi, en cas de problème, on peut le faire appeler du jour au lendemain. Si on avait besoin d'un nouveau pilote, il suffirait de passer une annonce chez Bristow et de demander une mise en disponibilité, et ce en conformité avec les règlements intérieurs de cette société. Pour des raisons de sécurité, la loi prévoit que le pilote en question doit avoir la nationalité britannique. Les pilotes de nationalité française ou américaine employés chez Bristow seraient automatiquement refusés.
Bristow m'adresserait ensuite une liste d'une dizaine de noms, à partir de laquelle je pourrais sélectionner les candidats les plus aptes. Ladite liste serait ramenée à trois ou quatre personnes dont l'inspecteur en chef Street examinerait la candidature et que je verrais ensuite en tant que représentant du ministère de l'Intérieur.
L'heureux élu apprendrait d'abord le pilotage de l'Écureuil, parce qu'il s'agit de l'appareil le plus simple. L'Écureuil, en raison de sa faible masse, n'exige pas un examen ARB écrit. On se contente d'un oral et le pilote est certifié en quatre jours environ. »

Interventions typiques

« Ensuite, on le confierait à deux officiers de police et à notre chef instructeur, Jerry Beecham, avec lesquels il passerait en revue tous les scénarios auxquels il peut être confronté. On recréerait des interventions typiques, en envoyant notre voiture comme véhicule d'observation et en lui demandant de la suivre. Progressivement, après un certain temps — entre cinq et dix jours —, on lui demanderait de véritables boulots. Telle ou telle intervention serait réalisée par l'appareil de patrouille, que le sien suivrait, afin qu'il puisse se mettre progressivement dans le bain, s'orienter dans la région de Londres et connaître toutes les procédures du contrôle aérien.
Enfin, il serait intégré à l'équipe. Mais on aurait une doublure au sol, en général moi-même, si bien qu'en cas de problème j'irais avec lui jusqu'à ce qu'il trouve ses marques. Après une période plus ou moins longue de perfectionnement, on l'enverrait aux États-Unis pour une formation sur Bell 222, au sol et sur simulateur.
Après quinze jours de vol et de cours théoriques, il reviendrait ici pour un examen ARB écrit, des tests pratiques de vol et la qualification aux instruments. Enfin, au terme d'une nouvelle période d'entraînement, il serait définitivement prêt à mener son travail de police.
Passer de l'Écureuil au Bell 222 est quelque chose d'assez facile; toutefois, comme ce dernier dispose d'une imagerie thermique et d'armes à feu, il faudrait bien entendu que le pilote se forme à ces techniques avant que nous le considérions comme opérationnel.
En gros, il faut de six à douze mois pour être tout à fait dans le coup.
Nous sommes la seule force de police britannique à voler continuellement, caractéristique importante liée au fait que Londres est une très grande ville.
Par exemple, si nous devons intervenir à Croydon, il nous faudra une douzaine de minutes pour arriver. C'est pour cette raison que nous nous appliquons à avoir un appareil en vol en permanence entre 9 heures du matin et 9 heures du soir.
Pour pouvoir survoler le centre de Londres, l'appareil en question doit être un bimoteur, comme l'exige la réglementation de l'OAC. En dehors de cette contrainte, nous sommes autorisés à quelques libertés avec la loi, notamment avec l'article 51,

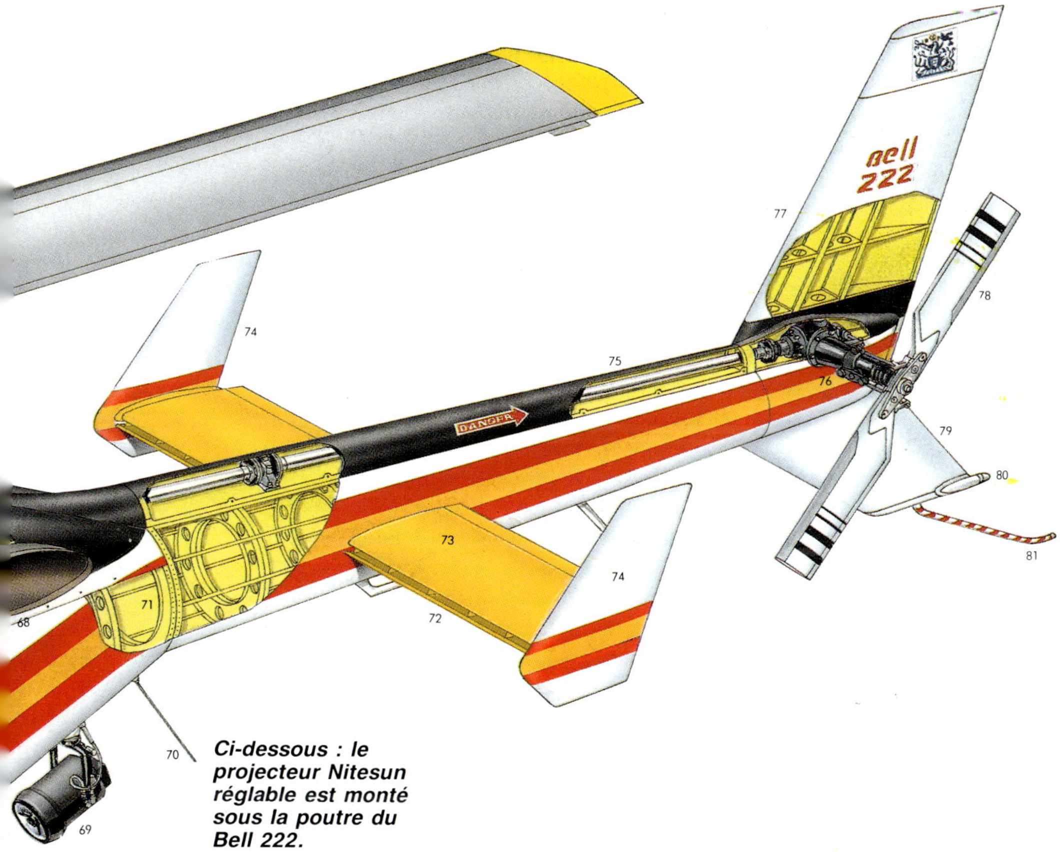

Ci-dessous : le projecteur Nitesun réglable est monté sous la poutre du Bell 222.

1 Porte d'accès au compartiment avant
2 Antenne du radar météorologique
3 Batterie
4 Soute électronique
5 Tube de Pitot
6 Roue avant escamotable
7 Hublot
8 Palonniers
9 Carénage du tableau de bord
10 Essuie-glace
11 Hublots
12 Panneau des coupe-circuit
13 Siège du pilote
14 Commande de pas cyclique
15 Porte latérale gauche
16 Poignée de porte
17 Siège du copilote
18 Vitre coulissante
19 Moniteur vidéo
20 Télécommande vidéo
21 Antennes UHF
22 Nacelle de la caméra héli-télé
23 Bielles de commande du rotor
24 Siège de l'observateur
25 Caméra infrarouge
26 Support de caméra
27 Porte de cabine
28 Banquette triple pour passagers
29 Socle de fixation de la transmission
30 Pompe hydraulique
31 Réservoir de liquide hydraulique
32 Vérins hydrauliques de la tête de rotor
33 Plateau cyclique
34 Admission d'air du moteur droit
35 Raccord de fixation des racines de pales
36 Revêtement des pales en fibre de verre
37 Longeron de pale en acier inoxydable
38 Cloison de longeron en fibre de verre
39 Structure en nid d'abeilles
40 Volet fixe de pale
41 Commande de pas
42 Biellettes de contrôle des pales
43 Mât du rotor principal
44 Radiateur d'huile
45 Entrée d'air de moteur
46 Arbre de transmission
47 Réservoir d'huile du moteur
48 Canalisations de carburant et filtres
49 Réservoir de carburant de fuselage
50 Strapontin et trappe d'accès à la soute à bagages
51 Réservoir de carburant de voilure
52 Logement du train principal
53 Feu de navigation gauche
54 Atterrisseur principal escamotable vers l'avant
55 Moignon de voilure
56 Marchepied de maintenance
57 Haut-parleur
58 Marchepied escamotable
59 Soute à bagages et équipements
60 Socle de fixation du moteur
61 Cloison pare-feu
62 Entrée d'air du radiateur d'huile
63 Turbomoteur Lycoming LTS101-750C-1
64 Entrée d'air avec séparateur de particules
65 Cloison pare-feu de séparation du compartiment moteur
66 Rail de l'antenne HF
67 Feu anticollision
68 Tuyères de moteur
69 Projecteur Nitesun
70 Antenne VHF
71 Cadre circulaire de fixation de la poutre
72 Bec fixe de l'empennage horizontal
73 Empennage horizontal fixe
74 Dérives latérales
75 Arbre du rotor de queue
76 Cardan à angle droit du rotor de queue
77 Dérive
78 Rotor de queue bipale
79 Quille ventrale
80 Feu de navigation arrière
81 Patin

Le point de vue du commandant

L'inspecteur en chef Peter Street, commandant de l'Air Support Unit, évoque l'histoire et le rôle de son unité :

« Cela fait plus de soixante ans que la police métropolitaine a commencé à pratiquer l'observation aérienne. En 1937 ou 1938, nous disposions d'un autogyre, mais les archives n'en disent pas plus, car les documents sont détruits au bout d'un certain temps.

Peu de temps après la guerre, la police a reçu un petit avion, puis, en 1967, le ministère de l'Intérieur a loué deux Bell 47 Sioux à l'armée. La police aérienne dans sa forme actuelle est née en 1972, avec d'abord de petits hélicoptères monomoteurs qui volaient une centaine d'heures par an. A cette époque, on louait des appareils aux sociétés qui nous offraient les meilleures conditions et on opérait depuis Battersea, Biggin Hill, Estree... L'observateur — un seul par machine — faisait connaissance avec le pilote sur le terrain et branchait sa radio sur l'intercom. C'était du bricolage.

Progressivement, les heures de vol ont commencé à s'accumuler. En 1976, le nombre d'observateurs a notablement augmenté, mais ceux-ci ne travaillaient pas à plein temps. Ils passaient une semaine dans l'unité, puis retournaient à leur travail courant pendant six ou sept semaines. On disposait encore de monomoteurs, l'OAC tolérant que nous survolions le centre de Londres avec de tels engins, ce qui était formellement interdit par le règlement.

Enfin, en 1977-1978, lorsque la sécurité publique a été à l'ordre du jour, nous avons obtenu notre premier système héli-télé. C'est à cette époque que l'OAC a commencé à s'intéresser de plus près à notre cas et nous a donné deux ans pour acquérir des hélicoptères bimoteurs. Nous utilisions alors des MBB BO 105, et nous avons envisagé l'acquisition de machines comme l'Aérospatiale Dauphin, l'Agusta 109, le Sikorsky S-76 et le Bell 222. Après avoir pris un avis extérieur, nous avons fini par acheter le Bell 222. Un premier exemplaire nous fut livré en 1980, lorsque le terrain de Lippitts Hill fut officiellement inauguré par le secrétaire d'État à l'Intérieur, et un second un peu plus tard. En fait, on travaillait à Lippitts Hill depuis 1976, avec des bureaux aménagés dans une baraque de chantier.

En 1982, un poste d'inspecteur a été supprimé et j'ai été nommé inspecteur en chef. Puis, en 1984, nous avons eu des personnels permanents, avec un inspecteur en chef, un inspecteur, deux sergents et six agents. L'inspecteur et moi-même, nous nous intéressons surtout à la partie administrative du travail, mais nous sommes prêts à prendre l'air dans le cas où nous manquerions de personnel ou si, pour une raison ou une autre, la présence d'un second hélicoptère s'imposait. Nous opérons à deux équipes, en théorie du lundi au vendredi, à raison de trois vols par équipe. Nous ne travaillons pas le week-end, sauf dans le cas d'événements particuliers ; mais, avec les matches de football et les manifestations, nous n'avons pas beaucoup de week-ends libres. Le gros de notre travail consiste à patrouiller plutôt qu'à attendre un appel pour décoller. Nous avons beaucoup de missions prévues — surveillance ou photographie aérienne — que nous essayons d'inclure dans nos patrouilles régulières. On peut avoir fini un travail en une dizaine de minutes, auquel cas on reste en l'air pour prendre les appels et effectuer les interventions. Le problème est de faire comprendre aux gens qui travaillent au sol le type d'information dont on a besoin. Un jour, j'ai appris qu'un médaillon avait été arraché du cou d'une victime, puis j'ai eu droit à la description complète du médaillon. J'ai une vue plutôt bonne, mais, à 800 pieds, j'ai du mal à bien

Deux jeunes gens ont été aperçus en train de forcer des voitures en stationnement. L'hélicoptère de la police les a repérés au moment où ils escaladaient une barrière pour s'échapper par un terrain de sport. Il a pu guider une voiture de patrouille, qui les a arrêtés.

Un Aérospatiale Écureuil Twinstar, loué par McAlpines, opère aux côtés des deux Bell de la police métropolitaine pour les patrouilles de routine.

Le Bell 222 est un hélicoptère robuste et polyvalent, très apprécié de ses utilisateurs. Il comporte un équipage de trois membres et peut emporter des passagers ou des équipements supplémentaires.

distinguer ce genre de détail.
Nous avons reçu des demandes d'intervention concernant des vols de véhicules dont la description était insuffisante. Rechercher, par exemple, une Metro rouge dans la circulation est une tâche impossible. Ou alors, il faut disposer d'un détail insolite : vient-elle de se garer ou a-t-elle été abandonnée, a-t-elle une antenne peu courante montée à l'arrière?
Nos observateurs suivent des cours de navigation aérienne pendant trois semaines — d'abord depuis le siège avant, puis à l'arrière avec les équipement idoines. Ils participent également à des stages de perfectionnement réguliers, au cours desquels on leur apprend les rudiments de la surveillance aérienne. Quelqu'un de chez nous conduit une voiture dans tous les coins où l'on peut se planquer pour montrer à nos apprentis observateurs comment ne pas perdre un véhicule de vue. Cette façon de procéder les aide à prendre la mesure de leur rôle et leur donne une grande expérience. Ce que nous attendons surtout d'un observateur, c'est qu'il soit un bon policier.
Actuellement, nous exigeons un brevet d'observateur aérien, mais cette condition pourra évoluer dans le futur et devenir ce que nous appelons un brevet d'opérateur de police. Cela nous permettrait de rester strictement dans le cadre de la loi et nous donnerait une plus grande souplesse en matière d'heures de vol. Telle qu'elle est constituée actuellement, cette unité est, à mes yeux, parfaitement apte à remplir sa mission. J'aimerais que nous puissions opérer sept jours par semaine, mais il nous faudrait alors plus d'appareils et plus de monde. Il n'est pas toujours facile d'avoir deux hélicoptères en vol en même temps, l'un au nord et l'autre au sud de la Tamise, mais, si on veut bien considérer qu'aucun point de la zone que nous contrôlons n'est à plus de vingt minutes de vol de notre base, je pense que nous avons tout le temps nécessaire pour intervenir.
L'année dernière, nous avons pratiqué environ 5 000 interventions et effectué quelque 2 000 heures de vol. La seule chose qui puisse nous empêcher de prendre l'air, ce sont les conditions atmosphériques. Si la base des nuages est au-dessous de 1 000 pieds, on ne peut pas vraiment patrouiller. Il est possible d'effectuer une intervention spécifique, encore qu'à cette altitude tout le centre de Londres disparaisse dans les nuages.
Fasciné par l'aviation depuis mon plus jeune âge, je fais depuis vingt-sept ans un travail qui me passionne et m'enrichit chaque jour davantage. »

qui se rapporte à l'altitude minimale (1 500 pieds) à laquelle doit évoluer un aéronef au-dessus d'une zone surpeuplée, et avec l'article qui interdit le transport d'hommes armés. Nous essayons de ne pas abuser de notre liberté de descendre au-dessous de 1 500 pieds, et nous patrouillons généralement au-dessus de 1 000 pieds. Nous volons selon les normes du groupe A, de sorte qu'en cas de défaillance d'un moteur nous puissions dégager le plus vite possible et aller nous poser loin d'une agglomération. Ce n'est qu'en cas d'extrême nécessité que nous volons très bas, par exemple si un type tente de s'enfuir et pénètre dans un sous-bois. Hier, quelqu'un s'est planqué sous un pont, dans un épais sous-bois avec des ronces, si bien qu'il nous a fallu descendre très bas pour jeter un œil.
La Metropolitan Police insiste sur le fait qu'on ne doit pas se conduire comme des cow-boys. A 10 pieds au-dessus de Londres, il ne s'agit plus de rigoler. Nous devons nous conformer au règlement, et, en cas d'entorse, il faut se justifier. S'il y a plainte — il y en a peu, mais il y en a —, nous devons nous replonger dans notre carnet de vol et vérifier si ce que nous avons fait était justifié.
En patrouille, nous surveillons toutes les fréquences radio. La salle d'opérations, également à l'écoute, réagit aux appels exactement comme si nous étions une voiture de patrouille, à cette différence près que notre zone couvre toute l'agglomération londonienne.
Le seul problème qui se pose est que la police utilise deux systèmes : les canaux principaux et ceux des rondes, lesquelles ne passent pas sur le réseau principal. Si un policier commence à poursuivre quelqu'un et allume sa radio pour faire son rapport, quelqu'un dans la salle d'opérations la branche instantanément sur le réseau principal pour que tout le monde puisse entendre et suivre. Mais, s'il oublie de le faire, on se retrouve à tourner en rond en se disant : "Il y a quinze millions de personnes là-dessous et quelque chose qui se passe quelque part."
Certains policiers répugnent à appeler un hélicoptère parce qu'ils pensent qu'une telle intervention coûte cher, que c'est un luxe, alors qu'en fait il s'agit d'un moyen de plus. De ce fait, nous embarquons régulièrement à bord des inspecteurs de police afin de leur montrer comment nous travaillons. »

En médaillon : Bell 222 revenant d'une patrouille à Lippitts Hill. Cet hélicoptère biturbine affiche d'excellentes performances.

Maintien de l'ordre (2)

L'Air Support Unit s'oblige à avoir un appareil en l'air en permanence, prêt à répondre à toute demande d'intervention pendant pratiquement toute la journée de travail.

Le commandant Graham Jeffs, un des pilotes de la Metropolitan Police Air Support Unit, poursuit son récit sur les conditions de travail de son unité.

DES YEUX DANS LE CIEL

Ci-dessus : autocollant de l'Air Support Unit. Le maintien d'une image de marque forte est indispensable pour le rôle dissuasif que doit jouer cette unité et pour encourager les policiers au sol à faire appel à ses services.

« Les Bell 222 ont été achetés il y a près de dix ans, à une époque où ils n'avaient pas d'équivalent sur le marché. Le Bell 222 est une excellente voilure tournante, très robuste et construite comme le Huey. Il pourrait voler indéfiniment si l'on remplaçait les pièces régulièrement. Il s'agit d'un appareil maniable, dont les performances ne sont pas extraordinaires, mais qui est rapide et qui peut transporter en outre suffisamment de passagers. Si nous devions le remplacer, je choisirais plutôt le Dauphin, ou un Bell 222 équipé d'un meilleur moteur.
Bien qu'il soit indispensable de disposer d'hélicoptères bimoteurs afin de pouvoir survoler le centre de Londres, j'aimerais mieux deux machines lourdes et deux plus petites, comme l'Écureuil. L'Écureuil est moins coûteux, et ses performances sont supérieures à celles du Bell 222 ; par ailleurs, il est plus silencieux, ce qui est parfait pour l'observation et les patrouilles. Construit comme le Puma, l'Écureuil est un peu fragile, mais il tourne comme une horloge suisse. Il démarre dès qu'on presse le bouton de mise en marche, et, ma foi, n'est-ce pas là ce qui compte avant tout? C'est vraiment une machine très agréable à piloter, il peut virer très serré et la

Ci-contre : l'Aérospatiale AS.355 Écureuil 2 bénéficie d'une très grande popularité auprès des équipages de l'Air Support Unit, qui apprécient son coût d'exploitation économique, sa fiabilité, son faible niveau de bruit, son champ visuel, ses qualités de pilotage et ses performances.

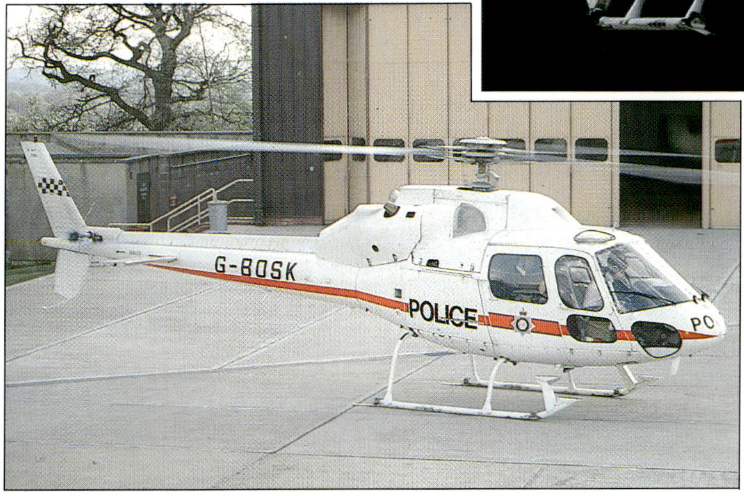

Ci-dessus : Écureuil de la police métropolitaine sur la plate-forme de Lippitts Hill. Les patins du train d'atterrissage rendent les manœuvres au sol un peu moins faciles qu'avec le Bell 222, qui dispose d'un atterrisseur classique escamotable.

Ci-contre : l'inspecteur en chef Peter Street, commandant de l'Air Support Unit, dans la salle d'opérations. Street n'est pas uniquement un bureaucrate : il vole souvent comme observateur, quand l'activité de son unité est très importante.

visibilité à bord est phénoménale. Nous avons aussi un appareil plus lourd, qui sert à transporter les équipes d'intervention armées avec leurs chiens. Nous sommes en mesure de débarquer de telles unités n'importe où dans Londres en une douzaine de minutes. Ce que nous évitons, c'est de les lâcher sur des terrasses d'immeubles, une méthode qui n'est bonne que pour les feuilletons de télévision.

Lutte antiterroriste

Pour transporter la brigade au complet, il nous faut au moins deux voyages, tout dépendant des équipements spécialisés que nous emportons. Nous disposons du moyen de locomotion le plus rapide pour amener des policiers à pied d'œuvre. Nous avons transporté l'équipe de lutte antiterroriste de la police à Shrewsbury quand une bombe a explosé dans cette caserne. Si les gens s'imaginent que nous servons uniquement à donner des baptêmes de l'air aux huiles de la police métropolitaine, ils se trompent lourdement.

Le seul travail d'urgence médicale que nous accomplissions se rapporte aux accidents de la route. Nous amenons sur place les médecins et les infirmiers spécialisés. Nous ne sommes pas souvent amenés à intervenir de la sorte, mais quand nous le faisons nous opérons depuis le sud de Londres. Pour les contrôles de vitesse sur l'autoroute, nous disposons d'un équipement idoine désigné "pilote de police" pour une raison qui m'échappe, car ça n'a rien à voir avec le pilotage. Nombreux sans doute sont ceux qui ont aperçu des marques jaunes peintes sur l'asphalte et qui se sont demandés à quoi elles pouvaient servir. Nous avons à bord une carte où sont notées les distances précises qui séparent ces marques. Nous nous plaçons de manière à apercevoir deux

marques distantes par exemple de 0,6 miles, entrons le chiffre 0,6 dans l'ordinateur et déclenchons le chronomètre lorsqu'une automobile passe, ce qui nous donne automatiquement sa vitesse. Étant en contact avec un véhicule de police au sol, nous lui donnons la marque, la couleur et l'immatriculation de la voiture en contravention.
Nous rendons aussi de grands services en ce qui concerne les embouteillages, lorsque la police au sol est dans l'impossibilité de déterminer leur cause ou de savoir jusqu'où le trafic est bloqué. Par ailleurs, nous assurons les escortes des prisonniers entre le palais de justice et la prison.
Nous nous consacrons également à la photographie aérienne. Par exemple lorsque la brigade territoriale a été avertie qu'un mauvais coup se prépare : on nous envoie au-dessus de l'immeuble concerné pour repérer les issues possibles, et une simple photographie aérienne remplace un long discours lors du briefing. Souvent, on ignore à quoi serviront les clichés qu'on nous demande de prendre. On nous dit seulement de photographier un site particulier, au-dessus duquel on effectue un passage discret.

Skyshout et Nitesun

Notre équipement normal comprend une caméra à imagerie thermique, que nous utilisons pour la recherche des personnes disparues.
Cependant, cet appareillage est fort utile pour détecter certaines sources de chaleur insolites : les roues d'une voiture laissent des traces un bon moment après que celle-ci a quitté son parking, par exemple.
Nous disposons aussi d'un système de porte-voix baptisé Skyshout, qu'on utilise pour certaines recherches ou lorsqu'il s'agit de convaincre un malfaiteur de se rendre. Si ce dernier cherche à s'enfuir, il suffit généralement de tourner un peu le bouton du volume pour le stopper dans son élan et qu'il se constitue prisonnier.
Un autre de nos équipements est le Nitesun, un projecteur de 65 millions de bougies, assez puissant pour illuminer un terrain de football. Le Nitesun peut être dirigé sur un point précis ou pour couvrir toute une zone. Naturellement, on commence par illuminer ladite zone et, quand on a trouvé le suspect, on braque le projecteur sur lui.
Quand nous partons en mission, on nous attribue un indicatif spécial qui varie en fonction de l'appareil que l'on pilote. Si on effectue seulement une patrouille, on demande la destination à chaque poste de contrôle, comme celui de Crystal Palace, qui nous indique le chemin à suivre en fonction du trafic. Mais, quand on a une mission précise à remplir, la procédure est très différente. On utilise un quadrillage spécial, fondé sur les cartes qui se trouvent à bord de toutes les voitures de police. Le pilote amène son appareil jusqu'au carré du quadrillage correspondant à l'endroit où il veut se rendre. Les lignes pointillées qui figurent sur nos cartes correspondent aux itinéraires réservés aux hélicoptères, si bien que nous savons à l'avance quand nous allons en traverser un. Voler sur ces routes évite que la population soit dérangée par le bruit des moteurs, mais, comme nous employons des voilures tournantes bimoteurs, nous ne sommes nullement obligés de les emprunter; cependant, il faut reconnaître qu'ils sont fort pratiques.
Nous sommes parfois en conflit avec l'aéroport de la City, car les contrôleurs qui sont chargés d'en suivre le trafic sont ceux du radar de la Tamise et non pas ceux du radar de Heathrow. La zone couverte par le radar de la Tamise est très fréquentée,

Contrôle de vitesse sur autoroute

Ci-dessus, en haut à droite et ci-contre : les Bell 222 et l'Écureuil de l'Air Support Unit sont amenés à contrôler la vitesse des voitures empruntant les autoroutes de la région londonienne. Les véhicules sont chronométrés entre deux points prédéterminés, qui peuvent être un pont, une modification de la surface du revêtement et même des marques peintes sur la chaussée. La distance entre les deux points et le temps mis pour les relier sont intégrés dans un ordinateur portable qui indique aussitôt la vitesse dudit véhicule. L'hélicoptère peut alors communiquer celle-ci par radio à une voiture de patrouille, qui dispose de suffisamment de temps pour quitter son parking et attendre que le contrevenant arrive à sa hauteur. Dès qu'ils aperçoivent le véhicule de la police, la plupart des conducteurs ralentissent, sans savoir qu'ils ont été signalés par un hélicoptère.

Ci-dessous : même avec une porte non montée d'origine, l'Écureuil 2 présente une configuration élancée.

L'Écureuil 2 de la police métropolitaine porta quelques semaines durant l'insigne d'une autre unité policière sur le flanc droit du fuselage.

L'AS.355, baptisé Twinstar sur le marché américain et Écureuil 2 ailleurs, est une version biturbine du modèle de base AS.350 Écureuil, utilisant les mêmes mât, tête et pales de rotor ainsi que les mêmes cabine, atterrisseur et servocommandes.

notamment par les pilotes privés de Stapleford et de Biggin Hill, qui s'y entraînent à la navigation. Les contrôleurs de la Tamise nous repèrent en général du premier coup. Plus nous passons près de Heathrow jusqu'à notre trajectoire d'approche, mieux ça vaut. Voler dans les environs de Windsor, par exemple, n'est pas une sinécure, du fait que nous sommes très proches de Heathrow; néanmoins, à partir du moment où nous sommes en mission, on ne nous dit trop rien.

Gorbatchev

Nous avons assuré par exemple l'escorte de Gorbatchev jusqu'au château de Windsor, où il allait rendre visite à la famille royale. Nous avions toutes les autorisations au plus haut niveau, les départs de Heathrow ayant même été retardés jusqu'à ce que nous soyons passés. Nous avons mené de longues négociations en ce sens avec le superviseur, au terme desquelles il avait été entendu que nous ne resterions que le minimum de temps dans la zone de Heathrow, que nous volerions en palier et que nous emprunterions tel et tel itinéraire.
Nous avons volé très bas ce jour-là, simplement pour faciliter la tâche des contrôleurs de Heathrow. Nous sommes descendus à moins de 200 pieds pour nous assurer que la route devant Gorbatchev était dégagée et que personne ne tenterait de menacer la sécurité du convoi.
Parfois, on vole dans des conditions de temps très mauvaises; mais, comme nous disposons d'équipements IFR, on peut évoluer en toute sécurité dans la zone où la visibilité est insuffisante, puis remettre les gaz et aller se poser à Stansted ou Heathrow. Une telle situation ne se présente pas souvent, dans la mesure où nous ne patrouillons pas lorsque le plafond est inférieur à 1 000 pieds.
Tout bien considéré, je fais un travail qui en vaut la peine, car je me trouve toujours en prise directe avec la réalité des événements. L'esprit de corps de notre petit groupe est en tout point remarquable.

Aérospatiale AS.355 Écureuil 2

L'Écureuil 2 de la police métropolitaine en vol stationnaire, au retour d'une patrouille de routine au-dessus de Londres.

Le point de vue de l'observateur

Chris Raindale décrit le rôle d'un observateur de la police métropolitaine :
« Je pense que tout le monde aimerait faire mon travail, et je suis très heureux de faire partie de l'équipe. Récemment, nous avons recruté deux ou trois nouveaux officiers parmi soixante-dix à quatre-vingts candidats. La première exigence est que ceux qui désirent servir dans notre unité habitent à moins d'une heure de la base, ce qui restreint le nombre de postulants d'une manière considérable. Il faut être dans une forme physique parfaite : je subis un examen médical tous les six mois, parce que j'ai plus de quarante ans. Ceux qui ont un âge inférieur ne passent qu'une seule visite annuelle. Quand je suis entré dans la police — cela fait vingt-cinq ans maintenant —, je n'ai jamais pensé que j'aurais l'occasion de voler. Je me suis accroché ferme pour obtenir le poste : quand je suis venu ici, il n'y avait qu'une place à pourvoir et j'ai eu la chance d'être l'heureux élu.
Le policier assis à l'avant est l'Obs 1 : il est responsable de la réception des messages provenant des radios de la police. Après avoir reçu le message, on lui donne une référence sur la carte et il a ensuite la responsabilité de diriger l'appareil au bon endroit.
Une fois l'équipage sur place, la responsabilité incombe à l'officier de police assis à l'arrière, l'Obs 2 : il est en charge de toutes les communications avec les unités au sol et, si nécessaire, des indications pour la poursuite au sol. Si nous partons pour une poursuite, l'équipage est de trois hommes : le pilote, qui suit la cible, l'Obs 2, qui commente à la radio ce qu'il voit au sol, et l'Obs 1, qui lit la carte.
Puisqu'il lit la carte, il ne peut pas observer la cible, mais il annonce à voix haute le nom des rues, qui est aussitôt retransmis dans les commentaires. C'est comme cela que nous opérons.
L'Écureuil n'est pas équipé du Nitesun, mais nous aurons ce projecteur dès que nous aurons acheté notre propre appareil. Dans l'Écureuil,

Police de l'air
Bien que la police métropolitaine ait été la première force de maintien de l'ordre à entretenir une unité d'intervention aérienne en permanence, d'autres organisations l'ont imitée. La Thames Valley, par exemple, exploite un Écureuil, tandis que les forces de police du Devon et des Cornouailles utilisent un Messerschmitt-Bölkow-Blohm MBB BO 105.

Moteurs
L'AS.355 est doté de deux turbomoteurs Allison 250-C20F développant chacun 420 ch au décollage. La version monoturbine est équipée, quant à elle, d'un turbomoteur Textron Lycoming ou Arriel de 600 à 700 ch.

Aménagement
En version de base, l'hélicoptère possède deux sièges baquets destinés aux pilotes ainsi que deux banquettes de deux places à l'arrière. Celles-ci peuvent être remplacées par trois fauteuils individuels. Les portes de cabine arrière coulissantes sont fournies en option sur l'Écureuil 2.

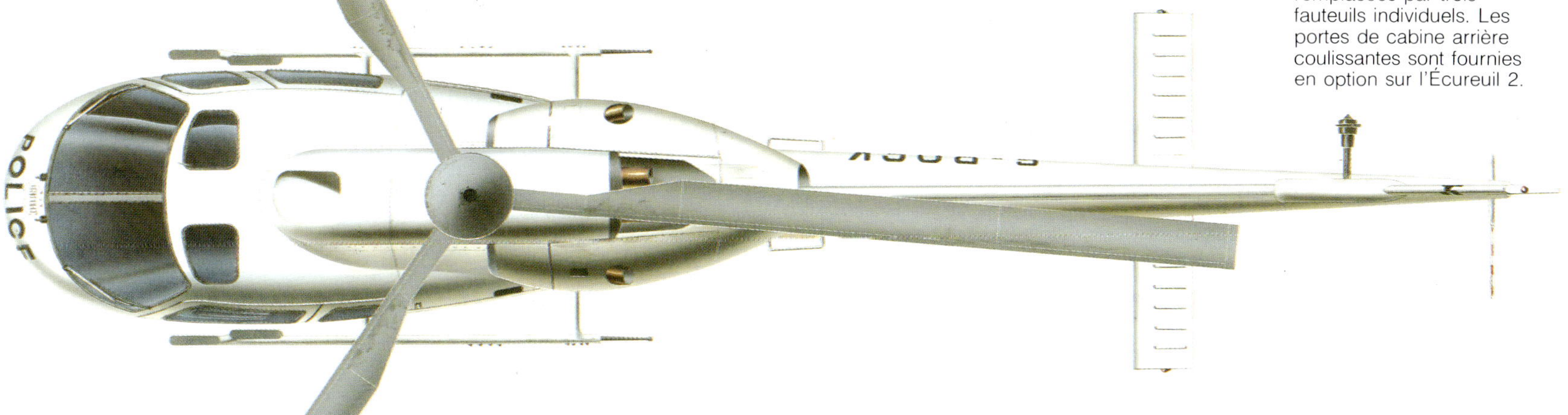

Rotor
Tous les Écureuil possèdent un rotor principal tripale doté d'un moyeu en fibre de verre Starflex sur lequel les trois fixations classiques de chaque pale sont remplacées par un joint sphérique en caoutchouc et en acier, qui ne demande aucun entretien. Les pales elles-mêmes sont usinées en fibre de verre, avec un revêtement de bord d'attaque en acier inoxydable.

Ci-contre : l'Écureuil 2 est sous bien des aspects un hélicoptère idéal pour les patrouilles, même si une machine plus lourde est indispensable pour certaines tâches particulières.

l'homme qui est à l'arrière a en charge toutes les communications radio et celui qui se trouve à l'avant s'occupe de la navigation.
Si nous embarquons l'imagerie thermique, il y a deux hommes à l'arrière, un qui tient la caméra et l'autre qui manie le zoom et la mise au point — il n'est pas possible de tout faire seul.
Je pense que le moment le plus intense de ma carrière fut lorsque nous avons retrouvé une petite fille qui avait disparu dans un coin du Kent. Elle avait deux ans et demi et — c'était presque un conte de fées — je l'ai trouvée endormie dans un arbre. Elle avait marché plus d'un mile et demi depuis sa maison et s'était évanouie ; 10 pieds de plus et elle serait tombée dans une mare de vase. Son petit chien courait encore autour d'elle. Ce fut la mission qui m'a procuré le plus de joie.
C'est un excellent exemple de notre utilité. Nous avons été à même d'identifier les cibles et quand la voiture de police est arrivée au mauvais endroit, nous avons pu leur dire : ''Les gars, vous vous êtes gourrés, voilà où vous devriez être, maintenant ils viennent vers vous.''
Je crois que notre poursuite de voiture la plus excitante s'est déroulée un dimanche : nous avons entendu le départ de la poursuite et nous sommes arrivés sur les lieux très vite. On a suivi le type qui conduisait comme un dingue dans la banlieue est de Londres. Il a pris un sens interdit et les conducteurs du véhicule de police qui le suivaient l'ont perdu.
Mais nous, nous ne l'avons pas perdu et il a poursuivi sa route dans le sens interdit, à l'aveuglette. Je n'ai jamais compris comment il a fait ; il a eu vraiment beaucoup de chance. Nous avons continué notre rapport et les voitures de police ont afflué dans le voisinage, mais aucune n'a pu s'approcher.
Puis nous avons vu deux hommes abandonner le véhicule. Ils ont descendu la rue en marchant, tourné à gauche et pris une contre-allée. Ils sont entrés dans une cour et en sont sortis très nonchalamment.
A ce moment, nous avons dirigé les unités au sol assez près et l'un des deux hommes a tenté de s'enfuir en courant. Si vous n'avez jamais vu quelqu'un faire un soleil devant une Ford Sierra, je peux vous dire que c'est un spectacle étonnant qu'il ne faut manquer à aucun prix. L'autre a fait demi-tour et s'est mis à courir jusqu'à la cour. Les gars l'ont poursuivi et il s'est allongé de tout son long sur le sol. Sans nous, ils ne les auraient jamais eus.
C'est fréquent dans les poursuites. Si les fuyards échappent aux unités au sol, nous pouvons toujours les pister. S'ils pénètrent dans une zone boisée, on s'installe au-dessus : les chiens arrivent et toc ! c'est aussi simple que ça.
Mais ce que j'ai appris très tôt, c'est de ne jamais les perdre des yeux. Si vous levez la tête, vous ne savez plus où ils sont passés.
A ma connaissance, il n'y a jamais eu d'homme armé qui se soit arrêté pour ouvrir le feu sur nous. Nous sommes à quelque chose comme 800 pieds et il faudrait qu'il s'agisse d'un sacré bon tireur !

LE TOURNAGE D'« ACES HIGH »

Neil Williams, probablement un des plus grands pilotes britanniques de voltige et d'exhibition, retrace le tournage d'*Aces High,* un film sur la guerre de 1914-1918 dans les airs.

Ci-dessous : l'affiche du film Aces High *représentait de vrais avions de la Grande Guerre et non les répliques utilisées pour le tournage.*

« On entend si souvent parler de projets de films sur l'aviation pour découvrir qu'ils n'ont jamais été tournés que l'on apprend à ne pas s'emballer à l'idée d'y participer. Ainsi, lorsque nous avons appris qu'un film sur l'aviation intitulé *Aces High* était en gestation, nous nous attendions un peu à ce qu'il connaisse le sort des autres. Me rendant un beau jour dans un hangar à Booker, je vis que trois Stampe étaient en train d'être transformés en SE.5a, et je compris que, cette fois, le tournage allait avoir lieu. Nous devions par la suite ajouter un grand nombre d'appareils à la flotte hétéroclite rassemblée pour le film, un Vima, un Tiger Moth, deux Jungmeister et deux répliques, l'une d'un Fokker Eindecker et l'autre d'un Morane Bullet. Avec Tony Bianchi, bombardé chef pilote, James Gilbert, Ian Weston et moi-même, nous nous préparâmes à entrer en guerre.

Nous commençâmes par les scènes les plus simples, mais rapidement nous nous heurtâmes à quelques problèmes fondamentaux. Pour les besoins du tournage, nous occupions la partie nord-ouest du terrain de Booker, où une réplique d'un terrain de la Première Guerre mondiale avait été construite, et nous nous trouvions au beau milieu d'un aéro-club grouillant d'avions. Ce n'était pas tout. On nous

Ci-dessus : un avion ennemi, représenté par un Vilma, photographié depuis un SE.5a.

Ci-contre : cette scène réaliste a été en fait tournée au sol, à bord d'une maquette statique.

Un Stampe transformé en SE.5a survole l'équipe de tournage à la recherche d'une proie.

avait demandé de décoller systématiquement face à ces "lignes ennemies" et d'atterrir dans la direction opposée. Comme, dans un film, le soleil couchant peut passer pour l'aube, non seulement nous ne savions jamais où l'est et l'ouest étaient censés se trouver, mais, invariablement, nous devions décoller et atterrir avec le vent dans le dos. Cette situation entraînait parfois une complète confusion non seulement dans le circuit de Booker, mais aussi dans l'étroit espace aérien disponible, et, comme nos SE.5a étaient peu manœuvrables, nous risquions à tout moment de heurter les haies qui bordaient le champ d'aviation. "Bien joué, nous disait le réalisateur, encore une fois!"

Le méchant « Boche »

Très vite dégoûté par ces manœuvres d'élagage, je me portai volontaire pour jouer le rôle du méchant "Boche". De cette façon, je fus exempté du tournage des scènes de décollage. J'aurais mieux fait de me renseigner avant, car la première scène de combat aérien mettait aux prises un Fokker Eindecker et un SE.5a.

Avec des fumigènes placées sur les entretoises du train d'atterrissage, nous effectuâmes une première prise de vue, laquelle fut loin d'être une réussite. Comme je piquai à 70 nœuds, les ailes du Fokker commencèrent à vibrer et se déformèrent d'une manière très inquiétante. Puis, tandis que je ramenai les gaz, le SE.5a décrocha et disparut en piqué. Le fiasco était total, et, pour ne rien arranger, je me retrouvai, dès que j'actionnai les fumigènes, enveloppé dans une épaisse fumée noire et acide qui me fit pleurer à chaudes larmes et me suffoqua. Nous apprîmes un peu plus tard que les pilotes qui avaient participé au tournage de *The Blue Max* et d'autres films utilisaient des masques à oxygène, découverte qui, pour moi, n'eut rien de surprenant. Finalement assez vite, à mon grand soulagement, l'émission de fumée cessa. J'aurais été moins heureux si je m'étais rendu compte que les fixations avaient fondu et que les fumigènes, traînant toujours derrière eux leur panache de fumée, s'étaient détachés.

Les prises de vues aériennes les plus spectaculaires étaient obtenues par l'utilisation d'une caméra fixée à l'avant de l'avion; au moment où nous arrivions en gros plan derrière la victime supposée en flammes, des débris incandescents se détachaient et arrivaient droit sur la caméra. La première fois que je vis cela, je crus vraiment que l'avion était en feu.

La plupart des vrais combats tournoyants eurent lieu en altitude, mais tous les directeurs de prises de vues insistèrent pour que les combats s'engagent au ras du sol afin de leur conférer plus de réalisme.

Nos premières tentatives avec l'Eindecker se révélèrent si périlleuses que nous le remplaçâmes sans tarder par le Vilma, mais même s'il était plus puissant, plus solide et plus facile à piloter, cet appareil restait

difficilement manœuvrable. Nous fûmes consternés en visionnant les essais de tournage.
Nous pensions voler à moins de 5 m derrière, mais le grand angle que le réalisateur avait utilisé donnait l'impression que nous en étions au moins à une vingtaine. Nous fîmes alors de nouveaux essais et nous découvrîmes qu'en volant presque à toucher l'avion qui nous précédait nous étions comme remorqués par la "victime", dont les remous nous stabilisaient.
Nous rencontrâmes également quelques problèmes en utilisant la technique normale de l'attaque par trois quarts arrière. Habituellement, on effectue la visée en avant de la cible, de sorte que les balles l'interceptent en un point de l'espace bien déterminé. Avec la caméra, il faut viser au centre de l'objectif, et, avec une caméra fixe, on finit invariablement par virer pour terminer la passe dans l'axe arrière. Pour donner l'illusion d'une attaque par trois quarts arrière, la "victime" doit voler aussi lentement que possible, tandis que l'assaillant doit accélérer. Avec un SE.5a passablement fatigué, la différence de vitesse ne dépassait pas 80 km/h, mais c'était encore trop avec une caméra de 35 mm montée directement devant le pare-brise. Les consignes qu'on nous avait communiquées étaient d'effectuer

Ci-contre : un acteur recrée l'ambiance d'un décollage sur alerte en 1917. Le SE.5 situé à l'arrière-plan n'est qu'un Stampe modifié, mais il possède une étonnante touche d'authenticité.

Le tournage d'*Aces High *offrit à Williams et à James Gilbert l'occasion d'effectuer de véritables combats tournoyants à basse altitude, au cours desquels ils durent respecter une discipline rigide.

l'attaque à très courte distance, et nous nous efforcions par tous les moyens de conserver le contact visuel avec la cible, que nous masquait la caméra et qui se rapprochait rapidement.
Pour filmer ce que voyait la "victime", c'est-à-dire un SE.5a s'approchant à bout portant par trois quarts arrière, nous avions recours aux services d'un hélicoptère. *Aces High* eut ceci de particulier que la grande majorité des scènes de combat aérien en furent filmées à bord des avions, ce qui les rendaient encore plus réalistes. Mais certaines prises de vues ne pouvaient être effectuées qu'à partir d'un hélicoptère. Pour bien cadrer en gros plan les assaillants, l'hélicoptère devait évoluer aussi lentement que possible, le vol stationnaire étant inenvisageable du fait des vibrations et des oscillations qui étaient transmises à la caméra.
Au fur et à mesure que le temps passa, il devint évident que certains

Le Vilma laisse derrière lui un panache de fumée, alors que le Stampe, transformé en SE.5, s'approche pour le coup de grâce. La majeure partie des scènes d'Aces High fut tournée à partir des avions, le reste ayant été filmé depuis un hélicoptère.

plans ne pourraient être tournés avec des caméras placées dans les positions habituelles : en particulier, les plans fixes vers l'avant ou vers l'arrière et les panoramiques verticaux.
Le problème fut résolu après l'essai, à bord d'un Aztec, d'un système baptisé Astrovision. Celui-ci se composait d'un périscope placé sous le ventre de l'avion et relié à une caméra. Le dispositif était télécommandé depuis le siège arrière au moyen d'une manette, et un écran de contrôle, installé à l'arrière de la cabine, permettait de visualiser en permanence le champ couvert par la caméra. Nous pûmes alors tourner de vraies scènes de combat tournoyant, car la "victime" était ainsi en mesure de voler à pleine puissance, les volets à demi sortis, suivant à quelques mètres derrière.
Cette façon de procéder convenait parfaitement au vol horizontal, mais, dès que la cible commençait à manœuvrer, l'Aztec, à la limite du décrochage, transmettait les vibrations qui le secouaient à la caméra.
Finalement, on parvenait à donner encore plus de réalisme aux prises de vues, mais le pilote de l'Aztec ne partageait pas tout à fait cet enthousiasme. Une des plus surprenantes découvertes de ces poursuites fut l'incroyable puissance des tourbillons naissant aux extrémités des ailes du biplan. Pour rester dans le sillage du SE.5a en virage, j'avais besoin de braquer le gouvernail de direction et l'aileron à fond et de jouer sur les gaz. J'eus besoin d'un peu d'entraînement pour maintenir le SE.5a au milieu du pare-brise. Mais l'Aztec avait ses avantages. En effet, un jour d'hiver, à près de 10 000 pieds, le chauffage étant à fond, j'éprouvai une certaine compassion envers les trois pilotes de SE.5 qui m'accompagnèrent pendant plus d'une heure dans ma recherche du nuage idéal pour planter le décor.

Des scènes réalistes

Que pouvait ressentir l'observateur d'un ballon captif allemand, perché dans sa nacelle, quand il entendait le ronronnement de plusieurs moteurs Hispano et apercevait, dans le crépuscule, trois petits points noirs qui se transformaient progressivement en SE.5a? Hurlant dans son téléphone, il exhortait les hommes qui maniaient le treuil à le ramener au plus vite au sol. Sous ses pieds, l'activité était fiévreuse, les ordres fusaient, les hommes couraient, tandis que les avions s'approchaient inexorablement.
Dans le SE.5a de tête, celui qui portait des fanions rouges accrochés aux mâts de voilure, je levai la main. James et Tony acquiescèrent d'un signe de tête et commencèrent à se placer en formation de combat à basse altitude.
Je conservai une altitude de 600 pieds et attendis de survoler la route qui va de Lane End à Marlow pour me mettre en piqué. J'observai attentivement la piste en service : j'avais le champ libre. Un petit coup d'œil derrière, les deux autres SE.5 étaient en position. J'allumai le flash installé dans la bouche de mes mitrailleuses factices.
Maintenant, je pouvais distinguer l'équipe de tournage, derrière la nacelle de l'observateur, suspendue à une grue pour la scène. Pendant mon piqué, je vis l'observateur sauter dans le vide et atterrir 1,50 m plus bas sur une pile de matelas et de cartons.
A cause du grand angle, je devais effectuer ma ressource le plus tard possible, mais il me fallait tenir compte de la flèche de la grue qui se trouvait sur ma route. Maintenant!
Je dégageai brutalement sur la gauche, les ailes à la verticale. Quand nous visionnâmes les épreuves, nous fûmes très déçus : nous avions dégagé trop loin. Cependant, il est certain que nous ne pouvions pas nous approcher

Une scène anachronique pour l'époque. Un Bell JetRanger datant des années soixante poursuit un avion d'entraînement belge de 1930, maquillé en SE.5 du Royal Flying Corps.

davantage. Les scènes dramatiques étaient souvent les plus faciles et les moins dangereuses. Je fus filmé à bord du Vilma en train de décoller puis, devenu incontrôlable, de s'écraser dans une haie et d'y prendre feu. Il fallut trois jours pour tourner la scène. D'abord, l'acteur qui jouait le rôle du pilote fut bardé de charges explosives reliées à des capsules d'hémoglobine. Une caméra au sol filma un SE.5a en train de piquer à l'arrière-plan : on entendit le crépitement des mitrailleuses et le pilote, baignant dans "son sang", s'effondra. Je pris alors la place du pilote et montai, le cœur entre les dents, dans l'habitacle couvert de sang synthétique.
Le caméraman, sanglé à un cadre monté sur l'aile, filma l'observateur terrorisé, pendant que l'avion roulait sur la piste. Pour finir, une équipe au sol filma l'appareil, roulant la queue haute, droit vers le bois. Je pris tout mon temps pour couper les gaz et

Le Vilma se rapproche d'un SE.5 pendant le tournage d'un combat à basse altitude. L'utilisation d'un objectif à grand angle faisait paraître le Vilma beaucoup plus distant qu'il ne l'était en réalité.

pour dégager sur un côté.
Le lendemain, une caméra fut installée dans un taillis. L'avion, la queue attachée à une Land Rover, fut placé à quelques centimètres devant le buisson et le moteur fut mis en route.
La caméra tourna et la Land Rover démarra en remorquant l'avion derrière elle. En montant le film à l'envers, on a vraiment l'impression d'une collision. Pour terminer, une charge explosive fut placée dans le bois, où une réplique du Vilma s'enflamma en laissant une extraordinaire impression de réalité.
A force d'utiliser sans cesse des explosifs, l'équipe chargée des effets spéciaux eut tendance à procéder de cette manière pour toutes les scènes.
Pour une prise, une boîte métallique contenant des débris qui servaient à simuler des impacts fut attachée à un mât du Fokker Eindecker, tout près du coude droit du pilote. L'ouverture devait, cependant, être déclenchée par une charge explosive.

Un éclair aveuglant

Comme nous, les pilotes, restions tout de même soucieux de préserver notre sécurité, on décida de faire une répétition au sol, moteur en marche. Quand un volontaire fut demandé pour prendre place dans l'habitacle, les quatre pilotes reculèrent à distance respectueuse, tandis que Doug Bianchi se proposa pour mettre l'engin à feu. Les pilotes mirent encore un peu plus de distance entre l'avion et eux, puis Doug, soupçonnant manifestement que nous étions au courant de quelque chose qu'il ignorait, refila tout le bazar à un homme de l'équipe des effets spéciaux qui ne se fit pas prier pour appuyer sur le bouton et qui disparut brusquement dans un éclair aveuglant et un nuage de poussière. A ce moment, les pilotes s'étaient encore plus reculés, considérant que le Fokker était déjà assez dangereux à piloter en temps ordinaire, sans la boîte explosive logée pratiquement dans l'habitacle. Mais les acteurs n'étaient probablement pas logés à meilleure enseigne. Un jour, Christopher Plummer fut littéralement ejecté de son poste de pilotage par une explosion trop généreusement dosée.
Puis, soudain, tout fut terminé.
Plus de frissons autour de la théière à la première heure sur un terrain couvert de gelée blanche; plus de vol à 7 000 pieds à bord du Vilma, dans lequel notre caméraman de génie, Peter Allwork, luttait comme un beau diable pour stabiliser sa caméra dans le remous d'air par des températures bien au-dessous de zéro. Mais, même si le tournage était terminé, il en restait encore quelque chose.

Neil Williams à bord du Vilma pendant le tournage d'Aces High.

L'équipe d'Aces High pose devant quelques-unes des répliques utilisées pour le film, dont un monoplan Fokker, les trois Stampe maquillés en SE.5, un Morane Bullet et le Vilma.

MISSIONS CIVILES

LUTTE ANTIDROGUE AU BELIZE

« Quand on survole une zone que l'on doit traiter, ça provoque souvent chez nous une poussée d'adrénaline. En général, nos missions se déroulent à basse altitude, et, lorsqu'on se faufile entre les poteaux télégraphiques pour répandre du défoliant sur la marijuana dont la maffia fait commerce, on se fait aussitôt tirer dessus, ce qui nous rend quelque peu nerveux. »
Il n'est pas possible de publier les noms ni de montrer les photographies des pilotes qui accomplissent ce difficile travail au Belize. De telles révélations risqueraient d'exposer ces hommes à des représailles de la part de la maffia.
Bien qu'ils utilisent des machines qui ressemblent à des avions de travail agricole ordinaires, leur tâche consiste en fait à déverser de puissants produits chimiques. Ceux qui effectuent les missions dites Roundup ne sont décidément pas des pilotes comme les autres.
Très préoccupés par la recrudescence du trafic de drogue sur leur territoire, les États-Unis s'emploient par tous les moyens à enrayer l'arrivée massive d'héroïne, de cocaïne et de marijuana. Pour ce faire, les services douaniers américains disposent d'importants moyens en avions et en hélicoptères, lesquels sont équipés de systèmes de détection ultramodernes. Ces appareils réussissent à intercepter un certain nombre de bateaux ou d'avions transportant de la drogue, mais beaucoup de trafiquants passent à travers les mailles du filet.
La meilleure des solutions pour résoudre le problème des stupéfiants consiste à détruire la drogue à sa source, c'est-à-dire dans les champs où elle est cultivée. Cette tâche revient à l'International Narcotics Matters Bureau, rattaché au département d'État américain. Cet organisme, qui dispose lui aussi d'un important parc aérien, mène dans le monde entier des opérations dites d'éradication des drogues.
« Il s'agit d'une mission à l'échelle planétaire. Avec nos avions, nous sommes amenés à traiter toutes les variétés de plantes. En Birmanie et en Thaïlande, nous détruisons les champs

En haut, à gauche : les Thrush basés au Belize sont utilisés par l'International Narcotics Matters Bureau, qui dépend du département d'État américain.

En haut, au centre : des champs de marijuana sont en train d'être marqués par un Trush.
Ci-dessus : le défoliant est pulvérisé.

En haut, à droite : l'Ayres Turbo Thrush, qui a été blindé pour résister aux tirs venus du sol, est doté d'un puissant turbopropulseur Pratt & Whitney PT6.

Ci-contre : l'insigne de l'association des US Veterans of Foreign Wars. Le pilote, qui a 26 000 heures de vol à son actif, a combattu au Viêt-nam.

Ci-contre, en haut : chaque marque de couleur blanche représente un impact de balle sur cet appareil.

de pavot, plante qui donne l'opium ; en Colombie, nous nous occupons de la coca, qui permet de fabriquer la cocaïne ; au Mexique et au Belize, nous essayons d'anéantir les plantations de marijuana. Si le pavot n'aime pas la chaleur et l'humidité qui règnent au Belize, par contre la marijuana y pousse comme du chiendent. Dans ce pays, le problème est particulier. Nombre d'autochtones se soignent avec la marijuana, si bien qu'il est très courant d'en trouver quelques plants dans les jardins. Il va de soi qu'il n'est pas possible de faire cesser un usage domestique ancré depuis si longtemps dans les mentalités. Aussi notre mission se situe-t-elle sur un autre plan. Nous nous battons pour faire disparaître les cultures à grande échelle qui alimentent, pour une bonne part, le marché nord-américain et qui sont tenues par la maffia. A ce niveau, les indigènes sont assez peu impliqués. En réalité, une sorte d'organisation criminelle exerce son emprise sur l'ensemble de ce petit pays. Le Belize approvisionne également en marijuana la Colombie et le Pérou. Les militaires interceptent souvent des trafiquants qui opèrent en utilisant des terrains d'aviation clandestins. Les actions menées contre ceux qui cultivent la

Les Britten-Norman Defender de la Belize Defence Force escortent fréquemment les Thrush, avec un armement composé de canons ou de roquettes.

Ci-contre : le personnel du Belize Defence Force Air Wing pose devant un de ses appareils.

drogue ont commencé au début des années quatre-vingt. En 1983, des hélicoptères mexicains ont déversé de l'herbicide sur les plantations de marijuana, tandis que, de son côté, la Belize Defence Force essayait de mettre le feu aux baraquements des planteurs. Nous-mêmes, nous sommes intervenus ici pour la première fois en février 1986, je crois. L'avion que nous utilisons est l'Ayres Turbo Thrush Commander. Les cultivateurs n'ont guère apprécié qu'on répande de l'herbicide sur des cultures aussi rentables. Alors, ils ont pris leurs armes et se sont mis à nous tirer dessus. Nous sommes contraints de voler bien droit, ce qui accroît d'autant notre vulnérabilité. Pour cette raison, l'habitacle, le capot moteur et le réservoir de carburant de nos appareils sont blindés. Avec le poids des blindages et des produits que nous emportons, l'avion est très lourd, et nous tournons presque toujours à plein régime. Heureusement, le moteur est un Pratt & Whitney PT6A qui développe 1 300 ch et nous permet de faire du bon travail. Ce propulseur actionne une hélice à cinq pales particulièrement silencieuse, ce que nous apprécions, car nous aimons bénéficier d'un effet de surprise.
Nous sommes ici à l'invitation du gouvernement du Belize. De nombreux accords bilatéraux sont en vigueur entre le département d'État américain et le ministère de l'Intérieur bélizien. Les autorités de ce pays prennent très au sérieux le problème de la drogue, et nous avons obtenu ici une coopération tout à fait exemplaire.
Les hommes du BDF Air Wing travaillent en totale intelligence avec nous. On ne pouvait pas rêver meilleure aide. Grâce à eux, nous avons pu opérer plus efficacement que partout ailleurs dans le monde. Nous renouvelons nos actions tous les trois ou quatre mois, temps qui correspond à la durée du cycle de pousse de la marijuana. Le commandant du BDF Air Wing surveille de très près l'état des cultures et reporte tous les

Repérage et épandage

Un Defender de la BDF surveille les parages. Cet appareil peut communiquer avec le Thrush pour lui signaler un danger particulier.

Le Turbo Thrush accomplit son approche sur le champ de marijuana aussi bas et aussi discrètement que possible. Si nécessaire, il effectue un marquage lors de son premier passage avant de commencer l'épandage du défoliant qu'il transporte.

renseignements sur de grandes cartes détaillées. C'est lui qui décide du moment de l'épandage des produits chimiques. Il nous contacte alors par l'intermédiaire de l'ambassade américaine de Belmopan.
Nous arrivons sur place avec deux ou trois avions et une équipe de quatre ou six pilotes.
Notre travail réclame une très grande attention. Pour une mission d'épandage, on a toujours recours à deux avions : un qui repère les lieux et un qui pulvérise. Nous volons aussi bas que possible afin que les produits aient une efficacité optimale, et nous opérons de la manière la plus discrète en vue de créer la surprise. Nous apprécions parfois d'être accompagnés d'un Defender de la BDF, qui sert de relais radio et qui peut appeler à la rescousse un autre Thrush quand il s'aperçoit que nous retournons à notre base pour refaire les pleins ou que nous avons épuisé notre réserve d'herbicide. Nos avions sont dotés de points d'attache sous voilure de type OTAN, sur lesquels nous pouvons installer des mitrailleuses de 7,62 mm, mais, en ce qui concerne le Belize, nous ne nous en servons pas. Par contre, les Defender sont armés soit de canons, soit de roquettes. Si nous étions visés, ils pourraient neutraliser le feu ennemi et nous permettre de nous dégager. Sentir la BDF à nos côtés a quelque chose de rassurant. On sait qu'on a beaucoup moins de chances de se faire descendre. Mais, même avec une escorte armée et avec un avion blindé, on se fait abondamment tirer dessus. Il arrive parfois que l'appareil à bord duquel on se trouve soit endommagé.
Le Roundup, l'herbicide que nous employons, est biodégradable et non polluant — nous le mélangeons et nous le chargeons à bord nous-mêmes, sans avoir besoin de vêtement de protection. Dans un sens, c'est un inconvénient. La marijuana peut encore être utilisée après notre passage. Aussi nous efforçons-nous de la traiter quand les pousses sont jeunes, qu'elles ne sont pas encore commercialisables. En fait, l'idéal consiste à pulvériser nos produits avant la montée en graines.
Le Roundup est ce que l'on nomme un herbicide de transposition.
Il surfertilise le plant, qui se développe très rapidement avant de se flétrir d'un seul coup. »

Ci-contre : cet hélicoptère, un Puma du Flight 1563 de la Royal Air Force, participe à une opération antidrogue menée par la BDF.

Éviter les tirs venant du sol

« Après avoir aspergé un champ, nous échangeons quelques mots avec les hommes de la BDF pour déterminer le choix de l'objectif suivant. Quelquefois, nous nous fondons sur une photographie prise par un Harrier de la RAF ou une Gazelle de l'Army lors d'une reconnaissance.
Officiellement, les Britanniques ne sont pas impliqués dans cette véritable guerre contre la drogue que nous menons. Cette question concerne les affaires intérieures du Belize, mais il arrive que, de manière officieuse, des pilotes de la RAF prennent, quand cela est possible, des clichés des zones de culture de la marijuana.
Nous nous présentons sur l'objectif à la vitesse de 160 nœuds. Quand nous approchons de la zone à traiter, nous descendons le plus bas possible et nous tentons d'effectuer une approche assez discrète. Puis nous réduisons notre vitesse pour commencer l'épandage entre 120 et 130 nœuds. A cette vitesse-là, on peut éviter, mais pas toujours, les tirs du sol, et on peut répandre correctement l'herbicide. Notre travail est généralement couronné de sucès, et, somme toute, nous maîtrisons assez bien la situation. Les planteurs ripostent en camouflant

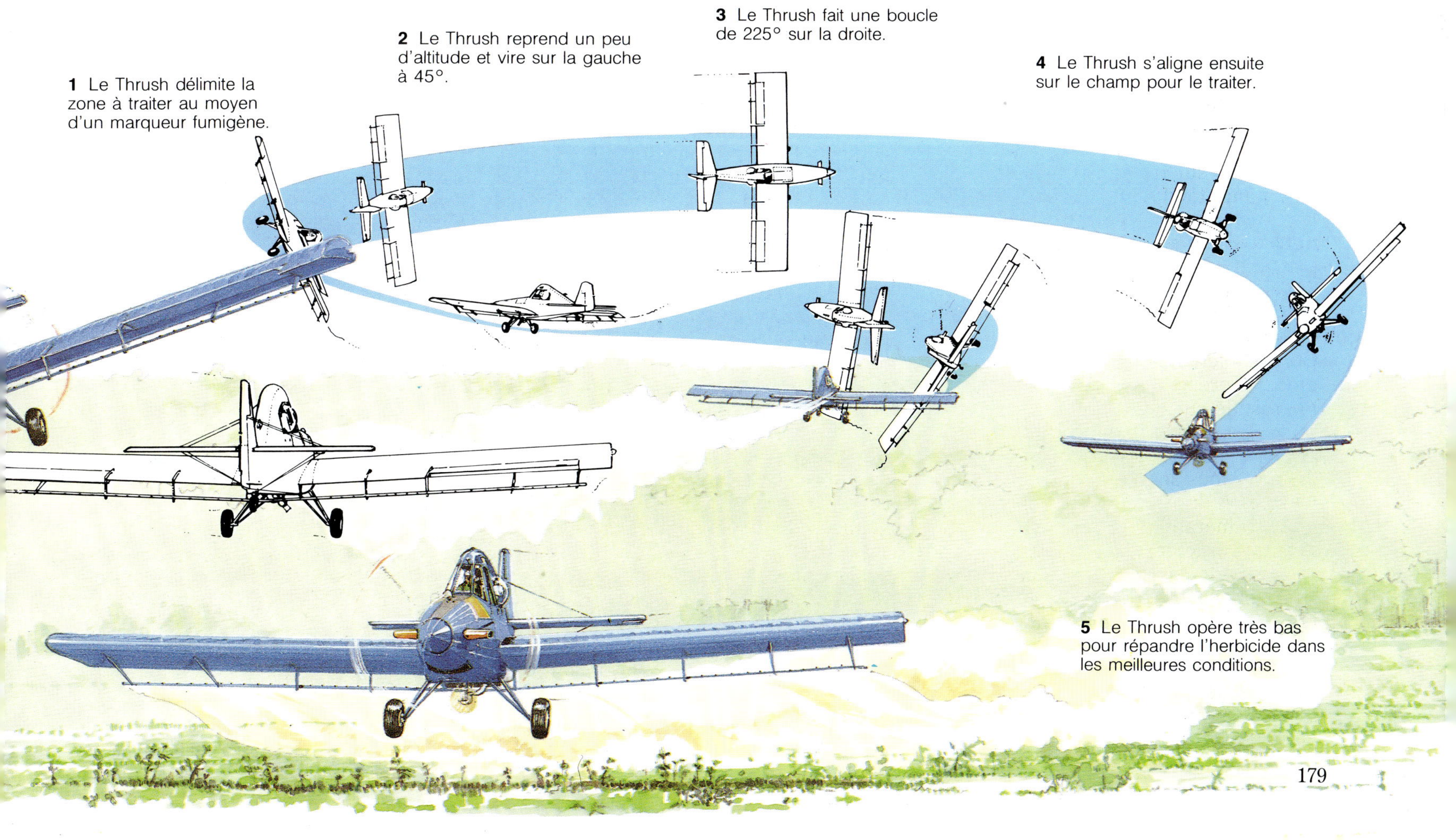

Ci-dessus : un Shrike Commander détruit près d'un aérodrome clandestin aménagé dans la jungle. Cet appareil, utilisé pour le trafic de drogue et probablement surchargé, a raté son décollage.

de mieux en mieux leurs exploitations, si bien qu'il faut un œil très exercé pour les repérer. Quand nous avons des soupçons, nous demandons la collaboration de la BDF, qui envoie un hélicoptère chargé de mettre le feu au camouflage. »
Parallèlement à ces opérations de pulvérisation d'herbicide, le BDF Air Wing et les forces britanniques présentes sur place luttent contre les trafiquants qui transitent par le territoire du Belize et contre les avions qui viennent chercher la drogue produite dans ce petit pays. Les Harrier et les Puma de la Royal Air Force ainsi que les Gazelle de l'Army surveillent les appareils suspects. Il arrive qu'ils découvrent de nouveaux champs de marijuana et, parfois même, des aérodromes clandestins. Les pilotes de Harrier du Flight 1417 ont déjà intercepté des appareils chargés de drogue. La RAF est surtout chargée de surveiller l'espace aérien du Belize et de s'opposer aux incursions intempestives de la force aérienne du Guatemala, pays voisin. Un pilote de Harrier de la RAF raconte une interception ordinaire : « J'effectuais une sortie de routine et j'avais largué mes bombes inertes quand Icepack [le contrôleur] repéra un avion non identifié et me communiqua d'une voix triomphante : "Je tiens un intrus. Vous allez à sa rencontre?" Formidable, pensai-je en moi-même, je vais intercepter un méchant. Icepack me guida parfaitement. L'avion en question, un Cessna 150, n'avait pas grand-chose à se reprocher. Son pilote avait juste oublié de communiquer son plan de vol. Je pense que la prochaine fois, il sera moins étourdi. »
Le Belize Defence Force Air Wing s'investit totalement dans son combat quotidien contre les trafiquants de drogue. Avant même de recevoir ses deux Britten-Norman Defender, la Belize Defence Force avait capturé deux avions qui prenaient part au trafic de drogue. Actuellement, son tableau de chasse doit être d'au moins onze appareils. La plupart d'entre eux ont été soit restitués à leurs légitimes propriétaires, s'ils avaient été volés, soit revendus par le gouvernement bélizien. Un seul, un Dornier Do 27 immatriculé au Canada et ayant appartenu à la force aérienne portugaise, est entré en service au sein du BDF Air Wing.
La Belize Defence Force peut être fière des résultats qu'elle a obtenus; mais la maffia reste très puissante et parvient, en échange de fortes sommes d'argent, à soustraire les siens — trafiquants et pilotes appréhendés — aux rigueurs de la justice du Belize. Ces pratiques déshonorantes et condamnables irritent, on le comprend, ceux qui luttent sans répit contre ce terrible fléau.

En haut : ce Dornier Do 27 pris aux trafiquants de drogue a été entièrement révisé avant d'être mis en service au sein de la BDF.
Ci-dessus : cet avion chargé de drogue, sur l'aéroport international de Belize, a été saisi par la BDF.

Ci-dessous : au cours de leurs sorties d'entraînement, les pilotes du Flight 1417 sont parfois amenés à intercepter des avions suspects.

Ayres Turbo Thrush NEDS

Cet Ayres Turbo Thrush NEDS (Narcotics Eradication Delivery System), doté d'un système de lutte antidrogue, était basé sur l'aéroport international de Belize pendant l'opération Roundup Six, en juin 1987. L'Ayres Turbo Thrush a été extrapolé du Rockwell Thrush Commander, lui-même dérivé de l'avion de travail agricole Snow S-2.

Trémie
Une trémie en fibre de verre dotée de panneaux latéraux translucides a été installée à l'avant de l'habitacle. Une trappe permet au pilote d'évaluer la quantité restante d'herbicide. Cette trémie, d'une capacité de 1 500 l, permet de traiter en moyenne huit champs de marijuana.

Train d'atterrissage
Le train d'atterrissage fixe, particulièrement robuste, du Trush est adapté aux terrains sommairement aménagés. Il comporte des amortisseurs et des freins à disques. La roulette de queue orientable peut être verrouillée au sol.

Ailes
Les ailes cantilever du Trush accusent un léger dièdre positif. Construites autour de deux longerons, elles sont très robustes.
Les ailerons sont commandés manuellement et les volets électriquement.

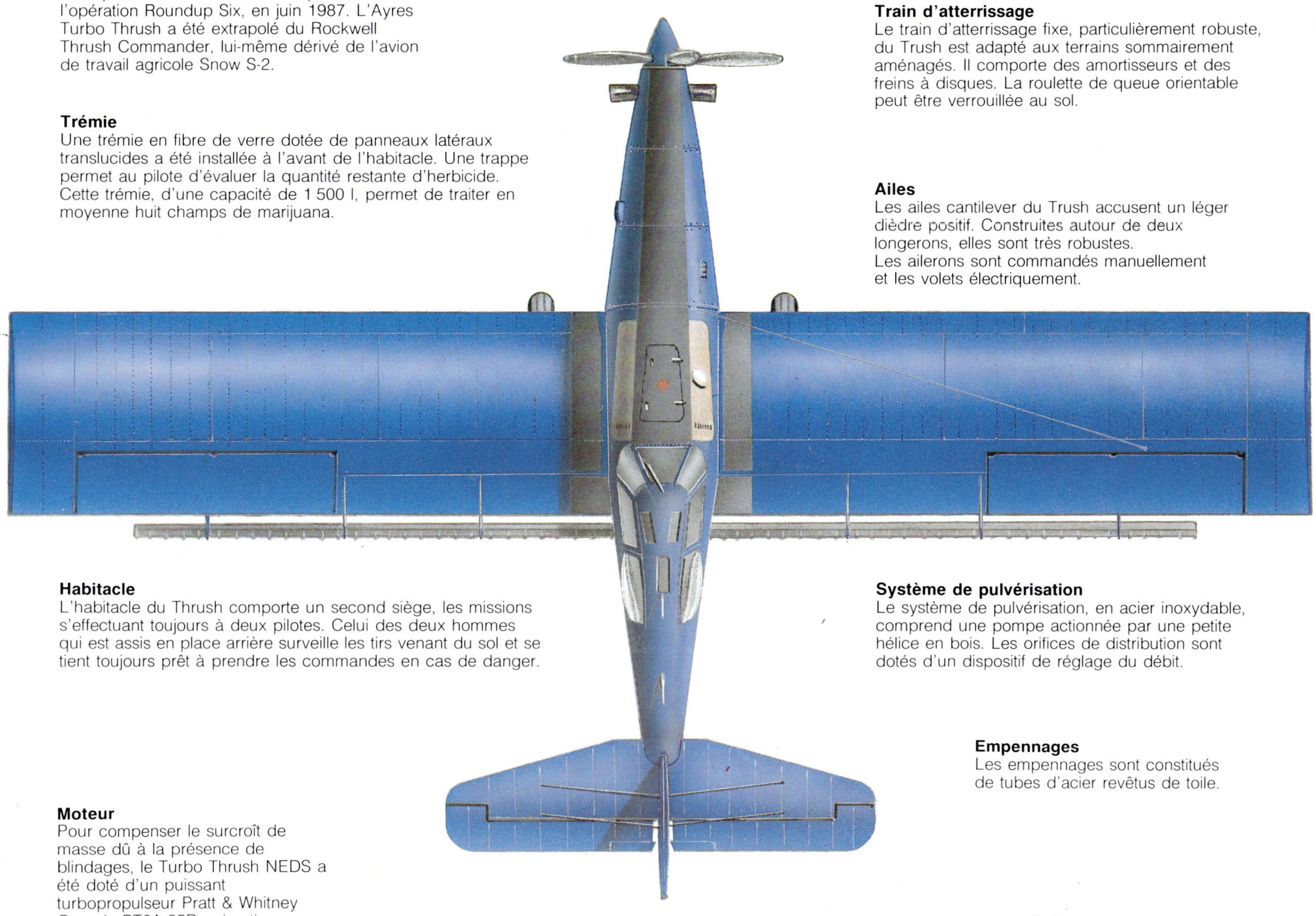

Habitacle
L'habitacle du Thrush comporte un second siège, les missions s'effectuant toujours à deux pilotes. Celui des deux hommes qui est assis en place arrière surveille les tirs venant du sol et se tient toujours prêt à prendre les commandes en cas de danger.

Système de pulvérisation
Le système de pulvérisation, en acier inoxydable, comprend une pompe actionnée par une petite hélice en bois. Les orifices de distribution sont dotés d'un dispositif de réglage du débit.

Empennages
Les empennages sont constitués de tubes d'acier revêtus de toile.

Moteur
Pour compenser le surcroît de masse dû à la présence de blindages, le Turbo Thrush NEDS a été doté d'un puissant turbopropulseur Pratt & Whitney Canada PT6A-65R qui actionne une hélice Hamilton Standard à cinq pales.

La saga du vol vertical (1)

LES PREMIERS PAS

Au-dessus d'une mer crénelée d'écume, sur fond de ciel gris, une masse ventrue et rugissante se colle, virage après virage, derrière une fine silhouette qui essaie désespérément de s'échapper. Un Sea Harrier britannique poursuit un Mirage argentin. A l'arrière-plan, les collines des Malouines en hiver. Un éclair soudain, un Sidewinder part en arc de cercle à une vitesse incroyable, point blanc brillant sur fond de nuage, et rattrape l'infortuné Mirage. Le Sea Harrier dégage déjà, recherche une nouvelle cible, évite un autre adversaire. Le Sidewinder et le Mirage se fondent en une boule sombre, noire et rouge, dans un bruit de tonnerre. Le drame s'est joué en quelques minutes.

C'est une telle scène que l'homme de la rue évoquerait si on lui parlait du décollage vertical, un concept britannique que les Britanniques, pour une fois, ont adopté. Un concept qui s'est traduit par un avion d'assaut extraordinairement efficace, commandé à plusieurs centaines d'exemplaires par l'US Marine Corps — pourtant sectaire.

La guerre des Malouines a fait découvrir le Harrier aux Britanniques, tout comme, quarante ans plus tôt, le Spitfire avait conquis leur cœur pendant la bataille d'Angleterre. Cela pour la bonne raison que le Harrier constitue un cas unique en son genre. Modèle de technicité, cet appareil a permis d'écraser un ennemi supérieur en nombre alors qu'il avait peu de chances de l'emporter. A une telle histoire, les Britanniques ne pouvaient pas résister. Mais la genèse des avions à décollage et

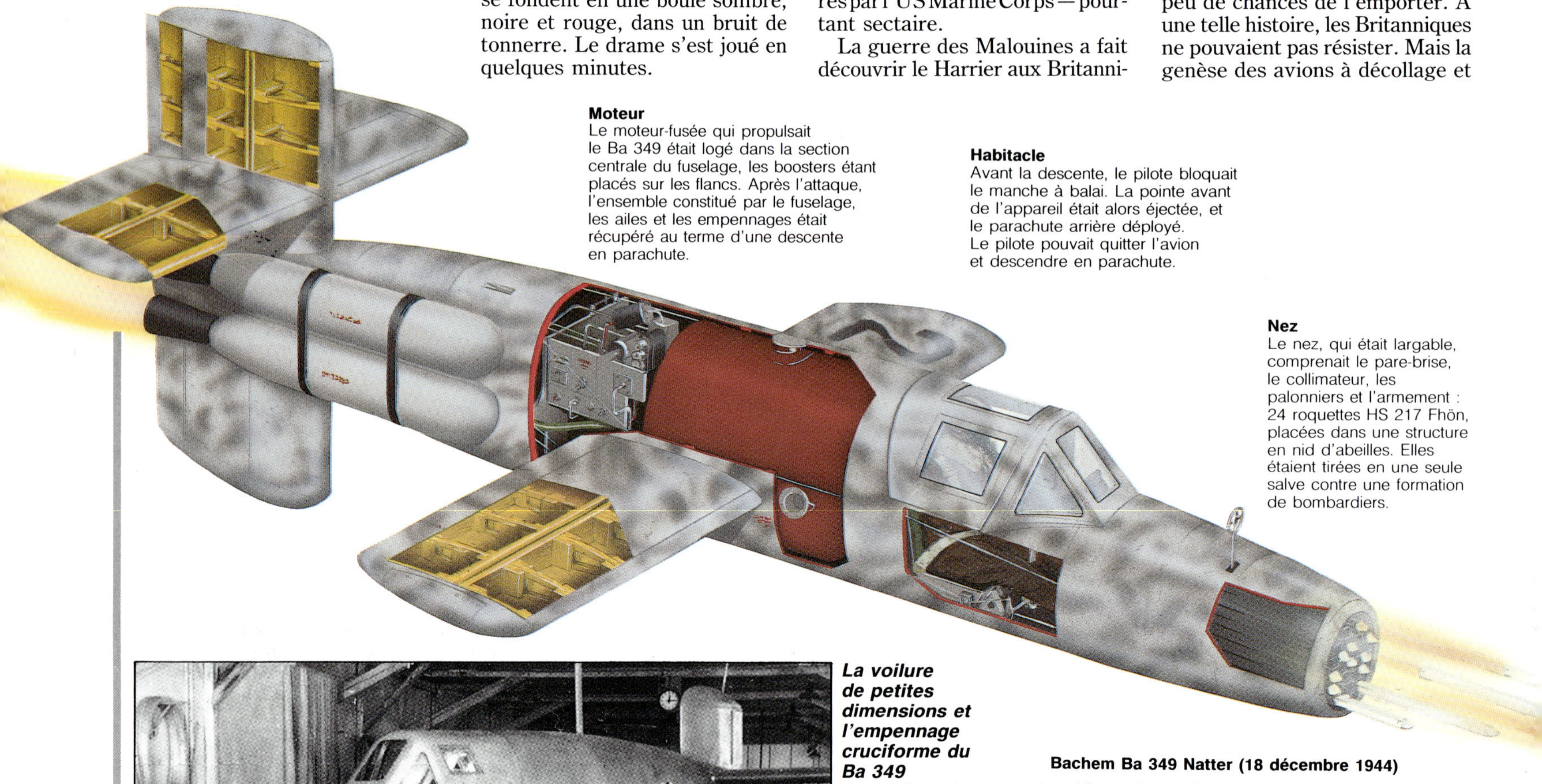

Moteur
Le moteur-fusée qui propulsait le Ba 349 était logé dans la section centrale du fuselage, les boosters étant placés sur les flancs. Après l'attaque, l'ensemble constitué par le fuselage, les ailes et les empennages était récupéré au terme d'une descente en parachute.

Habitacle
Avant la descente, le pilote bloquait le manche à balai. La pointe avant de l'appareil était alors éjectée, et le parachute arrière déployé. Le pilote pouvait quitter l'avion et descendre en parachute.

Nez
Le nez, qui était largable, comprenait le pare-brise, le collimateur, les palonniers et l'armement : 24 roquettes HS 217 Föhn, placées dans une structure en nid d'abeilles. Elles étaient tirées en une seule salve contre une formation de bombardiers.

Bachem Ba 349 Natter (18 décembre 1944)

Les Allemands exploitèrent nombre d'idées nouvelles en cherchant désespérément une riposte efficace à la menace des bombardements alliés. Le Ba 349 Natter était un intercepteur propulsé par un moteur-fusée et lancé sur des rails placés à la verticale. La plus grande partie de l'appareil ainsi que le pilote étaient récupérés après l'attaque grâce à des parachutes. Des essais en vol plané ayant prouvé la validité du concept, le premier vol piloté intervint le 28 février 1945. Il se termina par un désastre, mais les tests se poursuivirent jusqu'à l'occupation de l'usine par les Alliés.

Page ci-contre : la préparation du Ba 349 en vue de son premier vol piloté, avec Lothar Siebert aux commandes. A la suite d'un mauvais fonctionnement de la verrière, l'avion s'écrasa, tuant son pilote.

La voilure de petites dimensions et l'empennage cruciforme du Ba 349 apparaissent bien sur cette photographie. Ce Bachem avait un train d'atterrissage tricycle expérimental, adapté aux essais en vol plané remorqué par un Heinkel He 111.

atterrissage verticaux (ADAV) est plus ancienne que le Harrier.

ADAV à croix gammée

L'idée de réaliser des ADAV hantait les concepteurs d'avions depuis des décennies. Les avantages de cette formule étaient assez évidents. Les militaires souhaitaient disposer d'un chasseur de première ligne facile à camoufler et difficile à détruire car n'ayant pas besoin de piste permanente, donc exposée. Bien conçu, un tel appareil devait aussi pouvoir être installé à bord des navires marchands pour disposer de leur propre défense. Les porte-avions, massifs, coûteux et particulièrement vulnérables, appartiendraient ainsi au passé. De leur côté, les civils voulaient mettre en place des aéroports excentrés destinés aux vols locaux et permettre aux grands centres urbains de devenir partie prenante dans le trafic aérien international. Seules des contraintes d'ordre technologique limitaient, et dans une large mesure limitent encore, le développement des ADAV.

Les premiers qui surent tirer parti de la nouvelle technique furent, comme ce fut souvent le cas, les Allemands, en l'occurrence vers la fin de la Seconde Guerre mondiale. Le premier avion ADAV du monde fut conçu non pas en vue d'obtenir un avantage stratégique ou tactique, mais à des fins purement défensives. Le Bachem 349 Natter était un intercepteur monoplace à rayon d'action limité consommable qui pouvait assurément décoller à la verticale. En revanche, l'atterrissage était une tout autre affaire.

Le Natter était un appareil de taille réduite, propulsé par un moteur-fusée à carburant liquide de 1 990 kgp et par quatre fusées d'appoint de 500 kgp, lancé d'une rampe verticale de 25 m de haut avec une vitesse ascensionnelle initiale de 11 400 m/mn, nettement supérieure à celle des chasseurs modernes.

L'idée, qui ne fut jamais vraiment poussée plus avant, était de faire prendre l'air à l'appareil à l'approche des bombardiers alliés. Dix secondes plus tard, le pilote larguait les fusées d'appoint et,

Le Lockheed XFV-1 Salmon est représenté ici avec le train d'atterrissage qui lui permettait de décoller et d'atterrir en mode conventionnel.

Ci-dessus : le Lockheed XFV-1, en position de décollage sur son empennage cruciforme. Même s'il réussit à voler, cet appareil ne parvint jamais à la verticale.

Lockheed XFV-1 Salmon (16 juin 1954)

L'un des deux chasseurs ADAV construits autour de l'impressionnant turbopropulseur Allison YT40-A-14 de 7 100 ch était le XFV-1. Il s'agissait d'un avion aux lignes conventionnelles, à l'exception de l'empennage cruciforme sur lequel il était posé pour le décollage et l'atterrissage verticaux. En réalité, l'appareil ne fit que prendre l'air de la manière la plus classique, avec un atterrisseur de fortune, bien qu'une translation fût effectuée. Le projet fut abandonné en juin 1955, quand le turboréacteur s'imposa dans le domaine des ADAV.

Ci-dessous : tous les vols du XFV-1 furent menés avec un train d'atterrissage auxiliaire. Au cours d'au moins un essai, une translation du vol horizontal au vol vertical fut effectuée.

aux environs de 6 000 m, il se mettait en palier pour lancer son assaut sur les formations ennemies avec un armement de vingt-quatre roquettes. Une fois le moteur-fusée principal coupé et dès que l'avion avait suffisamment ralenti, le pilote s'éjectait. Un second parachute ramenait au sol l'avion lui-même pour un atterrissage qui, théoriquement, devait être vertical.

Des avions futuristes

Dix BA 349 devinrent opérationnels à Kirchheim, près de Stuttgart, mais ils furent détruits par les Allemands avant d'être engagés au combat afin d'empêcher qu'ils tombent aux mains des Alliés. La perte ne fut pas bien grande : quelques années plus tard, les missiles sol-air pouvaient assurer la même mission avec plus d'efficacité.

Le Natter fut le premier ADAV qui ait jamais volé, mais pas le seul avion de ce type conçu par les Allemands. De tous les appareils futuristes imaginés par les savants du IIIe Reich, le plus étonnant fut sans doute le Focke-Wulf Triebflügel, une machine révolutionnaire dotée d'un réacteur à l'extrémité de chacune de ses trois ailes médianes. Ces propulseurs devaient soulever l'avion à la manière des rotors d'un hélicoptère ; une fois en l'air, l'avion pouvait évoluer comme une machine conventionnelle, à une vitesse prévue de 995 km/h.

Curieusement, cet exemple du génie mécanique allemand si réputé n'eut aucune suite après la guerre. Toutefois, ce qu'il faut retenir de ces études allemandes, c'est qu'elles mirent en lumière le fait que seuls des moteurs plus puissants pouvaient faire s'élever un avion à la verticale. La puissance des propulseurs à piston disponibles étant toujours inférieure au poids de l'avion qu'ils équipaient, la machine était absolument dépendante de la portance aérodynamique des ailes — qui ne pouvait être engendrée qu'en roulant sur une piste — pour prendre l'air. Le succès de la formule ADAV exigeait un moteur dont la poussée fût supérieure à la masse de l'avion pour le faire voler.

Un obstacle levé

Après la fin des hostilités apparurent les turbopropulseurs — qui combinent, pour expliquer les choses de façon sommaire, un système de propulsion à réaction avec une hélice assurant la traction. Il en résultait un énorme accroissement de puissance disponible, et il devint enfin possible d'envisager la réalisation d'un ADAV véritablement fiable. En 1950, l'US Navy entra dans la course.

L'intérêt de la marine américaine pour les ADAV était directement lié aux enseignements de la Seconde Guerre mondiale, au cours de laquelle les navires de commerce alliés avaient subi des pertes terribles face aux attaques des sous-marins allemands. Une méthode merveilleusement simple de protéger ces navires à l'avenir serait d'embarquer à leur bord un avion d'assaut. Ainsi fut réalisé un amalgame assez particulier entre un concept stratégique retardataire — peut-être même totalement dépassé — et une approche aventureuse de l'innovation technologique. Le résultat de cette réflexion fut la mise au point de deux prototypes singuliers, qui furent si peu appréciés qu'aucun pilote n'aurait souhaité y prendre place de nouveau.

La Navy demanda à Lockheed et à Convair de construire chacun un appareil de recherche ADAV susceptible de donner naissance à un avion de combat opérationnel. Les deux sociétés devaient concevoir une cellule autour du turbopropulseur Allison XT40-A-6, lequel devait actionner des hélices contrarotatives Curtiss tripales.

Lockheed produisit le XFV-1, qui reçut l'appellation de Salmon (d'après le nom de l'ingénieur en chef des essais en vol, Herman Fish Salmon). L'avion rival, construit par la société Convair, était le XFY-1 Pogo, qui fut pris en main par le pilote d'essai Skeets Coleman.

Convair XFY-1 (1er août 1954)

Le Convair Pogo fut le rival, mieux réussi, du Salmon. Utilisant le même moteur, il ne reçut cependant jamais un train d'atterrissage conventionnel. Il effectua son premier vol vertical dans le hangar à dirigeables de la base aéronavale de Moffett Field le 4 juin 1954. Le 1er août suivant, il était prêt pour son premier vol en conditions réelles, qu'il mena sans grandes difficultés. En octobre 1954, James Skeets Coleman put accomplir une translation en vol horizontal.

Photographié dans un de ses nombreux décollages à la verticale, le XFY-1 s'envole de la base aéronavale de Brown, près de San Diego. Si elle était possible, la descente à la verticale n'en présentait pas moins de grandes difficultés.

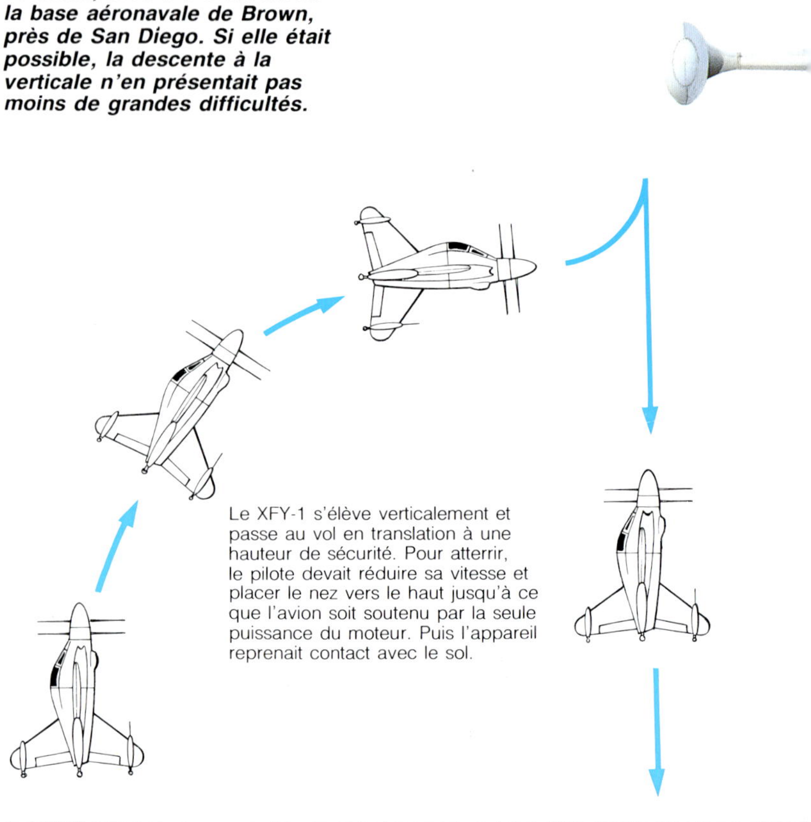

Le XFY-1 s'élève verticalement et passe au vol en translation à une hauteur de sécurité. Pour atterrir, le pilote devait réduire sa vitesse et placer le nez vers le haut jusqu'à ce que l'avion soit soutenu par la seule puissance du moteur. Puis l'appareil reprenait contact avec le sol.

Convair XFY-1 Pogo

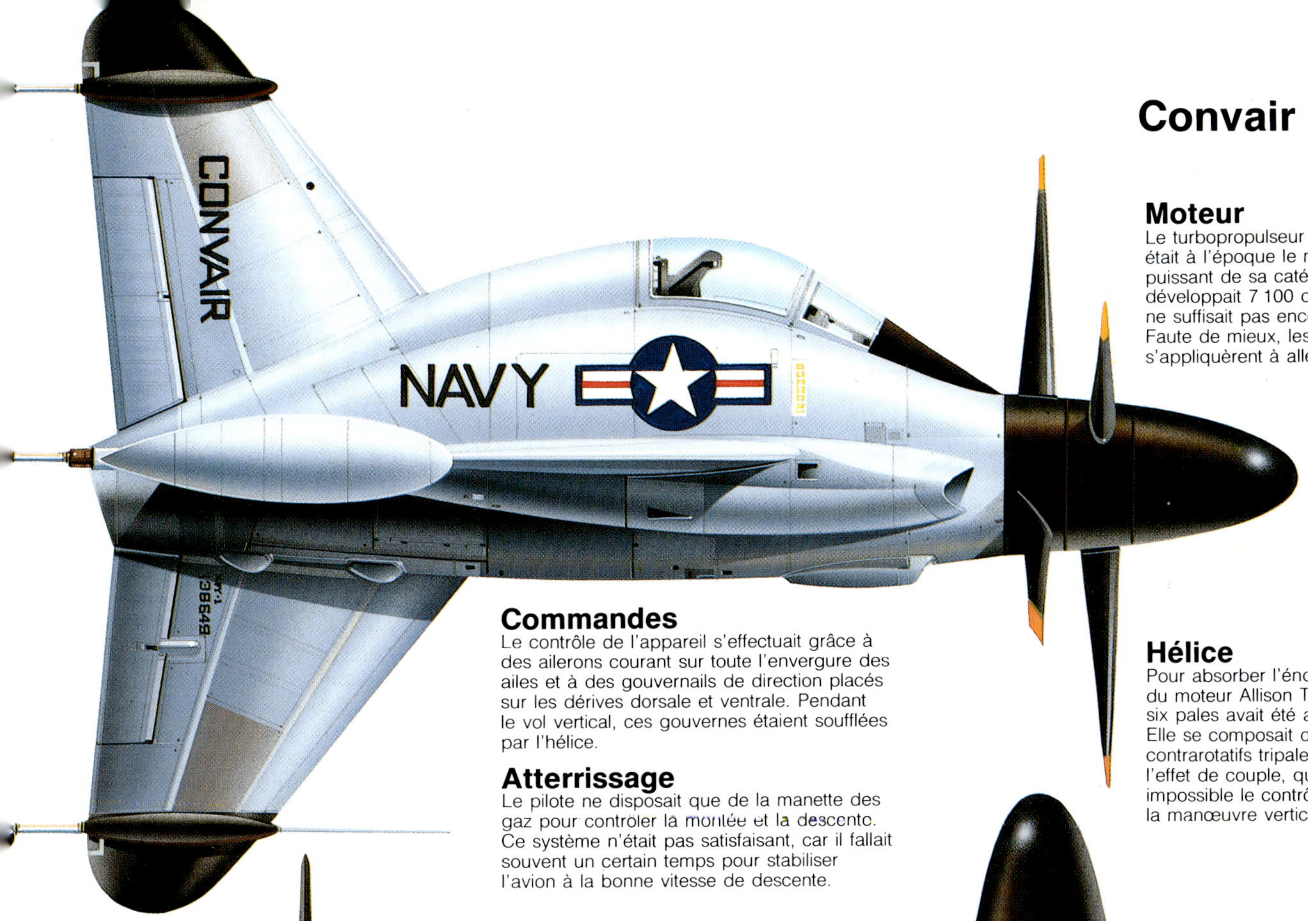

Moteur
Le turbopropulseur Allison YT40-A-6 était à l'époque le moteur le plus puissant de sa catégorie. Il développait 7 100 ch, mais cela ne suffisait pas encore tout à fait. Faute de mieux, les ingénieurs s'appliquèrent à alléger le XFY-1.

Commandes
Le contrôle de l'appareil s'effectuait grâce à des ailerons courant sur toute l'envergure des ailes et à des gouvernails de direction placés sur les dérives dorsale et ventrale. Pendant le vol vertical, ces gouvernes étaient soufflées par l'hélice.

Atterrissage
Le pilote ne disposait que de la manette des gaz pour contrôler la montée et la descente. Ce système n'était pas satisfaisant, car il fallait souvent un certain temps pour stabiliser l'avion à la bonne vitesse de descente.

Hélice
Pour absorber l'énorme puissance du moteur Allison T40, une hélice à six pales avait été adoptée.
Elle se composait de deux éléments contrarotatifs tripales pour compenser l'effet de couple, qui aurait rendu impossible le contrôle de la manœuvre verticale.

Poste de pilotage
Pour le vol vertical, le siège était incliné à 45° vers l'avant, ce qui permettait au pilote de voir le sol par-dessus son épaule afin d'apprécier son décollage et son atterrissage.

Train d'atterrissage
Placé aux extrémités des ailes, l'atterrisseur se composait de petites roues orientables et comportait des amortisseurs.
Cette configuration donnait une bonne stabilité à l'appareil pour les atterrissages.

Comme une balance

Les pilotes d'essai pourront juger de ce que ressentaient Coleman et Salmon quand ils sauront que la manette des gaz ne donnait au pilote qu'un contrôle différé sur la vitesse verticale. Lorsqu'on était en descente et qu'à 50 pieds on réalisait que la vitesse était trop grande, on donnait un peu de gaz. Cette manœuvre ne réduisait pas immédiatement le taux de descente. Il se produisait simplement une légère accélération en montée qui pouvait freiner la descente, mais seulement après un certain temps, plusieurs secondes. Si l'on avait de la chance, on pouvait parvenir à suffisamment équilibrer la portance des grandes hélices et le poids de l'avion pour effectuer un atterrissage en douceur. Mais ce qui arrivait le plus souvent, c'est qu'il fallait manœuvrer la manette des gaz pour trouver la bonne vitesse verticale de descente.

Le pilote était sensé mener à bien ce difficile équilibrage en vol tout en regardant par-dessus son épaule, assis sur un siège qui avait été incliné à 45° vers le plancher de l'habitacle.

On croit rêver quand on pense qu'on voulait poser une machine pareille sur un pont, en pleine mer, pendant une tempête. Heureusement, on ne l'a jamais demandé à quiconque.

Cet obstacle insurmontable allait mettre fin au programme, mais celui-ci avait déjà été sérieusement ébranlé par les extraordinaires difficultés rencontrées par les deux avions pour passer du vol stationnaire au vol horizontal, sans parler de l'opération qui consistait à y revenir. Le XFV-1, qui fut provisoirement testé avec un train d'atterrissage conventionnel, n'alla pas plus loin qu'un décollage vertical au cours duquel il réussit à peine à s'arracher du sol. Coleman, à bord du XFY-1, fut le premier ADAV à prendre l'air dans l'histoire de l'aviation, en l'occurrence le 1er août 1954. Il atteignit une altitude de 45 m, et, en octobre, il acheva ses essais. Malgré cette réussite relative, il était clair que le concept sur lequel se fondait cet appareil était condamné.

Pour l'impossible, attendre encore un peu

Soucieuse de ne pas être distancée, l'US Air Force avait elle aussi entamé la réalisation d'un ADAV avec la Ryan Aeronautical Company. Le X-13 Vertijet, telle était la dénomination de l'avion, avait au moins l'avantage d'être propulsé par un réacteur Rolls-Royce Nene, dont le poids était inférieur de moitié à celui de tous les moteurs américains de la même catégorie à l'époque, ce qui lui donnait un phénoménal rapport poids/puissance de 1/1,25.

De l'air prélevé sur la tuyère du réacteur alimentait des buses situées aux extrémités de la voilure, facilitant le contrôle en roulis, tandis que la tuyère disposait d'une sorte de pivot destiné à permettre la stabilisation de l'appareil.

Les ingénieurs de Ryan prirent une initiative courageuse en vue de résoudre l'un des principaux défauts des prototypes de la Navy, celui des atterrissages par trop brutaux. Pour ce faire, ils avaient mis au point un système grâce auquel le X-13 ne touchait pas le sol. L'avion était, en effet, suspendu à un grappin accroché à une rampe verticale.

En dépit de cet avantage apparent, il fallait beaucoup d'habileté à un pilote pour manœuvrer le Vertijet aux vitesses critiques correspondant à la translation entre le vol vertical et le vol horizontal.

Plus grave encore, en vol stationnaire à pleine puissance, l'appareil se comportait, d'après le pilote d'essai Pete Girard, comme un gyroscope de grandes dimensions. Ce dernier ajoutait : « Tout mouvement pour le faire s'écarter de son axe d'évolution prévu engendrait une réaction assez violente. »

Le Ryan X-13 n'en devint pas moins le premier avion à réaction au monde à accomplir le 12 avril 1957, une séquence complète

Le Ryan X-13 Vertijet suspendu à son trapèze, qui était monté sur une plate-forme installée sur une remorque à roues. Des vérins hydrauliques la faisaient monter verticalement.

Ryan X-13 Vertijet (10 décembre 1955)

Après avoir volé de façon conventionnelle, avec un atterrisseur à roues classiques, le 10 décembre 1955, le X-13 devait bientôt se placer en vol stationnaire. Le pilote ralentissait, augmentait l'incidence, puis redonnait de la puissance au moment où la voilure approchait du décrochage. Ensuite, grâce au système de stabilisation automatique, aux buses situées en bouts d'ailes et à la tuyère orientable, l'appareil, soutenu uniquement par la poussée du réacteur, se maintenait verticalement. Le pilote réduisait alors graduellement la puissance, descendait et s'approchait d'un trapèze fixé sur une plate-forme verticale pour s'y accrocher. Le 12 avril 1957, le X-13 fut le premier avion à réaction à décoller verticalement, à effectuer une translation, à revenir en vol stationnaire et à atterrir à la verticale.

Après s'être décroché du trapèze, le X-13 s'éloigne doucement de la plate-forme de lancement. Le pilote se réfère à la perche noire et blanche pour évaluer sa distance par rapport au sol et à la remorque.

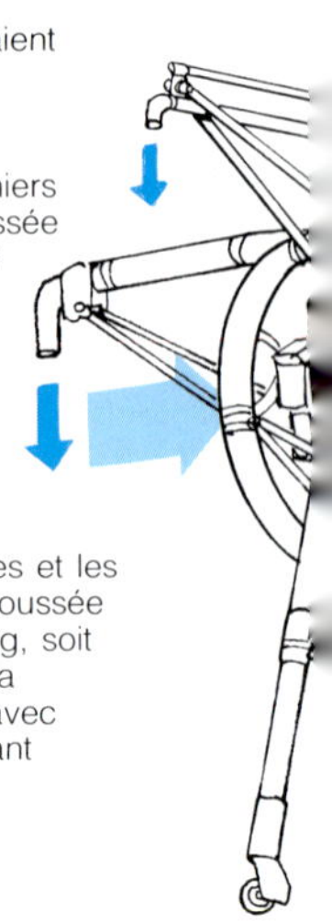

Rolls-Royce Thrust Measuring Rig (9 juillet 1953)

Le Thrust Measuring Rig, surnommé très vite Flying Bedstead (« lit-cage volant »), était incapable d'accomplir autre chose que des vols stationnaires. Il était constitué de deux turboréacteurs Rolls-Royce Nene dotés de tuyères coudées tournées vers le sol et disposait de buses de stabilisation placées sur de longues balancines. Cette machine comportait des roues orientables très espacées les unes des autres. Après un vol captif, mené le 9 juillet 1953, il effectua un vol libre le 9 août 1954. Cet engin apporta une grande contribution au programme ADAV britannique, qui devait déboucher sur le Short SC.1 et sur la lignée des P.1127, Kestrel et Harrier.

Le Thrust Measuring Rig, dont la masse était de 3 t, n'avait pas de lignes aérodynamiques. Il disposait de deux réservoirs de carburant qui lui donnaient une autonomie de dix minutes environ.

d'envol et d'atterrissage verticaux, mais aussi de translation, en utilisant un système d'autostabilisation, le premier du genre. Toutefois, en dépit de sa réussite, le Vertijet présentait d'assez importantes limites.

Un lit-cage volant

Tandis que les militaires américains poursuivaient leurs expériences, les ingénieurs de Rolls-Royce avaient déjà franchi une autre étape, essentielle. Réalisant que le concept développé par les constructeurs américains était dépassé, ce qui ne faisait aucun doute, ils avaient commencé à envisager la réalisation d'un avion à décollage et atterrissage verticaux qui s'élèverait en conservant son fuselage à l'horizontale. Les moyens nécessaires à la mise en œuvre de ce nouveau concept ne manquaient pas. L'une des solutions évidentes était de construire un avion doté de réacteurs pour le décollage et l'atterrissage, et d'autres pour le vol horizontal. Une autre possibilité consistait à adopter un moteur à poussée vectorielle conçu à la fois pour le vol vertical et le vol horizontal. Dans les deux cas, les Britanniques pensaient obtenir de nombreuses informations sur la façon de contrôler exactement les réacteurs de sustentation. A cette fin, Rolls-Royce construisit le Thrust Measuring Rig, engin expérimental connu en tant que Flying Bedstead (« lit-cage volant »).

Le Bedstead était propulsé par deux réacteurs Nene, dont les tuyères d'éjection étaient tournées vers le sol. Ces tuyères étant placées au centre de gravité de l'ensemble, la panne d'un seul moteur n'engendrait pas de perte de stabilité. Le contrôle en tangage et en roulis était obtenu par des buses d'éjection placées à l'avant, à l'arrière, à droite et à gauche du cadre principal.

Le pilote d'essai pressenti pour faire prendre l'air à cette incroyable machine pour la première fois se récusa au dernier moment, poliment mais fermement. Son remplaçant, R. A. Harvey, trouva, lui, l'expérience fascinante.

La seconde expérience se déroula entièrement dans les airs. Le Bedstead était remarquablement stable, et il demeurait à l'horizontale tant qu'on ne bougeait pas le manche. Il était difficile de croire que cette machine si lourde, avec plus de 3 t, soutenue par la poussée de ses réacteurs, puisse être équilibrée par quatre buses. Je pensais qu'elle allait remuer dans tous les sens, qu'elle allait vraiment bouger avant que le système de stabilisation automatique détecte le mouvement et entre en action. En fait, aucune déviation n'était perceptible en tangage et en roulis. Ce système de stabilisation était une splendide réalisation.

L'avion supersonique de transport ADAV que projetait Rolls-Royce ne vit jamais le jour, mais l'expérience accumulée avec le Flying Bedstead fut essentielle pour aborder l'étape suivante du vol vertical.

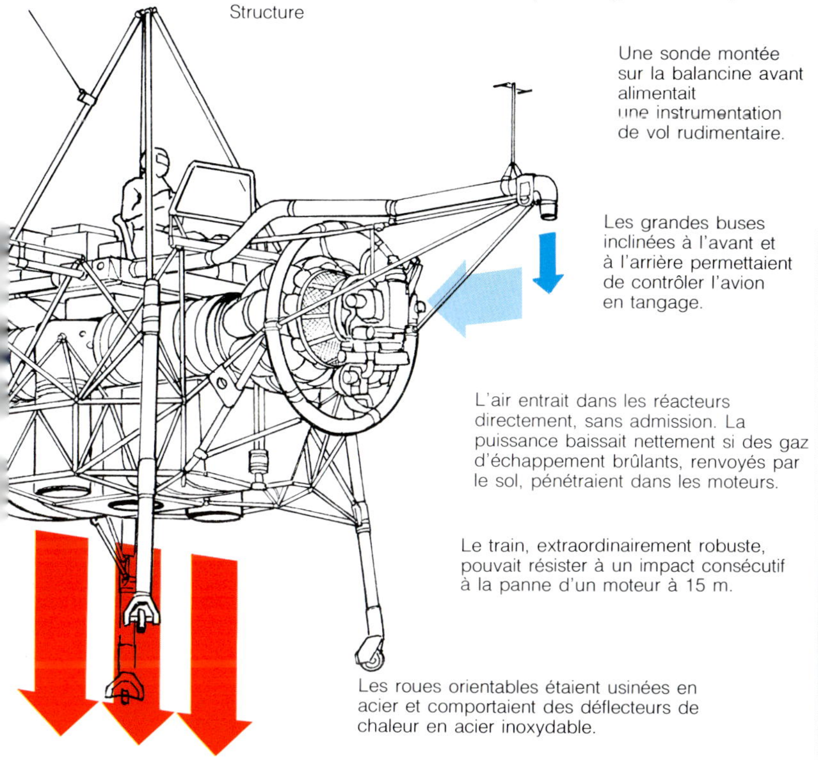

Au-dessus : le Coléoptère posé sur ses quatre roues principales. La configuration inhabituelle de l'aile annulaire était la particularité la plus remarquable de l'appareil.

A gauche : le SNECMA C.450-01 Coléoptère sur sa plate-forme de lancement inclinée. Cet appareil avait été précédé par une machine non pilotée.

SNECMA C.450-01 Coléoptère (6 mai 1959)

Présentant des lignes véritablement futuristes, le Coléoptère combinait un train d'atterrissage quadricycle avec une aile annulaire. Des surfaces canard escamotables étaient logées dans le nez de cet appareil remarquable. L'Atar volant, une machine non pilotée d'une configuration assez proche, fut construit et vola avant le Coléoptère. Ce dernier, qui vola le 6 mai 1959, parut suffisamment prometteur pour que ses constructeurs envisagent d'en extrapoler un avion de chasse opérationnel. Mais, en fin de compte, le développement de l'appareil fut abandonné.

La saga du vol vertical (2)

DES PROGRÈS DÉCISIFS

Alors que les ADAV conçus au début des années cinquante tombaient dans l'oubli, le travail des ingénieurs s'orientait vers des avions capables de décoller et d'atterrir en maintenant leur fuselage à l'horizontale. Les pilotes autant que le public allaient être étonnés par plusieurs projets curieux, hors normes, qui devaient, à quelques exceptions près, ne jamais déboucher sur une quelconque application pratique.

Le Flying Bedstead, dû à Rolls-Royce, avait prouvé qu'un avion pouvait décoller, se maintenir en vol stationnaire et atterrir à l'horizontale, en faisant appel à des tuyères d'éjection soigneusement disposées et à un système de stabilisation automatique. Il manquait cependant un réacteur supplémentaire capable de propulser l'appareil vers l'avant et de lui permettre de passer du vol stationnaire au vol horizontal. De nombreuses solutions théoriques s'offraient aux ingénieurs.

Jeu de puissance

Un certain nombre de prototypes ADAV conçus entre le milieu et la fin des années cinquante firent appel à de nouveaux concepts. Les techniciens estimaient que puisqu'un avion ne pouvait passer du vol stationnaire au vol horizontal sous un angle de 90°, une meilleure solution consistait à réaliser une machine volant à l'horizontale mais dont les moteurs pourraient être orientés de la verticale à l'horizontale.

Ce concept fut testé avec succès par plusieurs prototypes qui utilisaient des moteurs actionnant des rotors. Le premier de ces convertibles, le Bell XV-3, provint d'un contrat commun signé par l'US Army et l'US Air Force en 1951. Cet appareil vola pour la première fois en août 1955 ; mais s'il était facile de lui faire accomplir un cycle complet de translation, le XV-3 était d'un pilotage très délicat. N'ayant pas de système de stabilisation automatique, il était particulièrement instable en vol stationnaire tandis que son siège, qui s'éjectait vers le bas, était peu apprécié des pilotes.

Le principal défaut d'un tel appareil résidait dans la faible puissance disponible par rapport à celle fournie par un réacteur. Tous les avions à décollage et atterrissage verticaux sont concernés à un certain degré par un phénomène appelé effet de sol, et dans lequel l'air chassé vers le bas par un rotor ou un réacteur fait pression sur le sol : le sol ne bougeant pas, l'avion doit forcément s'élever.

Une fois l'appareil en l'air, un autre phénomène intervient. Le flux de gaz chauds, quand il rebondit sur le sol, peut soit accroître la portance de l'avion, soit, si celui-ci est mal conçu, le déstabiliser. Le Bell XV-3 dépendait entièrement de l'effet de sol en vol stationnaire. Hors effet de sol, il devait immédiatement passer en vol horizontal (sans quoi il s'écrasait), pour la simple raison que les rotors n'étaient pas capables de le soutenir à eux seuls.

Pour donner la portance nécessaire à un avion de ce poids, il fallait que les rotors soient d'une taille semblable à celle des rotors d'un hélicoptère, ou soient entraînés par un moteur bien plus puissant. Quoi qu'il en soit, la struc-

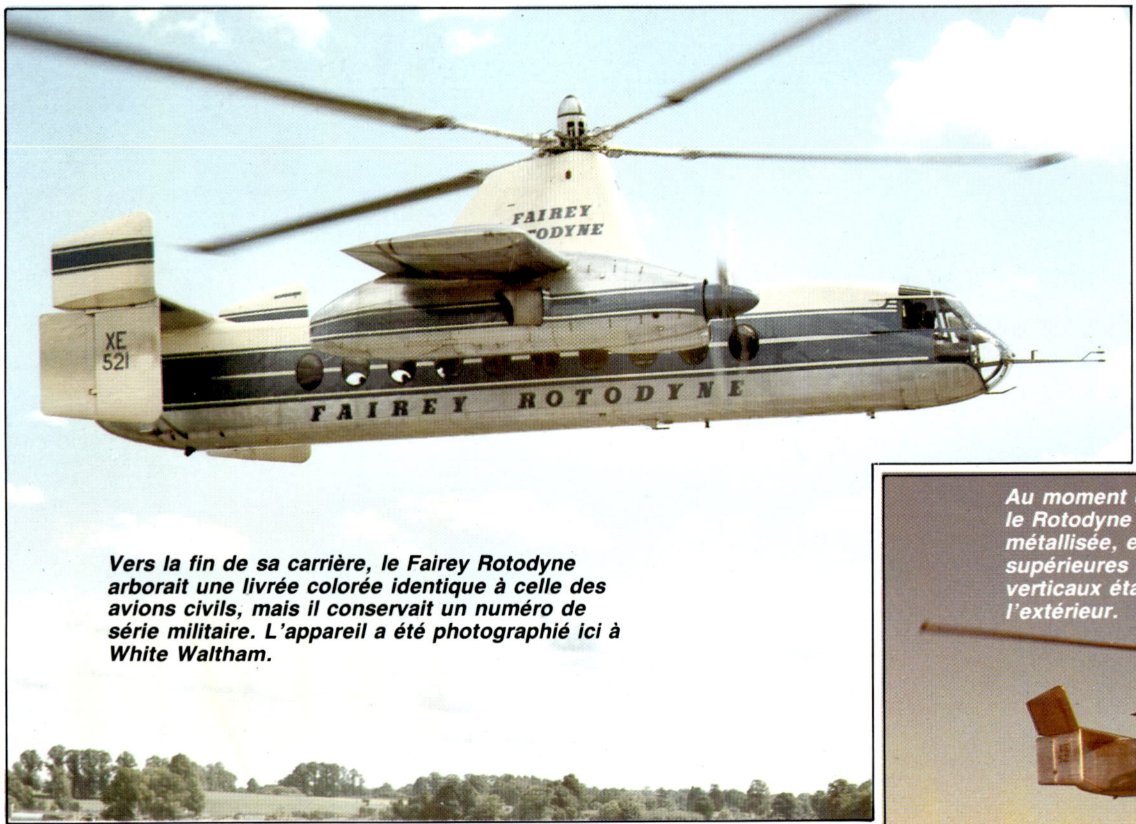

FAIREY ROTODYNE (6 NOVEMBRE 1957)
Le Fairey Rotodyne Y de 40 places préfigurait un avion de transport ADAV plus grand, de 70 places, qui fut désigné Rotodyne Z. Deux turbopropulseurs Napier Eland, montés sur les ailes, entraînaient des hélices tractives, tandis que le grand rotor quadripale était actionné par des buses situées aux extrémités des pales. Le prototype du Rotodyne, qui prit l'air le 6 novembre 1957, établit un record mondial pour voilures tournantes moins de deux ans après. L'avenir de cet appareil sembla assuré quand BEA, New York Airways et la RAF en passèrent des options. Malheureusement, le projet devait être interrompu puis abandonné.

Vers la fin de sa carrière, le Fairey Rotodyne arborait une livrée colorée identique à celle des avions civils, mais il conservait un numéro de série militaire. L'appareil a été photographié ici à White Waltham.

Au moment de son premier vol, le Rotodyne avait une livrée métallisée, et les parties supérieures de ses empennages verticaux étaient inclinées vers l'extérieur.

ture des ailes était déjà impropre à supporter les vibrations du propulseur lancé à pleine puissance en vol stationnaire.

L'appareil qui présenta la solution de compromis la plus valable fut le Fairey Rotodyne britannique. Cet avion, qui s'apparentait plus à un hélicoptère convertible qu'à un ADAV, disposait d'un rotor classique destiné au vol stationnaire, et de turbopropulseurs montés sur des ailes trapues pour le vol horizontal. Machine en théorie idéale pour les liaisons locales ou régionales, le Rotodyne se révéla peu maniable en vol et ne fut jamais commercialisé.

L'autre possibilité qui s'offrait aux ingénieurs était de faire basculer non seulement les moteurs mais aussi les ailes. L'une des applications de ce concept, le Hiller X-18 de 1959, fut jugée trop peu fiable pour effectuer un quelconque essai de translation. Le Boeing Vertol VZ-2, qui l'avait précédé, mit en évidence un phénomène dangereux : l'aile, placée à la verticale pour le vol stationnaire, se comportait comme une voile, si bien que l'avion était extrêmement sensible à la moindre rafale de vent.

De telles expérimentations montrèrent que le seul avion à décollage et atterrissage verticaux viable devait être doté de réacteurs, même si les essais d'appareils à ailes et à rotors basculants allaient permettre le développement de prototypes capables de décoller et d'atterrir sur de courtes distances — les ADAC. S'appuyant sur des techniques nouvelles, comme celles des matériaux composites, et faisant appel à des turbomoteurs, les firmes Boeing et Bell parvinrent à réaliser un convertible, le V-22 Osprey, qui fut adopté par l'US Army, l'US Navy et les Marines dans le cadre d'un contrat portant sur 1,7 milliard de dollars.

Le club international des réacteurs

S'il était apparu à la fin des années cinquante que l'avenir de l'ADAV résidait dans les moteurs à réaction, la meilleure façon d'utiliser cette énorme puissance disponible restait à définir. L'une des solutions possibles consistait à accroître la poussée de ces réacteurs au moyen de grandes soufflantes. Les prototypes Ryan XV-5A et XV-5B furent ainsi dotés de trois soufflantes placées dans les ailes et dans le fuselage et alimentées par deux turboréacteurs logés au centre des ailes.

Mais le poids et la traînée supplémentaires engendrés par ce dispositif créaient des problèmes au décollage et à l'atterrissage en mode conventionnel. Quant à l'instabilité de l'avion aux basses vitesses, elle était effroyable. Le XV-5 tua trois pilotes d'essai avant que le projet ne fût annulé. Une autre solution, américaine pour l'essentiel, visait à tirer parti de l'aérodynamique de l'appareil avant qu'elle n'entre en jeu dans le déplacement vers l'avant. Sur le Lockheed XV-4A Hummingbird (à l'origine VZ-10) de 1962, le flux du réacteur était dirigé sur l'extrados de la voilure au moyen de canalisations logées dans le fuselage. Le flux d'air obtenu

Le Ryan XV-5A Vertifan en configuration, vol vers l'avant, avec les carénages semi-circulaires des soufflantes de portance au-dessus de la voilure et les ouïes de la soufflante de tangage de nez entièrement fermées.

RYAN XV-5 (25 MAI 1964)

Sur cet appareil, deux turboréacteurs General Electric J85 actionnaient des soufflantes placées dans les ailes. Une soufflante plus petite était montée dans le nez en vue d'assurer la stabilisation. Lorsque le XV-5 parvenait à une hauteur de sécurité, des ouïes situées sur les soufflantes se fermaient, détournant de plus en plus de gaz vers la tuyère d'éjection principale et donnant la puissance nécessaire à la translation vers l'avant. Deux exemplaires furent construits, l'un d'eux étant utilisé par la NASA jusqu'en 1968.

En vol vertical, le XV-5A était soutenu par deux grandes soufflantes circulaires montées dans les ailes et alimentées par les réacteurs de l'avion. Une autre soufflante, placée dans le nez, permettait d'obtenir une relative stabilité en tangage.

Des carénages semi-circulaires montés sur l'extrados de la voilure s'ouvraient pour laisser entrer l'air dans les soufflantes de portance.

BELL X-14 (FÉVRIER 1957)

Pionnier entre tous, le Bell X-14 utilisait la formule simple de la puissance déviée pour le vol vertical. Les deux réacteurs Armstrong Siddeley Viper équipant l'appareil étaient montés dans la section avant du fuselage afin de fournir la poussée nécessaire au vol horizontal. De grands déflecteurs s'abaissaient sous l'aile, dirigeant la poussée vers le bas, pour le vol vertical. En vol stationnaire, le contrôle de l'avion s'effectuait grâce à des buses installées aux extrémités de la voilure et dans la queue. Après un premier vol vertical, en février 1957, le Bell accomplit le 24 mai 1959, sa première translation en vol horizontal.

Le Bell X-14 disposait d'un grand déflecteur de voilure qui déviait l'air vers le bas, le contrôle de l'avion s'effectuant grâce à des buses placées à ses extrémités.

devait alors pratiquement aspirer l'avion du sol. Des essais sur maquette effectués en soufflerie avaient montré que cette technique augmenterait la portance de plus de moitié. Mais, en grandeur réelle, l'expérience s'acheva sur un échec. Au cours de la translation, l'appareil fut soumis à un tangage terrible qui aboutit à sa destruction et à la mort du pilote.

Certaines extrapolations de ce concept — notamment le soufflage des volets avec l'air provenant directement du moteur ou par des buses — donnèrent naissance à des prototypes ADAC intéressants; mais pour les ADAV l'impasse était totale.

La solution qui semblait la plus simple — et qui avait depuis longtemps la faveur de l'équipe Rolls-Royce, à Derby — était de recourir à un ensemble de réacteurs légers de forte puissance pour soulever l'avion et accomplir la translation en vol horizontal, et à un réacteur principal de grandes dimensions pour les manœuvres à puissance réduite. Cette idée présentait deux inconvénients majeurs. Le premier était que, après avoir servi au décollage, les réacteurs de sustentation constituaient un poids mort lors du vol horizontal. La charge offensive et le rayon d'action d'un avion militaire ainsi conçu s'en trouveraient notablement réduits. En ce qui concerne les appareils civils, l'espace occupé par ces moteurs aurait pu servir à accueillir des passagers payants. Un tel concept présentait un autre défaut technique inquiétant.

Une opinion tranchée

En 1984, John Fozard, ingénieur en chef de l'équipe qui conçut le Harrier, expliqua ceci :

Le point essentiel avec un ADAV, qu'il ait deux, quatre, huit réacteurs ou davantage, est de pouvoir supporter une panne de moteur, parce qu'avec plusieurs propulseurs les probabilités de défaillance sont plus grandes qu'avec un seul.

Si une telle panne survient au décollage ou à l'atterrissage à la verticale, le problème consiste à surmonter une perte de portance non seulement d'un huitième, mais plus probablement de deux huitièmes. En effet, si un moteur de sustentation lâche, le pilote ne pourra sans doute pas contrôler l'assiette de l'avion sans réduire le régime du réacteur situé à l'opposé, dans l'axe du centre de gravité. Au décollage comme à l'atterrissage, un appareil doté de huit moteurs ne pourra pas surmonter la perte de 25 % de sa puissance de sustentation.

En dépit de ces limites, de multiples avions à réaction ADAV multimoteurs furent réalisés. Le Lockheed XV-4A fut doté de quatre réacteurs de sustentation montés dans le fuselage et reçut la dénomination de XV-4B, mais le flux de gaz brûlants renvoyé par le sol était ingéré par les moteurs, annulant leur rendement; si bien que cette machine ne vola jamais à la verticale.

Le plus connu sans doute des ADAV à moteurs multiples de l'époque fut un prototype conçu par Avro Canada pour le compte de l'US Navy. Il s'agissait du VZ-9AV, une sorte de soucoupe volante propulsée par trois turboréacteurs qui lui conféraient théoriquement une vitesse de croisière de 550 km/h à 10 000 m. En fait, les performances annoncées ne furent jamais atteintes, loin de là. Lors des essais qu'il mena en 1960, l'appareil ne dépassa pas 55 km/h et il ne s'éleva qu'à un mètre au-dessus du sol.

Expériences françaises

L'application la plus réussie du concept de Rolls-Royce fut, au départ, le Short SC.1 britannique, qui effectua son premier vol stationnaire en 1958 avec quatre moteurs RB.108. Mais le SC.1 réunissait tous les inconvénients classiques des avions à motorisation combinée. Les réacteurs de sustentation rabattaient l'air sur l'appareil, engendrant une perte de portance que les moteurs devaient compenser alors que les gaz d'échappement remontaient et réduisaient leur rendement.

Ce furent des défauts du même genre qui montrèrent que les idées développées par les ingénieurs de Rolls-Royce ne trouveraient leur réelle efficience qu'avec un avion militaire, en l'occurrence un chasseur, malgré l'espoir longtemps caressé de réaliser un jour un avion de ligne ADAV. Cette dernière perspective intéressa le bureau d'études de Derby, qui étudia jusqu'en 1969 un projet d'avion de transport en coopération avec Hawker-Siddeley tout en poursuivant le développement de moteurs de sustentation, lesquels furent montés sur deux prototypes français de chasseurs ADAV.

Le premier de ces appareils était le Dassault Balzac, qui vola

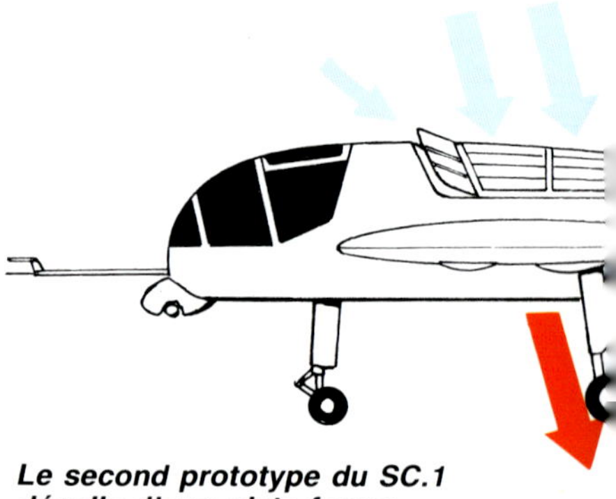

Le second prototype du SC.1 décolle d'une plate-forme installée au RAE de Bedford lors de ses essais.

LOCKHEED XV-4 HUMMINGBIRD (7 JUILLET 1962)

Lockheed réalisa le Hummingbird en vue d'expérimenter le principe de la chambre de mélange. Deux réacteurs montés de chaque côté du fuselage propulsaient l'avion en vol horizontal, les décollages verticaux s'effectuant grâce à des vannes de grandes dimensions placées au-dessus et en dessous de l'axe de l'avion et s'ouvrant sur un grand compartiment, à travers lequel passaient les gaz des moteurs. Le premier vol conventionnel intervint le 7 juillet 1962 et, la première translation le 20 novembre 1963. Les deux VZ-10 furent rebaptisés XV-4A en 1962, l'un d'entre eux recevant ultérieurement quatre réacteurs et l'appellation de XV-4B. En 1969, un accident signa l'arrêt définitif du projet.

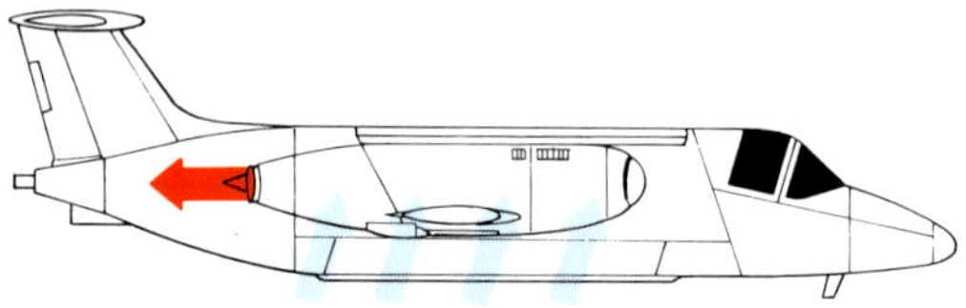

En vol stationnaire, le dessus du fuselage du Hummingbird s'ouvrait pour laisser entrer l'air, qui était éjecté par des buses auxiliaires situées dans la partie inférieure du fuselage.

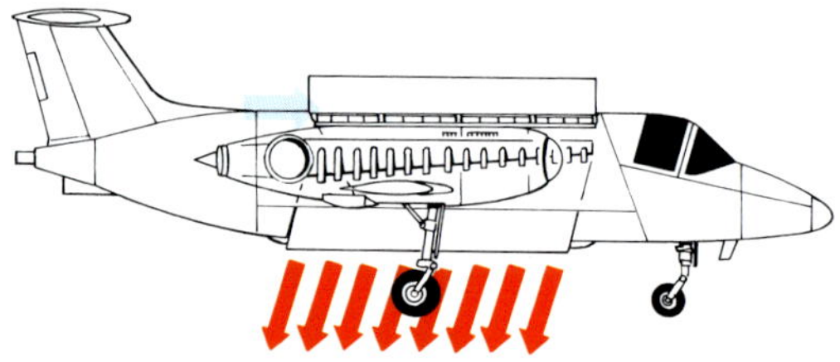

Le Lockheed XV-4A Hummingbird était un appareil biplace de recherche ADAV, qui utilisait la déviation du flux de ses moteurs pour produire la portance.

SHORT SC.1 (2 AVRIL 1957)

Le SC.1 était un avion à ailes en delta sans queue propulsé par cinq moteurs RB.108, dont quatre dirigés vers le bas pour la portance et un vers l'arrière pour le vol horizontal. Les quatre réacteurs de portance pouvaient être inclinés en avant et en arrière afin de fournir une poussée supplémentaire ou pour freiner l'avion pendant les translations en vue du vol horizontal. Des buses situées dans le nez, dans la queue et aux extrémités des ailes permettaient le contrôle de l'avion. Le premier des deux prototypes du SC.1 décolla le 2 avril 1957, puis effectua une série de vols stationnaires captifs. Le premier vol libre intervint le 25 octobre 1958. Plusieurs translations en vol horizontal furent effectuées le 6 avril 1960. Mais le succès du SC.1 était trompeur, et engendra une foule de projets mort-nés du même type.

Short SC.1

Habitacle

Le pilote, qui disposait d'un siège éjectable Martin Baker Mk V4, accédait au poste de pilotage par le panneau arrière de la verrière. L'habitacle était pourvu d'une instrumentation de vol et de moteurs rudimentaires provenant de plusieurs types d'avions.

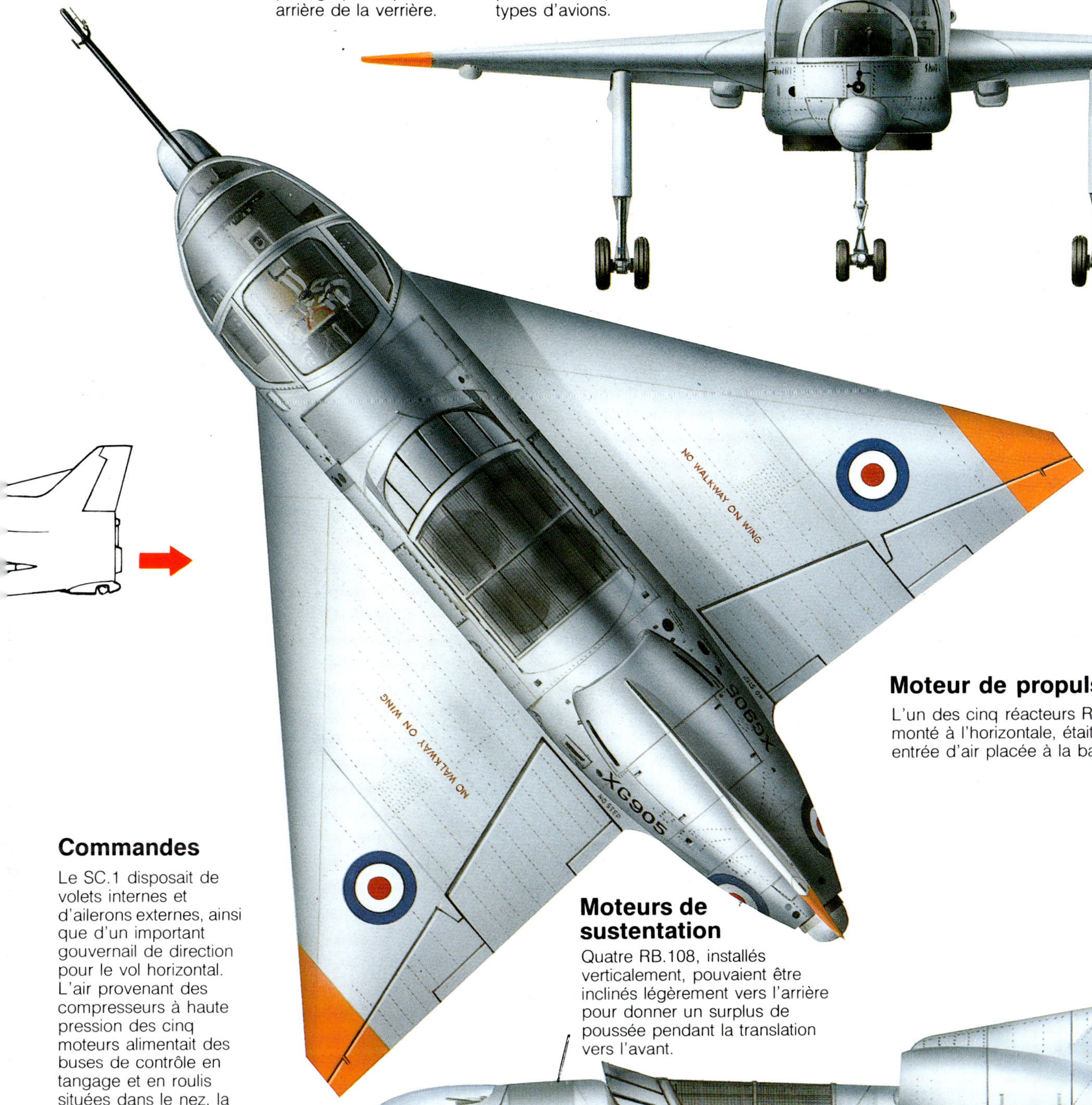

Moteur de propulsion

L'un des cinq réacteurs Rolls-Royce RB.108, monté à l'horizontale, était alimenté par une entrée d'air placée à la base de la dérive.

Commandes

Le SC.1 disposait de volets internes et d'ailerons externes, ainsi que d'un important gouvernail de direction pour le vol horizontal. L'air provenant des compresseurs à haute pression des cinq moteurs alimentait des buses de contrôle en tangage et en roulis situées dans le nez, la queue et les saumons de voilure.

Moteurs de sustentation

Quatre RB.108, installés verticalement, pouvaient être inclinés légèrement vers l'arrière pour donner un surplus de poussée pendant la translation vers l'avant.

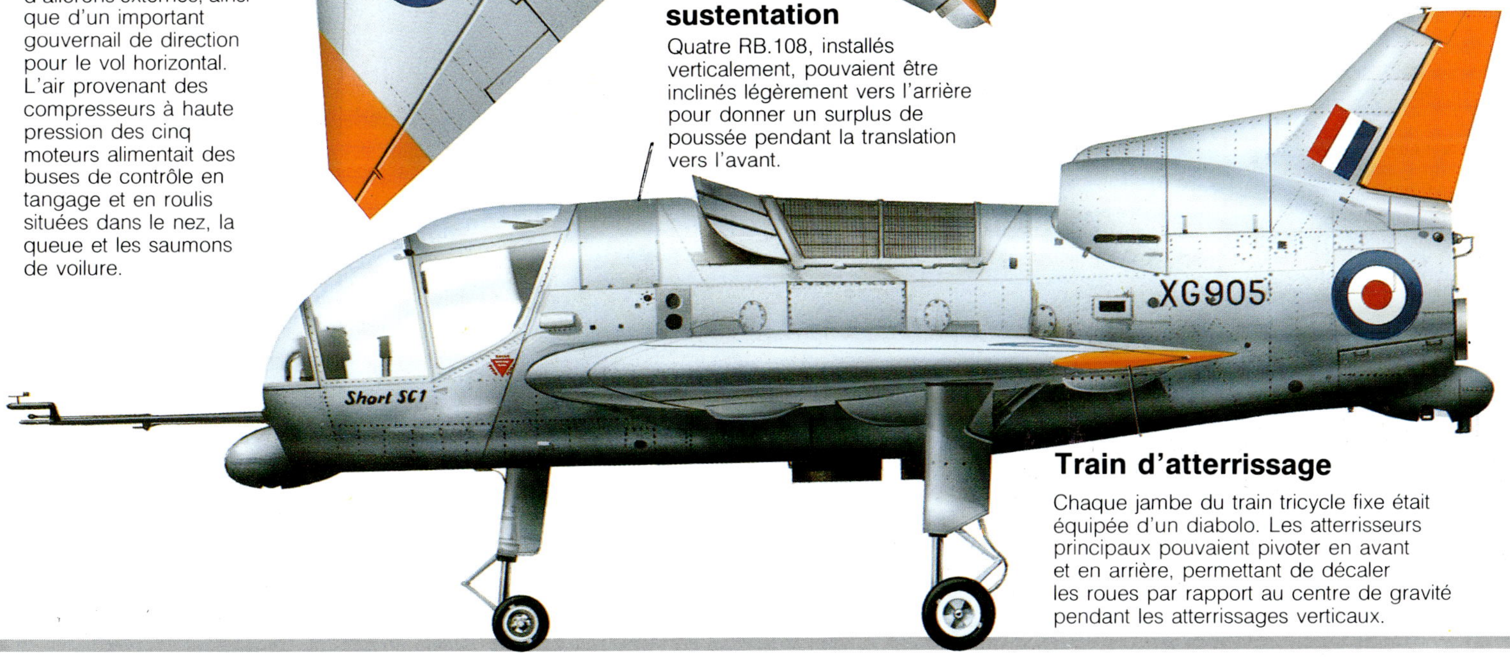

Train d'atterrissage

Chaque jambe du train tricycle fixe était équipée d'un diabolo. Les atterrisseurs principaux pouvaient pivoter en avant et en arrière, permettant de décaler les roues par rapport au centre de gravité pendant les atterrissages verticaux.

en 1962 avec huit RB.108 destinés à la sustentation et un Bristol Siddeley Orpheus conçu pour les autres phases du vol. Mais la translation du vol stationnaire au vol horizontal était délicate, car une traînée importante était engendrée par les réacteurs de sustentation. L'avion, ayant décroché à la suite d'une erreur d'appréciation pendant la translation, s'écrasa au sol comme une pierre, tuant le pilote.

Le successeur du Balzac, le Dassault Mirage IIIV, se caractérisait par huit réacteurs Rolls-Royce RB.162, plus puissants, et par un réacteur à double flux Pratt & Whitney, ce dernier permettant à l'appareil d'atteindre une vitesse de Mach 2 avec la postcombustion. Cet appareil fut détruit lors d'un essai en vol stationnaire qu'effectua à son bord un pilote de l'US Air Force. L'intérêt des Français pour les avions à décollage et atterrissage verticaux se dissipa alors peu à peu.

Une lueur d'espoir

A la même époque, en Allemagne fédérale, le concept développé par Rolls-Royce avait été perfectionné. Parvenant à la conclusion que les poussées respectives du moteur principal et des moteurs destinés à la sustentation devaient être combinées en vue d'obtenir une réduction de la consommation en carburant, les sociétés Focke-Wulf (plus tard VFW) et EWR combinèrent sur un seul appareil, qu'elles désignèrent VJ 101, toutes les techniques ADAV antérieures. Cette machine était pourvue de deux réacteurs basculants placés en bouts d'ailes, utilisés pour la montée initiale et le vol, et de deux moteurs de sustentation montés dans le fuselage. Une fois de plus, Rolls-Royce fournit les moteurs.

L'avion de Focke-Wulf, le VFW 1262, était doté d'un moteur central à poussée orientable pour le vol horizontal et de deux réacteurs de sustentation installés dans le fuselage — un schéma qui allait

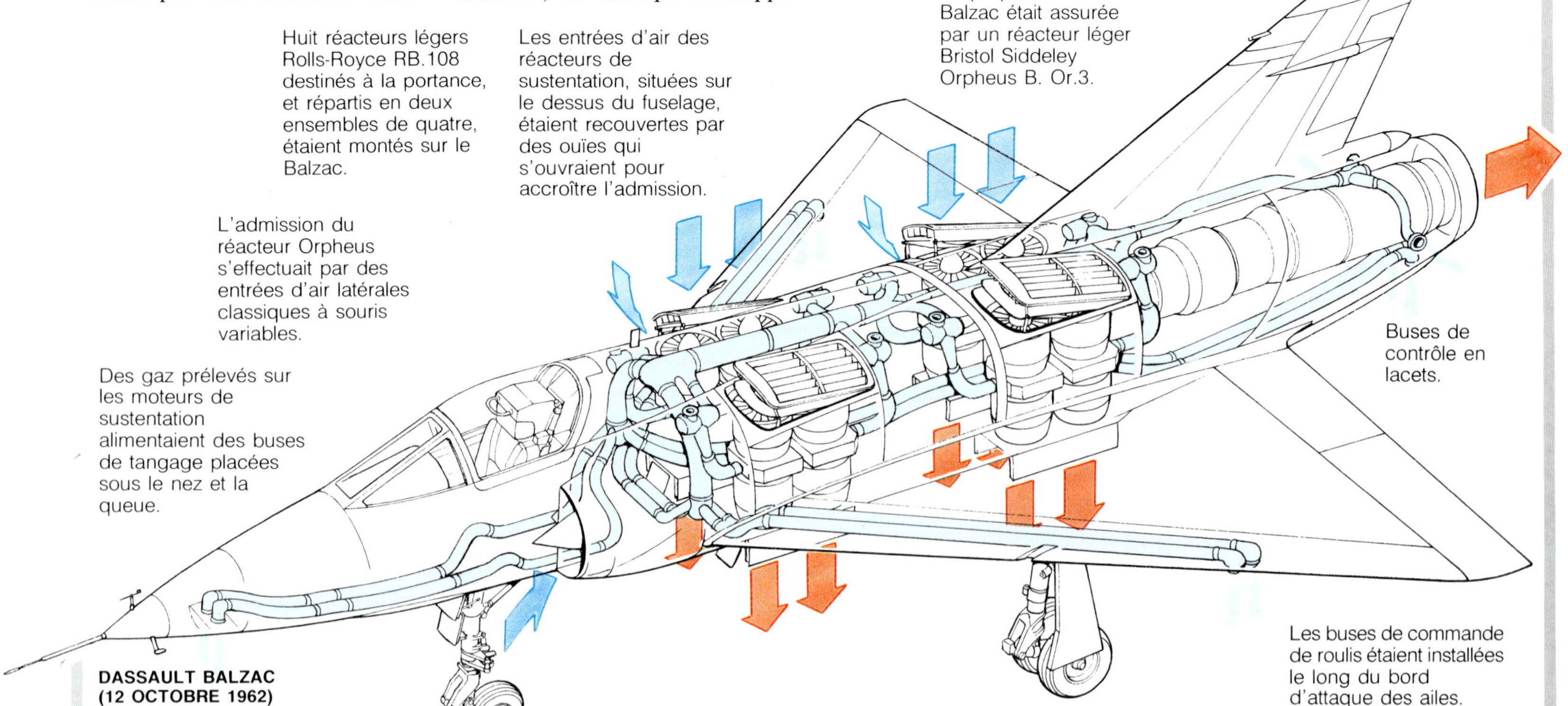

DASSAULT BALZAC (12 OCTOBRE 1962)

Le Balzac, au destin tragique, était un appareil de recherche ADAV fondé sur le Mirage III. Propulsé par un Bristol Siddeley Orpheus pour le vol horizontal, cet appareil était doté de réacteurs de sustentation Rolls-Royce RB.108 pour le vol vertical. L'avion effectua un vol captif le 12 octobre 1962, suivi par un vol libre six jours plus tard. La première translation en vol horizontal intervint le 18 mars 1963 : l'avion s'écrasa, tuant le pilote. Lorsqu'il fut reconstruit, ce fut pour s'écraser de nouveau. Le programme fut poursuivi avec le Mirage IIIV, un appareil légèrement plus grand propulsé par un moteur TF306 et quatre réacteurs de sustentation RB.162. Le premier des deux Mirage IIIV réalisé décolla le 12 février 1965.

Ci-contre : le Mirage IIIV succéda au Balzac, dont le destin fut tragique, mais il fut en définitive moins efficace que son prédécesseur.

Ci-dessus : le Balzac, qui avait été construit comme une préfiguration à échelle réduite du Mirage IIIV, était extrapolé du prototype d'origine du Mirage III.

être repris par les Soviétiques sur leur seul chasseur ADAV opérationnel, le Yak-36 « Forger ».

En pratique, aucun des deux avions allemands ne décollait vraiment à la verticale. Pour effectuer ses manœuvres ADAV, le VJ 101 devait s'éloigner aussi vite que possible de son point d'envol, sous peine de voir les gaz brûlants éteindre les moteurs. Mais, à pleine puissance, l'imposant flux des réacteurs détériorait la piste et brûlait les pneus de l'appareil. La seule solution consistait à faire basculer les nacelles de voilure sous un angle de 75° et à prendre l'air au bout de 4 m.

Un autre inconvénient se révéla à l'atterrissage, les gaz brûlants étant renvoyés par le sol dans les moteurs de sustentation (à une occasion, ceux-ci furent presque étouffés). Un autre atterrissage difficile fournit la preuve du danger que représentait la formule des moteurs combinés.

Malgré tout, le système ADAV allemand sembla fonctionner au moins dans un cas — sur un avion de transport, le Dornier Do 31. Il disposait de deux réacteurs à poussée orientable Bristol Pegasus 5 montés dans des nacelles sous voilure et de quatre moteurs de sustentation Rolls-Royce RB.162 à chaque extrémité d'aile.

Le point faible était, une fois de plus, l'interaction des gaz chauds avec la poussée des moteurs de sustentation, mais le fait d'incliner légèrement ceux-ci permettait à l'avion de s'en écarter après avoir roulé sur une longueur équivalente à celle de son fuselage.

En dépit de ses promesses, le développement du Do 31 n'alla pas plus loin.

Les deux VJ 101C possédaient des réacteurs basculants situés aux extrémités de la voilure, et des réacteurs auxiliaires de sustentation montés dans le fuselage.

Les leçons tirées des essais du VJ 101C se révélèrent très utiles pour les projets ADAV ultérieurs menés en Allemagne fédérale.

EWR SÜD VJ 101C (10 AVRIL 1963)
En 1959, Bölkow, Heinkel et Messerschmitt unirent leurs efforts pour produire un intercepteur ADAV de la classe Mach 2. Heinkel quitta ensuite l'association, mais les autres partenaires poursuivirent le projet dans le cadre de la société Entwicklungsring Süd GmbH. Celle-ci réalisa le VJ 101C, qui était propulsé par six réacteurs Rolls-Royce RB.145. Deux d'entre eux étaient montés à l'avant du fuselage, uniquement pour la portance, les quatre autres étant installés dans des nacelles pivotantes pour le vol vertical et le vol horizontal. Le premier prototype du VJ 101C, ayant pris l'air le 10 avril 1963, atteignit plusieurs fois des vitesses supersoniques, avant de s'écraser, en septembre 1964. Le second vola en 1965.

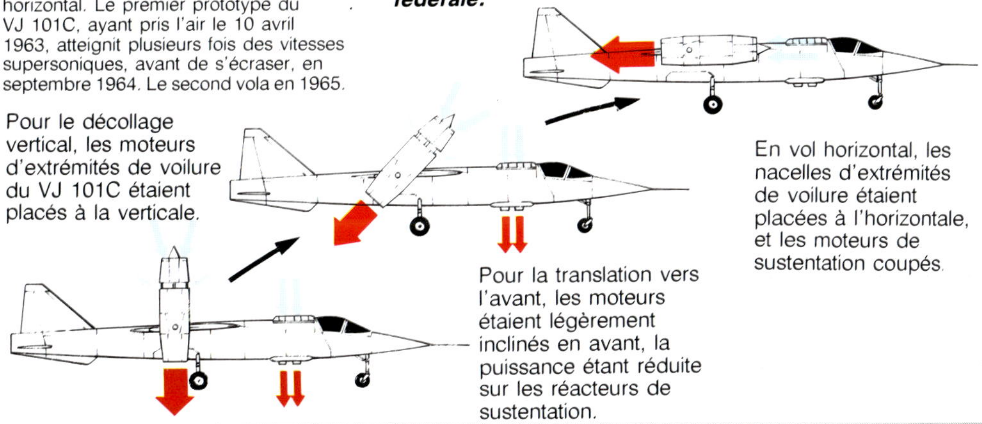

Pour le décollage vertical, les moteurs d'extrémités de voilure du VJ 101C étaient placés à la verticale.

Pour la translation vers l'avant, les moteurs étaient légèrement inclinés en avant, la puissance étant réduite sur les réacteurs de sustentation.

En vol horizontal, les nacelles d'extrémités de voilure étaient placées à l'horizontale, et les moteurs de sustentation coupés.

DORNIER DO 31E (10 FÉVRIER 1967)

Le Do 31 disposait de quatre réacteurs de sustentation placés aux extrémités de la voilure et de réacteurs à double flux à poussée vectorielle Pegasus dans les ailes.

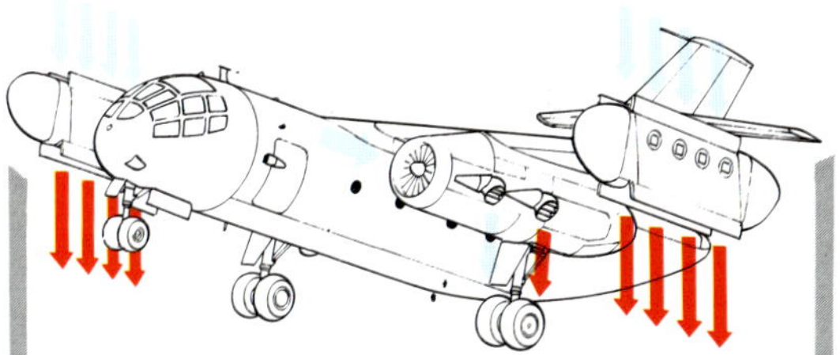

Les deux prototypes du Do 31E réalisés participèrent à un programme d'essais remarquablement réussi. Ils disposaient de deux réacteurs à double flux à poussée vectorielle et de quatre réacteurs de portance RB.162. Le premier de ces appareils décolla avec le seul Pegasus le 10 février 1967, le second volant avec les dix moteurs le 14 juillet 1967. Les premières translations du vol vertical au vol horizontal furent menées en décembre de la même année. Le Do 31E était conçu pour épauler l'avion d'assaut ADAV VJ 101C. Quand ce dernier projet fut annulé, le Do 31E perdit sa raison d'être.

Le Do 31E fut le plus grand avion à réaction ADAV qui ait jamais volé. Mais le projet fut en fin de compte abandonné.

La saga du vol vertical (3)

L'ENVOL DES BUSARDS

Au cours des années cinquante, des ADAV expérimentaux, à moteurs combinés, furent testés au milieu des pires difficultés. Certains d'entre eux réussirent à se maintenir en vol stationnaire, d'autres effectuèrent un vol horizontal, d'autres encore s'écrasèrent au sol. Quelques-uns purent accomplirent le cycle complet décollage vertical - vol horizontal - atterrissage vertical, mais plusieurs causèrent la mort d'au moins un pilote d'essai avant d'être envoyés à la ferraille ou au musée. Quelle était la clé du mystère? Comment parvenir au vol vertical?

A l'époque où les avions à décollage et atterrissage courts conçus selon le concept Rolls-Royce (moteurs de sustentation et de vol horizontal séparés) subissaient accident sur accident tant en Europe qu'aux États-Unis, une autre firme britannique importante, Bristol Aero Engines, s'appliquait à trouver une nouvelle solution au problème, en s'inspirant d'une idée française.

Au milieu des années cinquante, en effet, Michel Wibault, l'un des meilleurs ingénieurs aéronautiques français, avait imaginé un ADAV fondé sur l'Orion, un moteur Bristol, avec, comme le laissaient entendre les mauvaises langues, l'appui de Rockefeller.

Wibault avait donné à son avion la dénomination de *Gyroptère*. La simplicité de l'appareil était stupéfiante : il comportait un seul réacteur dont le flux était éjecté par quatre tuyères. Celles-ci pouvaient s'incliner vers le bas pour le vol stationnaire et pivotaient graduellement pour passer en vol horizontal et revenir en vol vertical. Elles avaient été placées autour du centre de gravité de l'avion, de telle façon qu'en vol stationnaire celui-ci se soutenait sur quatre colonnes constituées par les gaz chauds provenant du réacteur. Le principal avantage de

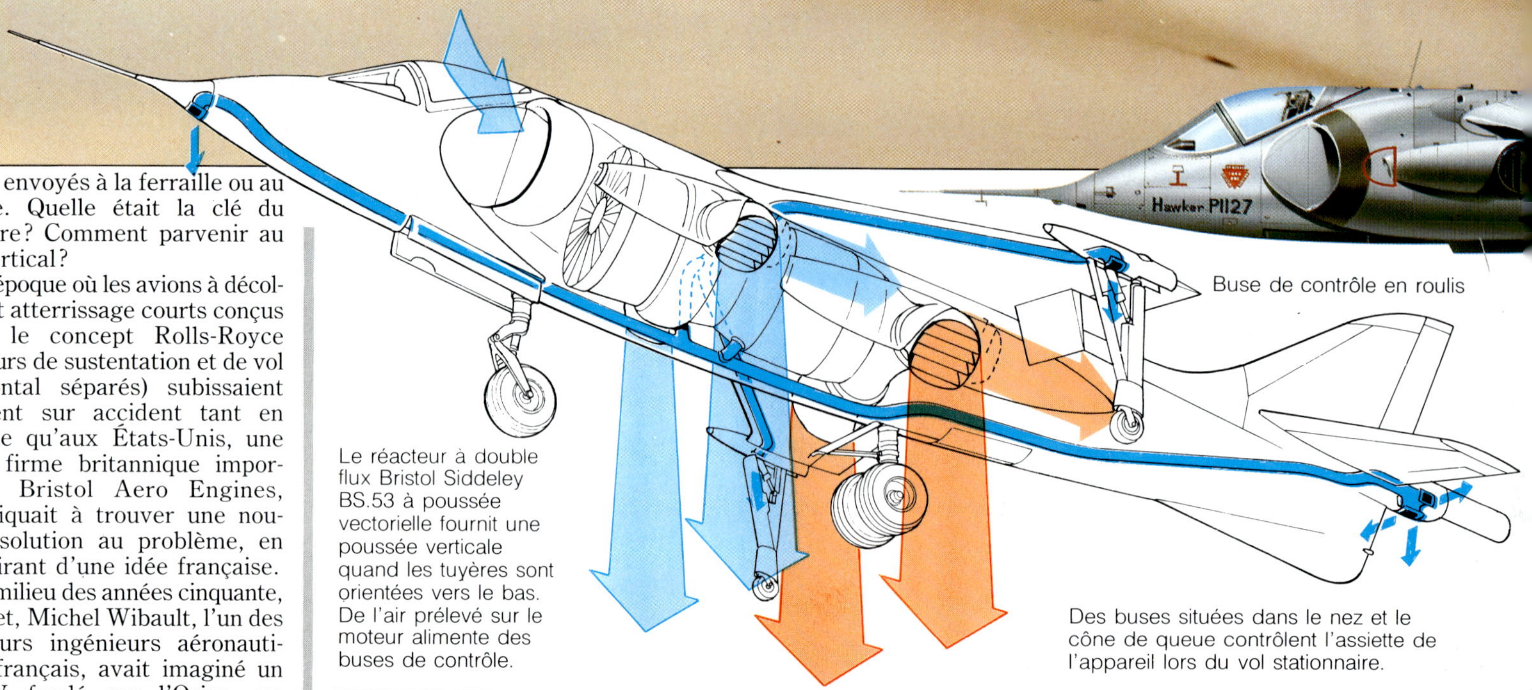

Buse de contrôle en roulis

Le réacteur à double flux Bristol Siddeley BS.53 à poussée vectorielle fournit une poussée verticale quand les tuyères sont orientées vers le bas. De l'air prélevé sur le moteur alimente des buses de contrôle.

Des buses situées dans le nez et le cône de queue contrôlent l'assiette de l'appareil lors du vol stationnaire.

L'un des quatre prototypes P.1127 décolle. Ses tuyères soulèvent des gerbes de condensation.

ce système était qu'un seul moteur offrait plus de sécurité que plusieurs. Comme le dit John Fozard, le père du Harrier :

Avec un seul moteur, les choses sont claires : ou ça marche, ou ça ne marche pas. Et si ça ne marche pas, le pilote devra actionner précipitamment la poignée d'éjection.

Wibault soumit son idée au comité de production d'armement, un organisme de l'OTAN créé pour le financement d'études prospectives militaires européennes par les Américains. En 1957, les responsables de ce comité intervinrent auprès de Bristol pour lui demander d'améliorer la conception du moteur.

Naissance du Pegasus

Partant de l'Orpheus, qui était plus léger et plus puissant que l'Orion, Bristol lui ajouta une soufflante à l'avant et lui attribua la dénomination de BE.53. Cette soufflante était entraînée par une transmission reliée à la turbine arrière, l'air entrant dans le réacteur par deux prises mobiles placées sur les flancs. Quant au flux principal, il était éjecté par une tuyère classique située à l'arrière.

A peine cette étape était-elle franchie que Sydney Camm, ingénieur en chef chez Hawker-Siddeley (et qui aimait à choquer), annonça à l'équipe de Bristol stupéfaite : « J'ai trouvé un avion pour votre moteur. » Les informations relatives au BE.53 lui étaient parvenues de France, et les ingénieurs de Hawker avaient dessiné un avion, le P.1127, autour du réacteur en question. Hawker s'était cependant rendu compte que le BE.53 pouvait au mieux permettre des décollages courts suivis d'atterrissages à la verticale à condition que le poids en carburant fût réduit. Ce fut chez Hawker que « l'éclair aveuglant de l'évidence », comme l'expliqua l'ingénieur Ralph Hooper, se produisit, apportant la solution au problème.

Sydney Camm eut l'idée de faire jouer les flux d'éjection arrière pendant le décollage et l'atterrissage, en séparant la tuyère d'éjection en deux chambres, canalisées vers deux buses pivotantes placées sur chacun des flancs de l'appareil. Toute la puissance du moteur pourrait alors être sollicitée pour le vol vertical, et, avec quatre réacteurs en action, l'appareil devrait être extrêmement stable, ainsi que Michel Wibault, qui était à l'origine du concept de la poussée vectorielle sur un seul moteur, l'avait prévu depuis le début.

Le réacteur ainsi modifié devait recevoir l'appellation de Pegasus. Celui-ci allait constituer le premier exemple dans l'histoire d'un projet conçu sous l'égide d'un comité qui ne soit pas défiguré en cours de réalisation. Les études définitives de l'avion et du moteur commencèrent en 1958.

Un prototype sans fortune

A l'occasion d'une rencontre au cours de laquelle le projet fut évoqué, Sydney Camm apostropha Stanley Hooker, l'administrateur de Bristol, en ces termes :

Cela ne vous fait rien, vous n'avez pas honte? Vous venez ici tous les lundis pour vendre votre idée farfelue d'ADAV équipé de ce fichu moteur. Mais vous allez ruiner le pays!

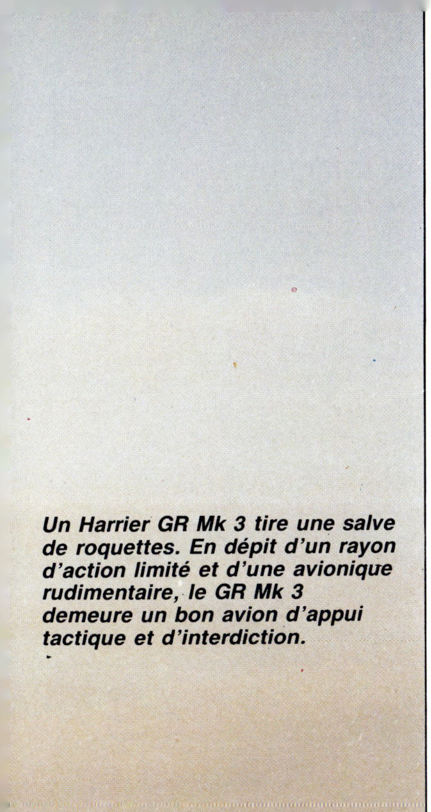

Un Harrier GR Mk 3 tire une salve de roquettes. En dépit d'un rayon d'action limité et d'une avionique rudimentaire, le GR Mk 3 demeure un bon avion d'appui tactique et d'interdiction.

Le premier P.1127 (XP831) effectua son premier vol captif le 19 novembre 1960.

Un P.1127 menant des essais de barrière d'arrêt au Royal Aircraft Establishment de Bedford.

Hawker P.1127 (19 novembre 1960)

Les études préliminaires du P.1127 commencèrent en 1957 et portèrent sur la réalisation d'une cellule capable de recevoir le réacteur révolutionnaire à poussée vectorielle réalisé par Bristol Siddeley, le BS.53, désigné ultérieurement Pegasus. Ce propulseur, qui comportait quatre tuyères d'éjection orientables, bénéficia de subsides du gouvernement américain, mais le développement de l'appareil fut conduit sur les fonds propres de la firme britannique jusqu'en 1959, époque à laquelle le Ministry of Aviation britannique commanda des prototypes. Le premier d'entre eux effectua un vol stationnaire captif le 21 octobre 1960, à Dunsfold. Un vol stationnaire libre fut accompli le 19 novembre 1960, le programme classique d'essais en vol débutant le 13 mars 1961 à Bedford. Un second prototype expérimenta le vol horizontal à des vitesses progressivement réduites. Les prototypes du P.1127 furent suivis par quatre machines de présérie.

Hawker-Siddeley Kestrel FGA Mk 1 (7 mars 1964)

Les P.1127 de présérie furent suivis par neuf avions de série désignés Kestrel, dont le premier vola le 7 mars 1964 à Dunsfold. Un squadron tripartite, chargé d'évaluer l'appareil, fut formé sur la base de la RAF de West Raynham, le 15 octobre 1964, avec des pilotes de la RAF, de la Luftwaffe, de l'US Air Force et de l'US Navy. Cette unité demeura en activité jusqu'au 30 novembre 1965, fournissant la preuve de la validité du concept du Harrier et explorant assez largement les divers domaines de vol. Plusieurs Kestrel furent achetés par l'USAF et utilisés sous l'appellation de XV-6A.

Kestrel du squadron tripartite d'évaluation, une unité d'expérimentation qui explora les techniques de vol utilisées ultérieurement par le Harrier.

En fait, à ce stade, la seule contribution financière accordée aux deux sociétés provenait du comité de production d'armement de Paris, qui prenait à sa charge 75% du coût du développement du Pegasus. La Royal Air Force n'était absolument pas intéressée par le projet, et le gouvernement britannique, dans le cadre d'un Livre blanc qui allait faire grand bruit, venait de décider que les missiles sol-air pourraient désormais assurer seuls la défense aérienne du pays, annulant de ce fait plusieurs projets de chasseurs. La réussite finale du P.1127, qui allait donner naissance au Harrier, sans lequel les îles Malouines s'appelleraient à présent Malvinas, est largement due à la prévoyance, à la conviction et à la détermination de Bristol et de Hawker.

Progressivement, à force de tests, d'améliorations, de modifications et de grandes dépenses d'énergie, le Pegasus et le P.1127 finirent par s'assembler. Si bien que le 21 octobre 1960, le prototype (XP831) quitta le sol lors d'un vol captif. Le premier vol conventionnel intervint le 13 mars 1961, et, enfin, le 22 septembre suivant, le P.1127 accomplit une translation complète. Le pilote d'essais Bill Bedford devait dire :

On voyait très bien quand il fallait pousser les manettes pour augmenter la portance, lorsque l'avion commençait à s'enfoncer. Comme il ne tombait pas d'un seul coup, il suffisait de donner plus de puissance pour compenser la perte de portance.

Le pilotage de l'appareil était vraiment simple, car le système de jets qui permettait de le contrôler en vol vertical était peu complexe. Il suffisait de bouger le manche, de jouer des palonniers et, en plus du travail habituel des gouvernes, d'ouvrir et de fermer les buses qui contrôlaient la position de l'avion en vol stationnaire ou en montée. Tout cela venant en même temps, nous découvrîmes une machine plus facile et plus simple à piloter qu'un hélicoptère.

Le Kestrel en stationnaire

Tandis que se poursuivaient les essais des prototypes du P.1127, la RAF, changeant d'avis une fois de plus, demanda à Hawker d'étudier un avion d'assaut ADAV de la classe Mach 2 répondant à une spécification de l'OTAN. Celle-ci fut abandonnée quatre ans plus tard, mais la RAF décida de poursuivre le développement du P.1127, en dépit de son manque de conviction dans les ADAV et malgré les faibles capacités de l'appareil en matière de vitesse et d'emport de charge. L'OTAN se montrant également intéressée, un squadron tripartite d'évaluation, composé de pilotes américains, britanniques et allemands, commença à tester l'avion en 1965.

Douze nouvelles machines désignées Kestrel furent livrées et poussées jusqu'à leurs limites. Quand ils eurent maîtrisé le mode de pilotage inhabituel de l'appareil, les aviateurs alliés n'eurent qu'à s'en louer.

Nous en étions arrivés à la conclusion que nos services ne pouvaient pas se permettre de faire l'impasse sur cet avion.

Les Allemands ne retinrent pas l'avion de Hawker, mais, convaincus par l'enthousiasme de leurs pilotes pour le Kestrel, ils réalisèrent le VFW 1262 (dont l'appellation sur le cahier des charges du ministère fédéral de la Défense était VAK 191B). VFW en construisit trois prototypes, qui volèrent en 1971, la première translation étant menée en octobre 1972. A la fin de cette même année, le programme fut abandonné; les Harrier de la RAF arrivaient alors en Allemagne fédérale pour répondre aux besoins de l'OTAN.

Le Harrier évolue

Le Harrier était un avion assez peu différent du Kestrel. La configuration générale des deux appareils était pratiquement la même, pour la bonne raison qu'ils répondaient au même principe. Mais l'intérieur du Harrier avait été modifié en vue de permettre la mise en place de l'avionique et de l'armement. Quant à la poussée du Pegasus, elle avait été portée à 8 600 kg.

Les premiers Harrier de série, les GR.1, furent livrés à la RAF en janvier 1969. Les GR.3 de la seconde génération participèrent à la guerre des Malouines aux côtés des Sea Harrier, réalisés pour le compte de la Royal Navy au milieu des années soixante-dix. En fin de compte, ce conflit montra à ceux qui n'avaient pas cru aux capacités de l'appareil que le Harrier pouvait surclasser des opposants plus rapides. Les trente et un avions qui y participèrent remportèrent trente et une victoires; pas un seul des quatre Harrier perdus ne fut abattu par l'ennemi.

Le VFW 1262 fut conçu en réponse à la spécification VAK 191 et reçut la désignation de VAK 191B. Doté de deux moteurs de sustentation RB.162 et d'un seul réacteur à double flux à poussée vectorielle RB.193 Pegasus, l'appareil vola pour la première fois le 10 septembre 1971.

VFW VAK 191B (10 septembre 1971)

Le dernier ADAV conçu en Allemagne fédérale fut le VAK 191B, un chasseur propulsé par un RB.193, version réduite du Pegasus, et par deux réacteurs de sustentation RB.162. En 1964, VFW-Fokker et Fiat décidèrent de pousser le projet plus loin, mais, en 1968, l'Italie se retira du projet, bien qu'Aeritalia continuât à produire certaines parties de la cellule. La présentation du prototype eut lieu en avril 1970, et le premier vol intervint le 10 septembre 1971. Puis le programme s'arrêta.

Le Yakovlev Yak-36 « Freehand » ne fut pas conçu à des fins opérationnelles, même si un exemplaire, observé à Domodedevo en 1967, était armé de paniers à roquettes. Il permit de recueillir des informations qui se révélèrent très utiles pour la mise au point du Yak-38 « Forger ».

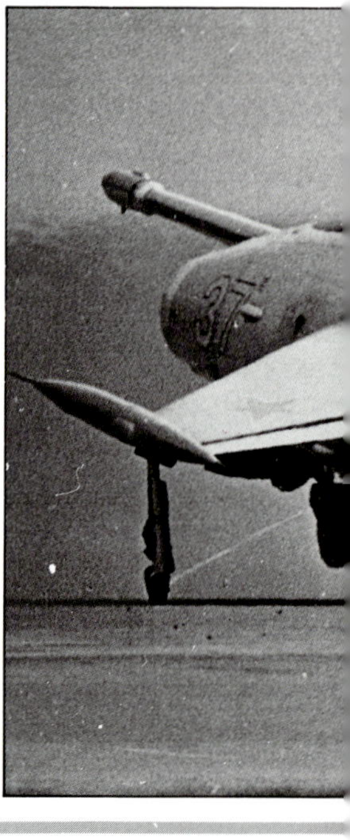

Cette étrange machine, assez proche du Rolls-Royce Flying Bedstead, était en fait un banc d'essai du moteur du VAK 191. Elle fut construite avant les trois premiers prototypes du VAK 191B.

Le développement du VAK 191B cessa quand les crédits gouvernementaux furent coupés, en 1972.

Tous les avantages de l'avion se manifestèrent en combat réel. Le Harrier était une cible restreinte, et ses tuyères, abritées par ses ailes hautes, offraient une faible signature thermique aux missiles à autodirecteur infrarouge. Le Pegasus produisant peu de fumée, l'appareil était encore plus difficile à repérer. L'étonnante fiabilité et la disponibilité du Harrier permirent aux pilotes britanniques d'effectuer une moyenne de deux missions par jour, les avions eux-mêmes accomplissant cinq sorties quotidiennes.

Sous la bannière étoilée

Avant même que ces combats ne se produisent, le Harrier avait intéressé d'autres forces armées. L'acquisition par l'US Marine Corps de 110 AV-8A, qui débuta en 1970, était liée à l'accord signé

Les capacités du « Forger » sont plus importantes que les Occidentaux ne le pensaient au départ.

Yakovlev Yak-38 « Forger » (1971-1972)

Le Yakovlev Yak-38 « Forger », connu d'abord en Occident en tant que Yak-36MP, effectua sans doute son premier vol au début des années soixante-dix. Cet avion est propulsé par un réacteur à double flux à poussée vectorielle situé à l'arrière du fuselage et par deux moteurs de sustentation auxiliaires placés en arrière du poste de pilotage. Une unité d'expérimentation équipée d'une douzaine de « Forger », dont plusieurs biplaces « Forger-B », fut embarquée sur le porte-avions *Kiev* lors d'une croisière que ce bâtiment accomplit en Méditerranée en 1976. Dépourvu de radar, ayant un rayon d'action limité et bénéficiant d'une faible capacité d'emport de charges, le « Forger » n'en donne pas moins à la marine soviétique une réelle capacité de défense aérienne de ses navires, en particulier contre les incursions des avions alliés de reconnaissance maritime.

L'un des douze avions expérimentaux Yak-36 « Freehand », construits à des fins de recherche sur les ADAV en Union soviétique.

Yakovlev Yak-36 « Freehand » (1962-1963)

Le Yakovlev Yak-36 « Freehand » ne fut pas le premier ADAV soviétique. En effet, un banc d'essai ADAV, le Turbolet, de conception et de configuration apparemment identiques à celles du Thrust Measuring Rig, avait volé à la fin des années cinquante. Le Yak-36 vola probablement pour la première fois en 1962 ou 1963. Propulsé par deux réacteurs à double flux à poussée vectorielle, le Yak-36 ressemblait d'assez près au Yak-50. Deux « Freehand » furent présentés au public à Domodedevo en 1967, en même temps que plusieurs autres prototypes ADAC/V, dont le Sukhoi Su-15 et le Mikoyan Ye-230 « Faithless ».

Bien qu'il ne dispose que de faibles capacités en matière d'armement, le « Forger » confère à la marine soviétique de nouvelles possibilités opérationnelles.

Les réacteurs de sustentation disposent d'une entrée d'air située sur le dessus du fuselage, en arrière du poste de pilotage.

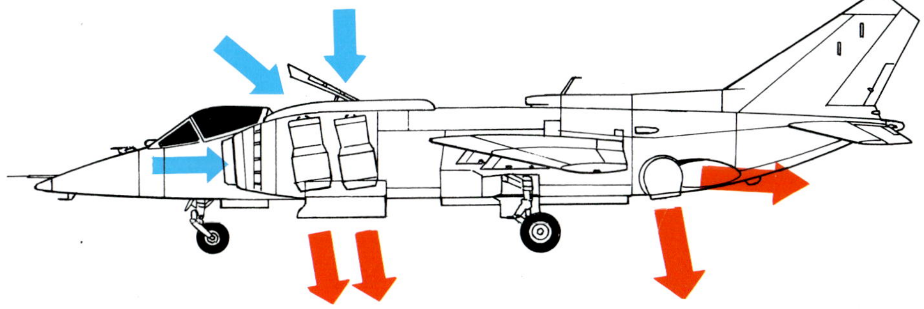

Les deux réacteurs de sustentation sont montés à la verticale légèrement vers l'arrière, ce qui donne à l'avion un faible angle de poussée vers l'avant.

Le moteur de propulsion est alimenté par des entrées d'air classiques. Les tuyères dirigent le flux à l'horizontale pour le vol vers l'avant.

Le premier Harrier de série, le GR Mk 1, a été acquis par l'US Marine Corps sous la dénomination d'AV-8A.

La marine espagnole a acquis des AV-8A qui ont été désignés VA.1 Matador.

avec McDonnell Douglas donnant à cette société américaine la licence exclusive du Harrier et de ses dérivés pour quinze années. Cette clause signifiait que ce seraient les usines de McDonnell à Saint Louis, et non pas celles de Hawker à Kingston, qui construiraient l'AV-8A. En réalité, les choses ne se passèrent pas ainsi, mais le contrôle des techniques liées au Harrier échappa aux Britanniques.

La version opérationnelle la plus récente du Harrier est l'AV-8B (GR.5 pour la RAF), qui se présente comme un Harrier doté d'une voilure américaine de grandes dimensions. La firme British Aerospace, qui a absorbé Hawker-Siddeley à la fin des années soixante-dix, est responsable de 40 % de la construction de

Hawker-Siddeley Harrier AV-8A et VA.1 Matador (31 août 1966)

Le P.1127 devait donner naissance à un chasseur supersonique ADAC/V, le P.1150, projet qui fut annulé pour des raisons financières alors que la construction du prototype était bien avancée. A la place, la RAF devait recevoir une version améliorée du Kestrel. Cet avion, connu à l'origine en tant que P.1127 (RFA), fut doté d'un moteur plus puissant et d'une partie de l'avionique prévue pour le P.1154. Il fut rebaptisé Harrier en 1967, le premier de six prototypes monoplaces ayant volé le 31 août 1966. L'appareil fut vendu à l'US Marine Corps en tant qu'AV-8A, et à la marine espagnole.

Redésignés GR Mk 3, les Harrier de la RAF ont été équipés de télémètres à laser.

La marine indienne fut le premier client à l'exportation du Sea Harrier. Elle utilise cet appareil sur ses deux porte-avions.

British Aerospace Sea Harrier (20 août 1978)

La mise au point d'une version marine du Harrier destinée à servir sur les bâtiments de la classe Invincible débuta en mai 1975. Aucun prototype ne fut construit, et le premier avion de série vola le 20 août 1978. Le nouvel appareil était doté du radar Blue Fox et bénéficiait d'une meilleure protection anticorrosion, de points d'attache et d'une avionique améliorée. La Royal Navy a commandé 57 Sea Harrier, la marine indienne 24 monoplaces et trois biplaces. Les Sea Harrier de la Royal Navy seront équipés au milieu de leur carrière opérationnelle d'un nouveau radar, d'un système de conduite de tir adapté au missile AIM-120 Amraam et d'un habitacle redessiné.

Le Harrier est capable d'opérer mieux qu'aucun autre avion à partir de pistes sommairement aménagées. En cas de conflit, les Harrier pourraient être déployés sur des aires de dispersion secrètes.

Ayant fait ses preuves aux Malouines, le système du tremplin permet aux Harrier lourdement chargés de décoller sur une plus courte distance.

Deux Sea Harrier de la Royal Navy arborant une livrée à faible visibilité, adoptée après les Malouines. Les Sea Harrier détruisirent 21 avions pendant la guerre contre l'Argentine.

l'avion, le moteur restant le Pegasus et la maintenance étant réduite de 40 %, avec une grande amélioration en ce qui concerne la consommation de carburant.

Le Royaume-Uni perdit l'initiative dans le domaine des ADAV quand le projet anglo-américain d'un Harrier amélioré (l'AV-16) fut annulé. La proposition de McDonnell relative à un Harrier II fut retenue pour les deux pays, bien qu'elle ait été modifiée pour inclure plusieurs caractéristiques de la nouvelle voilure proposée par BAe.

Sur le Harrier II, les apex de voilure améliorent le taux de virage de l'avion, et les manœuvres ADAV sont facilitées non seulement par une surface alaire plus importante de 14 %, mais aussi par d'importants volets et par des cloisons escamotables sous le fuselage. Celles-ci permettent de créer l'équivalent d'une poussée de 540 kg quand l'avion est en vol stationnaire.

Son seul rival sérieux — et le seul autre ADAV opérationnel — est le Yakovlev Yak-38 « Forger » de la marine soviétique. Issu du Yak-36 « Freehand », apparu pour la première fois en 1967, le « Forger » fait appel à deux réacteurs de sustentation Koliesov situés dans le fuselage et à un moteur principal, lequel dispose de tuyères orientables.

Perspectives d'avenir

L'approche soviétique étant quelque peu rétrograde, les États-Unis sont le pays où le concept d'ADAV peut le mieux s'épanouir, ne serait-ce que parce que, de toutes les nations occidentales, c'est celle où l'on peut trouver les capacités d'investissement nécessaires. Néanmoins, les responsables de l'US Air Force persistent à croire que, en cas de conflit, les aérodromes classiques seront toujours suffisamment utilisables pour permettre aux avions d'éviter les cratères de bombes. La plupart de ces aérodromes étant situés en Allemagne fédérale et au Royaume-Uni, cette opinion apparaît, c'est le moins que l'on puisse dire, optimiste. L'effort maximum que l'USAF a consenti est de subventionner la version ADAC du F-15, due à McDonnell Douglas, qui utilise la poussée vectorielle dans l'intention déclarée de réduire à 300 m la course de décollage. L'US Navy fait preuve de plus de sens pratique en offrant certaines perspectives aux recherches conduites par des ingénieurs américains sur les problèmes des ADAV.

Les résultats sont décevants. Le projet Grumman 698 comporte des réacteurs à double flux basculants et fait appel à la poussée vectorielle. Conçu comme un substitut aux hélicoptères embarqués, il est capable d'emporter une charge offensive et d'effectuer des missions de veille lointaine.

Le rival le plus important du Grumman 698 est le Vought V-350, qui met en œuvre des soufflantes en tandem et dispose de deux moteurs et de quatre tuyères. Les soufflantes frontale et arrière de chaque moteur sont séparées par une vanne, et une buse secondaire, placée à l'avant et dirigée vers le sol, est alimentée par une admission supplémentaire pour produire une poussée vers le bas. En vol horizontal, cette buse est fermée, la vanne étant ouverte et le moteur revenant au mode habituel du double flux.

Un autre avion, le Rockwell XFV-12A, conçu pour l'US Navy, combinait curieusement des élé-

En mission antinavire, le Sea Harrier peut emporter deux missiles BAe Sea Eagle. Les Sea Harrier de la Royal Navy doivent être transformés en FRS Mk 2, une version modernisée.

Les ailes et les plans canard du Rockwell XFV-12A étaient soufflés en vue du vol vertical.

Le XFV-12A effectua des essais de vol stationnaire captif au complexe de la NASA de Langley pendant l'été de 1977. Le projet fut abandonné avant que cet appareil n'accomplisse son premier vol.

Rockwell International XFV-12A

L'US Navy lança le programme du XFV-12A, prototype d'un ADAC/V de chasse et d'assaut, en 1972, en vue de mettre au point un appareil capable d'opérer depuis des plates-formes d'appontage de petites dimensions. Rockwell construisit d'abord un modèle en vraie grandeur, puis un prototype de la taille d'un A-4. Propulsé par un seul réacteur à double flux Pratt & Whitney F401-PW-400, cet avion était doté d'une voilure soufflée et de plans canard. Il effectua des vols stationnaires captifs depuis le centre de la NASA de Langley en 1977, mais aucun vol libre, puis le projet fut abandonné.

SONDE DE LACETS

Montée dans le nez, elle est reliée au système de stabilisation automatique.

AVIONIQUE AVANCÉE

Le principal système de conduite de tir est le Hughes ARBS (Angle Rate Bombing System), qui comprend un désignateur à laser et une caméra de télévision. La version d'attaque de nuit de l'appareil dispose d'un FLIR (Forward-Looking Infra-Red), et des lunettes de vision nocturne sont testées.

CAPACITÉ D'EMPORT

La capacité d'emport de charge et le rayon d'action de l'AV-8B GR Mk 5 ont été doublés grâce à l'augmentation de puissance du moteur, à la modernisation de l'avionique et à l'accroissement de la capacité en carburant.

BUSE DE CONTRÔLE

Montée dans le nez, elle sert au contrôle en lacets lors du vol stationnaire.

British Aerospace/McDonnell Douglas Harrier GR Mk 5 (30 avril 1985)

Préférant améliorer ses Harrier plutôt que de les remplacer par de nouveaux avions, le Royaume-Uni envisageait de les équiper d'un moteur plus puissant et d'une avionique modernisée, mais surtout d'une voilure de grandes dimensions entièrement métallique, d'une conception aérodynamique très avancée. Le programme fut finalement abandonné en faveur d'une variante de l'AV-8B Harrier II, elle-même modifiée pour inclure quelques innovations parmi lesquelles des buses modernisées et des apex. La version britannique de l'AV-8B, qui se différencie sur de nombreux points de celle des Marines, porte la dénomination de Harrier GR Mk 5. Elle est dotée d'un système de navigation inertielle Ferranti et d'une carte défilante.

BALANCINES

Elles ont été déplacées vers l'intérieur de l'aile, ce qui permet à l'avion de rouler sur des pistes plus étroites et d'avoir une meilleure maniabilité au sol.

CLOISON ESCAMOTABLE

Une cloison transversale, située entre les nacelles des canons, permet d'accroître l'effet de sol et réduit l'ingestion par les moteurs des gaz brûlants à l'éjection.

ments anciens et nouveaux. Pourvu de plans canard améliorant la maniabilité à grande vitesse, cet appareil avait un réacteur de 13 600 kgp orienté vers l'arrière. Les évolutions verticales devaient s'effectuer en détournant toute la poussée, par un imposant compartiment à clapets, vers des buses situées dans les ailes et dans les surfaces canard.

L'ombre du Hummingbird

L'appareil était également pourvu de volets soufflés qui permettaient d'accroître ses capacités de décollage court, et qui s'effaçaient lors des évolutions en vol horizontal à grande vitesse. Malheureusement, le XFV-12A devait connaître le même sort que le Lockheed XV-4A Hummingbird, qui avait expérimenté le concept d'augmentation de puissance. L'avion, qui fonctionnait bien au stade de la maquette, fut un échec.

L'amélioration des performances des ADAV viendra sans doute d'une nouvelle approche de la conception des moteurs. Rolls-Royce, qui domina le marché des moteurs de sustentation, est en train de mettre au point une soufflante hybride pour le compte de l'US Navy. En vol vertical, la soufflante frontale expulse de l'air froid provenant du fuseau-moteur par des buses orientables situées à l'avant, la turbine haute pression étant alimentée par des admissions d'air auxiliaires. En vol horizontal, ces admissions sont fermées, les buses avant sont déconnectées de la soufflante, et toute

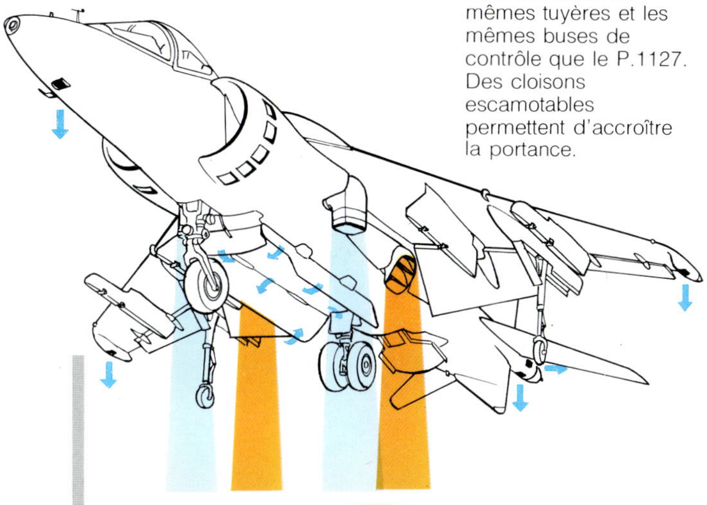

L'AV-8B utilise les mêmes tuyères et les mêmes buses de contrôle que le P.1127. Des cloisons escamotables permettent d'accroître la portance.

McDonnell Douglas/British Aerospace AV-8B Harrier II (9 novembre 1978)

A l'origine, BAe et McDonnell Douglas étudièrent chacun de leur côté un Harrier amélioré, bénéficiant de modifications qui permettaient de doubler la capacité d'emport de charge et le rayon d'action. Les deux firmes s'unirent pour donner naissance à l'AV-8B, qui effectua son vol initial le 9 novembre 1978 en tant qu'YAV-8B de présérie ; le premier exemplaire vola le 5 novembre 1981.

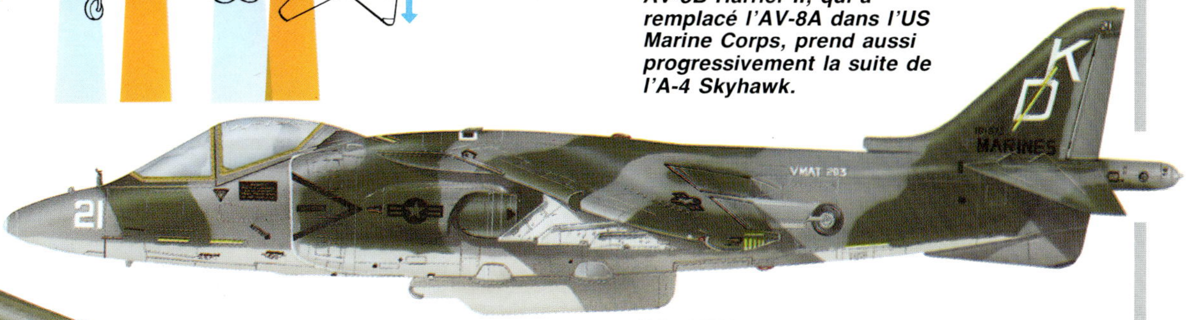

Le McDonnell Douglas AV-8B Harrier II, qui a remplacé l'AV-8A dans l'US Marine Corps, prend aussi progressivement la suite de l'A-4 Skyhawk.

APEX
Ils améliorent sensiblement le taux de virage de l'avion.

VOILURE
La voilure de l'AV-8B accuse une surface supérieure de 20 % à celle du Harrier d'origine. Elle engendre une plus grande portance.

BUSE DE CONTRÔLE
Les buses de saumons de voilure de l'AV-8B permettent un meilleur contrôle en vol stationnaire.

CANONS
Le Harrier GR Mk 5 est armé de deux canons Aden de 25 mm en nacelles ventrales, avec 100 obus chacun. L'AV-8B n'a qu'un seul canon, dans la nacelle de gauche, la nacelle de droite contenant 300 obus à charge creuse.

Les Américains ont perfectionné le Harrier d'origine en le dotant d'une nouvelle voilure supercritique en fibre de carbone, et en améliorant l'avionique et l'aérodynamique.

la puissance est canalisée directement vers la tuyère.

Les soufflantes hybrides et en tandem sont probablement parmi les plus intéressants des projets de moteurs pour ADAV. Le Pegasus est testé à l'heure actuelle avec un dispositif de réchauffe du flux froid dans la PCB (Plenum Chamber Burning : chambre de tranquillisation).

Sans l'intervention des bombardiers d'eau, des milliers d'hectares de forêt de la province du Québec seraient ravagés chaque année pa les incendies qui font rage au printemps, en e et à l'automne. Léo Lejeune, chef pilote au service de l'Air du Québec, évoque son travail de pompier du ciel.

ALERTE AU FEU!

Le pompier du ciel

Un CL-215 aux couleurs de la Sécurité civile effectue un largage sur un feu de forêt, dans le sud de la France. L'Espagne, la France et la Grèce mettent en œuvre d'importants moyens aériens de ce type.

Le feu de forêt qui faisait rage tout le long du versant de la colline et vers le fond de la vallée était en train d'échapper au contrôle des hommes qui tentaient de le circonscrire. Le crépitement des flammes couvrait les voix, et il fallait presque hurler dans l'oreille de son voisin pour se faire entendre. Une fumée noirâtre obscurcissait complètement le soleil, si bien que la lumière du jour se transformait en une nuit artificielle, avec, en guise d'étoiles, des nuées de corps incandescents.

Un Cessna biplace tournait dans le ciel, avec à son bord un observateur qui marquait sur une carte les secteurs les plus menacés. En quelques minutes, l'homme parvint à dresser un tableau de coordonnées cartographiques qu'il transmit aussitôt par radio. Peu après, les équipes de volontaires au sol entendirent le ronronnement sourd d'un appareil plus volumineux, en l'occurrence un amphibie Canadair CL-215 du service de l'Air du Québec, qui arrivait sur les lieux. A 300 m au-dessus de la cime des arbres, à l'endroit où l'incendie semblait le plus violent, de grandes portes s'ouvrirent dans le ventre de l'appareil, et 5 t d'eau tombèrent. Libéré de son lourd chargement, le gros bimoteur fonça ensuite vers le lac le plus proche pour remplir de nouveau ses réservoirs.

Il devait revenir à plusieurs reprises en l'espace de quelques minutes, épaulé par deux autres Canadair, et ce jusqu'à ce que le sinistre soit circonscrit et que les soldats du feu puissent respirer.

« Le Québec est immense. Avec une superficie de plus de 965 000 km² c'est la deuxième province du Canada, après les Territoires du Nord-Ouest. Exception faite de sa partie méridionale, le Québec est essentiellement formé d'étendues sauvages qui couvrent des millions d'hectares. Sans les avions de lutte antifeu, nous ne pourrions en aucun cas espérer combattre les incendies de forêt dans l'arrière-pays. Il ne nous resterait plus qu'à laisser la végétation disparaître dans les flammes.

Les appareils terrestres sont loin d'être adaptés à la lutte anti-incendie dans de telles conditions, car ils ont besoin de pistes en dur et d'un important équipage. Celui-ci serait, notamment, chargé de mélanger les agents moussants et les produits chimiques retardants, opération qui prend beaucoup plus de temps que celle qui consiste à écoper 5 340 l d'eau sur un lac.

L'opération d'écopage est des plus simples. Il suffit de disposer d'un quelconque plan d'eau ayant une surface qui permette à l'appareil d'y travailler, qu'il s'agisse de canaux, de rivières, de lacs ou encore de bords de mer. L'essentiel est que ledit plan d'eau soit situé le plus près possible du sinistre et qu'il ait une profondeur d'au moins 1,80 m.

Une importante traînée

Depuis l'habitacle, il n'est pas possible d'apprécier exactement la position de l'appareil par rapport à la surface de l'eau, et donc par rapport

L'INTÉRIEUR DU CANADAIR CL-215

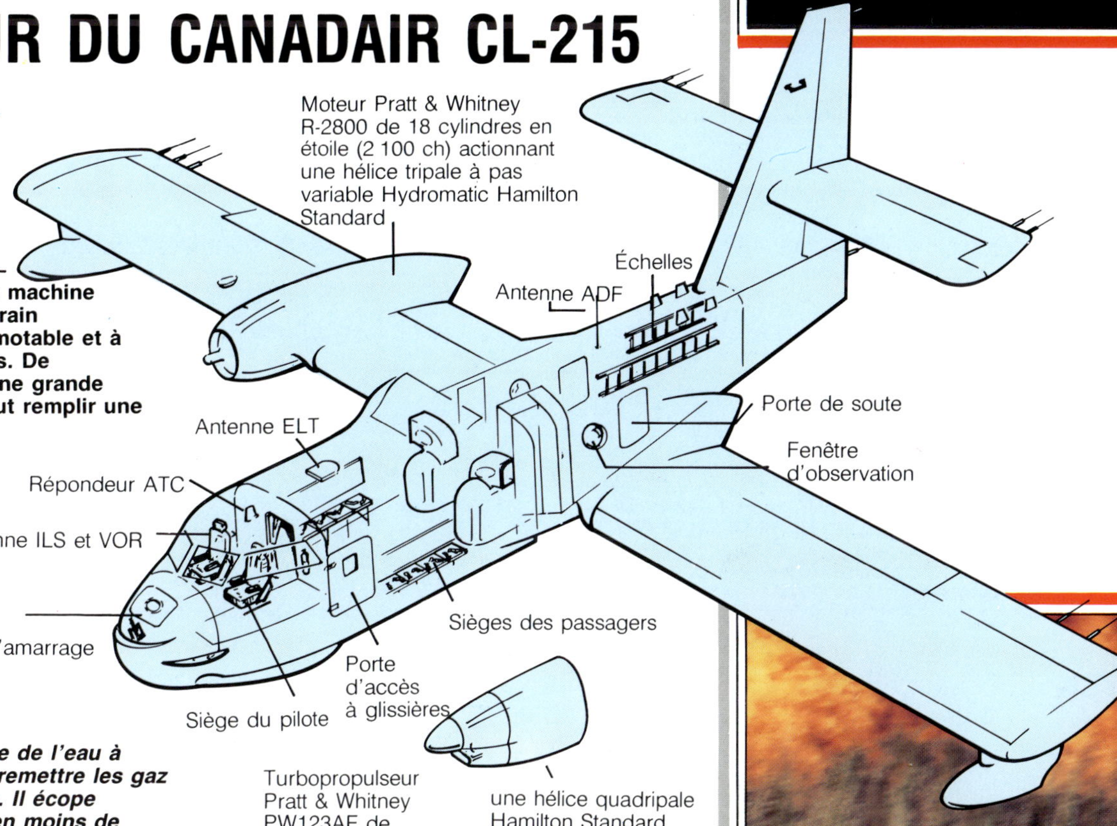

Le Canadair CL-215 est une machine amphibie à ailes hautes, à train d'atterrissage tricycle escamotable et à empennages conventionnels. De conception classique et d'une grande robustesse, cet appareil peut remplir une vaste gamme de missions.

L'appareil effleure la surface de l'eau à près de 130 km/h avant de remettre les gaz pour reprendre de l'altitude. Il écope ainsi jusqu'à 5 340 l d'eau en moins de dix secondes.

Mission anti-incendie type du CL-215T

Le CL-215 n'opère pas uniquement à partir d'aérodromes situés à des dizaines de kilomètres d'un incendie. Il peut remplir ses réservoirs sur n'importe quel lac ou bras de rivière à proximité de la zone concernée ; il écope ainsi une importante quantité d'eau, travail qui se limite en fait à une approche et à un simple atterrissage.

2 Le pilote déploie ses deux écopes au cours de l'approche.

3 Le pilote attend jusqu'à sentir une certaine résistance, puis laisse l'avion s'enfoncer d'environ 5 cm afin de placer les deux écopes sous l'eau.

4 Lorsque l'appareil touche la surface de l'eau, le pilote remet les gaz afin de maintenir une vitesse d'environ 140 km/h.

5 Au bout de dix secondes, lorsque les jauges montrent que les réservoirs sont pleins, les écopes s'escamotent et l'avion prend de l'altitude.

6 Le CL-215 reprend de l'altitude sous forte incidence. Il n'aura fallu qu'une distance de 1 200 m pour effectuer l'approche et remonter à 15 m.

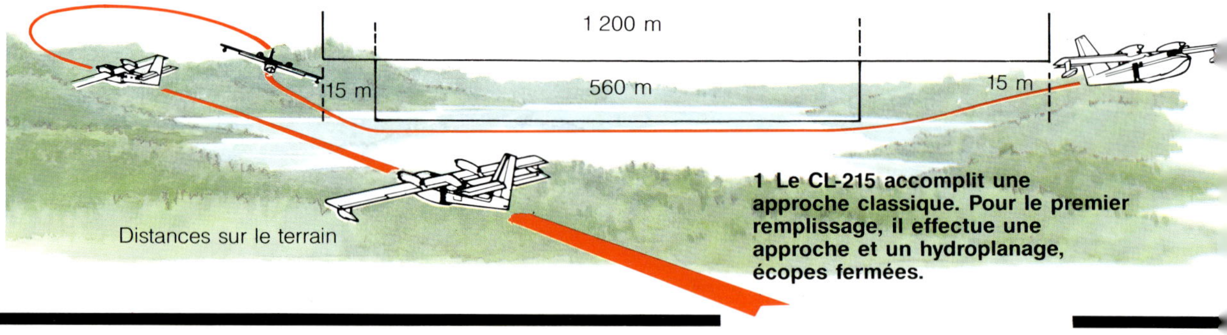

Un des CL-215 du service de l'Air du Québec photographié lors d'un écopage sur un lac. Certains de ces appareils arborent une livrée bleue sur fond jaune.

aux deux écopes dont nous disposons, lesquelles ont à peine la taille d'une tasse de thé. Dès qu'elles touchent la surface, on ressent une importante traînée, ce qui signifie que l'appareil n'est pas encore à la bonne hauteur. Il faut encore baisser le manche pour immerger correctement les écopes, et, à partir de ce moment, commence le remplissage des réservoirs. Le CL-215 touchant la surface du plan d'eau à environ 150 km/h, il faut donner un peu de puissance si l'on ne veut pas piquer du nez. Le pilote doit garder la main sur la manette de puissance et ne pas quitter de l'œil le badin. En effet, l'avion vole toujours, même si la coque est en phase d'hydroplanage, à une vitesse variant de 155 à 165 km/h.
Il faut dix secondes pour embarquer les 5 340 l d'eau correspondant à la capacité des réservoirs. Chacun d'entre eux comporte une jauge, semblable à celle du réservoir d'essence d'une automobile, qui sert à surveiller leur remplissage. Dès que les réservoirs sont pleins, le pilote donne l'ordre au copilote d'escamoter les écopes. Aussitôt, la sensation de traînée disparaît, l'appareil déjauge et commence à grimper.
Puis le pilote le fait piquer du nez afin de gagner un peu de vitesse. Quand il parvient à la vitesse de sécurité, qui doit lui permettre de voler sur un seul moteur en cas d'urgence, l'appareil rallie aussi vite que possible les lieux de l'incendie.
Un avion léger éclaireur vole au-dessus de la zone en flammes, avec à son bord un pilote confirmé et un ingénieur des Eaux et Forêts spécialisé que nous appelons l'aéropointeur. C'est lui qui indique au pilote du Canadair CL-215 où effectuer le largage.
Au Québec, le pilote du bombardier d'eau est chargé de diriger la manœuvre, mais dans certains pays, aux États-Unis notamment, c'est à l'éclaireur que revient cette mission. Il n'existe pas vraiment de similitudes entre un Cessna ou un Piper d'une part, et le CL-215 d'autre part. L'équipage d'un Canadair apprécie peu qu'on lui dicte ce qu'il a à faire, ou bien qu'on lui explique comment il procéderait à sa place.
Habituellement l'approche s'effectue dans le vent, mais, dans ce cas, deux éléments sont à prendre en compte : le relief et la fumée produite par le feu. Nous ne pouvons pas nous permettre de voler dans la fumée. C'est trop dangereux. Un arbre géant, une ligne à haute tension ou tout autre obstacle qui se dresse, et c'en est fait de l'appareil.

Un coup en pleine face

Cela ne signifie pas pour autant que nous n'affronterons pas ce genre de problème. L'incendie de forêt est par définition imprévisible, et une épaisse colonne de fumée opaque peut surgir tout d'un coup, n'offrant au pilote d'autre solution que de voler à travers. Soudain, tout devient sombre, des nuées incandescentes virevoltent autour de l'avion et la chaleur équivaut à un coup en pleine face.
Nous nous appliquons à déverser notre eau à 90 m d'altitude ou même plus bas. En période chaude, larguer de

Les réservoirs d'eau et leurs équipements

Le cœur du CL-215 de lutte anti-incendie est constitué par ses réservoirs d'eau, lesquels peuvent être remplis lorsque l'avion effectue un écopage à la surface de la mer, d'une rivière ou d'un lac.

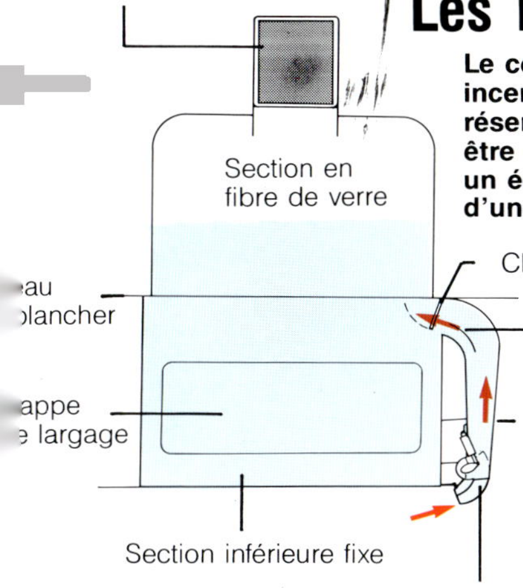

Trajectoire de largage du CL-215T

Le CL-215T est équipé de volumineux réservoirs d'une capacité de 6 130 l, alors que le CL-215 standard emporte 5 340 l. Le CL-215T dispose également d'un système d'injection, d'agents moussants et de quatre trappes de largage, au lieu de deux seulement pour la version précédente.

Toutes les trappes sont ouvertes simultanément.

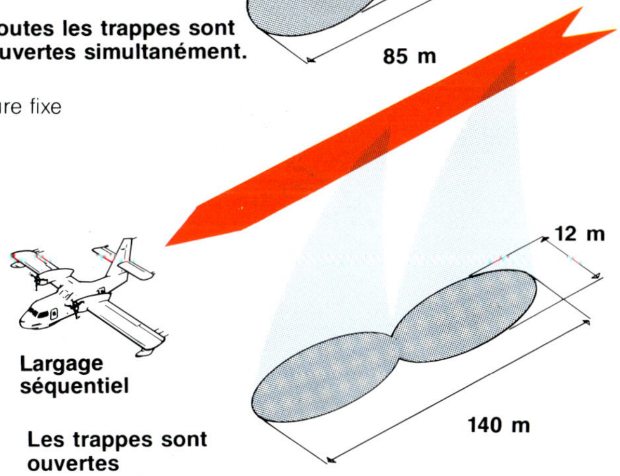

Les trappes sont ouvertes deux par deux en séquence.

Trappes de largage

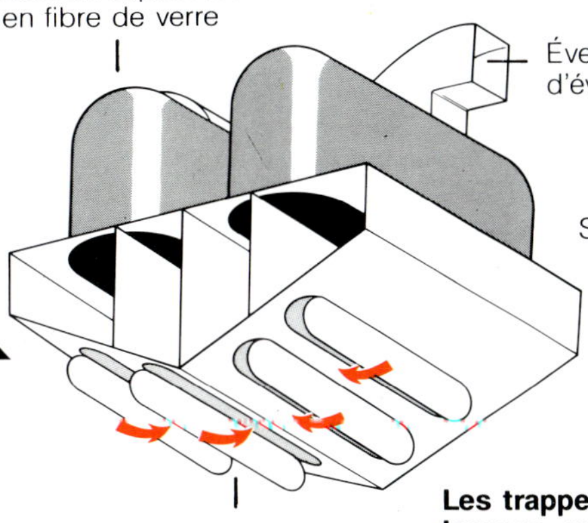

Les trappes de largage, qui sont situées sous chaque réservoir, s'ouvrent à l'extérieur par gravité. Les réservoirs sont séparés par une cloison centrale.

Une trentaine de litres de retardants chimiques sont mélangés avec l'eau écopée tandis que l'avion retourne sur les lieux du sinistre.

trop haut revient à perdre de l'efficacité, soit parce que l'eau s'évapore, soit parce que le vent la disperse. Il ne faut pas pour autant tenter de voler trop bas. La plupart des arbres que nous survolons atteignent jusqu'à 12 m de hauteur — tout au moins, les bûcherons les coupent à cette mesure, et nous ne souhaitons pas particulièrement effectuer leur travail!

Il n'est pas nécessaire d'effectuer un largage du type palier-ressource pour nous débarrasser de notre cargaison d'eau. En fait, un virage incliné à 30° donne d'aussi bons résultats, mais au-delà de cet angle l'avion a tendance à déraper. Puis le nez remonte au fur et à mesure que se vident les réservoirs : c'est à ce moment que le pilote doit être très vigilant.

Il ne faut pas qu'il quitte des yeux les ailes du CL-215, et il doit s'appliquer à garder toute la manœuvrabilité à basse vitesse de sa machine. A ces effets aérodynamiques s'ajoutent des turbulences mécaniques et celles qui sont produites par la chaleur quand l'amphibie évolue à peine à 30 m au-dessus d'un brasier. Vider l'eau des réservoirs ne prend qu'une seconde. Cette opération s'effectue par deux trappes installées en tandem sous le ventre de l'appareil. Le pilote peut les ouvrir simultanément pour créer une sorte d'effet de souffle, ou bien l'une après l'autre.

Quelquefois, il n'a pas d'autre choix que d'appuyer sur l'interrupteur du manche, larguer le tout et s'éloigner.

Dans une mission, la compétence du pilote d'un CL-215 est naturellement un facteur primordial, mais la faible vitesse, le bon champ visuel et la manœuvrabilité de l'avion sont autant d'éléments qui facilitent la précision des largages.

Des agents moussants ou retardants sont utilisés pour étaler une sorte de film au-dessus du feu en l'isolant de l'air, et empêcher les flammes de se ranimer. La mousse s'évapore moins rapidement que l'eau, favorisant ainsi un traitement efficace en profondeur et n'endommageant pas la végétation.

Ce dessin représente le CL-215T Super Canadair, dont la firme canadienne espère livrer bientôt les premiers exemplaires neufs sous forme de kits de conversion. Cet appareil se caractérise par un habitacle de nouvelle génération et par des équipements anti-incendie plus modernes et plus efficaces. Sa propulsion est assurée par deux turbopropulseurs Pratt & Whitney PW123AF, qui lui garantissent de meilleures performances au décollage, à l'atterrissage et pendant les opérations d'écopage.

SECURITE

Développé spécialement par la firme Bombardier pour la lutte anti-incendie, cet hydravion est capable d'écoper 5 m^3 d'eau en 12 secondes, qu'il largue sur le foyer, une fois additivée de produits moussants ralentissant la progression des flammes. Son équipage est composé de trois hommes.

Le guide
de l'amateur

Appareils de voltige

Extra 230

Conçu par Walter Extra et produit par la firme ouest-allemande Extra-Flugzeugbau, l'appareil de voltige aérienne Extra 230 effectua son vol initial en juillet 1983. Un avion de ce type décrocha la troisième place aux championnats européens de voltige en 1985, et six autres figurèrent parmi les vingt-cinq premiers de cette compétition. L'Extra 230, qui est disponible soit monté, soit en pièces détachées, est capable d'encaisser de + 10 G à — 10 G. La voilure en bois, recouverte d'un revêtement en Dacron, est dépourvue de cambrure, excepté au niveau du bord d'attaque, l'armature du fuselage étant composée de tubes d'acier revêtus d'aluminium et de Dacron. La roulette de queue n'est pas escamotable, et les gouvernes ont un débattement de 52°.

Christen Eagle

La firme californienne Christen Industries fabrique actuellement deux appareils de voltige aérienne biplans dont la voilure est contreventée par des mâts : le monoplace Eagle I et le biplace Eagle II, tous deux capables d'encaisser de + 9 G à — 6 G, et dont le second possède une cadence angulaire de roulis de 187°/s. L'armature de ces machines est constituée de tubes d'acier, les longerons d'ailes étant usinés en bois et recouverts d'un entoilage léger. Quant à la roulette de queue, elle est fixe. Conçu en 1974, le premier Eagle II effectua son vol initial en février 1977, suivi par l'Eagle I. Chaque version est disponible en pièces détachées, mais, alors que l'Eagle II est un avion de voltige, d'entraînement et de tourisme, l'Eagle I, doté d'un moteur AEIO-540-E4B5 de 260 ch, est destiné avant tout à la compétition.

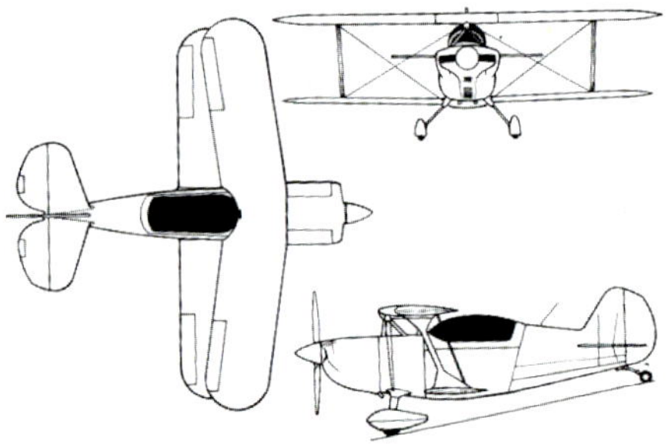

Caractéristiques : Christen Eagle II
Envergure : 6,07 m
Longueur : 5,64 m
Moteur : 1 Avco Lycoming AEIO-360-A1D de 200 ch
Masse : maximale au décollage, 720 kg
Vitesse maximale : 300 km/h
Distance franchissable : 610 km

Ultimate Aircraft 10 Dash Albertan

L'avion de voltige biplan Ultimate 10 Dash Albertan, qui effectua son vol initial en octobre 1985, est uniquement vendu en pièces détachées. Parmi les nombreuses versions fabriquées figurent : le 10 Dash 100, qui se caractérise par une cellule composée de tubes d'acier, une voilure à longerons d'ailes en bois et un moteur de 100 ou 180 ch ; le 10 Dash 200 de compétition, avec un moteur de 200 ch et une hélice à vitesse constante ; et le 10 Dash 300, capable d'encaisser de + 7 G à — 5 G, doté d'un fuselage rallongé, d'ailerons courant sur toute l'envergure des ailes et d'une hélice tripale. Deux exemplaires d'une variante biplace désignée 20 Dash 300 ont également été construits, de même qu'un 20 Dash 300T d'entraînement à la voltige, et un 20 Dash 300E d'exhibition.

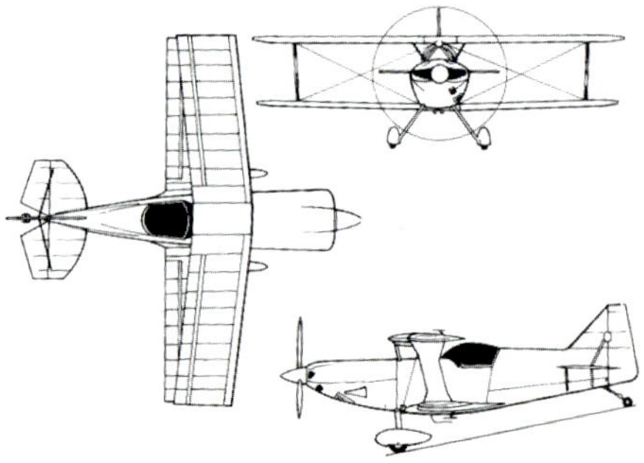

Caractéristiques : Ultimate Aircraft 10 Dash 300 Albertan
Envergure : 5,95 m
Longueur : 6,40 m
Moteur : 1 Avco Lycoming de 300 ou 350 ch
Masse : maximale au décollage, 750 kg
Vitesse maximale : 400 km/h
Distance franchissable : 965 km

Caractéristiques : Extra 230
Envergure : 7,40 m
Longueur : 5,82 m
Moteur : 1 Avco Lycoming AEIO-360-A1E de 200 ch
Masse : maximale au décollage, 560 kg
Vitesse maximale : 350 km/h
Autonomie : 2 h 30

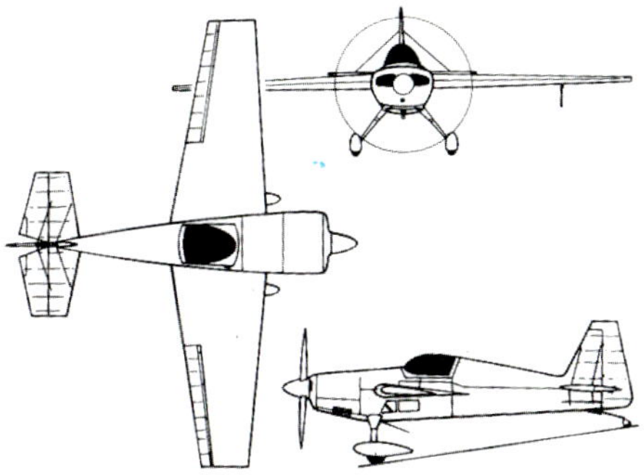

L'Extra 230, probablement le meilleur appareil occidental de voltige, se présente comme une version modifiée du Laser Akro Model Z australien, lui-même dérivé du Stephens Akro américain. Il se caractérise par une voilure multicaisson revêtue de Dacron.

Aerobatics Akro Model Z

Comme sa désignation l'indique et malgré de nombreuses différences de conception, l'Akro Model Z, fabriqué par la firme australienne Laser Aerobatics, trouve ses origines dans le Stephens Akro. L'appareil, qui a été homologué en mars 1982, est vendu en pièces détachées. Le fuselage et les empennages sont composés de tubes d'acier revêtus d'aluminium et de toile, les ailes étant en bois recouvert de contreplaqué. Quant aux éléments principaux du train d'atterrissage cantilever, ils sont usinés en aluminium. La voilure médiane est dépourvue de dièdre, et les ailerons, de grande envergure, ainsi que le gouvernail de direction sont compensés par des masselottes d'équilibrage. La verrière, profilée et surbaissée, est largable en cas d'urgence.

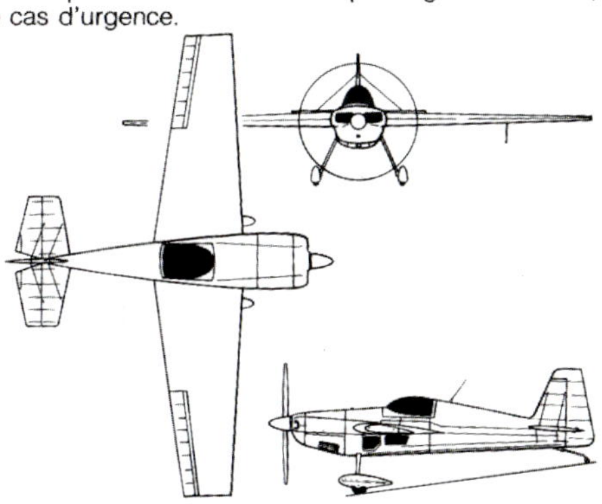

Caractéristiques :
Laser Aerobatics Akro Model Z
Envergure : 7,42 m
Longueur : 6,20 m
Moteur : 1 Avco Lycoming IO-360 de 200 ch
Masse : maximale au décollage, 550 kg
Vitesse maximale : 300 km/h
Distance franchissable : 550 km

Mudry CAP 20

Conçu à la fin des années soixante en tant que monoplace de voltige aérienne et équivalent du biplace CAP 10, le prototype du CAP 20 effectua son vol initial en juillet 1969. Huit machines de série furent fabriquées, avec un moteur Avco Lycoming AIO-360-B1B de 200 ch, puis la production s'orienta vers le CAP 20L, variante modifiée et allégée beaucoup plus performante. La première sous-version du CAP 20L, désignée CAP 20L-180 et dotée d'un moteur AEIO-360 de 180 ch, prit l'air en janvier 1976, suivie par le CAP 20LS-200, avec un moteur AIO-360-B1B de 200 ch et une hélice à pas constant destinée à accroître la précision des évolutions.

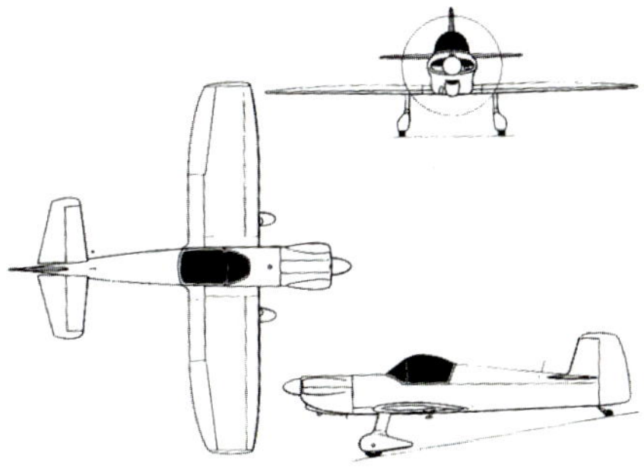

Caractéristiques :
Mudry CAP 20LS-200
Envergure : 7,57 m
Longueur : 6,46 m
Moteur : 1 Avco Lycoming AIO-360-B1B de 200 ch
Masse : maximale au décollage, 650 kg
Vitesse maximale : 265 km/h
Autonomie : 2 h

Sukhoi Su-26

Conçu pour participer au championnat du monde de voltige aérienne de 1984, le Su-26 fut modifié en 1986 et redésigné Su-26M. Cet avion se caractérise par un gouvernail de direction anguleux, des vitres latérales de petites dimensions, un moteur en étoile M-14P et une cellule capable d'encaisser de + 11 G à — 9 G, composée d'un fuselage en acier inoxydable recouvert de tôle d'aluminium et d'un entoilage en fibre de verre-époxy. La voilure, dépourvue de dièdre, est formée de longerons en fibre de carbone revêtus de fibre de verre-époxy, les éléments principaux du train d'atterrissage cantilever étant en alliages de titane. Enfin, des ailerons de large envergure assurent une cadence angulaire de roulis de 360°/s.

Yakovlev Yak-50

Conçu en vue de prendre part au championnat du monde de voltige de 1976, dans lequel il s'adjugea les deux premières places chez les hommes et les cinq premières places chez les femmes, le Yak-50 combine le fuselage du Yak-18PS et la voilure du Yak-20, mais avec une structure renforcée pouvant encaisser de + 9 G à — 6 G. Le train d'atterrissage ainsi que la roulette de queue sont escamotables, l'appareil étant propulsé par un moteur en étoile M-14P actionnant une hélice bipale à pas variable. Parmi les quelques avions fabriqués figurent un biplace Yak-52 d'entraînement équipé d'un atterrisseur escamotable et un monoplace Yak-53 de compétition.

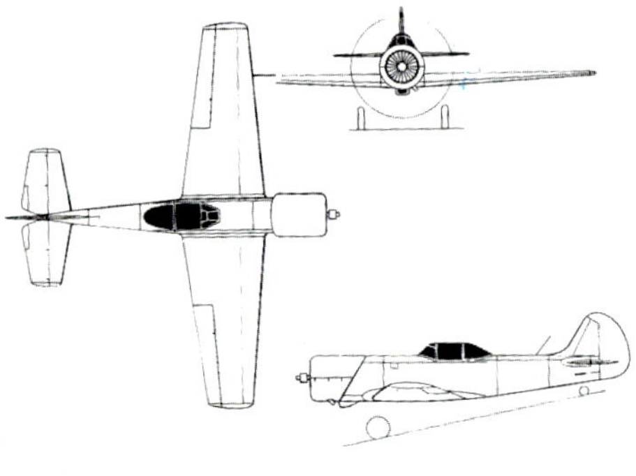

Caractéristiques :
Yakovlev Yak-50
Envergure : 9,50 m
Longueur : 7,67 m
Moteur : 1 Vedeneïev M-14P de 360 ch
Masse : maximale au décollage, 900 kg
Vitesse maximale : 320 km/h
Distance franchissable : 500 km/h

Yakovlev Yak-55

Conçu en vue de prendre part au championnat du monde de voltige aérienne de 1982, le Yak-55 se différencie notablement des autres appareils fabriqués à partir du Yak-18. En effet, même s'il est toujours propulsé par un moteur en étoile M-14P doté d'une hélice bipale, cet avion de construction métallique est plus court et plus léger que ses prédécesseurs. Par ailleurs, il affiche un rapport poids/puissance plus important, qui autorise des performances supérieures. L'avion se caractérise par une structure capable d'encaisser de + 9 G à — 9 G, des jambes d'atterrisseurs principaux cantilever, avec des amortisseurs à ressorts d'acier, une roulette de queue orientable, une voilure médiane dépourvue de dièdre et une verrière rehaussée.

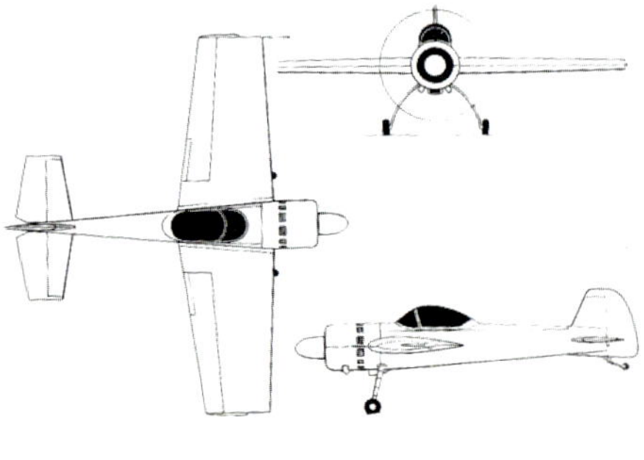

Caractéristiques :
Yakovlev Yak-55
Envergure : 8,20 m
Longueur : 7,48 m
Moteur : 1 Vedeneïev M-14P de 360 ch
Masse : maximale au décollage, 840 kg
Vitesse maximale : 320 km/h
Distance franchissable : inconnue

Caractéristiques :
Sukhoi Su-26M
Envergure : 7,80 m
Longueur : 6,90 m
Moteur : 1 Vedeneïev M-14P de 360 ch
Masse : maximale au décollage, 720 kg
Vitesse maximale : 350 km/h
Distance franchissable : 800 km

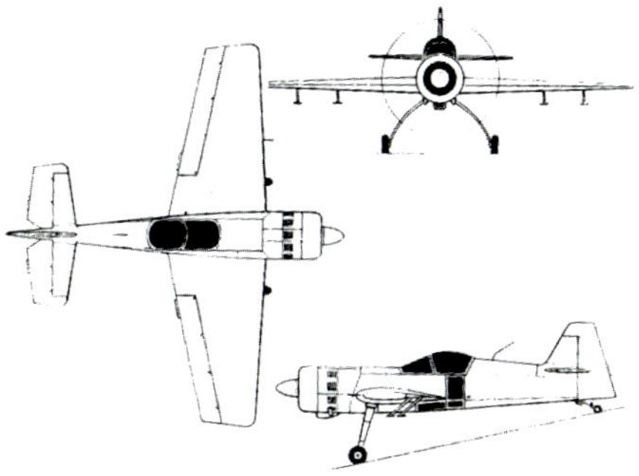

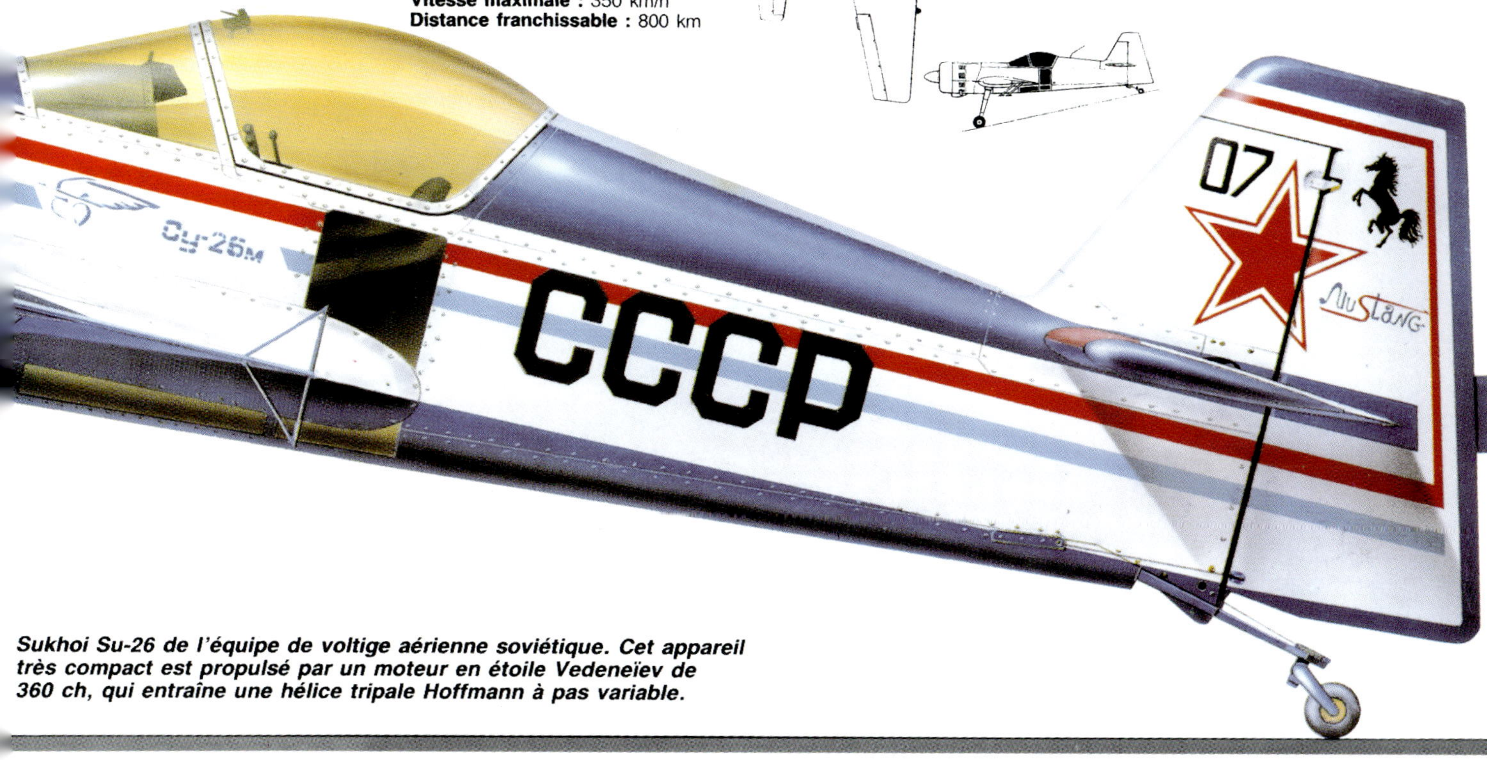

Sukhoi Su-26 de l'équipe de voltige aérienne soviétique. Cet appareil très compact est propulsé par un moteur en étoile Vedeneïev de 360 ch, qui entraîne une hélice tripale Hoffmann à pas variable.

Mudry CAP 21 et CAP 230

En 1980, Mudry orienta la production du CAP 20 vers un modèle plus sophistiqué, redésigné CAP 21 et se caractérisant par un fuselage identique à celui du CAP 20, avec un train d'atterrissage cantilever modifié et une voilure permettant d'atteindre une cadence angulaire de roulis de 180°/s. Cet appareil, qui effectua son vol initial en juin 1980, fut transformé par un constructeur italien en vue de donner naissance à une variante baptisée CAP 21-260 et dotée d'un moteur de 260 ch, capable d'encaisser de + 10 G à — 10 G. Une autre version, le CAP 230, fabriquée à raison de quatre exemplaires destinés à la force aérienne marocaine, prit l'air pour la première fois en octobre 1985.

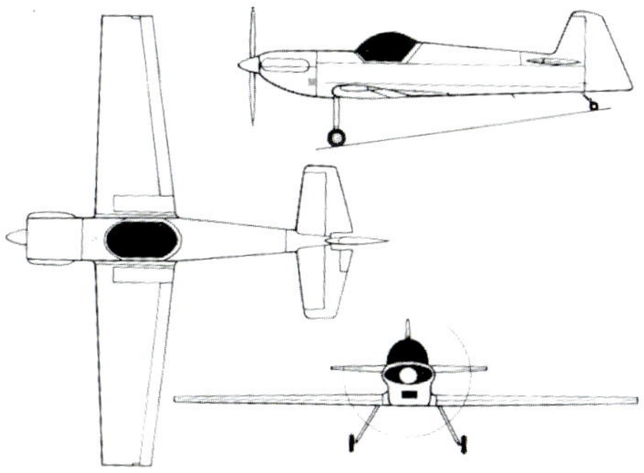

Caractéristiques :
Mudry CAP 230
Envergure : 8,08 m
Longueur : 6,75 m
Moteur : 1 Avco Lycoming AEIO-540-L1 de 300 ch
Masse : maximale au décollage, 720 kg
Vitesse maximale : 320 km/h
Distance franchissable : 750 km

Zlin Z.50L

Conçu en vue de prendre part aux championnats de voltige aérienne de 1973, le Zlin Z.50L effectua son vol initial en juillet 1975. En 1978, l'appareil remporta la première et la troisième place du championnat du monde de voltige chez les hommes et la première place par équipe. Le Z.50L se caractérise par une structure capable d'encaisser de + 9 G à — 6 G, un fuselage semi-monocoque entièrement métallique, des jambes de train d'atterrissage principal cantilever en titane, des ailerons courant sur toute l'envergure et des gouvernes entoilées et compensées aérodynamiquement. Une version désignée Z.50LS, disposant d'un rapport poids/puissance plus important qui lui assure des performances de vol plus élevées a été également réalisée.

Caractéristiques : Zlin Z.50L
Envergure : 8,58 m
Longueur : 6,62 m
Moteur : 1 Avco Lycoming AEIO-540-D4B5 de 260 ch
Masse : maximale au décollage, 720 kg
Vitesse maximale : 290 km/h
Distance franchissable : 640 km avec des réservoirs d'extrémités d'ailes

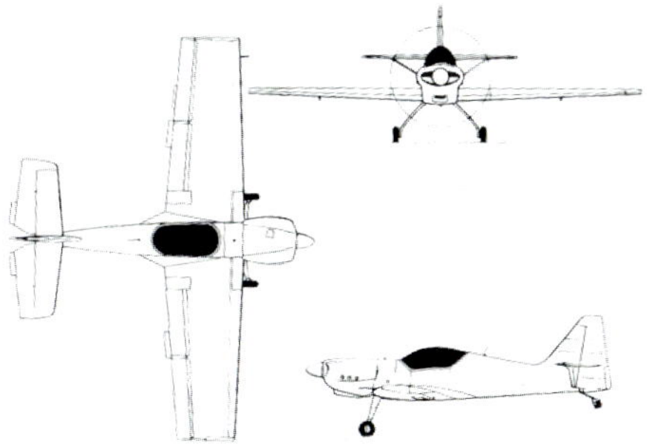

Patrouilles acrobatiques militaires modernes

« Red Arrows »

Caractéristiques :
British Aerospace Hawk T Mk 1
Envergure : 9,39 m
Longueur : 11,17 m
Moteur : 1 réacteur Rolls-Royce et Turboméca RT.172-06-11 Adour Mk 151 de 2 360 kgp
Armement : charge offensive, 2 570 kg
Masse : maximale au décollage, 7 750 kg
Vitesse maximale : 1 040 km/h au niveau de la mer
Distance franchissable : 1 100 km

Créée en 1965 sur la base de Fairford, dans le Gloucestershire, à partir des « Yellowjacks » (une unité composée de 5 appareils arborant une livrée jaune citron), en tant que détachement de la Central Flying School, les « Red Arrows » de la RAF volèrent au départ avec 5, puis 7 Hawker Siddeley Gnat T Mk 1 arborant une livrée rouge. En 1966, la formation fut transférée sur la base de Kemble, dans le Wiltshire, et le nombre de ses avions fut porté à 9, puis 7 l'année suivante, et de nouveau à 9 en 1968. Ce fut également en 1968 qu'un insigne représentant un éclair blanc fut peint sur les flancs du fuselage des appareils. En 1980, les « Red Arrows » furent transformés sur BAe Hawk T Mk 1, et, en 1983, ils furent transférés à RAF Scampton, dans le Lincolnshire.

« Esquadrilha da fumaca »

En 1952, les instructeurs de l'Escola de aeronautica de la force aérienne brésilienne formèrent une patrouille acrobatique composée de 4 North American T-6D. En 1953, ces appareils furent équipés de générateurs de fumée, et l'année suivante cette formation, complétée par un cinquième avion, fut transférée à Sao Paulo et baptisée « Esquadrilha da fumaca ». En 1955, les T-6D arborèrent une nouvelle livrée rouge, blanc et bleu. En 1963, l'« Esquadrilha da fumaca » devint la patrouille officielle de la force aérienne brésilienne. En 1968, elle fut transformée sur Fouga CM.170-2 Super-Magister (6 appareils), puis elle fut à nouveau équipée de T-6D au début des années soixante-dix, quand les Super-Magister furent rétrocédés à la France. Dissoute en 1977, la formation fut recréée en 1982 et dotée, en 1983, d'EMBRAER EMB-312 Tucano arborant une livrée rouge et blanc.

Caractéristiques :
EMBRAER EMB-312 Tucano
Envergure : 11,14 m
Longueur : 9,86 m
Moteur : 1 turbopropulseur Pratt & Whitney Canada PT6A-25C de 750 ch sur l'arbre
Armement : charge offensive, 1 000 kg
Masse : maximale au décollage, 3 170 kg
Vitesse maximale : 460 km/h
Distance franchissable : 1 900 km

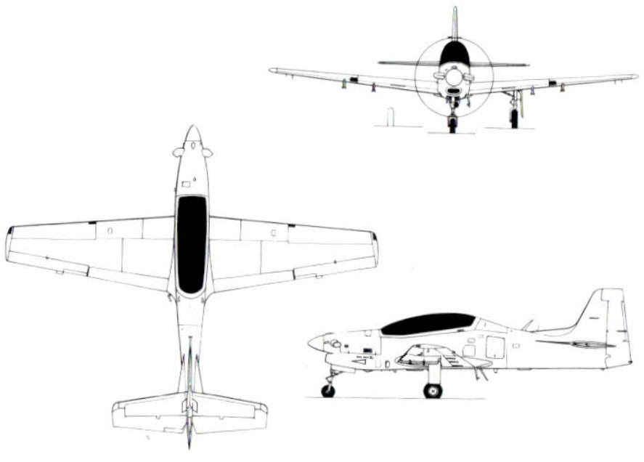

« Thunderbirds »

Officiellement désignés 3600th Air Demonstration Squadron, les « Thunderbirds » de l'US Air Force furent créés en mai 1953 à Luke AFB, en Arizona, et équipés de 4 Republic F-84G Thunderjet. Cette formation fut transformée sur F-84F Thunderstreak en 1955, et sur North American F-100C Super Sabre en 1956. La même année, les « Thunderbirds » furent transférés à Nellis AFB, dans le Nevada. En 1964, le F-100C Super Sabre fut remplacé par le Republic F-105B Thunderchief, puis la patrouille acrobatique fut dotée de F-100D Super Sabre. En 1969, les « Thunderbirds » volèrent sur McDonnell Douglas F-4E Phantom II ; en 1974, sur Northrop T-38A Talon ; et enfin, en 1982, sur General Dynamics F-16A Fighting Falcon.

Caractéristiques : General Dynamics F-16A Fighting Falcon
Envergure : 9,45 m
Longueur : 14,52 m
Moteur : 1 réacteur Pratt & Whitney F100-PW-200 de 11 340 kgp
Armement : 1 canon de 20 mm ; charge offensive, 6 890 kg
Masse : maximale au décollage, 10 600 kg
Vitesse maximale : 2 120 km/h
Distance franchissable : 3 450 km

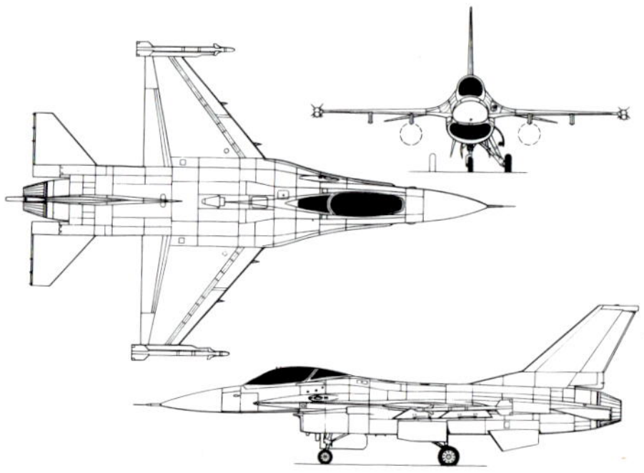

Ce British Aerospace Hawk T Mk 1 arbore la caractéristique livrée rouge des appareils des « Red Arrows ». Créée au départ sur Hawker Siddeley Gnat, cette formation fut transformée en 1980 sur Hawk.

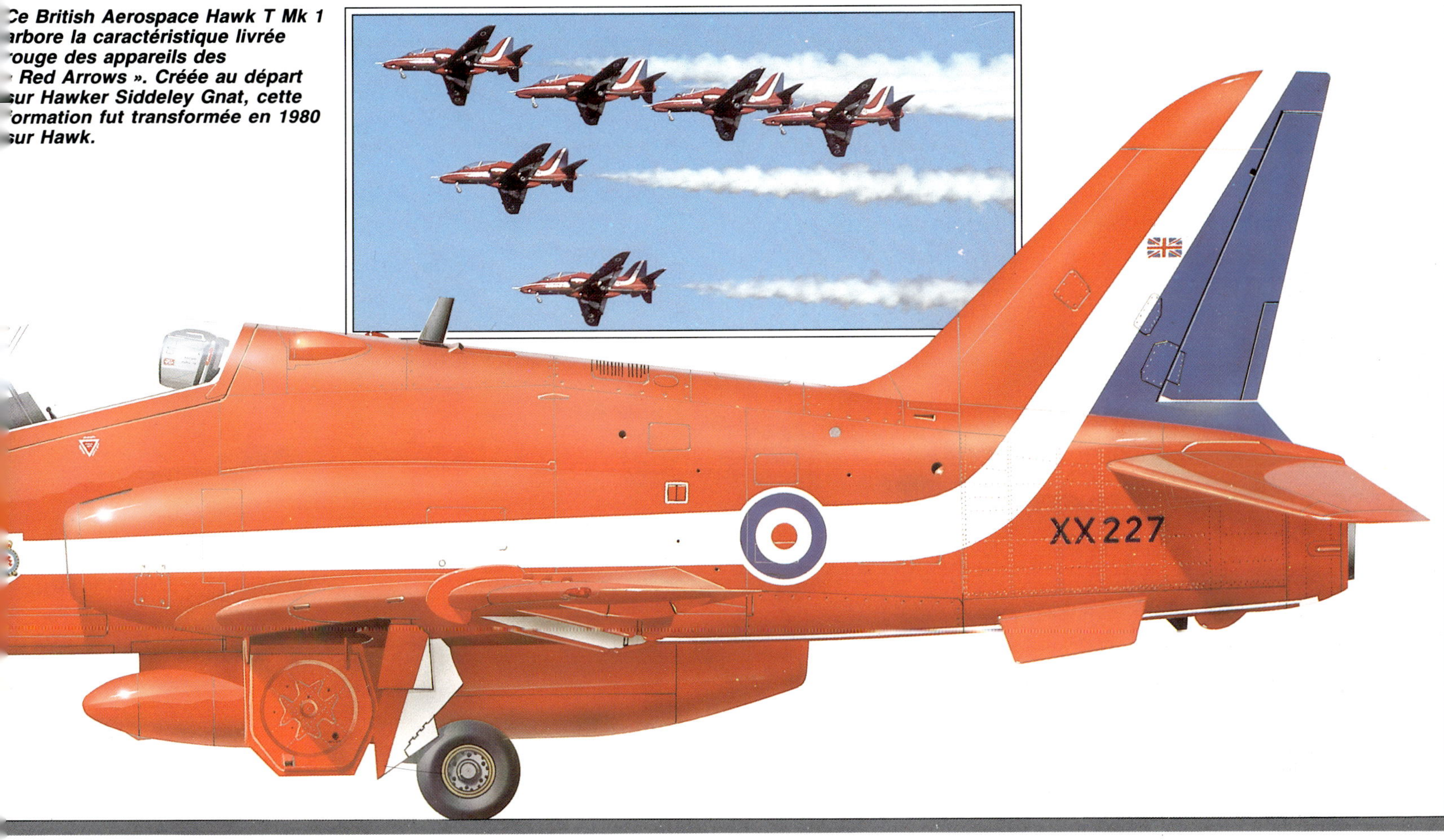

« Patrouille de France »

Désignée officiellement groupement d'instruction 312, la « Patrouille de France » fut créée en 1953 en tant que formation acrobatique de l'armée de l'Air. Équipée au départ de Republic F-84G Thunderjet, elle fut transformée en 1954 sur Dassault Ouragan. Entre 1955 et 1963, cette formation fut composée de 7 à 12 Ouragan et Dassault Mystère IVA. En 1964, pour des raisons d'économie, il fut décidé de n'utiliser que des avions d'entraînement et la « Patrouille de France » fut basée à Salon-de-Provence, alignant au départ 6, puis 9 et enfin 11 Fouga Magister. En 1981, la « Patrouille de France » fut dotée de 7 (8 en 1982) Dassault-Breguet et Dornier Alpha Jet E arborant, à l'instar des Fouga Magister, les couleurs tricolores.

Caractéristiques : Dassault-Breguet et Dornier Alpha Jet E
Envergure : 9,11 m
Longueur : 12,28 m
Moteurs : 2 réacteurs SNECMA et Turboméca Larzac 04 de 1 350 kgp
Armement : charge offensive, 2 500 kg
Masse : maximale au décollage, 7 500 kg
Vitesse maximale : 930 km/h
Distance franchissable : 2 950 km avec deux réservoirs supplémentaires

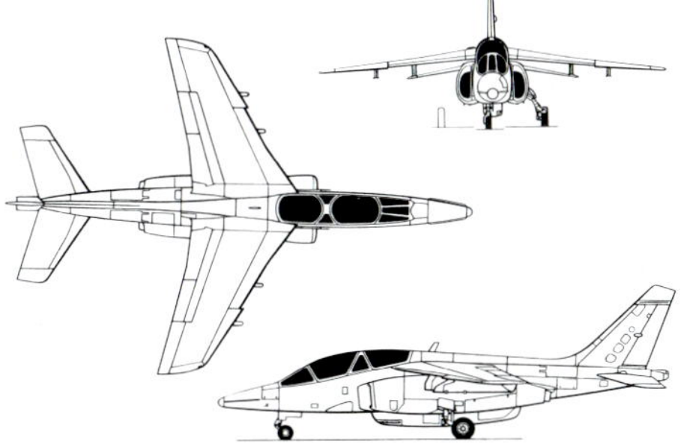

« Blue Impulse »

En 1958, la force aérienne d'autodéfense japonaise décida de créer une formation de voltige aérienne qui, au printemps 1960, fut désignée « Blue Impulse », intégrée au 4th Air Wing et stationnée sur la base de Matsushima, au nord de Tokyo. Équipée au départ de 5 North American F-86F Sabre, cette formation arbora dès 1961 une livrée bleu et blanc sur ses appareils, l'avion du chef de la patrouille portant quant à lui une livrée blanc et or. En 1963, la livrée actuelle, blanc, bleu clair, bleu foncé et orange, fut adoptée, et, en juillet 1981, les « Blue Impulse » furent transformés sur avion d'entraînement supersonique Mitsubishi T-2, un sixième appareil venant compléter la formation.

Caractéristiques : Mitsubishi T-2
Envergure : 7,88 m
Longueur : 17,85 m
Moteurs : 2 turboréacteurs Ishikawajima-Harima TF40-IHI-801A (Rolls-Royce et Turboméca Adour Mk 801A) de 3 310 kgp
Armement : 1 canon de 20 mm ; charge offensive, 2 720 kg
Masse : maximale au décollage, 9 670 kg
Vitesse maximale : 1 700 km/h
Distance franchissable : 2 600 km

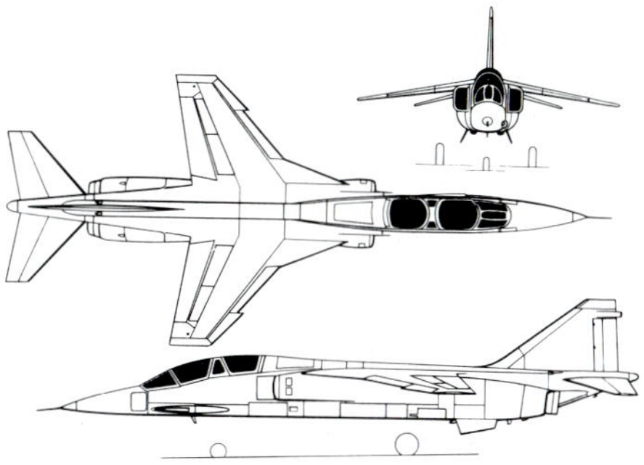

« Blue Angels »

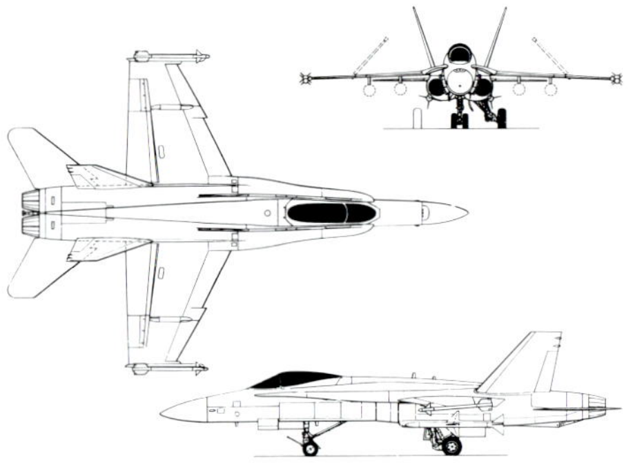

Caractéristiques :
McDonnell Douglas F-18A Hornet
Envergure : 11,43 m
Longueur : 17,07 m
Moteurs : 2 réacteurs à double flux General Electric F404-GE-400 de 7 255 kgp
Armement : 1 canon M61A-1 de 20 mm ; charge offensive, 7 710 kg
Masse : maximale au décollage, 22 330 kg
Vitesse maximale : Mach 1,8 à 12 200 m
Distance franchissable : 1 500 km

Créé en 1946 à Pensacola NAS, en Floride, le Flight Demonstration Team de l'US Navy vola au départ sur Grumman F-6F-5 Hellcat, avant d'être transformé, en août 1946, sur Grumman F-8F-1C/D Bearcat et d'être désigné « Blue Angels ». Par la suite, les « Blue Angels » furent équipés de nombreux types d'appareils fabriqués par la firme Grumman : le Bearcat (1946-1949) ; le F-9F-2 Panther (1949-1950) ; le Bearcat (1951-1952) ; le F-9F-5 Panther (1952) ; le F-9F-6 Cougar (1953) ; le F-9F-5 Panther (1954) ; le F-9F-8B Cougar (1955) ; le F-9F-8 Cougar (1956) ; le F-9F-8B Cougar (1957) ; le F-11F-1 Tiger (1957-1958) ; le F-9F-8T (TF-9J) Cougar (1957-1968) ; et le F-11A Tiger (1959-1968). En 1952, la formation fut également dotée de 2 Vought F-7U-1 Cutlass, et, depuis 1969, les « Blue Angels » n'utilisent plus que des avions McDonnell Douglas : le F-4J Phantom II, de 1969 à 1973 ; l'A-4F et le TA-4J Skyhawk, de 1974 à 1986 ; et, enfin, le F/A-18A Hornet.

« Frecce tricolori »

Officiellement désignée 313° Gruppo autonomo addestramento acrobatico et basée à Udine-Rivolto, la patrouille acrobatique de la force aérienne italienne, les « Frecce tricolori » (ou Pattuglia Acrobatica Nazionale), a été créée en 1960 et a commencé d'évoluer en 1961 avec 9 Canadair CL-13 Sabre Mk 4 (F-86E). Les appareils des « Frecce tricolori » arboraient au départ une livrée noir et bleu avec des bandes rouges, blanches et vertes sous la voilure et les plans horizontaux d'empennage. En 1963, cette livrée fut remplacée par une livrée bleu et gris, avec les couleurs italiennes peintes sous les ailes et sur les côtés du fuselage. En décembre 1963, la formation fut transformée sur des Fiat G.91PAN équipés de générateurs de fumée ; puis, en 1982, sur Aermacchi MB.339PAN.

Caractéristiques :
Aermacchi MB.339PAN
Envergure : 10,50 m
Longueur : 10,97 m
Moteur : 1 turboréacteur Rolls-Royce (Bristol Siddeley et Armstrong Siddeley) Viper Mk 632-43 de 1 815 kgp construit par Piaggio
Armement : aucun
Masse : maximale au décollage, 4 400 kg
Vitesse maximale : 900 km/h au niveau de la mer
Distance franchissable : 1 000 km

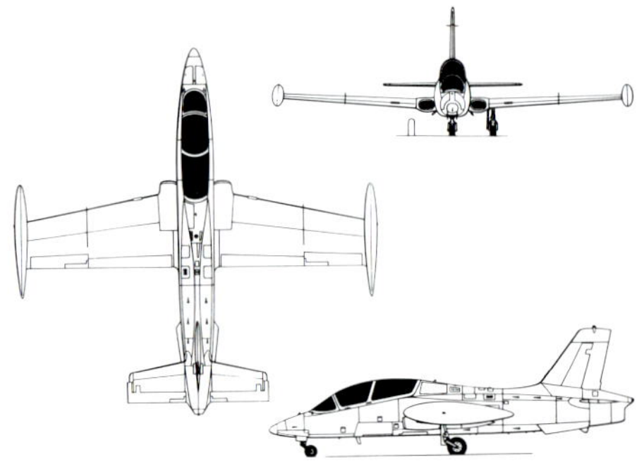

« Patrouille suisse »

Créée en 1964, la « Patrouille suisse » est basée à Dubendorf. Cette formation évolue sur 6 Hawker Hunter F Mk 58 qui arborent une livrée gris-vert sur le dessus des ailes et du fuselage et sont équipés de générateurs de fumée. En 1981, un insigne noir et argent fut ajouté sur l'avant du fuselage de chaque appareil. La « Patrouille suisse » possède un répertoire comportant trois types de présentation, le choix étant fait avant chaque meeting en fonction de la géographie du pays et des conditions atmosphériques. La formation suisse, dont les pilotes ne s'entraînent qu'une fois par semaine, n'effectue que cinq ou six présentations par an.

Caractéristiques :
Hawker Hunter F Mk 58
Envergure : 10,26 m
Longueur : 13,98 m
Moteur : 1 turboréacteur Rolls-Royce Avon RA.28 Mk 207 de 4 540 kgp
Armement : 4 canons de 30 mm ; charge offensive, 1 360 kg
Masse : maximale au décollage, 8 050 kg
Vitesse maximale : 1 140 km/h
Distance franchissable : 800 km

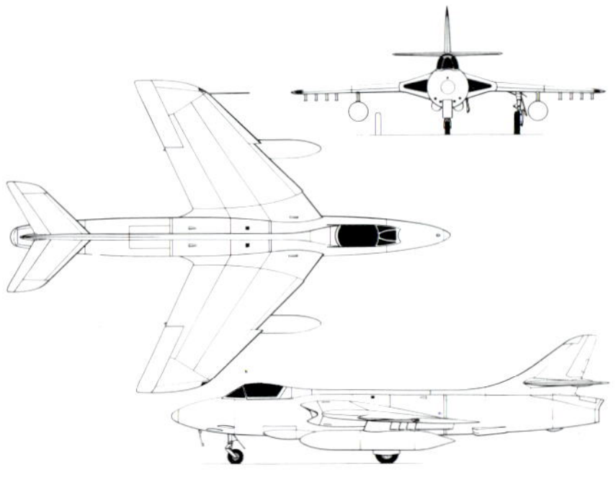

Un McDonnell Douglas F/A-18A Hornet arborant la livrée bleu et or caractéristique des appareils des « Blue Angels ». Après avoir utilisé des avions fabriqués par la firme Grumman, la patrouille acrobatique de l'US Navy vole depuis 1969 sur des machines construites par McDonnell Douglas.

« Silver Falcons »

Créée en 1966 au sein de la Flying Training School sud-africaine, basée à Langebaanweg, la patrouille acrobatique de la force aérienne sud-africaine évolue sur des avions d'entraînement Atlas Impala Mk 1. Depuis 1967, cette formation, officiellement baptisée « Silver Falcons » ou, en afrikaans, « Silver Valke », est équipée de 4 appareils dotés de générateurs de fumée dont les réservoirs sont installés dans le poste de pilotage, sur le siège arrière. Les pilotes étant la plupart du temps des instructeurs de la Flying Training School, la patrouille n'effectue que quelques présentations aériennes chaque année.

Caractéristiques :
Atlas Impala Mk 1
Envergure : 10,85 m
Longueur : 10,65 m
Moteur : 1 tuboréacteur Rolls-Royce (Bristol Siddeley et Armstrong Siddeley) Viper 11 de 1 130 kgp
Armement : charge offensive, 1 810 kg
Masse : maximale au décollage, 4 580 kg
Vitesse maximale : 870 km/h
Distance franchissable : 550 km

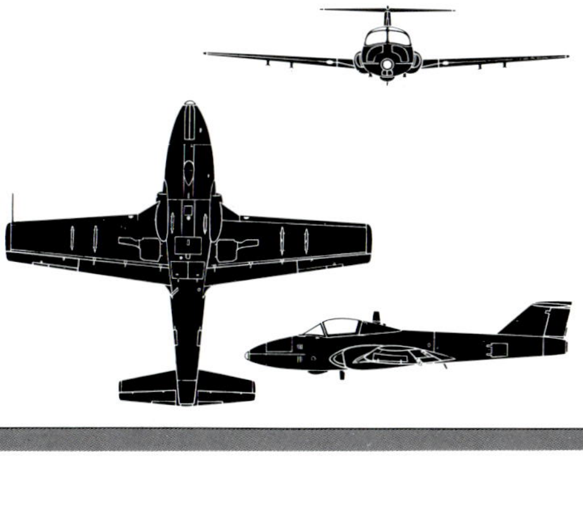

« Snowbirds »

Tirant profit de l'expérience acquise, en 1967, avec les « Golden Centennaires », créés pour prendre part aux célébrations marquant le centenaire du Canada, le Canadian Forces Flying Training School Formation Team 2 fut formé en 1971 et basé à CFB Moose Jaw, dans le Saskatchewan. Cette patrouille acrobatique évolua au départ sur 8, puis 9 Canadair CL-41A (désignés CT-114 Tutor), et, en 1972, elle fut baptisée « Snowbirds ». En 1977, les « Snowbirds » devinrent une formation permanente, et, en avril 1978, la patrouille fut officiellement désignée Air Demonstration Squadron 431. Les avions de cette formation acrobatique arborent une livrée rouge, blanc et bleu ainsi qu'un insigne représentant un oiseau blanc stylisé peint sous le fuselage et les ailes.

Caractéristiques :
Canadair CL-41 (CT-114 Tutor)
Envergure : 11,13 m
Longueur : 9,75 m
Moteur : 1 turboréacteur General Electric J85-CAN-40 de 1 290 kgp fabriqué par la firme Orenda
Armement : aucun
Masse : maximale au décollage, 3 530 kg
Vitesse maximale : 800 km/h
Distance franchissable : 1 000 km

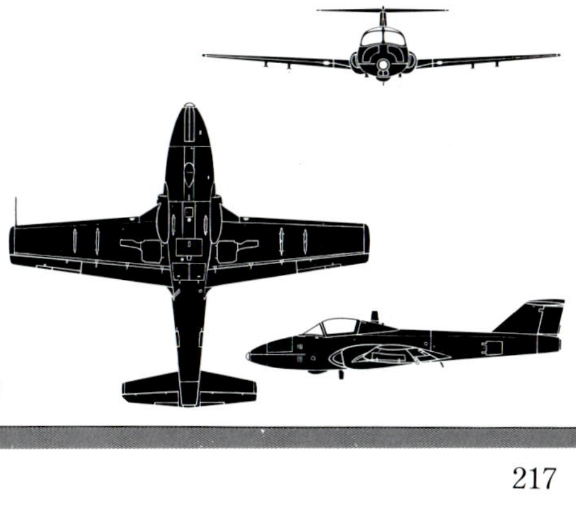

Avions d'entraînement

BAe Hawk T Mk 1A

Conçu pour fournir à la RAF un avion d'entraînement avancé et au tir, le Hawk peut également remplir des missions d'appui tactique et servir d'avion d'entraînement embarqué aux pilotes de l'US Navy. Après leur passage sur Jet Provost ou sur Tucano, les élèves pilotes de la RAF accomplissent 60 heures d'entraînement avancé puis 54 heures d'entraînement au tir sur Hawk. La RAF a modifié 88 de ses Hawk T Mk 1 (dont ceux des Red Arrows) en T Mk 1A, capables d'emporter deux missiles Sidewinder. Parmi les nombreux pays qui ont acquis des Hawk figurent Abu Zabi (16), Dubayy (8), la Finlande (50), l'Indonésie (20), le Kenya (12), le Koweït (12), l'Arabie Saoudite (30), la Suisse (20), les États-Unis (300 McDonnell Douglas T-45 Goshawk utilisés par l'US Navy) et le Zimbabwe (8).

Aero L-39 Albatros

Depuis de nombreuses années, la Tchécoslovaquie s'est spécialisée dans la fourniture d'avions à réaction d'entraînement de base aux pays du bloc communiste, à l'exception de la Pologne. Le L-39, qui a volé en 1968, a succédé au L-29 Delfin et sert à l'entraînement des élèves pilotes depuis 1974. Plus de 2 000 exemplaires de l'Albatros volent à l'heure actuelle dans les forces aériennes de seize pays, et la production se poursuit au rythme de 200 exemplaires par an. Le L-39C dispose de deux pylônes de voilure, mais le L-39ZO et le L-39ZA en possèdent quatre. Le dernier de ces appareils est doté d'un canon GSh-23 de 23 mm et peut être utilisé pour la reconnaissance tactique. Les L-39 de la force aérienne libyenne ont pris part aux opérations du Tchad.
Une version modernisée L-39MS est à l'étude.

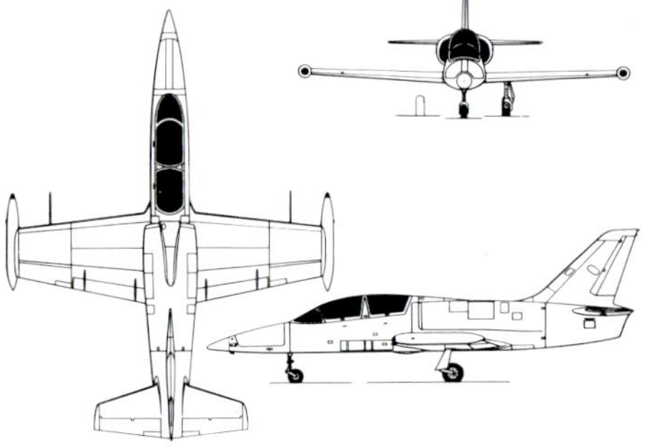

Caractéristiques :
Aero L-39C Albatros
Envergure : 9,46 m
Longueur : 12,13 m
Moteur : 1 turboréacteur Walter Titan de 1 720 kgp
Armement : charge offensive, 500 kg
Vitesse maximale : 740 km/h à l'altitude optimale
Autonomie : 2 h 30 mn

Aermacchi MB-326

De nombreux MB-326, construits en Italie ou dans d'autres pays, comme l'Australie (97 Commonwealth CA.30), le Brésil (182 Embraer AT-26 Xavantes) et l'Afrique du Sud, sont utilisés soit pour l'entraînement de base, soit pour la lutte antiguérilla. La force aérienne italienne emploie les cent avions de ce type qu'elle met encore en œuvre pour des tâches de communication, en attendant d'en transformer éventuellement quelques-uns en cibles guidées. Machine dépourvue d'armement à l'origine, le MB-326 a été doté de pylônes de voilure par plusieurs forces aériennes, dont celles de l'Argentine, de Dubayy, du Ghana, du Paraguay, du Togo, de la Tunisie, du Zaïre et de la Zambie. La firme sud-africaine Atlas a produit la plupart des 151 MB-326M Impala Mk I qui servent dans la South African Air Force, ainsi qu'une centaine de monoplaces MB-326K Impala Mk II.

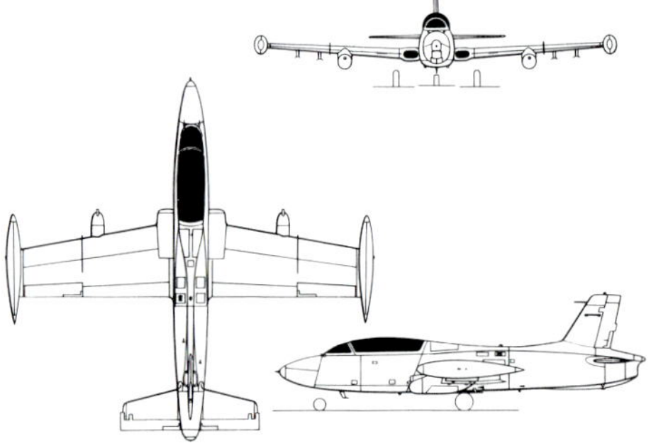

Caractéristiques :
Aermacchi MB-326GB
Envergure : 10,85 m
Longueur : 10,64 m
Moteur : 1 turboréacteur Rolls-Royce Viper Mk 540 de 1 550 kgp
Armement : charge offensive, 1 815 kg
Vitesse maximale : 860 km/h à 10 000 m
Distance franchissable : 1 850 km

Caractéristiques :
BAe Hawk T Mk 1A
Envergure : 9,39 m
Longueur : 11,86 m
Moteur : 1 turboréacteur Rolls-Royce/Turboméca Adour Mk 151 de 2 420 kgp
Armement : 1 canon, 2 missiles air-air AIM-9 Sidewinder ; charge offensive, 3 080 kg
Vitesse maximale : 1 000 km/h à basse altitude
Autonomie : 4 h 30 mn

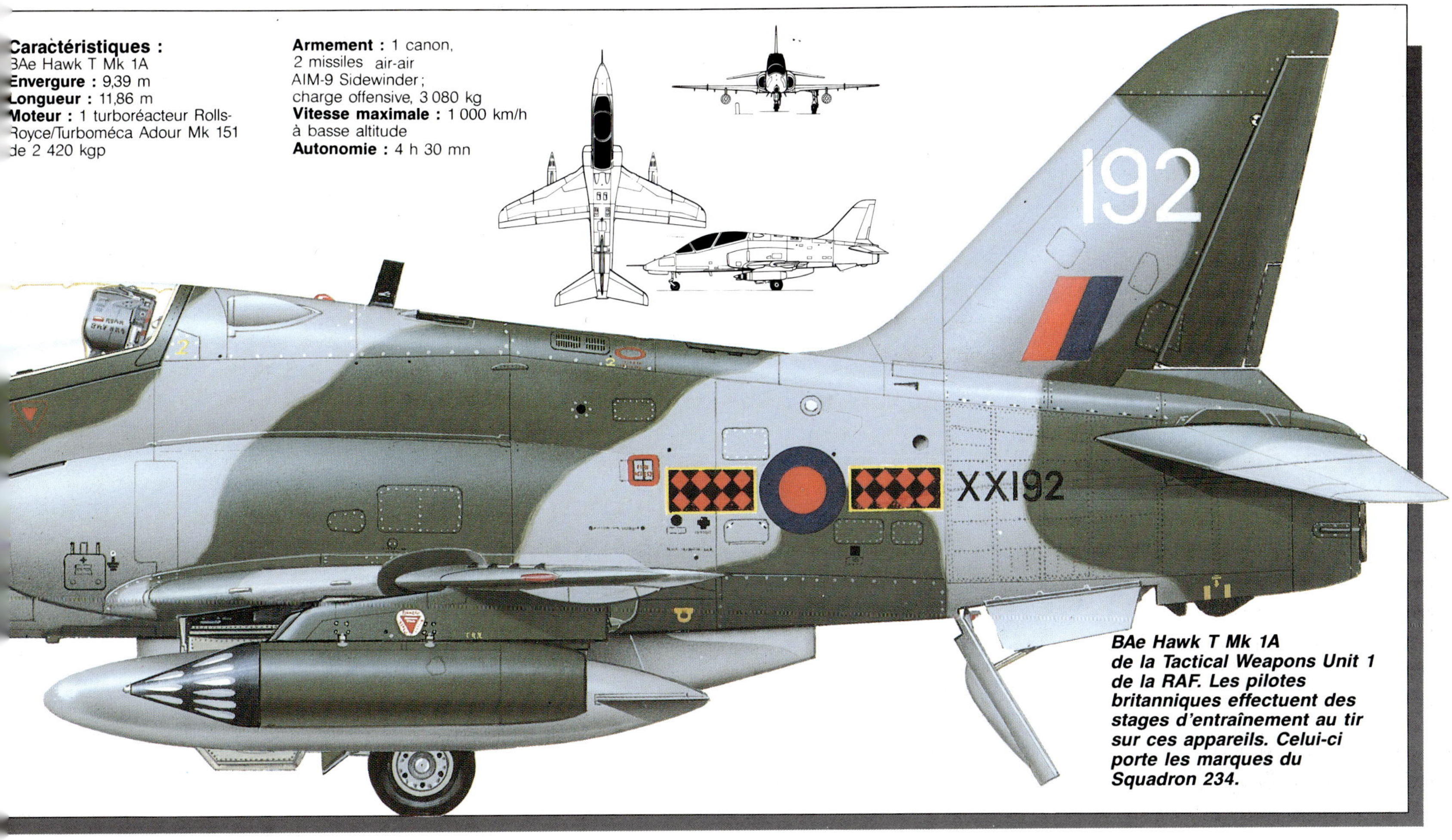

BAe Hawk T Mk 1A de la Tactical Weapons Unit 1 de la RAF. Les pilotes britanniques effectuent des stages d'entraînement au tir sur ces appareils. Celui-ci porte les marques du Squadron 234.

Aermacchi MB-339

Le MB-339, successeur du MB-326, est doté d'un turboréacteur Viper et dispose d'un siège arrière surélevé qui confère à l'instructeur un champ visuel supérieur, notamment pour les missions d'entraînement au tir. La force aérienne italienne a acquis de nombreux MB-339, parmi lesquels des MB-339A destinés à l'entraînement de base et avancé des pilotes, des MB-339RM étant employés pour la calibration des instruments d'aide à la navigation. Par ailleurs, des MB-339PAN ont été affectés à la patrouille acrobatique des Frecce Tricolori. Certains des dix MB-339 achetés par l'aéronautique navale argentine ont combattu lors de la guerre des Malouines. Les autres pays utilisateurs sont Dubayy (5 exemplaires), la Malaisie (13), le Nigeria (12) et le Pérou (16).

Caractéristiques :
Aermacchi MB-339A
Envergure : 10,86 m
Longueur : 10,97 m
Moteur : 1 turboréacteur Rolls-Royce Viper Mk 632 de 1 815 kgp
Armement : charge offensive, 1 815 kg
Vitesse maximale : 900 km/h au niveau de la mer
Autonomie : 2 h 50 mn

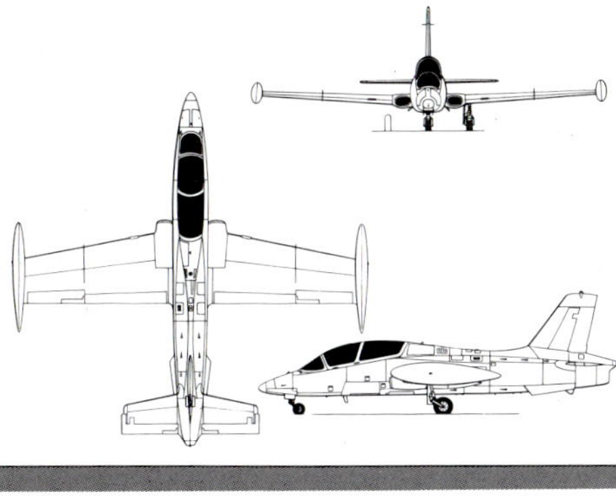

CASA C-101 Aviojet

L'Aviojet, conçu en réponse à une spécification de la force aérienne espagnole, équipe l'Escuadron 793 de l'académie de l'Air de San Javier, où il est employé pour l'entraînement de base des futurs pilotes. Le C-101EB a également été pris en compte par les Escuadrones 411 et 412 à Matacan, qui l'utilisent pour le perfectionnement de certains officiers navigants. La version d'entraînement d'exportation C-101BB et la variante d'appui tactique léger C-101CC possèdent un réacteur plus puissant. La première a été acquise par le Chili (T-36 Halcon) et le Honduras, la seconde également par le Chili (A-36 Halcon) et par la Jordanie. Aucune commande relative au C-101DD, avion d'entraînement doté d'une avionique modernisée et plus complète, n'a encore été enregistrée.

Caractéristiques :
CASA C-101CC Aviojet
Envergure : 10,60 m
Longueur : 12,50 m
Moteur : 1 turboréacteur Garrett TFE-731-5-1J de 2 130 kgp
Armement : 1 canon ou 2 mitrailleuses ; charge offensive, 2 250 kg
Vitesse maximale : 760 km/h à 8 000 m
Autonomie : 7 heures

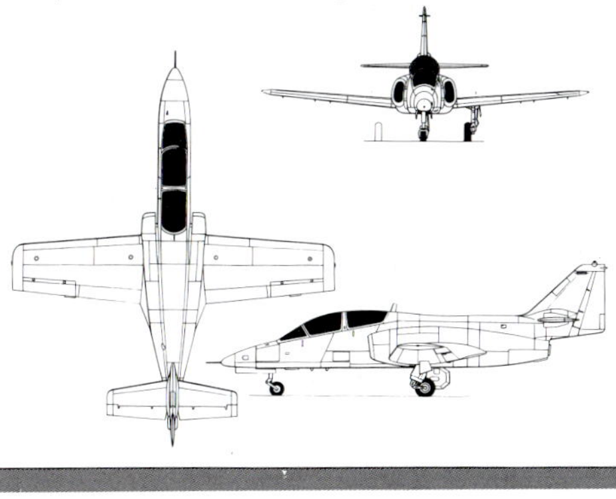

Dassault Alpha Jet E

L'Alpha Jet, fruit d'une coopération franco-allemande, est comparable à maints égards au Hawk britannique. En France, les élèves pilotes de l'armée de l'Air effectuent 91 heures d'entraînement de base et 54 heures d'entraînement au tir sur ce type d'appareil, après avoir volé sur Epsilon ou sur Fouga Magister. L'armée de l'Air a pris en compte 176 Alpha Jet E, parmi lesquels figurent les appareils de la Patrouille de France. La Luftwaffe, quant à elle, a reçu 175 Alpha Jet A, qui équipent trois unités de chasseurs bombardiers et une formation d'entraînement au tir déployée en permanence au Portugal. Les autres pays qui emploient des Alpha Jet sont la Belgique (33 exemplaires), l'Égypte (30), la Côte-d'Ivoire (7), le Maroc (24), le Nigeria (24), le Qatar (6) et le Togo (6). L'Alpha Jet 2, qui possède un télémètre à laser, a été acquis par l'Égypte (15) et le Cameroun (6).

Cessna T-37

Plus de trente ans après son entrée en service, le T-37 Tweet est toujours l'avion d'entraînement de base de l'US Air Force, sur lequel les élèves pilotes accomplissent 95 heures de vol avant leur passage sur Northrop T-38. Le T-37A et le T-37B ont été produits respectivement à 534 et à 400 exemplaires ; 66 T-37B supplémentaires ont été assemblés par la suite pour l'exportation, ainsi que 269 T-37C armés destinés à des pays alliés des États-Unis. Au moins 120 appareils retirés des unités d'entraînement ont été transformés en plates-formes de surveillance aérienne avancée OA-37B, plusieurs autres étant mis à la disposition de bases de bombardiers et de ravitailleurs du Strategic Air Command (SAC) pour permettre aux pilotes d'effectuer des vols de perfectionnement. En Europe, la patrouille acrobatique portugaise Asas de Portugal vole toujours sur T-37.

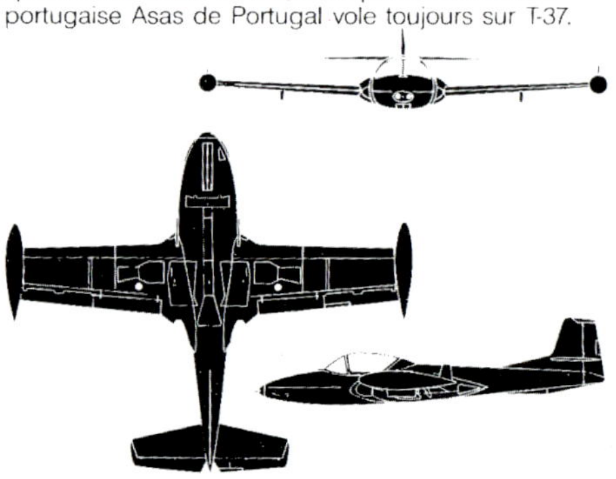

Caractéristiques :
Cessna T-37B
Envergure : 10,29 m
Longueur : 8,92 m
Moteurs : 2 turboréacteurs Teledyne J69 de 465 kgp
Armement : charge offensive, 230 kg
Vitesse maximale : 680 km/h à 5 200 m
Distance franchissable : 1 300 km

FMA IA.63 Pampa

Fortement inspiré de l'Alpha Jet, mais doté d'un seul réacteur, le Pampa a été conçu en Argentine, avec des ailes à profil supercritique qui lui procurent une grande efficience aérodynamique. Le Pampa, qui a effectué son premier vol en octobre 1984, est le successeur désigné d'avions d'entraînement de base et avancé plus anciens, comme les Morane-Saulnier Paris de la force aérienne argentine. Le premier des 67 exemplaires du Pampa commandés a été réceptionné par l'Escuela de Aviacion Militar, à Cordoba, en mars 1988. Une nouvelle tranche de 36 machines destinées à l'appui tactique léger sera sans doute fabriquée en vue d'équiper en priorité le Grupo de Caza IV, à El Plumerillo, actuellement doté de Paris.

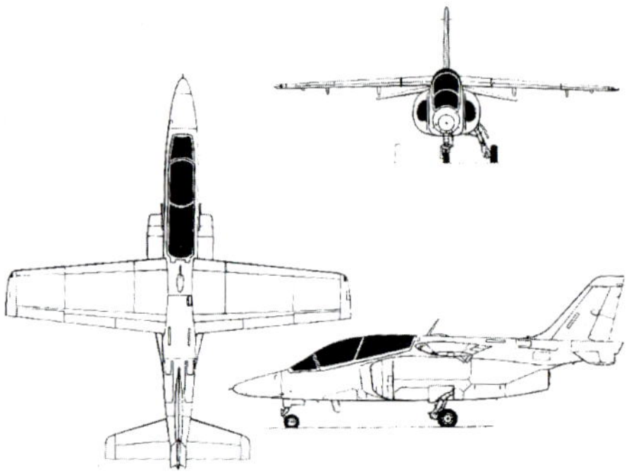

Caractéristiques :
FMA IA.63 Pampa
Envergure : 9,69 m
Longueur : 10,90 m
Moteur : 1 turboréacteur Garrett TFE-731-2-2N de 1 590 kgp
Armement : charge offensive, 3 200 kg
Vitesse maximale : 820 km/h à 10 000 m
Autonomie : 2 h 30 mn

Caractéristiques :
Dassault-Breguet/Dornier
Alpha Jet
Envergure : 9,11 m
Longueur : 12,29 m
Moteurs : 2 turboréacteurs
SNECMA/Turboméca Larzac 04
de 1 350 kgp
Armement : 1 canon ;
charge offensive, 2 500 kg
Vitesse maximale : 1 000 km/h
à 10 000 m
Autonomie : 3 h 30 mn

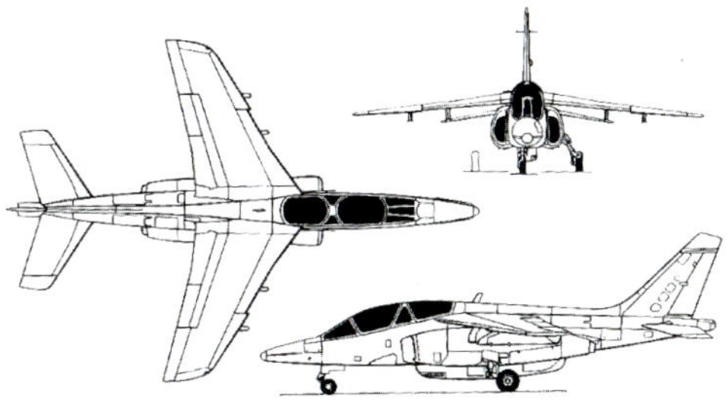

HAL HJT-16 Kiran II

L'avion indien Kiran II, version modernisée d'un appareil en service, a accompli son vol initial avec un important retard en juillet 1976. Les premières livraisons, qui ont débuté en avril 1984, ont concerné les variantes Mk 1 et Mk 1A, cette dernière étant dotée d'un canon. Le Kiran II se caractérise par quatre pylônes de voilure et un réacteur Orpheus plus puissant que le Viper dont son prédécesseur était équipé. Utilisés pour l'entraînement au tir, les appareils de ce type sont basés à Bidar, où les élèves pilotes de l'Indian Air Force Academy effectuent un stage de six mois après avoir volé sur HPT-32 et sur Kiran I, avant de passer sur Hunter ou MiG-21. La force navale indienne a pris en compte six Kiran II pour assurer l'entraînement des futurs pilotes de Sea Harrier.

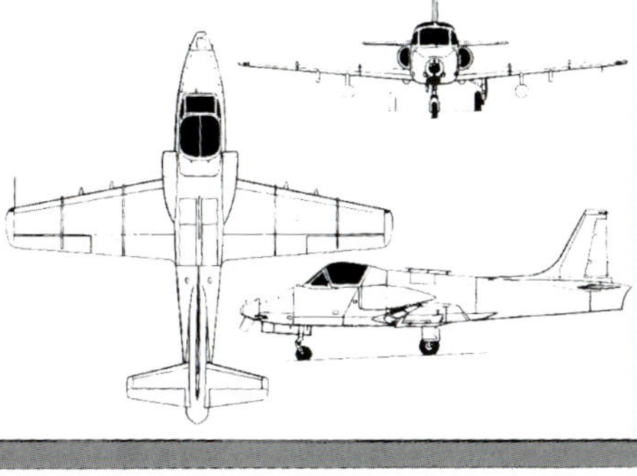

Caractéristiques :
HAL HJT-16 Kiran II
Envergure : 10,70 m
Longueur : 10,60 m
Moteur : 1 turboréacteur
Rolls-Royce Orpheus Mk 701
de 1 905 kgp
Armement : 2 mitrailleuses ;
charge offensive, 1 000 kg
Vitesse maximale : 670 km/h
à l'altitude optimale
Distance franchissable : 730 km

Kawasaki T-4

Le premier des quatre prototypes du XT-4 a effectué son vol initial en juillet 1985, et la livraison des 200 T-4 commandés par la force aérienne d'autodéfense japonaise a débuté récemment. Ces appareils sont destinés à remplacer les avions d'entraînement de base et avancé Fuji T-1 et Lockheed T-33, basés respectivement à Ashiya et à Hamamatsu. Fruit d'une vaste coopération industrielle, le T-4 reprend de nombreux éléments du Kawasaki Ka-850, les firmes Fuji et Mitsubishi ayant pris en charge 30 % du programme.
Par ailleurs, le motoriste Ishikawajima-Harima a spécialement mis au point le turboréacteur à double flux qui propulse cet appareil. Le T-4 pourra sans doute emporter un armement léger destiné à l'entraînement au tir des pilotes, mais aucune version d'exportation n'a encore été prévue.

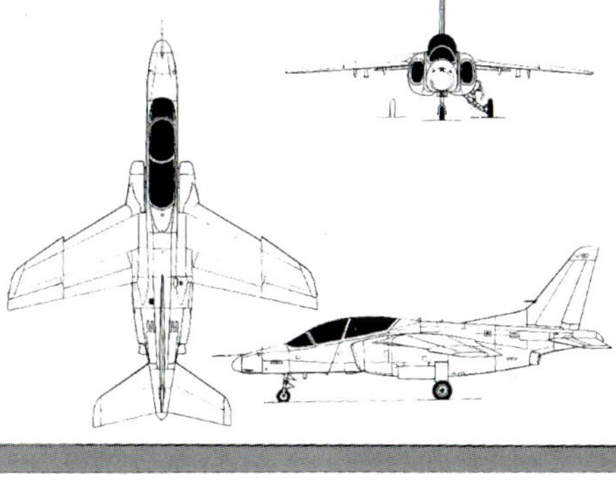

Caractéristiques :
Kawasaki T-4
Envergure : 9,90 m
Longueur : 13 m
Moteurs : 2 turboréacteurs à
double flux Ishikawajima-Harima
F3-IHI-30 de 1 665 kgp
Armement : charge offensive,
910 kg
Vitesse maximale : 950 km/h
à l'altitude optimale
Distance franchissable :
1 300 km

Avions de brousse

Antonov An-2

Conçu à l'origine en tant qu'avion agricole, l'Antonov An-2 se caractérise par une structure métallique et une voilure entoilée. L'appareil, toujours en service malgré son obsolescence, est largement utilisé en Union soviétique et dans les pays du tiers monde comme avion de brousse. Fiable et bénéficiant d'une importante capacité d'emport de charge, cet appareil dispose d'un train d'atterrissage robuste et de volets à fente qui lui permettent de décoller sur de courtes distances. Le prototype de l'An-2, désigné SKh-1, effectua son vol initial en 1947, avec un moteur en étoile Chvetsov ASh-21 de 760 ch. De nombreuses versions de série de cette machine furent fabriquées en Union soviétique et en Pologne : l'An-2T de transport ; l'An-2P, pouvant accueillir quatorze passagers ; l'An-2TP polonais ; et les An-2V et An-2LW, variantes des An-2P et An-2T équipées de flotteurs.

Caractéristiques :
WSK-PZL Mielec (Antonov) An-2P
Envergure : 18,81 m
Longueur : 12,74 m
Moteur : 1 Chvetsov ASh-621R de 1 000 ch
Charge utile : 12 passagers ou 1 500 kg de fret
Masse : maximale au décollage, 5 500 kg
Vitesse de croisière : 185 km/h
Distance franchissable : 900 km

Beech Model 18

Plus de 9 000 Beech 18 ont été construits entre 1937 et 1969, dont 2 000 après la Seconde Guerre mondiale. Cet avion, qui effectua son vol initial en janvier 1937, fut produit en trois versions de série avant la guerre : le Beech Model 18A, avec deux moteurs Wright R-760 de 320 ch ; le Model 18B, avec deux moteurs moins puissants ; et le Model 18D, avec deux Jacobs L-6 de 330 ch. Pendant les hostilités, deux variantes du Beech 18 furent fabriquées sous la désignation de C-45 et d'Expeditor, les deux principales versions réalisées après 1945 étant le Super 18 (E18S) et le Super H18. A partir de 1963, l'appareil fut pourvu d'un train d'atterrissage tricycle escamotable, et plusieurs machines furent rallongées et dotées de turbopropulseurs.

Caractéristiques :
Beech Super H18
Envergure : 15,14 m
Longueur : 10,70 m
Moteurs : 2 Pratt & Whitney R-985-AN-14B de 450 ch
Charge utile : 9 passagers ou du fret
Masse : maximale au décollage, 4 490 kg
Vitesse de croisière : 350 km/h
Distance franchissable : 2 460 km

Bellanca Model 7 Citabria et Scout

Conçu par la firme Champion à partir du Model 7EC Champ, le Citabria effectua son vol initial en mai 1964. En 1980, quand la production en série de cette machine s'arrêta, plus de 5 000 appareils avaient été fabriqués en de nombreuses versions : le Model 7ECA (Citabria Standard), avec un moteur Avco Lycoming O-235 de 110 ch et une voilure à l'envergure de 10,19 m ; les Model 7GCAA (Citabria 150), avec un moteur O-320 de 150 ch ; le Model 7GCBC Scout et 8GCBC, avec des volets de bord de fuite courant tout le long de l'envergure ; et le Model 7KCAB (Citabria 150S), avec un moteur O-320 de 160 ch, une voilure à l'envergure de 10,49 m et des équipements de bord sophistiqués.

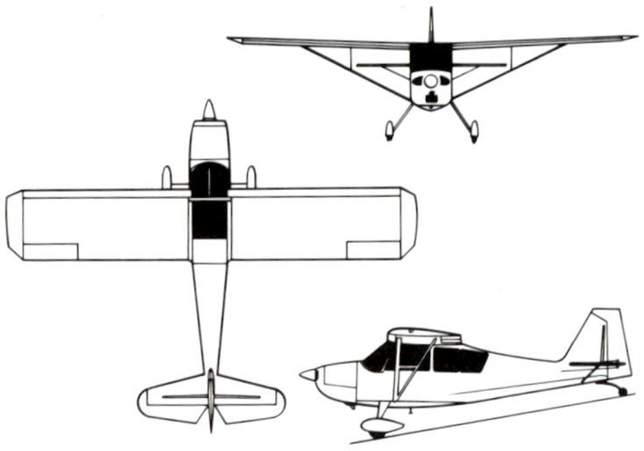

Caractéristiques : Bellanca (Champion) Model 7GCBC Scout
Envergure : 11,02 m
Longueur : 6,93 m
Moteur : 1 Avco Lycoming O-360-C2E de 180 ch
Charge utile : 1 passager ou du fret
Masse : maximale au décollage, 1 180 kg
Vitesse de croisière : 200 km/h
Distance franchissable : 1 440 km

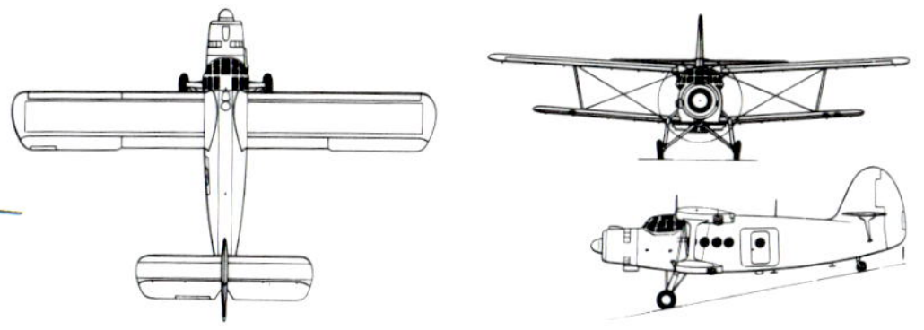

L'Antonov An-2 est l'appareil utilitaire standard des pays du bloc de l'Est. Quelques exemplaires de cet avion ont été exportés en Turquie. Particulièrement robuste, l'An-2 peut décoller et atterrir sur de courtes distances avec une importante charge de fret.

Canadian Car & Foundry **Norseman**

Conçu en 1934 pour le marché canadien des avions de brousse, le Norseman, dont le prototype effectua son vol initial en novembre 1935, se présentait comme un appareil à voilure haute haubanée doté d'un train d'atterrissage à roues ou à skis, ou de flotteurs. Trois versions de cette machine furent fabriquées avant la Seconde Guerre mondiale : le Norseman II, avec un moteur en étoile Wright R-975-E3 de 420 ch ; le Norseman III, avec un Pratt & Whitney Wasp SC de 450 ch ; et le Norseman IV, avec un Pratt & Whitney R-1340-AN-1 Wasp de 550 ch. Pendant les hostilités, 746 UC-64 et Norseman VI furent réalisés, 900 Norseman V et VII quittant les chaînes de montage après 1945. La production de cet appareil s'arrêta au début des années cinquante, mais, aujourd'hui encore, une cinquantaine de Norseman sont toujours en service.

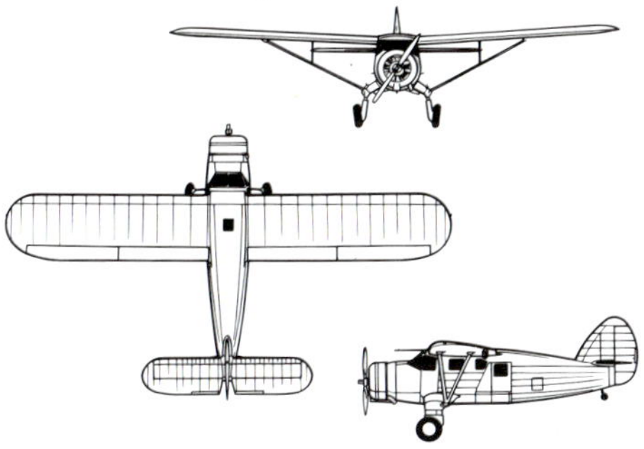

Caractéristiques : Canadian Car & Foundry (Noorduyn) Norseman V
Envergure : 15,70 m
Longueur : 9,75 m
Moteur : 1 Pratt & Whitney R-1340-AN-1 de 550 ch
Charge utile : 9 passagers ou du fret
Masse : maximale au décollage, 3 360 kg
Vitesse de croisière : 230 km/h
Distance franchissable : 1 850 km

Cessna Model 180 et 185 **Skywagon**

Conçu en tant qu'avion de brousse, le Skywagon a été produit en deux versions qui ne se différencient que par leur moteur : le Model 180, propulsé par un O-470 de 230 ch, et le Model 185, doté d'un IO-520 de 300 ch. Ces deux variantes, qui affichent des performances identiques, peuvent emporter la même charge utile ainsi que 140 kg de bagages dans un conteneur détachable Cargo-Pack accroché sous le fuselage. Les Skywagon Model 180 et 185, qui ont pris l'air respectivement en 1953 et 1960, sont dotés d'atterrisseurs à roues ou à skis, ou de flotteurs. Quant à la variante désignée Skywagon II, elle se caractérise par des équipements de vol sophistiqués. En 1971, une sous-version du Model 185 destinée à des tâches agricoles, l'AGcarryall, a été mise en service.

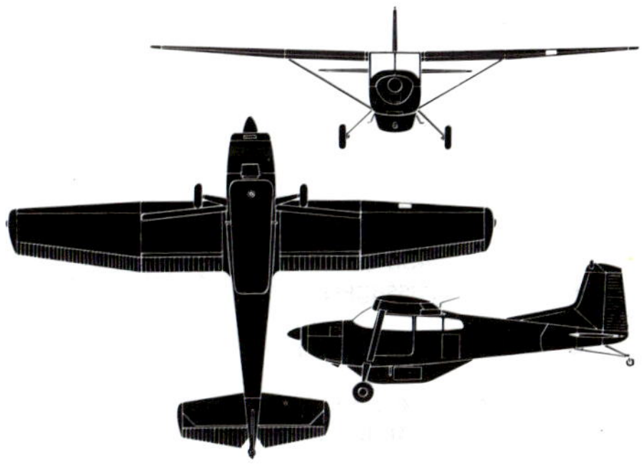

Caractéristiques :
Cessna Model 185 Skywagon
Envergure : 10,92 m
Longueur : 7,81 m
Moteur : 1 Continental IO-520-D de 300 ch
Charge utile : 5 passagers ou du fret
Masse : maximale au décollage, 1 520 kg
Vitesse de croisière : 270 km/h
Distance franchissable : 1 570 km

De Havilland Canada DHC-2 Beaver

Conçu en réponse à une demande des pilotes de brousse concernant un avion moderne, robuste, spacieux et pouvant être doté d'atterrisseurs à roues ou à skis ou de flotteurs, le DHC-2 Beaver effectua son vol initial en août 1947. Première version de cet appareil, capable de décoller et d'atterrir sur de courtes distances, le Beaver Mk 1 (1 657 exemplaires) est doté d'un moteur en étoile R-985 très fiable et ne nécessite qu'une maintenance réduite. Deux autres versions du Beaver ont été construites : le Beaver Mk 2, avec un moteur en étoile Alvis Leonides, et le Turbo-Beaver Mk 3, avec un turbopropulseur Pratt & Whitney Canada PT6A-6 ou -20 de 580 ch sur l'arbre et une capacité d'accueil de dix passagers. Le Beaver est toujours en service dans de nombreux pays au climat rigoureux.

Caractéristiques : De Havilland Canada DHC-2 Beaver Mk 1
Envergure : 14,63 m
Longueur : 9,22 m
Moteur : 1 moteur en étoile Pratt & Whitney R-985 Wasp Junior de 450 ch
Charge utile : 7 passagers ou 680 kg de fret
Masse : maximale au décollage, 2 310 kg
Vitesse de croisière : 230 km/h
Distance franchissable : 1 180 km

Cessna Model 208 Caravan

Conçu en 1981 par la firme Cessna en vue de remplacer le Skywagon, qui était alors dépassé, le Caravan se caractérise par une plus grande capacité d'emport de charge, de meilleures performances, des équipements de vol plus sophistiqués, un train d'atterrissage tricycle et un turbopropulseur. Le Model 208 effectua son vol initial en décembre 1982, et les premiers appareils de série entrèrent en service en 1985. Deux versions du Caravan ont été construites : le Model 208A Cargomaster de transport, avec un conteneur de fret sous le fuselage et une cabine dépourvue de hublots ; et le Model 208B Super Cargomaster, avec un fuselage rallongé de 1,22 m en vue d'accroître la capacité d'emport de charge.

Caractéristiques :
Cessna Model 208 Caravan I
Envergure : 15,88 m
Longueur : 11,46 m
Moteur : 1 turbopropulseur Pratt & Whitney Canada PT6A-114 de 600 ch sur l'arbre
Charge utile : 16 passagers ou 1 690 kg de fret
Masse : maximale au décollage, 3 630 kg
Vitesse de croisière : 340 km/h
Distance franchissable : 1 670 km

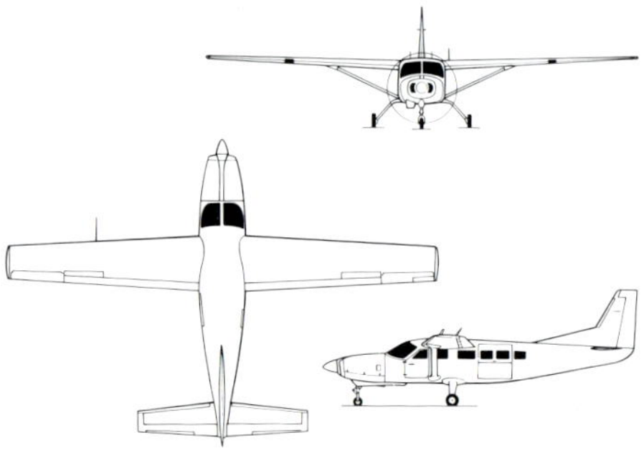

De Havilland Canada DHC-3 Otter

A la fin des années quarante, la firme De Havilland Canada entreprit de fabriquer une nouvelle version du Beaver de plus grandes dimensions, l'Otter. Cet appareil se présente comme un Beaver à plus grande échelle, entièrement construit en métal, avec les mêmes options de train d'atterrissage, un moteur plus puissant, des volets à double fente et des portes de cabine plus larges. Le prototype de l'Otter effectua son vol initial en décembre 1951, et 460 exemplaires de série, dont 66 destinés à la Royal Canadian Air Force et 227 à l'US Army, furent réalisés avant 1968. La plupart de ces avions furent revendus par la suite à des utilisateurs civils.

Caractéristiques :
De Havilland Canada DHC-3 Otter
Envergure : 17,68 m
Longueur : 12,75 m
Moteur : 1 Pratt & Whitney R-1320-S1H1-G Wasp de 600 ch
Charge utile : 11 passagers ou 1 020 kg de fret
Masse : maximale au décollage, 3 630 kg
Vitesse de croisière : 210 km/h
Distance franchissable : 1 410 km

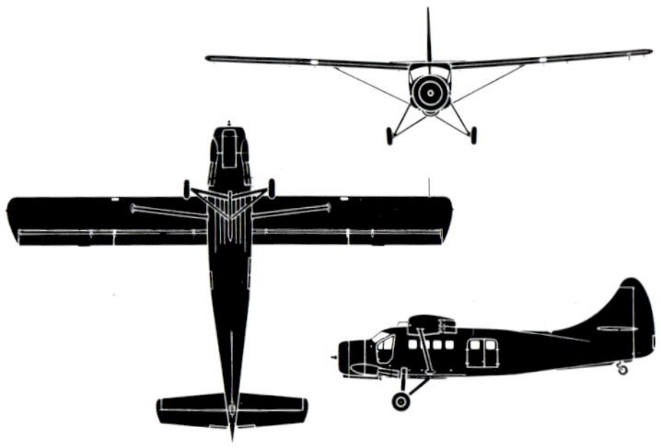

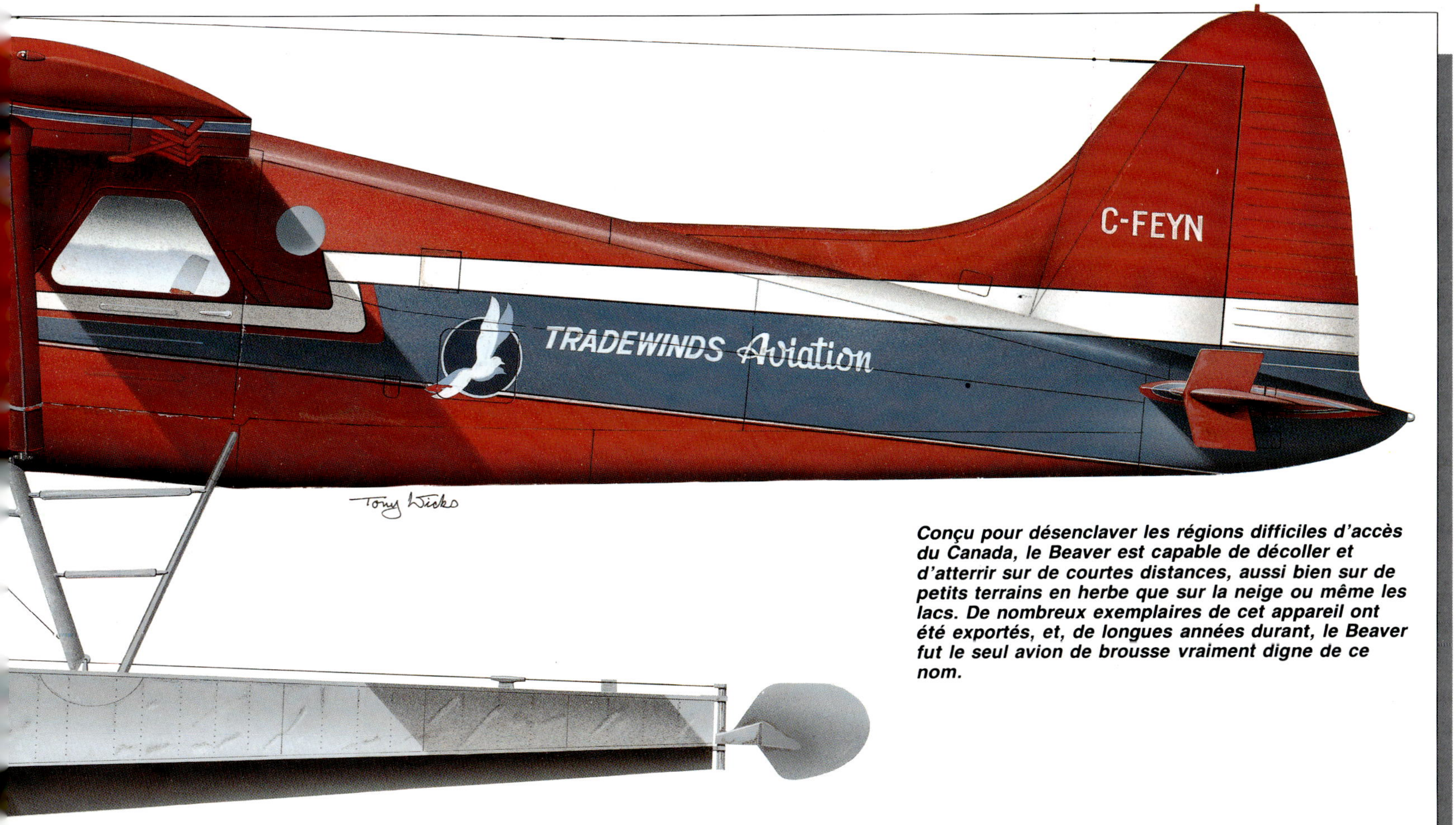

Conçu pour désenclaver les régions difficiles d'accès du Canada, le Beaver est capable de décoller et d'atterrir sur de courtes distances, aussi bien sur de petits terrains en herbe que sur la neige ou même les lacs. De nombreux exemplaires de cet appareil ont été exportés, et, de longues années durant, le Beaver fut le seul avion de brousse vraiment digne de ce nom.

Dornier Do 27

Premier avion allemand construit après la Seconde Guerre mondiale, le Dornier Do 27, qui effectua son vol initial en avril 1955, se présentait comme un dérivé du Do 25, fabriqué en Espagne sous la désignation de CASA C-127. Le Do 27 rencontra un grand succès auprès de la clientèle, essentiellement en raison de ses performances ADAC, de son fuselage spacieux, de sa voilure cantilever dépourvue de haubans et de l'important champ visuel qu'il offrait au pilote. Plus de 600 exemplaires du Do 27 ont été réalisés jusqu'en 1965, en trois versions : le Do 27A-4 ; le Do 27H-2, avec un moteur GSO-480-B1B6 de 340 ch et un empennage vertical plus grand ; et le Do 27Q-5 de huit places, avec un GO-480-B1A6 de 270 ch. Deux prototypes désignés Do 27S-1 et DO 27T, dotés respectivement de flotteurs et d'un turbopropulseur Turboméca Astazou II, ont été également produits.

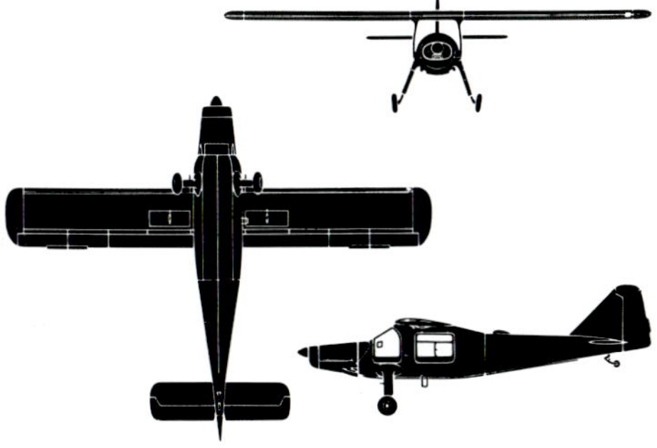

Caractéristiques :
Dornier Do 27A-4
Envergure : 12 m
Longueur : 9,60 m
Moteur : 1 Avco Lycoming GSO-480-B1A6 de 270 ch
Charge utile : 6 passagers ou du fret
Masse : maximale au décollage, 1 840 kg
Vitesse de croisière : 175 km/h
Distance franchissable : 1 100 km

Helio Courier

Au début des années cinquante, la firme Helio se spécialisa dans la fabrication d'avions à décollage et atterrissage courts. Le premier appareil ainsi conçu fut, en 1953, le H-391 Courier, extrapolé du Koppen-Bollinger Helioplane de 1949. Le H-391 se caractérise par des becs de bord d'attaque automatiques et des volets hypersustentateurs de bord de fuite. L'avion connut un grand succès auprès des pilotes de brousse, quatre versions de série étant produites : le H-395 de cinq places (1958) ; le H-250 de six places (1964), avec un moteur Avco Lycoming GO-435 de 260 ch ; le H-295 Super Courier (1965), avec des becs de bord d'attaque courant tout le long de l'envergure, des déporteurs sur l'extrados de la voilure, des ailerons Frise et des volets à fente ; et le H-550A Stallion, destiné au marché militaire, avec un turbopropulseur Pratt & Whitney Canada PT6A-27 de 680 ch sur l'arbre.

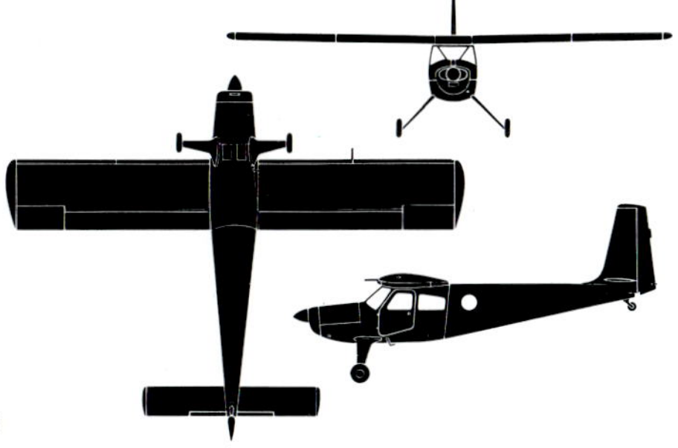

Caractéristiques :
Helio H-295 Super Courier
Envergure : 11,89 m
Longueur : 9,45 m
Moteur : 1 Avco Lycoming GO-480-G1D6 de 300 ch
Charge utile : 5 passagers ou 450 kg de fret
Masse : maximale au décollage, 1 540 kg
Vitesse de croisière : 265 km/h
Distance franchissable : 1 060 km

Bombardiers d'eau

Martin Mars

Conçu à partir de l'hydravion de bombardement et de patrouille maritime PB2M Mars, le JRM-1 Mars se présente comme un bombardier d'eau affichant une masse maximale au décollage de 74 850 kg. En 1959, six compagnies canadiennes se réunirent pour fonder Forest Industries Flying Tankers Ltd. et achetèrent 4 hydravions Martin Mars provenant des surplus de l'US Navy. Une de ces machines fut endommagée par une tempête et les trois autres furent transformées en bombardiers d'eau, chacun étant équipé de quatre réservoirs en contreplaqué revêtus de plaques de fibre de verre assurant leur étanchéité. Le Mars hydroplanant à la surface d'un lac, ces réservoirs, d'une capacité de 26 500 l, peuvent se remplir en 15 secondes. Tout le volume d'eau, largué en 3 secondes, peut éteindre un feu de forêt sur une superficie de 1,5 ha.

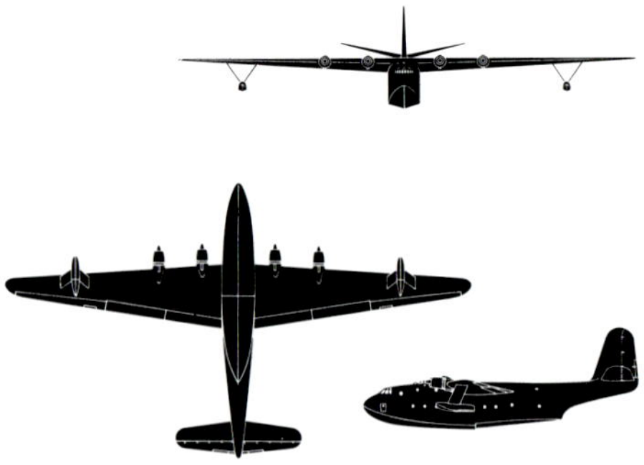

Caractéristiques :
Martin JRM-1 Mars
Envergure : 60,96 m
Longueur : 36,65 m
Moteurs : 4 Wright R-3350-8 Cyclone 18 de 2 300 ch
Charge utile : 26 440 kg
Masse : maximale au décollage, 74 850 kg
Vitesse maximale : 360 km/h à 4 200 m
Distance franchissable : 5 300 km

Boeing B-17 Flying Fortress

Après la Seconde Guerre mondiale, quelques bombardiers lourds Boeing B-17G de l'US Air Force furent transformés en bombardiers d'eau. Ces appareils furent dotés d'un réservoir monté dans la soute à bombes, réservoir pouvant emporter 6 830 l d'un mélange d'eau et d'agents retardants destinés à éteindre ou à ralentir la propagation des flammes, comme le Phos-check ou le Fire-trol. Les tourelles de mitrailleuses des B-17 furent obturées ou remplacées par des verrières en Perspex. La plupart des B-17 ainsi transformés furent pris en compte à la fin des années soixante-dix par la compagnie Aero Union, installée en Californie.

Caractéristiques :
Boeing B-17G Flying Fortress
Envergure : 31,62 m
Longueur : 22,78 m
Moteurs : 4 Wright R-1820-97 Cyclone 9 de 1 200 ch
Charge utile : 7 370 kg
Masse : maximale au décollage, 29 760 kg
Vitesse maximale : 460 km/h à haute altitude
Distance franchissable : 1 800 km

Consolidated Privateer

Conçu à partir du bombardier B-24 Liberator comme un avion de patrouille maritime et de bombardement, le PB4Y-2 Privateer se caractérisait par un empennage vertical monodérive, des plans fixes d'empennage horizontal accusant un léger dièdre, des postes d'observation montés de chaque côté de l'arrière du fuselage et des moteurs à compresseur Pratt & Whitney R-1830-84. L'US Coast Guard prit en compte 9 de ces machines, qui furent désarmées, redésignées PB4Y-2G (P4Y-2G) et transformées en avions de recherche et de sauvetage en mer et de reconnaissance météorologique. Quelques PB4Y-2 et PB4Y-2G furent convertis par la suite en bombardiers d'eau. Ces appareils furent dotés de moteurs identiques à ceux du North American B-25 Mitchell et d'un réservoir pouvant contenir 7 570 l d'un mélange d'eau et d'agents chimiques retardant l'extension d'un feu.

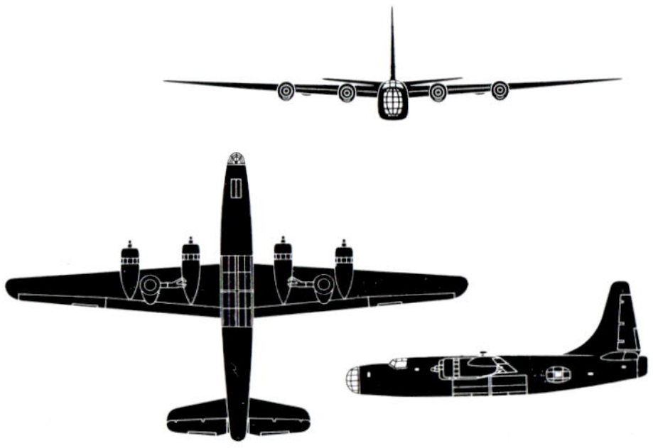

Caractéristiques :
Consolidated PB4Y-2 Privateer
Envergure : 33,53 m
Longueur : 22,73 m
Moteurs : 4 Wright R-2600-9 ou R-2600-13 Cyclone 14 de 1 700 ch
Charge utile : 7 550 kg
Masse : maximale au décollage, 29 480 kg
Vitesse maximale : 380 km/h à 4 200 m
Distance franchissable : 4 500 km

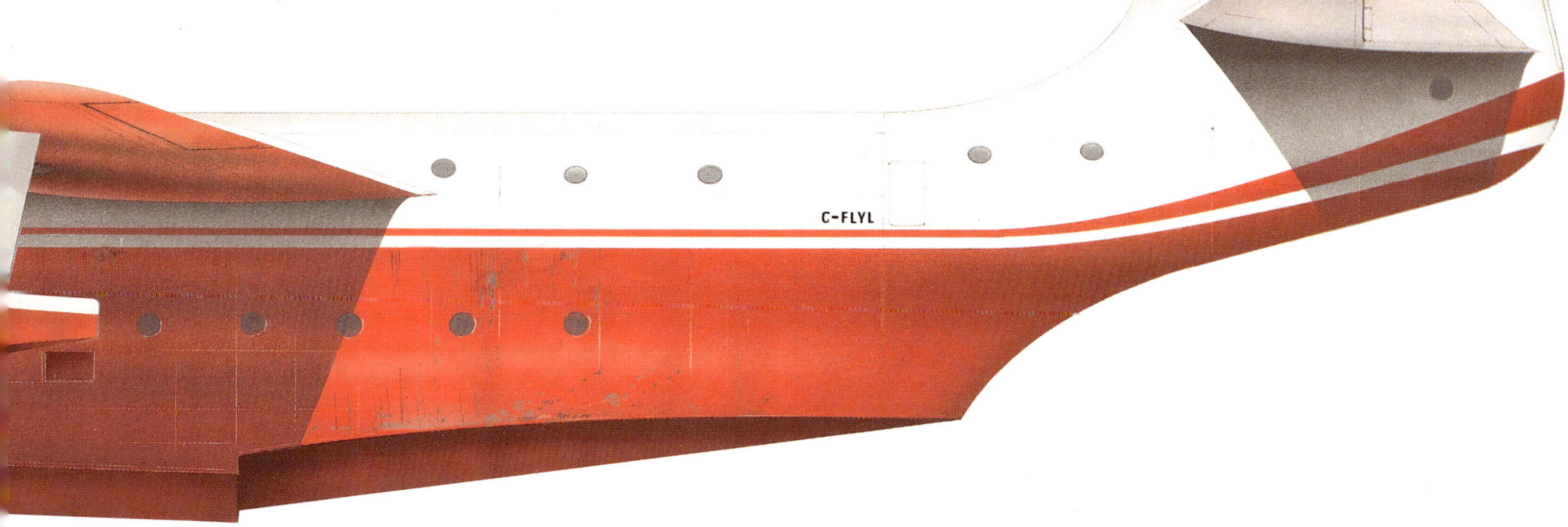

Un Martin Mars de la firme Forest Industries Flying Tankers Ltd., basé à Port Alberni, au Canada. En 1959, cette firme acheta quatre Martin Mars aux surplus de l'US Navy pour les transformer en bombardiers d'eau. Deux de ces appareils furent perdus dans des accidents et seuls les Mars baptisés* Hawaii *et* Philippine *sont encore en service.

Conair Firecat

Conçu à partir de l'avion de lutte anti-sous-marine S-2 ou CS2F Tracker, le Firecat se caractérise par un plancher de cabine surélevé, un train d'atterrissage doté de pneus à basse pression, de nouveaux circuits électriques et un équipement de lutte contre les incendies de forêt. Cet équipement consiste en un réservoir de 3 300 l d'eau ou d'agents chimiques retardant la progression des flammes, un réservoir de 230 l d'agents moussants, utilisés pour étaler une sorte de film au-dessus du feu, ce qui empêche les flammes de se ranimer, quatre trappes de largage et un système électronique contrôlant l'ouverture desdites trappes. Le Firecat est propulsé par deux moteurs à piston en étoile Wright R-1820-82 Cyclone de 1 475 ch ; il affiche une masse maximale au décollage de 11 790 kg et peut emporter 4 750 kg de produits de lutte contre l'incendie. Le Turbo Firecat se présente comme une version sophistiquée dotée de turbopropulseurs.

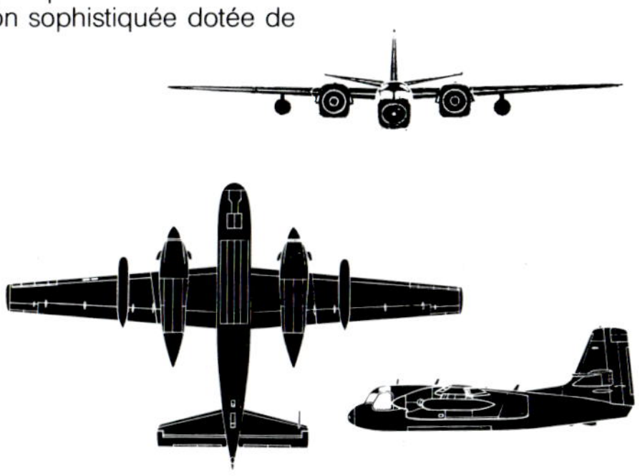

Caractéristiques :
Conair Turbo Firecat
Envergure : 22,12 m
Longueur : 13,26 m
Moteurs : 2 turbopropulseurs Pratt & Whitney Canada PT6A-67AF de 1 020 ch sur l'arbre
Charge utile : 4 750 kg
Masse : maximale au décollage, 11 790 kg
Vitesse maximale : 410 km/h à haute altitude
Autonomie : 5 h

Douglas Invader

Entré en service à la fin de la Seconde Guerre mondiale en tant que bombardier d'assaut à grande vitesse, l'Invader fut remplacé par des machines à réaction à la fin des années quarante, et les appareils encore en service furent vendus sur le marché civil. Quelques Invader furent ainsi transformés en bombardiers d'eau. Pour ce genre de mission, l'Invader se présentait comme un avion beaucoup plus économique et rapide que le bombardier d'eau quadrimoteur classique. Il fut donc utilisé principalement pour intervenir sur les départs d'incendie de forêt, afin d'éviter la propagation du feu et de préparer ainsi le terrain. Il s'agissait de faciliter le travail au sol des équipes de lutte contre l'incendie en attendant la venue de bombardiers d'eau pouvant emporter un plus grand volume d'eau ou d'agents chimiques retardant la propagation des flammes.

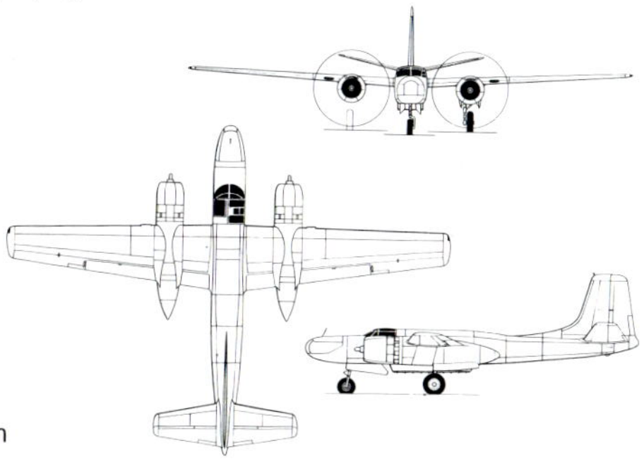

Caractéristiques :
Douglas B-26B Invader
Envergure : 21,34 m
Longueur : 15,44 m
Moteurs : 2 Pratt & Whitney R-2800-27 ou R-2800-71, ou encore R-2800-97 Double Wasp de 2 000 ch
Charge utile : 3 270 kg
Masse : maximale au décollage, 18 960 kg
Vitesse maximale : 520 km/h à 3 000 m
Distance franchissable : 4 700 km

Canadair CL-215

Conçu en tant que bombardier d'eau, le Canadair CL-215, qui effectua son vol initial en octobre 1967, se présente comme un appareil amphibie entièrement métallique propulsé par deux moteurs à piston en étoile. Le CL-215 est équipé de deux réservoirs d'eau de 5 340 l, de deux écopes escamotables et de deux trappes de largage. Ces réservoirs, qui contiennent soit de l'eau, soit des agents moussants ou retardants, peuvent être remplis en 2 minutes sur un aérodrome ou en 10 secondes lorsque l'avion effectue un écopage à la surface de la mer, d'une rivière ou d'un lac. Le CL-215 peut accomplir jusqu'à 100 largages par jour, le record, détenu par un appareil yougoslave, étant de 225 largages en une journée. Une version de cette machine, désignée CL-215T, dotée de deux turbopropulseurs Pratt & Whitney Canada PW123AF de 2 380 ch sur l'arbre, est également en service.

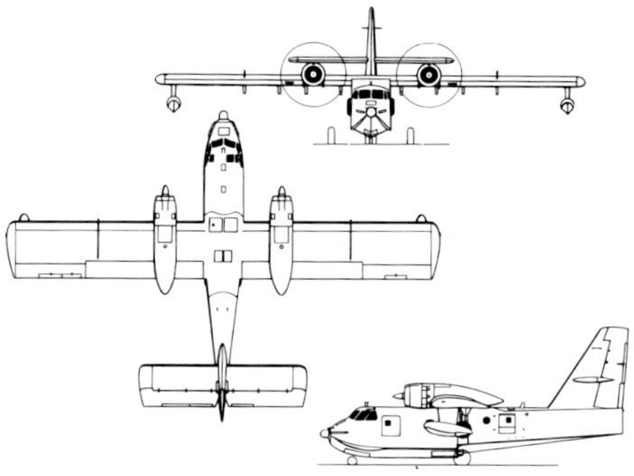

Caractéristiques :
Canadair CL-215
Envergure : 28,60 m
Longueur : 19,82 m
Moteurs : 2 Pratt & Whitney R-2800-CA3 Double Wasp de 2 100 ch
Charge utile : 5 440 kg
Masse : maximale au décollage, 19 730 kg ; maximale au déjaugeage, 17 100 kg
Vitesse maximale : 290 km/h à 3 000 m
Distance franchissable : 2 100 km avec une charge utile de 1 600 kg

Douglas DC-4

Après la Seconde Guerre mondiale, comme il était plus facile et plus économique de transformer un appareil en bombardier d'eau que de le fabriquer spécialement pour ce genre de mission, plusieurs C-54 de l'US Air Force et R5D de l'US Navy furent convertis en avions de lutte anti-incendie. Comme le DC-6, le DC-4 fut équipé d'une nacelle installée sous le fuselage, renfermant un réservoir pouvant contenir plus de 10 t d'eau ou d'agents retardant la propagation du feu. Ce réservoir est pourvu de cloisons pour éviter que l'eau ballottant à l'intérieur ne déséquilibre l'avion. Quand le DC-4 parvient au-dessus d'un sinistre, le pilote ouvre les trappes de largage installées de chaque côté de la nacelle tout en contrôlant le tangage de la machine. Le principal utilisateur du bombardier d'eau DC-4 est la firme Aero Union, installée à Chester, en Californie.

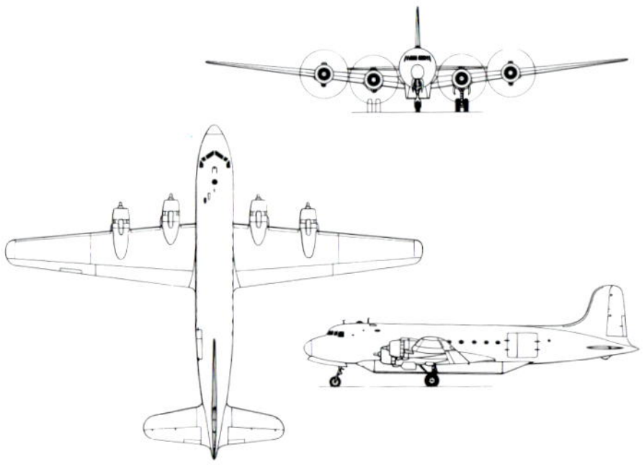

Caractéristiques :
Douglas DC-4
Envergure : 35,81 m
Longueur : 28,60 m
Moteurs : 4 Pratt & Whitney R-2000-7 Twin Wasp de 1 350 ch
Charge utile : 10 000 kg
Masse : maximale au décollage, 33 110 kg
Vitesse maximale : 430 km/h à 3 000 m
Distance franchissable : 3 200 km à pleine charge

Douglas DC-6

Conçu à partir du DC-4, le DC-6 se caractérise par une cabine pressurisée et affiche de meilleures performances. Cet appareil effectua son vol initial en 1947 et donna naissance à une version destinée au transport de passagers et désignée DC-6B, qui prit l'air pour la première fois en 1951. Le DC-6B fut peu à peu relégué à des tâches secondaires : certaines machines furent transformées en avions de transport de fret et quelques-unes en bombardiers d'eau. Pour ce dernier type de mission, le DC-6B fut équipé d'un réservoir monté sous le fuselage, pouvant contenir entre 9 460 litres et 11 350 l d'eau ou d'agents chimiques retardant la propagation des flammes. Le principal utilisateur de cette machine est la firme Conair, installée au Canada, qui aligne 10 bombardiers d'eau DC-6B.

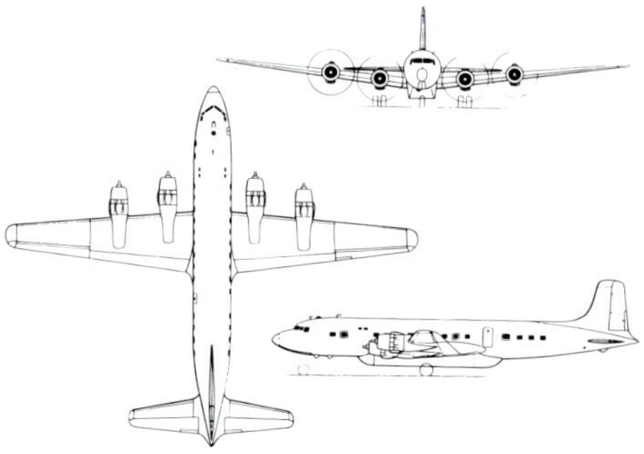

Caractéristiques :
Douglas et Conair DC-6B
Envergure : 35,81 m
Longueur : 32,18 m
Moteurs : 4 Pratt & Whitney R-2800-CB17 Double Wasp de 2 500 ch
Charge utile : 12 790 kg
Masse : maximale au décollage, 48 530 kg
Vitesse maximale : 510 km/h à haute altitude
Distance franchissable : 4 700 km

Un Canadair CL-215 arborant les marques rouges et jaunes de la Sécurité civile française. La France met en œuvre quinze exemplaires de cet appareil amphibie, lesquels sont particulièrement utilisés dans le sud du pays pour lutter contre les incendies dévastateurs qui ravagent chaque été les forêts méditerranéennes.

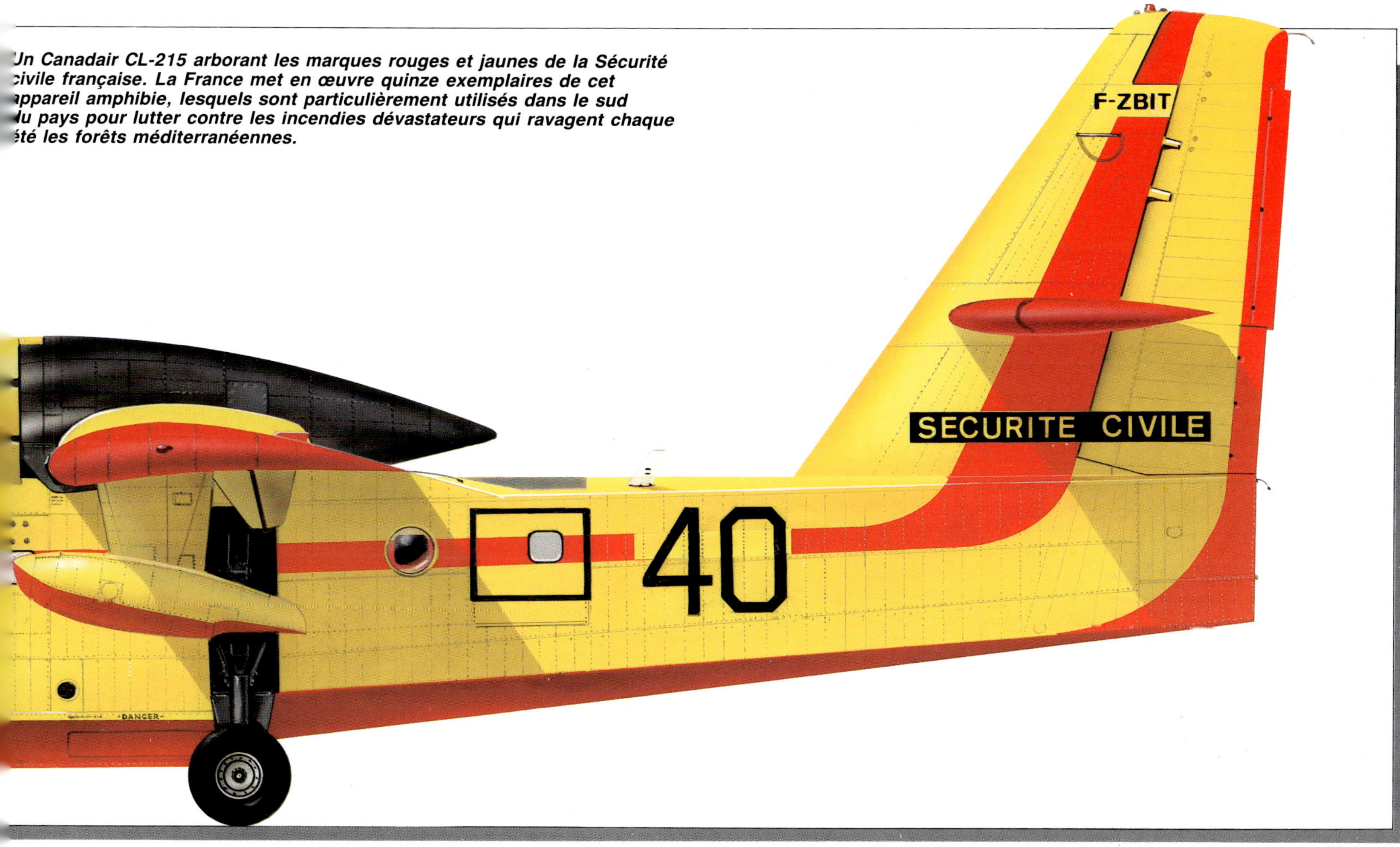

Fokker et Conair F27 Firefighter

Afin de remplacer les vieux bombardiers d'eau encore en service, qui sont propulsés par des moteurs à piston dont la maintenance devient de plus en plus coûteuse, la firme Conair a transformé plusieurs avions de ligne régionale Fokker F27 Mk 600. Ces appareils, redésignés F27 Firefighter, sont équipés de deux réservoirs : l'un, de 6 370 l, permettant de larguer en 1 minute 1 510 l d'eau ou d'agents retardants; l'autre, de 450 l, contenant des agents moussants. Le F27 Firefighter, dont la cabine est dépourvue de système de pressurisation, peut également être utilisé en tant qu'appareil de transport de fret ou de transport de passagers.

Caractéristiques :
Fokker et Conair F27 Firefighter
Envergure : 29 m
Longueur : 25,50 m
Moteurs : 2 turbopropulseurs Rolls-Royce Dart RDa.7 Mk 528-7E de 2 105 ch sur l'arbre
Charge utile : 6 730 kg
Masse : maximale au décollage, 20 410 kg
Vitesse maximale : 430 km/h à 6 000 m
Autonomie : 3 h 25 mn

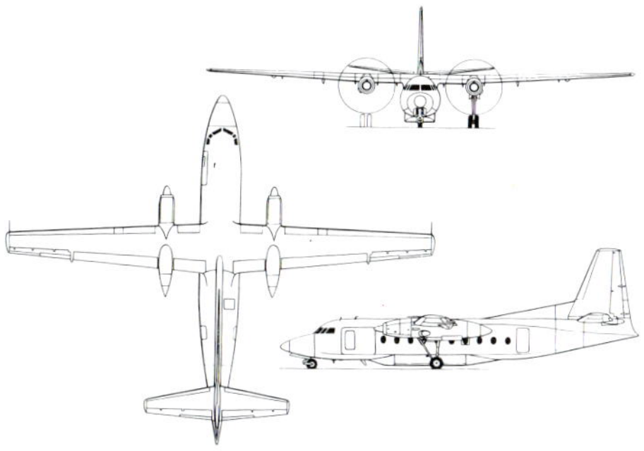

Grumman Avenger

La plupart des bombardiers d'eau opérant en Californie entre 1958 et 1973 étaient des Grumman TBM-3 Avenger transformés par la firme General Motors en appareils de lutte anti-incendie. Ces appareils se caractérisaient par un réservoir en contreplaqué monté en soute et pouvant contenir 2 270 l d'eau ou d'agents retardants. Une seconde version, dotée de trappes permettant un largage séquentiel, vit également le jour. L'Avenger de lutte anti-incendie, d'un pilotage difficile, qui exigeait souvent une grande force physique de la part du pilote pour actionner les commandes, fut retiré du service en 1973. Pour des raisons de sécurité, il fut alors décidé de remplacer les bombardiers d'eau monomoteurs par des appareils multimoteurs.

Caractéristiques :
Grumman et General Motors TBM-3 Avenger
Envergure : 16,51 m
Longueur : 12,48 m
Moteur : 1 Wright R-2600-20 Cyclone 14 de 1 900 ch
Charge utile : 2 270 kg
Masse : maximale au décollage, 8 120 kg
Vitesse maximale : 440 km/h à 5 000 m
Distance franchissable : 1 600 km

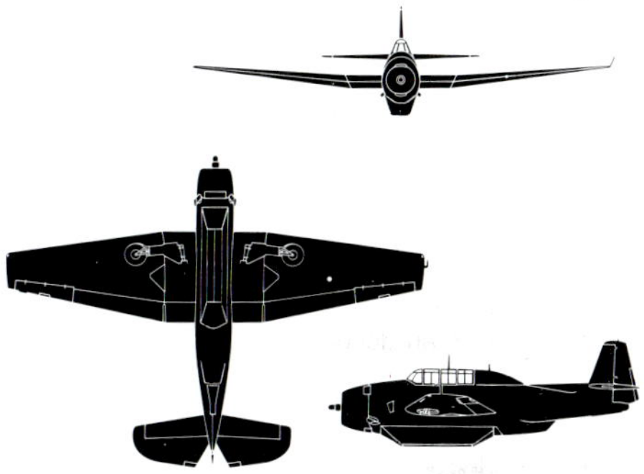

Hélicoptères de recherche et de sauvetage

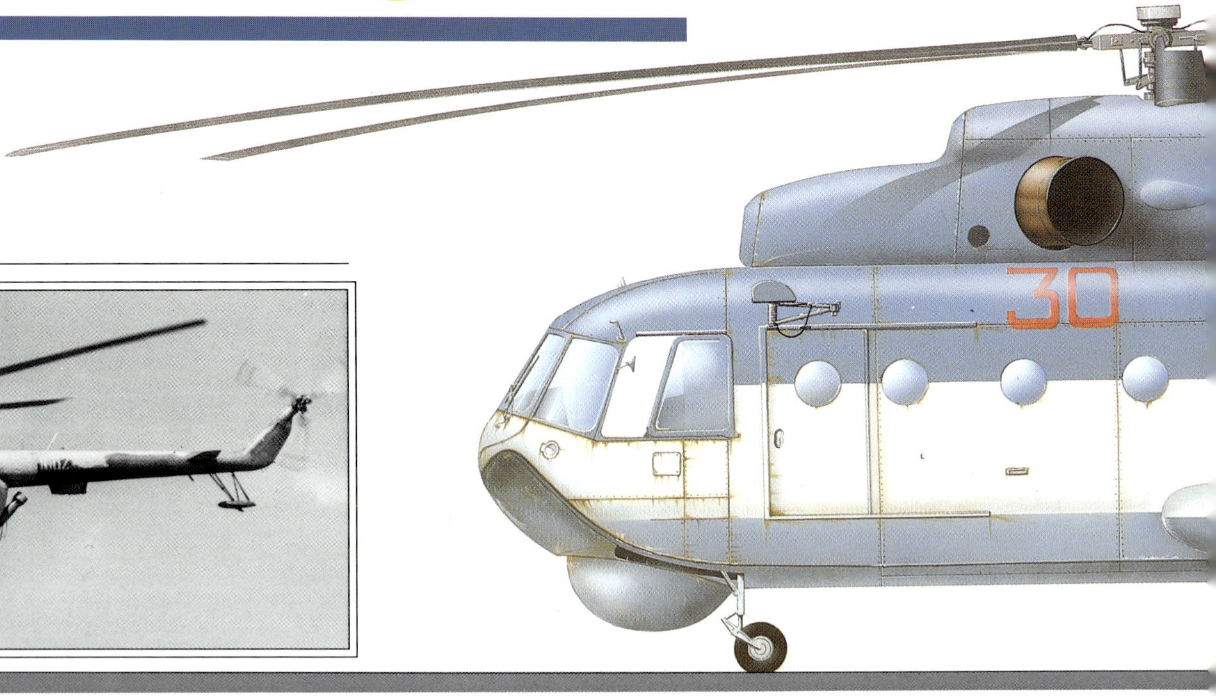

Mil Mi-14

Aérospatiale SA.365 et SA.366

Conçu à partir du SA.360C Dauphin, propulsé par un turbomoteur Turboméca Astazou et équipé d'un train d'atterrissage fixe, le SA.365 Dauphin 2 est doté de deux turbomoteurs Turboméca Arriel et d'un atterrisseur escamotable. Une version de cet appareil, désignée SA.365F et destinée aux missions de recherche et de sauvetage, est pourvue d'un radar de recherche Thomson-CSF ORB 32 Heracles II ou Bendix RDR 1500, d'un pilote automatique, d'un système de navigation sophistiqué Crouzet ONS 200A et d'un treuil servant au repêchage des naufragés et pouvant emporter une charge de 275 kg au bout d'une élingue de 90 m. L'US Coast Guard a pris en compte une autre variante du Dauphin 2, le SA.366G-1, sous la désignation de HH-65A Dolphin.

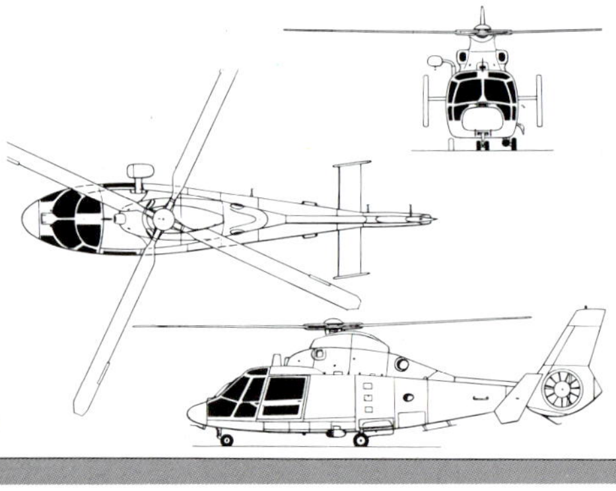

Caractéristiques :
Aérospatiale SA.365F Dauphin 2
Diamètre du rotor principal : 11,93 m
Longueur hors tout, rotors tournant : 13,46 m
Moteurs : 2 turbomoteurs Turboméca Arriel 1M de 700 ch
Charge utile : 8 passagers ou 1 600 kg de fret
Masse : maximale au décollage, 4 100 kg
Vitesse maximale : 300 km/h
Distance franchissable : 900 km

Aérospatiale SA.330 Puma

Conçu comme un hélicoptère de combat, le Puma présente toutes les qualités requises pour effectuer des missions de recherche et de sauvetage. En effet cet appareil, propulsé par deux turbomoteurs puissants, peut voler par tous les temps et dispose d'une vaste soute capable d'accueillir un grand nombre de passagers. Le SA.330 Puma est également équipé d'un dispositif de dégivrage des pales de rotor et des entrées d'air de turbomoteur, d'un treuil avec une élingue de 90 m pouvant emporter une charge de 275 kg, d'un système de navigation sophistiqué et d'un radar de recherche Bendix RDR 1400 ou RCA Primus 40 et 50, monté à l'avant du fuselage. Cet hélicoptère a également donné naissance à une autre version de série, désignée AS.332 Super-Puma et propulsée par deux turbomoteurs plus puissants Turboméca Makila 1A de 1 780 ch.

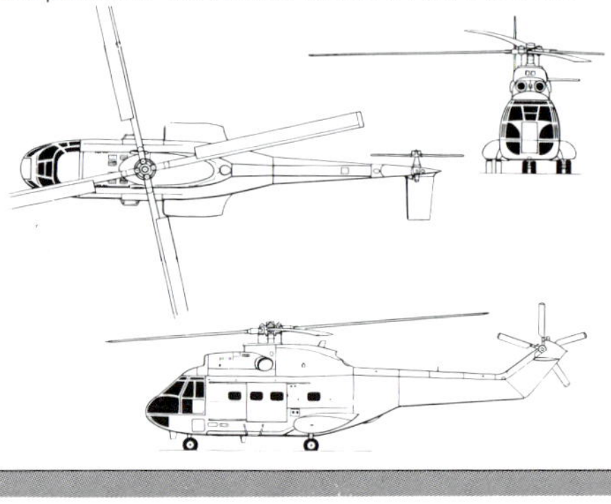

Caractéristiques :
Aérospatiale SA.330L Puma
Diamètre du rotor principal : 15 m
Longueur hors tout, rotors tournant : 18,15 m
Moteurs : 2 turbomoteurs Turboméca Turmo IVC de 1 575 ch
Charge utile : 16 passagers ou 3 000 kg de fret
Masse : maximale au décollage, 7 500 kg
Vitesse maximale : 260 km/h
Distance franchissable : 550 km

Conçu au départ comme un hélicoptère de lutte anti-sous-marine, le Mi-14, qui effectua son vol initial en 1973, se caractérise par deux turbomoteurs identiques à ceux du Mi-17 et par un fuselage en forme de coque de navire équipé de flotteurs. Cet appareil amphibie, désigné « Haze » par l'OTAN, peut voler par tous les temps, ce qui en fait un hélicoptère adapté aux missions de recherche et de sauvetage en mer. Une variante de cette machine, qui n'a pas reçu de désignation OTAN, est également utilisée par la Pologne et l'Union soviétique. Le Mi-14 est équipé d'un radar de recherche avec une antenne installée dans un radôme monté sous le nez de l'appareil, de divers capteurs et d'un treuil accroché au-dessus de la porte coulissante gauche.

Le Mil Mi-14 « Haze » est l'hélicoptère soviétique standard de lutte anti-sous-marine ainsi que de recherche et de sauvetage en mer. Il est également en service dans les marines polonaise et est-allemande.

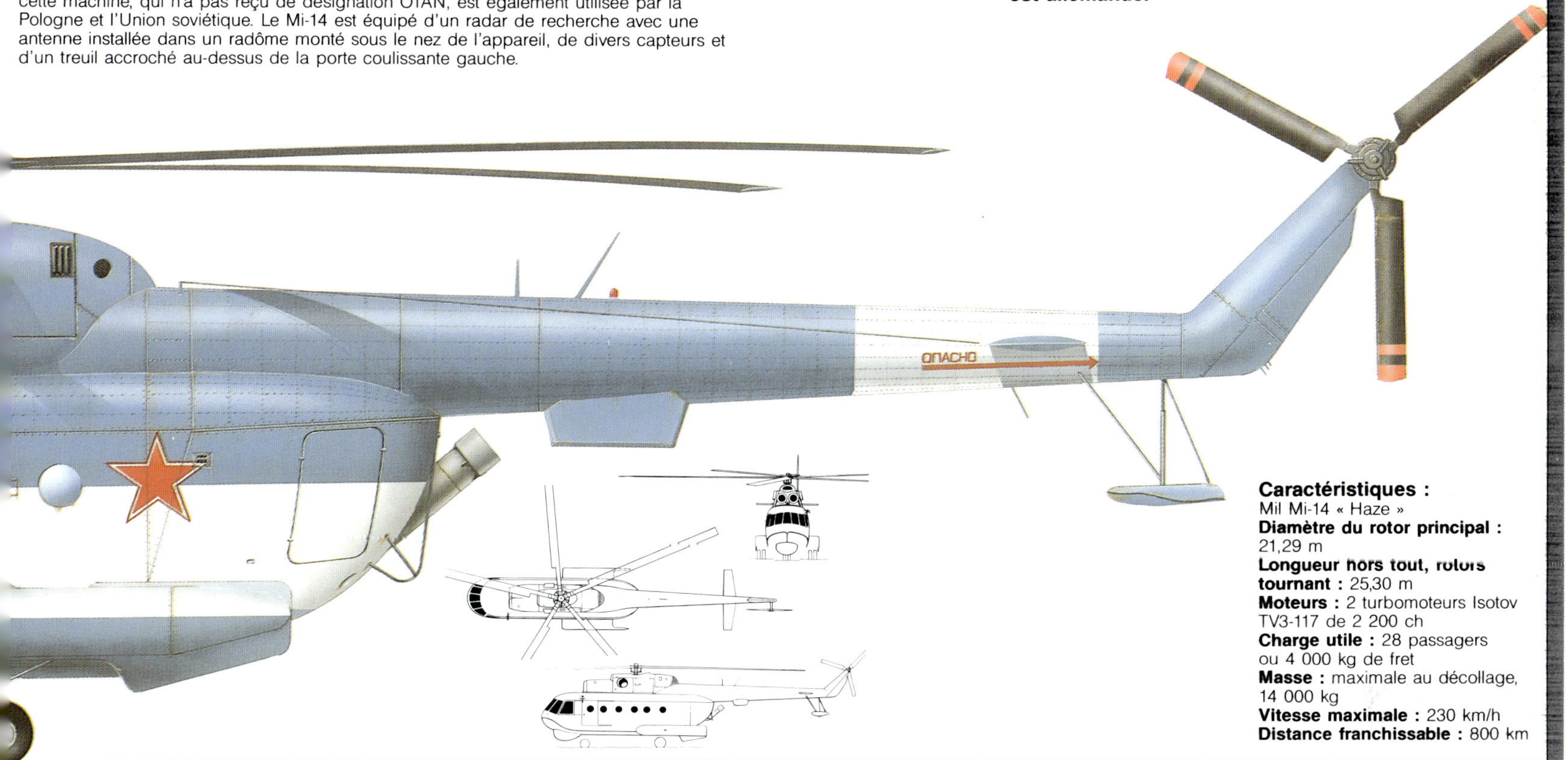

Caractéristiques :
Mil Mi-14 « Haze »
Diamètre du rotor principal : 21,29 m
Longueur hors tout, rotors tournant : 25,30 m
Moteurs : 2 turbomoteurs Isotov TV3-117 de 2 200 ch
Charge utile : 28 passagers ou 4 000 kg de fret
Masse : maximale au décollage, 14 000 kg
Vitesse maximale : 230 km/h
Distance franchissable : 800 km

Aérospatiale Super-Frelon

Conçu par la firme Aérospatiale comme un hélicoptère tout temps chargé de surveiller les approches de la base de sous-marins nucléaires de Brest, le SA. 321G Super-Frelon peut également être utilisé pour effectuer des missions de recherche et de sauvetage en mer. Cet appareil, propulsé par trois turbomoteurs et équipé d'un radar de recherche Sylphe, peut repêcher les naufragés grâce à son treuil installé sur le côté droit du fuselage. Ce dispositif peut aussi emporter une charge de 275 kg au bout d'une élingue de 90 m. Par ailleurs, le Super-Frelon est pourvu d'une rampe de chargement arrière lui permettant de larguer des radeaux pneumatiques de sauvetage. Cette machine est également en service en Chine, en Libye, en Israël et en Afrique du Sud.

Caractéristiques :
Aérospatiale SA. 321G Super-Frelon
Diamètre du rotor principal : 18,90 m
Longueur hors tout, rotors tournant : 23,03 m
Moteurs : 3 turbomoteurs Turboméca Turmo IIIC6 de 1 550 ch
Charge utile : 27 passagers ou 5 000 kg de fret
Masse : maximale au décollage, 13 000 kg
Vitesse maximale : 275 km/h
Distance franchissable : 1 000 km

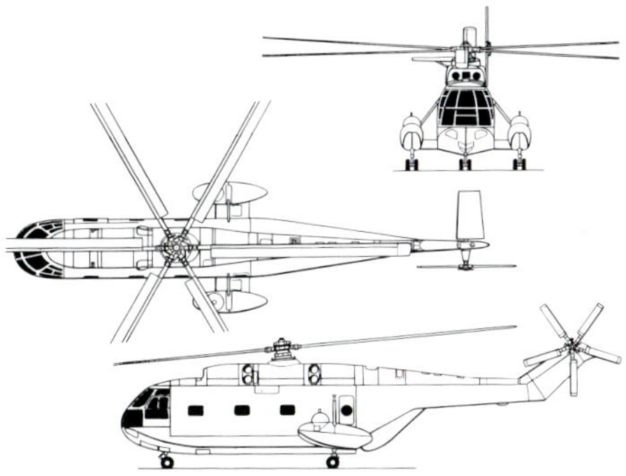

Agusta-Bell AB.212

Conçu par la firme Bell à partir du Model 205, le Model 212, destiné aux Forces armées canadiennes, est propulsé par un turbomoteur extrêmement fiable. Une variante de cet appareil, désignée AB.212, a été construite sous licence en Italie par Agusta et prise en compte par la force aérienne italienne pour effectuer des missions de recherche et de sauvetage, alors que des forces aériennes d'autres pays utilisent ce type d'hélicoptère pour la lutte anti-sous-marine. L'AB.212 de recherche et de sauvetage est équipé d'un radar de recherche dont l'antenne est installée dans un radôme monté au-dessus du poste de pilotage, d'un système de navigation sophistiqué couplé avec un dispositif de pilotage automatique et d'un treuil accroché sur le flanc droit du fuselage permettant l'emport d'une charge de 270 kg.

Caractéristiques :
Agusta-Bell AB.212ASW
Diamètre du rotor principal : 14,63 m
Longueur hors tout, rotors tournant : 17,40 m
Moteur : 1 turbomoteur Pratt & Whitney Canada PT6T-6 Turbo Twin Pac de 1 875 ch
Charge utile : 7 passagers ou 2 270 kg de fret
Masse : maximale au décollage, 5 070 kg
Vitesse maximale : 185 km/h
Distance franchissable : 600 km

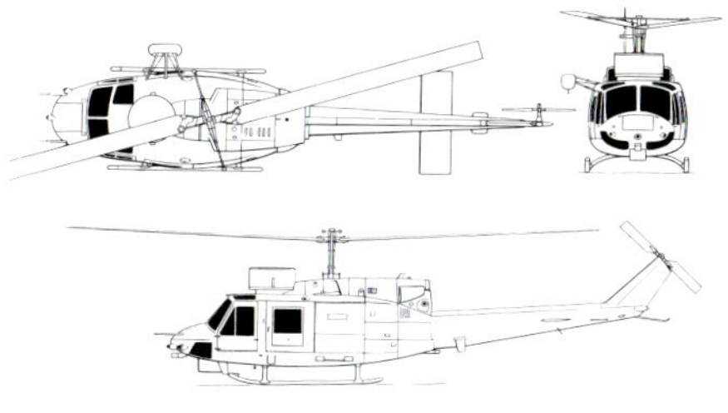

Sikorsky MH-53 Super Jolly

Caractéristiques :
Sikorsky MH-53H Super Jolly
Diamètre du rotor principal : 22,02 m
Longueur hors tout, rotors tournant : 26,90 m
Moteurs : 2 turbomoteurs General Electric T64-GE-413 de 3 925 ch
Armement : 2 ou 3 Minigun de 7,62 mm
Charge utile : 38 passagers ou 3 630 kg de fret
Masse : maximale au décollage, 19 050 kg
Vitesse maximale : 315 km/h
Distance franchissable : 400 km

Un Sikorsky MH-53J du 21st Special Operations Squadron, basé à Woodbridge, dans le Suffolk (Grande-Bretagne). Conçu à partir du HH-53C, cet hélicoptère puissant est tout à fait adapté aux missions de recherche et de sauvetage dans l'Atlantique.

Conçu au départ comme un hélicoptère d'assaut et de transport, le CH-53 Sea Stallion effectua son vol initial en octobre 1964. Cet appareil donna naissance à plusieurs versions de série destinées à des missions de recherche et de sauvetage en mer ou à des missions militaires spéciales : le HH-53B de combat et de recherche, identique au HH-3E mais propulsé par deux turbomoteurs T64-GE-3 de 3 080 ch sur l'arbre ; le HH-53C de combat et de recherche, avec un radar de suivi de terrain, un équipement de vision nocturne et deux turbomoteurs T64-GE-7 de 3 925 ch sur l'arbre ; le MH-53H Super Jolly, avec un système de navigation sophistiqué et un capteur à infrarouge ; et le MH-53J des forces spéciales, extrapolé du MH-53H, avec trois Minigun, un système de navigation encore plus sophistiqué et un blindage en titane d'un poids de 460 kg.

Bell Model 205

Conçu aux États-Unis et sous licence en Italie, au Japon, à Taiwan et en République fédérale d'Allemagne, le Bell Model 205, dont les versions militaires sont désignées UH-1D et UH-1H, est utilisé pour des missions de recherche et de sauvetage à courte distance. Cet appareil, qui ne dispose pas de la capacité de vol tout temps, est doté d'un turbomoteur et d'un treuil installé sur le flanc droit du fuselage. Le Bell UH-1H Iroquois de recherche et de sauvetage en mer a été pris en compte par de nombreux pays, parmi lesquels figurent le Brésil, le Canada, le Chili, la République Dominicaine, la Grèce, le Honduras, le Mexique, la Nouvelle-Zélande, l'Arabie Saoudite, la Corée du Sud, Taiwan, la Turquie et le Venezuela.

Caractéristiques :
Bell UH-1H Iroquois
Diamètre du rotor principal : 14,63 m
Longueur hors tout, rotors tournant : 17,62 m
Moteur : 1 turbomoteur Avco Lycoming T53-L-13 de 1 400 ch
Charge utile : 14 passagers ou 1 760 kg de fret
Masse : maximale au décollage, 4 310 kg
Vitesse maximale : 200 km/h
Distance franchissable : 500 km

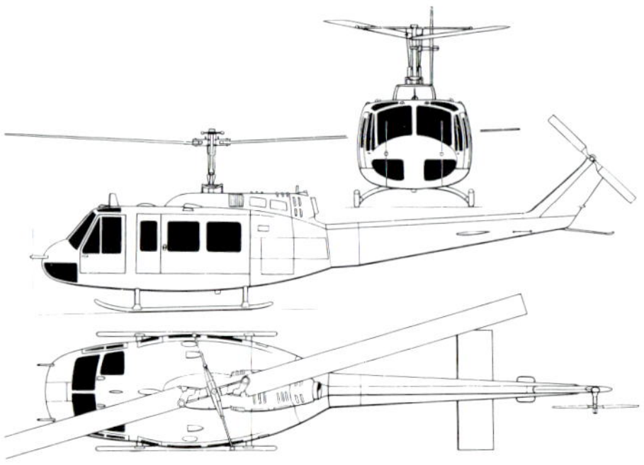

Bell UH-1N Iroquois

Le Bell UH-1N Iroquois, désigné Model 212 Twin Two-Twelve dans sa version civile, se présente comme un appareil de transport utilisé par plusieurs pays pour des missions de recherche et de sauvetage. Conçu à partir du Model 205, cet hélicoptère, qui effectua son vol initial en 1968, devait au départ être propulsé par deux turbomoteurs afin d'accroître la sécurité en vol : si l'un des deux turbomoteurs tombait en panne, le Bell UH-1N Iroquois pouvait tout de même continuer de voler grâce à l'autre turbomoteur. L'UH-1N Iroquois de série n'est équipé que d'un seul turbomoteur, et il est par ailleurs doté d'un système de vol aux instruments.

Caractéristiques :
Bell UH-1N Iroquois
Diamètre du rotor principal : 14,69 m
Longueur du fuselage : 12,92 m
Moteur : 1 turbomoteur Pratt & Whitney Canada T400-CP-400 de 1 290 ch
Charge utile : 12 passagers ou 1 530 kg de fret
Masse : maximale au décollage, 4 760 kg
Vitesse maximale : 230 km/h
Distance franchissable : 400 km

Kamov Ka-25

Appareil aux formes compactes, le Ka-25, désigné « Hormone » par l'OTAN, se caractérise par deux rotors contrarotatifs. Trois versions de cet appareil, qui effectua son vol initial en 1960, sont en service dans les forces armées soviétiques : l'« Hormone-A », de lutte anti-sous-marine ; l'« Hormone-B », de remorquage de cibles ; et l'« Hormone-C », de recherche et de sauvetage en mer. Cette dernière variante est équipée d'un radar de recherche dont l'antenne est installée dans un radôme monté sous l'avant du fuselage, d'un projecteur, d'un haut-parleur et d'un treuil accroché au-dessus de la porte gauche.

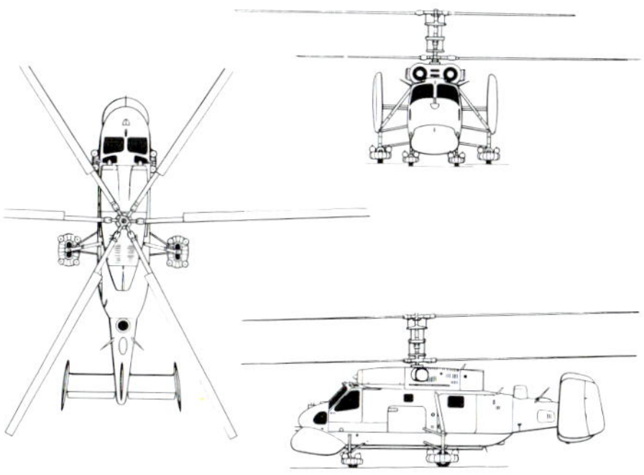

Caractéristiques :
Kamov Ka-25 « Hormone-C »
Diamètre de chaque rotor : 15,74 m
Longueur du fuselage : 9,75 m
Moteurs : 2 turbomoteurs Gouchenkov GTD-3BM de 990 ch
Charge utile : 12 passagers ou du fret
Masse : maximale au décollage, 7 500 kg
Vitesse maximale : 220 km/h
Distance franchissable : 650 km

Kamov Ka-27

Conçu à partir du Ka-25, le Ka-27 effectua son vol initial en 1979. Cet appareil se distingue par des pales de rotors plus longues que celles du Ka-25, un fuselage rallongé, une soute plus spacieuse et deux turbomoteurs plus puissants. Le Ka-27, désigné « Helix » par l'OTAN, a été construit en plusieurs versions : l'« Helix-A » de lutte anti-sous-marine ; l'« Helix-B » de transport d'assaut ; l'« Helix-C » civil, désigné aussi Ka-32, avec une capacité d'emport de charge de 5 000 kg ; et l'« Helix-D » de recherche et de sauvetage en mer. Cette dernière machine est équipée d'un radar de recherche dont l'antenne est installée dans un radôme monté sous l'avant du fuselage, de divers systèmes électroniques sophistiqués et d'un treuil accroché sur le flanc gauche.

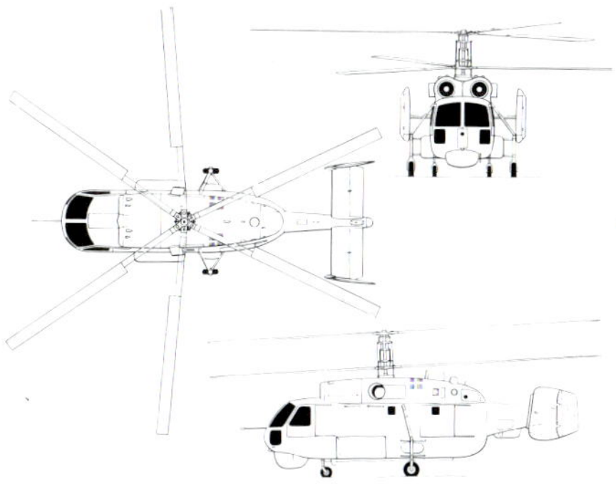

Caractéristiques :
Kamov Ka-27 « Helix-C »
Diamètre de chaque rotor : 15,90 m
Longueur du fuselage : 11,30 m
Moteurs : 2 turbomoteurs Isotov TV3-117V de 2 225 ch
Charge utile : 14 passagers ou 4 000 kg de fret
Masse : maximale au décollage, 12 600 kg
Vitesse maximale : 245 km/h
Distance franchissable : 1 300 km

Hélicoptères de transport lourd

Sikorsky CH-54 Tarhe

Caractéristiques :
Sikorsky CH-54A Tarhe
Diamètre du rotor principal : 21,95 m
Longueur du fuselage : 21,41 m
Moteurs : 2 turbomoteurs Pratt & Whitney T73-P-1 de 4 500 ch
Charge utile : 9 070 kg ou 45 hommes de troupe dans une nacelle
Masse : maximale au décollage, 19 050 kg
Vitesse maximale : 200 km/h
Distance franchissable : 400 km

Un Sikorsky CH-54 Tarhe de l'Army National Guard du Nevada, basée à Stead Field, près de Reno. Le Tarhe peut emporter une nacelle contenant des hommes de troupe ou une antenne chirurgicale, ou encore être utilisé comme grue volante.

Piasecki et Vertol 43 & 44

Conçu à partir du Piasecki PV-3, le PD-22 birotor effectua son vol initial en avril 1952 et donna naissance à plusieurs versions de série : le H-21 Work Horse de l'US Air Force, destiné à assurer des missions de recherche et de sauvetage dans les régions arctiques ; le H-21B de transport d'assaut, pouvant emporter 20 hommes de troupe ; et le H-21C Shawnee de transport. En 1956, la firme Piasecki fut rachetée par la société Vertol et le H-21C fut redésigné Model 43. La version d'exportation de cette machine, désignée Model 44, se caractérisait par des pales de rotors entièrement métalliques et un système de stabilisation automatique. Trois variantes de cet appareil furent produites en série : le Model 44A, pouvant accueillir 20 passagers ; le Model 44B de 15 places ; et l'hélicoptère d'affaires Model 44C.

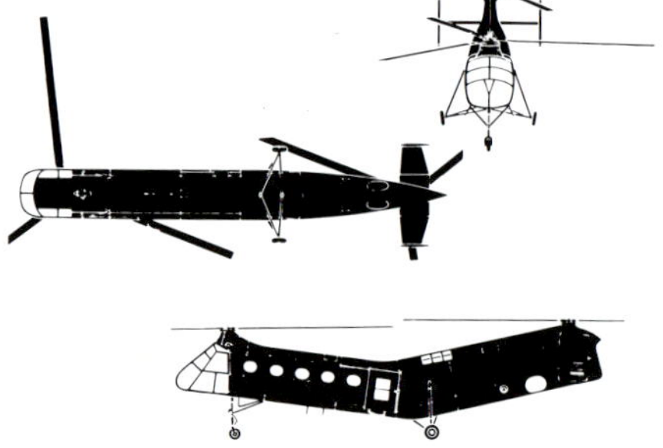

Caractéristiques :
Vertol CH-21C Shawnee
Diamètre de chaque rotor : 13,41 m
Longueur du fuselage : 16 m
Moteur : 1 Wright R-1820-103 de 1 425 ch
Charge utile : 14 hommes de troupe ou du fret
Masse : maximale au décollage, 6 670 kg
Vitesse maximale : 200 km/h
Distance franchissable : 650 km

Hughes XH-17

Conçu en 1950 par Kellett, qui avait déjà mis au point un certain nombre d'autogires pour le compte de l'US Army, le XH-17, construit à raison d'un seul exemplaire, se présentait comme une grue volante dotée d'un fuselage, d'un rotor de queue et d'un empennage de petites dimensions. Cet appareil était équipé d'un train d'atterrissage quadricycle, de deux turboréacteurs et d'un système de propulsion en bouts de pales. Ce système se révélant trop complexe et trop lourd pour être installé sur des hélicoptères de série, le programme de production en série du XH-17 fut abandonné en 1953.

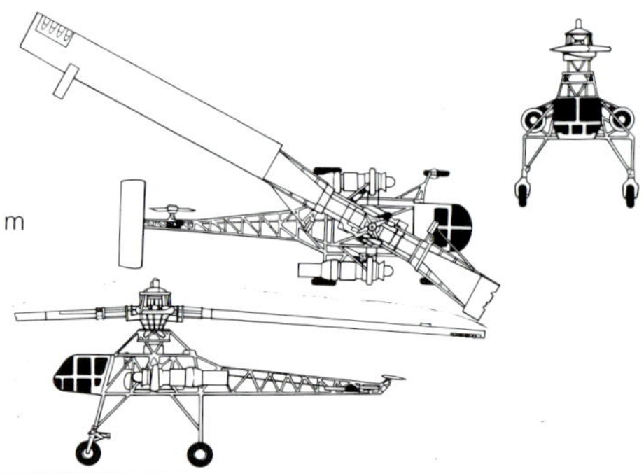

Caractéristiques :
Hughes XH-17
Diamètre du rotor principal : 39,62 m
Moteurs : 2 turboréacteurs General Electric GE 5500
Charge utile : non révélée
Masse : maximale au décollage, 19 960 kg
Vitesse maximale : non révélée
Distance franchissable : non révélée

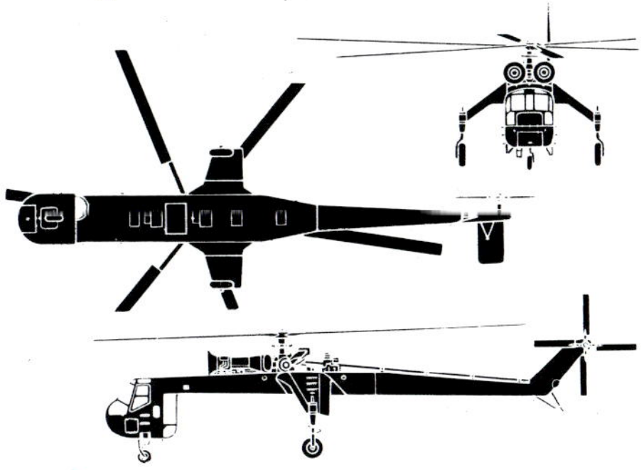

Conçu par la firme Sikorsky à partir du S-60, le S-64 Skycrane effectua son vol initial en mai 1962, équipé d'un rotor principal à six pales et propulsé par deux turbomoteurs JFTD12A de 4 050 ch. Cet appareil est doté d'un train d'atterrissage tricycle dont les jambes des éléments principaux à large voie permettent l'accrochage et l'emport de charges volumineuses et pondéreuses sous la poutre du fuselage. L'US Army a pris en compte 60 S-64 Skycrane, redésignés CH-54A Tarhe, et 10 CH-54B, avec deux turbomoteurs T73-P-700 de 4 800 ch, un train d'atterrissage renforcé, des pales de rotor hypersustentatrices, un fuselage plus robuste et un système de contrôle de vol automatique plus sophistiqué.

Piasecki H-16 Transporter

Conçu en tant qu'hélicoptère de recherche et de sauvetage en mer à long rayon d'action, le PV.15, désigné par la suite R-16, donna naissance à deux machines de présérie redésignées YH-16 : l'une, qui prit l'air pour la première fois en octobre 1953, était propulsée par deux moteurs en étoile Pratt & Whitney R-2180-11 de 1 650 ch ; la seconde, qui effectua son vol initial à l'été 1955, par deux turbomoteurs. Ces appareils étaient équipés d'un fuselage rallongé, d'une roulette de queue fixe et d'une rampe de chargement arrière permettant l'emport de trois Jeep dans la soute. Au début de l'année 1956, le premier des deux YH-16, désigné YH-16A, battit le record de vitesse pour hélicoptère (270 km/h), mais ce record ne fut pas officiellement homologué. A l'été 1956, cet hélicoptère fut détruit dans un accident et l'US Army abandonna le programme de fabrication en série du H-16 Transporter.

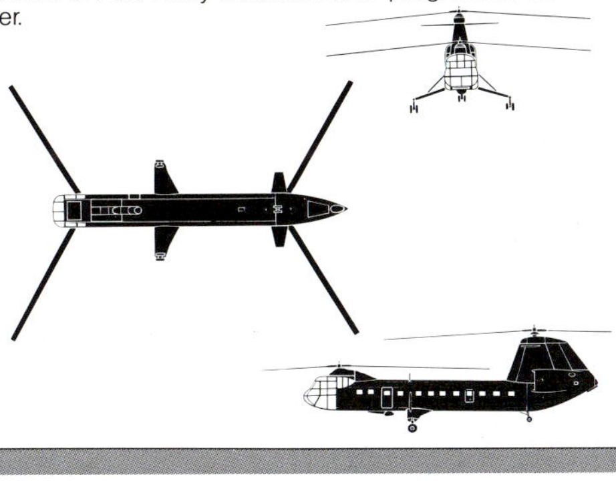

Caractéristiques :
Piasecki YH-16A Transporter
Diamètre de chaque rotor : 24,99 m
Longueur du fuselage : 23,64 m
Moteurs : 2 turbomoteurs Allison YT38-A-10 de 1 800 ch
Charge utile : 40 hommes de troupe ou du fret
Masse : maximale au décollage, 15 230 kg
Vitesse maximale : 235 km/h
Distance franchissable : 400 km

Mil Mi-6 « Hook »

Conçu en 1954, le Mi-6, qui vola pour la première fois en septembre 1957, était à l'époque le plus grand hélicoptère du monde. La propulsion de cet appareil était assurée par deux turbomoteurs montés au-dessus de la cabine, actionnant un rotor principal à cinq pales et un rotor de queue quadripale. Malgré ses dimensions considérables, le « Hook » présentait une bonne mobilité tactique et affichait une souplesse d'emploi certaine. Le chargement en cabine s'effectuait par des portes arrière en forme de coquille. En vol, les moignons d'ailes assuraient une partie de la portance, soulageant ainsi le rotor. Le Mi-6 a été remplacé par le Mi-6A (800 exemplaires environ construits en série jusqu'en 1981), modernisé et mieux équipé.

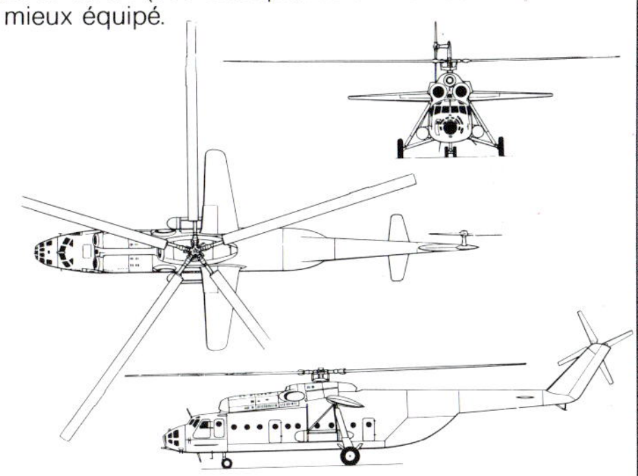

Caractéristiques :
Mil Mi-6A « Hook »
Diamètre du rotor principal : 35 m
Longueur du fuselage : 33,17 m
Moteurs : 2 turbomoteurs Soloviev D-25V de 5 500 ch
Charge utile : 65 soldats ou une charge interne de 12 000 kg, ou encore une charge externe de 8 000 kg
Masse : maximale au décollage, 42 500 kg
Vitesse maximale : 300 km/h
Distance franchissable : 600 km avec une charge de 8 000 kg

Mil V-12 « Homer »

La plus grande voilure tournante du monde à avoir jamais volé, le Mil V-12 « Homer » se présentait comme un hélicoptère doté de portes arrière en forme de coquille s'ouvrant sur une soute de 28,15 m de long ayant la même capacité d'emport que l'avion de transport lourd Antonov An-22. Le « Homer » était propulsé par quatre turbomoteurs actionnant deux rotors montés aux extrémités de la voilure effilée. Le prototype de cette machine effectua son vol initial en juillet 1968. Le « Homer » détient le record du monde d'emport de charge (40 204,5 kg) ; mais, pour des raisons techniques, il ne fut jamais fabriqué en série.

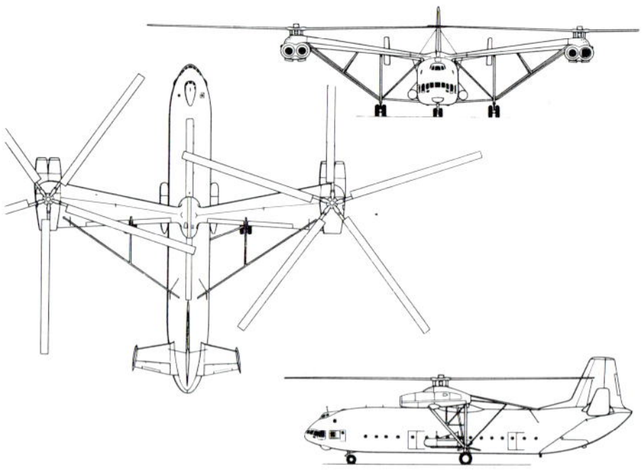

Caractéristiques :
Mil V-12 « Homer »
Diamètre de chaque rotor : 35 m
Envergure, rotors tournant : 67 m
Longueur : 37 m
Moteurs : 4 turbomoteurs Soloviev D-25VF de 6 500 ch
Charge utile : 25 000 kg en configuration ADAV ; 30 000 kg en configuration ADAC
Masse : maximale au décollage, 105 000 kg
Vitesse maximale : 260 km/h
Distance franchissable : 500 km avec une charge de 35 400 kg

Westland Westminster

Conçu en 1954 par la firme Westland en tant qu'hélicoptère de transport lourd pouvant accueillir 45 passagers, le Westminster reprenait, afin d'en réduire les coûts d'étude et de production, les rotors et le système de transmission du Sikorsky S-56. Cet appareil était propulsé par deux turbomoteurs Eland montés au-dessus de la cabine. Le premier prototype du Westland Westminster effectua son vol initial en juin 1958, avec un fuselage composé d'une armature de tubes d'acier dépourvue de revêtement, alors que le second prototype était équipé d'un fuselage semi-monocoque. En 1960, la Royal Navy donnant la priorité au programme de fabrication en série du Wessex, la production du Westminster fut abandonnée.

Caractéristiques :
Westland Westminster
Diamètre du rotor principal : 21,95 m
Longueur du fuselage : 26,44 m
Moteurs : 2 turbomoteurs Napier Eland E229A de 3 150 ch
Charge utile : 45 passagers
Masse : maximale au décollage, 16 330 kg
Vitesse maximale : 240 km/h
Distance franchissable : 250 km

Mil Mi-10 « Harke »

Conçu en 1960 en tant que grue volante à partir du Mi-6, le Mi-10 « Harke » se caractérisait par des rotors, un système de transmission et des turbomoteurs identiques à ceux du Mi-6A, mais était équipé d'un fuselage moins profond et d'un train d'atterrissage quadricycle affichant une garde au sol de 6,92 m. Cet appareil, qui pouvait accueillir 28 passagers, était doté d'une soute de 14,04 m de long, 2,50 m de large et 1,86 m de haut. Une soixantaine de Mi-10 furent produits en série jusqu'en 1981, dont un exemplaire, désigné Mil Mi-10K, qui était spécialement destiné à emporter des charges sur élingue et qui était pourvu d'un atterrisseur transformé et d'une nacelle sous le nez où prenait place l'opérateur de charge.

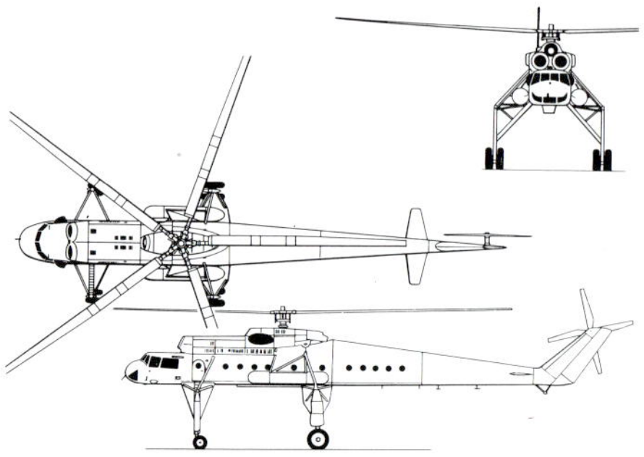

Caractéristiques :
Mil Mi-10 « Harke »
Diamètre du rotor principal : 35 m
Longueur du fuselage : 32,86 m
Moteurs : 2 turbomoteurs Soloviev D-25V de 5 500 ch
Charge utile : 15 000 kg en soute ou 8 000 kg sur élingue
Masse : maximale au décollage, 43 700 kg
Vitesse maximale : 200 km/h
Distance franchissable : 250 km

Un des deux prototypes du Mil V-12 « Homer » arborant les codes du Salon du Bourget. Cet hélicoptère gigantesque pouvait emporter une charge utile égale au double de celle du CH-54, mais il se révéla un appareil trop difficile à piloter pour être fabriqué en série.

Boeing Vertol Chinook

Ayant besoin d'un hélicoptère de transport lourd, l'US Army sélectionna le Model 114, un puissant appareil à train d'atterrissage quadricycle extrapolé du Model 107. Le prototype de cette machine, désigné YHC-1B, vola en septembre 1961 et entra en service en 1962, donnant naissance à plusieurs versions de série : le CH-47A, avec deux turbomoteurs T55-L-5 de 2 200 ch ; le CH-47B, avec deux turbomoteurs T55-L-7C de 2 850 ch ; le CH-47C, avec deux turbomoteurs T55-L-11 de 3 750 ch ; le CH-47D, plus sophistiqué ; le MH-47E, conçu pour les forces spéciales ; ainsi que le CH-147, construit au Canada, le Chinook HC Mk 1 britannique et le Model 414. Le CH-47D est également produit sous licence en Italie, par la firme Meridionali.

Caractéristiques :
Boeing Vertol CH-47D Chinook
Diamètre de chaque rotor : 18,29 m
Longueur du fuselage : 15,54 m
Moteurs : 2 turbomoteurs Avco Lycoming T55-L-712 de 4 500 ch
Charge utile : 44 soldats ou une charge interne de 8 160 kg, ou encore une charge externe de 9 390 kg
Masse : maximale au décollage, 22 680 kg
Vitesse maximale : 300 km/h
Distance franchissable : 200 km avec une charge de 8 160 kg

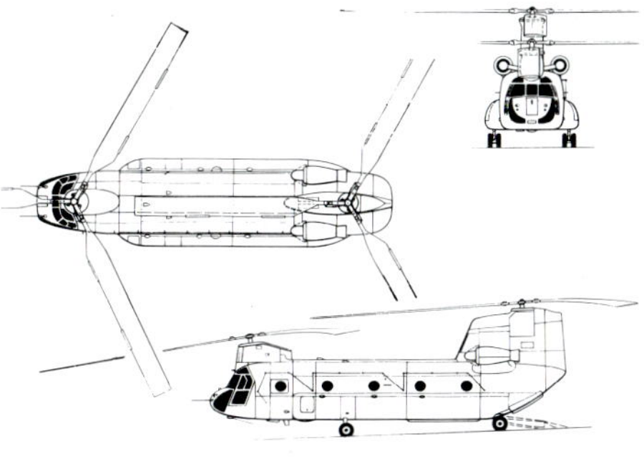

Aérospatiale SA.321 Super-Frelon

Développé à partir du SA.300 Frelon avec l'aide de Sikorsky en ce qui concerne les rotors, le SA.321 Super-Frelon était propulsé au départ par trois turbomoteurs Turmo IIIC2 de 1 320 ch ; il effectua son premier vol, sous la forme d'un prototype, le 7 décembre 1982. Cet appareil donna naissance à plusieurs versions de série : le SA.321F civil ; le SA.321J à long rayon d'action ; le SA.321G de lutte anti-sous-marine et antinavire ; le SA.321H, dépourvu des flotteurs de stabilisation qui caractérisent les Super-Frelon de la Marine ; le SA.321K israélien de transport non amphibie ; et le SA.321L de transport non amphibie, version d'exportation destinée à la Chine, à la Libye et à l'Afrique du Sud.

Caractéristiques :
Aérospatiale SA.321H Super-Frelon
Diamètre du rotor principal : 18,90 m
Longueur du fuselage : 19,40 m
Moteurs : 3 turbomoteurs Turboméca Turmo IIIE6 de 1 570 ch
Charge utile : 30 soldats, ou une charge interne ou externe de 5 000 kg
Masse : maximale au décollage, 13 000 kg
Vitesse maximale : 275 km/h
Distance franchissable : 1 000 km avec une charge de 3 500 kg

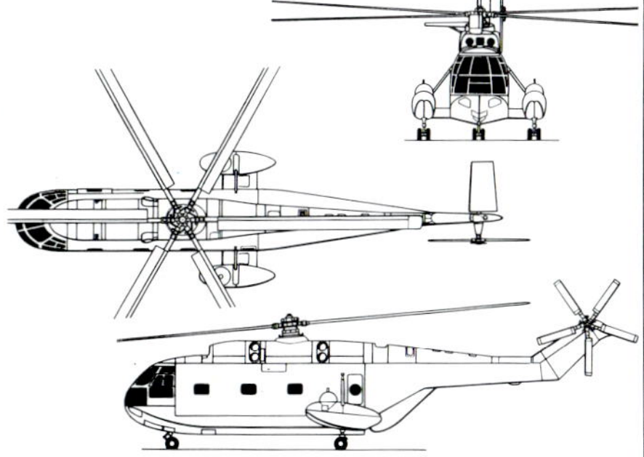

Crédits photographiques :

Couverture : Jean-Marie Brigant
Intérieur :
Illustrations : Jean-Jacques Petit
Insignes : SHAA
Photos :
Aermacchi / ENAER : 219. Aerospatiale / Agusta : 231. Air Tractor : 140, 141, 143, 144, 146, 148, 149, 150. Associated Press / Associated Press : 83. Austin J. Brown : 50, 51. Austin J. Brown / Jon Lake : 70. Austin J. Brown / Paul Langshaw : 54, 71. Avions Mudry / Jon Lake : 213. BBC Hulton Picture Library / Wrather Port Properties : 122. B. Lecomber : 12, 14, 16-19, 22-31, 33-35. Boeing Canada, de Havilland Division : 129. British Aerospace : 195. British Aerospace / Jon Lake : 62. British Aerospace / Flieger Revue Aermacchi : 218. British Aerospace / Michael Stoud / Austin J. Brown : 63. Bruce Robertson : 76, 77, 78, 234, 235, 237. Bruce Robertson / Austin : 226. Canadair Ltd. : 202, 204. Danny Bonny / Peter Foster : 232. Dassault : 192. Dassault / US Air Force / FMA : 220. DAVA : 197. David Donald : 60, 168. David Donald / Austin J. Brown : 58. David Donald / Joe Cupido : 229. David Donald / Jon Lake : 159, 162, 165, 166, 167. EDO Corporation : 131, 135, 136. EDO Corporation / David Oliver : 130, 133. EDO Corporation / Royale Canadian Mounted Police : 137, 138. Eagle Aviation Photos : 71. Eagle Aviation Photos / Bristish Aerospace / Time Laming : 54. Eagle Aviation Photos / Jon Lake : 49. EWR Sud Bildstelle München / Rolls-Royce Ltd. / Dornier : 193. Fairey Engineering / Charles E. Brown- RAF Museum : 188. Firebird Aerobatics / Jon Lake / Ultimate Aircraft : 210. F. Robineau : 89 (a, c). HAL : 221. Harry Gann / Peter B. Mersky / Robert L. Lawson Collection : 44. J. Brown / Joe Cupido / Austin : 226. J. Brown : 226. Jean-Marie Brigant : 6, 7, 48, 56, 64, 72, 84, 85, 90, 91, 206, 207. Joe Cupido / Joe Cupido : 228. Jon Lake : 15, 32, 58, 66, 67, 68, 69, 160, 163, 164, 169, 176-180. Jon Lake / Austin J. Brown : 53, 65. Jonny Bonny / Aerospace : 233. J.-P. Gauthier/Sirpa-Armée de l'Air : 88. Laser Aerobatics / Jon Lake : 212. Laser Aerobatics / Robbie Shaw : 211. Lockheed / Short Brothers & Harland Ltd., Belfast : 190. McDonnell Douglas : 201. Metropolitan Police / Jon Lake : 158. MoD : 52. MoD / Britsh Aerospace : 198. MoD / Crown Copyright : 194. National Film Archive : 170-175. Patrick Bigel : 86, 86-87 (b), 87, 88, 89 (b). Paul Langshaw : 49. Peter B. Mersky : 39, 40, 43. Peter B. Mersky / Photoavia : 42. R. L. Ward / Bruce Robertson : 75. Robert L. Lawson Collection : 45. Robert L. Lawson Collection / Peter B. Mersky: 46. Rockwell : 199. Roger Wasley / Aerospatiale / Jonny Bonny : 230. Rolle Gilles / Sirpa-Armée de l'Air : 86, 87 (a). Rolls Royce : 187. Royale Canadian Mounted Police : 132. Soloy : 134. Soloy / David Oliver : 128. Soloy / Royale Canadian Mounted Police / The EDO Corporation / Jackson Air Service / Boeing Canada / David Oliver : 139. The Summa Corporation : 125. US Air Force : 80, 81, 186. US Air Force / Ryan : 189. US Navy : 183, 184. VFW-Fokker : 196. via Jon Lake / via H.R. Ploszek : 73. via H.R. Plozek : 74, 78 (trois), 79 (quatre). via Peter B. Mersky : 47. via US Border Patrol / Robert F. Dorr : 152, 153, 155. via US Border Patrol : 154, 156, 157. Wrather Port Properties : 123, 127. Wrather Port Properties / The Summa Corporation : 124. D.R. : 41, 55, 57, 59, 161, 214-217, 222-225, 227, 236.